건물관리용역

수주영업실무

김일효 · 양준석 · 김지영 공저

남두도서

남두(南斗) : 남두육성(南斗六星)

은하의 중심인 사수자리에 있는 국자모양의 여섯 개의 별로서, 인간의 탄생을 결정하는 별로 알려져 있다.

PREFACEPREFACEPREFACEPREFACEPREFACEPREFACEPREFACEPREFACEPREFACEPR

머 리 말

삶과 생활과 일(업무)을 영위하는 지구상의 모든 사람은 생존을 위한 생활이나 삶 그리고 일을 쾌적하고 편리하게 영위하기 위하여, 또한 세상에 존재하는 모든 조직은 조직의 목표를 효율적으로 달성하기 위하여 건물을 취득하거나 임차하고 보유하거나 점유하여 보존, 이용, 개량, 관리하다가 마침내 처분함으로써 인간 및 조직과 건물과의 관계가 종료하게 된다. 이와 같이 인간과 건물 그리고 조직과 건물 간에는 생존의 목적과 조직의 목표 달성을 위하여 건물과 상호 밀접한 상호관계를 가지며 상호작용하게 된다. 그러므로 인간은 생존의 목적을 위하여 건물과의 관계를 가지게 되며, 조직은 조직의 목표를 위하여 건물을 취득하거나 보유하게 된다.

따라서 취득 또는 임차한 건물은 보유하고 있는 동안, 어떠한 방법이나 형식으로든 소유자나 투자자와 사용자와 이용자의 건물 소유목적과 사용목적 및 이용목적을 위하여 건물관리자는 관리기술과 전문성을 가지고 효율적으로 운영관리(PM)하거나 유지관리(FM)하여야 한다.

뿐만 아니라, 건물의 소유자나 관리자는 일상적인 임대관리나 시설물관리 외에 경과시간에 따라 소유건물을 점검 · 보수하고 진단 · 교체하여 시설물의 기능과 성능을 유지하거나 개선할 필요가 있다. 왜냐하면, 취득된 건물은 소유자나 사용자 및 이용자가 목적건물을 최고 최선의 상태와 조건으로 사용하고 수익하기 위해서는 건물의 기능과 성능이 사용용도와 수익용도 및 처분용도에 맞게 정상적으로 유지되어야 하며 건물의 보존상태가 정상적 모습으로 장기적으로 유지되어야 하기 때문이다.

이와 같은 건물관리의 문화적 배경이 보유건물의 전문적 관리의 필요성을 요구하게 하고 있다.

이상과 같은 건물관리 필요성의 대두로 인하여 우리 사회에는 건물을 소유하고 있는 국가나 기업의 조직이나 소유자 개인이 조직과 소유자의 책임과 비용으로 직영 형태로 직접 운영관리하거나 또는 건물관리용역 전문회사에게 일정한 용역비 지급을 조건으로 건물관리업무(건물운영업무와 건축시설물관리업무)를 위탁하여 용역관리제도에 의하여 간접적 방법으로 건물자산을 관리하게 된다.

특히 고층화 · 대형화 · 첨단화 · 복합화 성격의 현대 건물의 특성으로 인하여 대부분의 건물의 경우, 건물자산의 운영과 관리에 고도의 운영관리기술이 요구되고 있을 뿐만 아니라 안전과 환경 및 에너지 관리문제로 인하여 건물관리전문회사에 의한 전문적 관리와 체계적 관리가 불가피하게 되었다.

전술한 건물관리의 문화적 배경과 현대 건물의 특성들이 건물관리용역제도를 등장하도록 촉진하였으며, 건물관리용역제도의 등장은 건물관리 전문용역회사를 대거 태동하게 하였고, 건물관리용역회사의 대거 태동은 자연스럽게 건물관리용역을 업으로 하는 용역전문기업의 생존과 경영을 위하여 건물관리용역 수주영업을 전문업종으로서 본격적으로 시작하게 만들었다.

이와 같이 대거 등장한 크고 작은 건물관리용역업체들은 건물관리용역 수주를 통하여 지속적 발전과 번영을 추구하기 시작하였으며, 수주영업업무가 마침내 건물관리용역회사의 핵심 업무가 되어 회사 발전의 사활을 좌우하는 업무로서 기업경영의 꽃으로 인식되기 시작하였다.

따라서 건물관리용역회사마다 연초에 용역수주목표를 설정하고 이를 달성하기 위하여 기업의 총역량을 건물관리용역 수주영업에 집중하고 있으며 수주영업 분야에 가장 우수한 사원을 선발, 배치하고 전사적으로 수주영업을 촉진하고 있다.

그러나 국내 건물관리용역시장의 규모가 크게 신장되지 아니하고 수주물량 역시 제한적으로 발주되고 있으며, 건물관리용역시장에 이미 진입한 용역업체의 수가 상대적으로 많은 상태에서 매일같이 신규로 창업하는 건물관리용역업체의 수가 계속 증가일로에 있어 건물관리용역시장에는 총성 없는 수주전쟁이 반복하여 되풀이되고 있다.

최근 건물관리용역시장의 현황과 실태를 살펴보면, 건물관리용역 수주영업 환경과 제도 그리고 기준 등이 자주 바뀌고 있는 가운데 발주처마다 발주 제도나 절차 등이 다소 상이하며 발주처 요구의 추세는 용역비의 저비용화와 서비스 품질의 고급화를 동시에 요구하고 있어 용역업체와 수주영업담당자 모두를 곤혹스럽게 만들고 있다. 왜냐하면 용역에 투입되는 비용이 저비용의 구조를 가지는 경우에는 이를 통하여 생산되는 서비스 품질 역시 저품질로 나타날 수밖에 없기 때문이다. 다시 말하면, 비용과 서비스 품질은 상호 상관관계를 가지고 있기 때문에 고품질의 서비스를 산출하려면 고비용의 투입이 불가피하다. 다시 말하면, 서비스 품질을 고급화하기 위해서는 상대적으로 용역비 역시 고비용 구조로 가져가야만 하기 때문이다.

또한 현실적으로 건물관리용역회사마다 연초에 건물관리용역 수주목표를 과다하게 책정하고 있어 제한된 수주영업 역량을 가진 소수의 수주영업담당자가 영업목표 달성을 위하여 다양한 발주처와의 관계를 유지하면서 영업정보를 입수하고 분석하여 수주영업에 활용함으로써 계약으로 연결하기란 참으로 어려운 작업이 아닐 수 없다.

더군다나 발주처 발주담당자의 수준이 각각 다르고 현실적으로 대응하기 어려운 요구사항이 너무 많아 이를 수용하고 처리하여 계약으로 연결하기까지에는 말 못할 어려움이 현실적으로 산재되어 있다.

그러므로 건물관리용역 수주영업담당자는 수주영업에 필요한 필요조건과 전문지식 및 수주정보의 수집 능력과 다년간의 수주경험 등의 요구 능력을 두루 갖추어야 하며, 수주정보 조사 및 분석 전문가, 사무행정전문가, 교섭설득전문가, 엔지니어, 마케팅전문가, 경영자, 설득과 협상 전문가, PC 중심의 편집 및 전자사무처리 전문가, 비즈니스 영업 실력 등 수주영업전문가로서의 자질과 능력을 확보하고 수주영업에 임할 것을 요구받게 되었다.

이와 같은 수주영업에 대한 현실적 요구는 건물관리용역 수주영업에 종사하는 수주영업담당자 모두로 하여금 수주영업에 필요한 전문지식과 정보 및 수주영업 관리기술을 탐구하거나 연구할 필요가 있게 하였으며, 수주영업에 필요한 경험을 수주영업현장에서 직접 체험하거나 또는 사례와 자료를 통하여 간접방법으로 수주영업의 경험을 쌓거나 고도의 수주영업전문가 교육 이수의 필요성을 강요하고 있다.

그러나 유감스럽게도 우리나라의 현실은 수주영업전문가 양성제도나 교육제도가 오늘에 이르기까지 미흡한 상태에 있으며 수주영업담당자 배출이 억제되고 있을 뿐만 아니라, 더욱 안타까운 점은 건물자산운영관리 용역회사마다 수주영업전문가 양성의 필요성을 크게 느끼고 있음에도 불구하고 소수의 용역업체를 제외한 대다수 용역업체들은 수주영업전문가 양성교육의 여력이 없어 수주영업상 필요로 하는 수주영업전문가 양성을 하지 못하고 있으며, 이로 인하여 건물관리용역업체마다 필요한 건물관리용역 수주영업전문가를 충족하지 못함에 따라 부적절한 방법으로 타 기업의 수주영업전문가를 스카우트하여 필요를 충족하고 있다는 점이다.

이와 같은 현실적 문제점으로 일부 건물관리용역회사에서는 타 경쟁업체들로부터 좋은 조건으로 수주영업전문가를 무리하게 영입하거나 스카우트하는 사례가 자주 일어나고 있어, 건물관리용역회사 간에 수주영업담당자 영입문제로 마찰과 분쟁이 끊임없이 발생하고 있다.

뿐만 아니라, 우리나라 제도권 대학에서 건물관리용역회사가 요구하는 건물관리용역 수주영업 전문인력을 교육하거나 배출해 주는 교육제도가 전무할 뿐만 아니라, 수주영업담당자 양성 대학이나 학과 및 교수는 물론, 교재 용도의 수주영업 전문서적이 전무하여 뜻있는 수주영업 학습 희망자조차 연구나 학습의 기회를 갖지 못하고 있다.

건물관리용역 수주영업전문가 양성이 시급함을 인식한 저자는 수주영업담당자 양성의 필요성에 대한 해법으로 국내 유수 대학에 건물관리학과 설치를 추진하고 현역 수주영업전문가와 함께 건물관리용역 수주영업전문가 양성에 필요한 건물관리용역 수주영업 교육용 교재 개발에 착수하였다.

이 책 건물관리용역 《수주영업실무》는 대학에서 건물관리용역 수주영업전문가 양성에 필요한 이론과 실무를 동시에 교육 훈련하기 위한 대학 교재용도로 집필되었으며, 이 책의 편성은 제Ⅰ편과 제Ⅱ편 및 제Ⅲ편으로 편성하고, 제Ⅰ편에 건물관리용역 수주영업의 이론적 기초 편을 두고 그 아래에 3개의 장을 두어 건물관리용역 수주영업의 기초개념, 수주영업활동의 기반, 수주방식과 절차 등 수주영업의 개념지식과 방법지식 등을 이론 중심으로 소개하고 있으며, 특히 제3장에서 건물관리용역 수주방식과 절차의 장을 통하여 입찰수주방식, 제안 및 협상 수주방식, 수의계약 수주방식, 재계약 수주방식 그리고 기획수주영업방식 등에 대한 수주영업방법론을 차례대로 설명하였다.

제Ⅱ편 건물관리용역 수주영업실무 편에 10개의 장을 두고 수주영업 및 입찰 준비 실무, 수주정보의 리스팅과 DB 실무, 현장설명과 현장조사 실무, 관리용역의 제안과 프레젠테이션 실무, 실무활동 준비와 함께 현장조사와 견적서 작성 실무, 제안서 작성과 프레젠테이션 실무, 협상과 설득 실무, 적격심사 실무, 계약체결 실무, 현장실사와 현장인수 실무, 기획수주영업 실무와 전자입찰 실무 등 수주영업에 필요한 핵심 실무 모두를 망라하여 설명하였다.

뿐만 아니라 제Ⅲ편 건물관리용역시장의 문제와 개선방안 편에 2개의 장을 두고 국내 건물관리용역시장의 현황과 실태에 대하여 수주영업전문가 열한 분을 직접 인터뷰하고 얻은 자료와 저자가 2009년부터 2012년까지 약 4년 동안 시설관리 서비스 및 건축물클리닝 서비스(환경미화 서비스) 16개 현장을 상대로 서비스 KS 인증심사과정에서 확인한 건물관리용역현장의 현황과 실태 자료를 분석한 결과를 바탕으로 우리나라 건물관리용역 시장과 현장의 문제를 제시하여 이에 대한 해법을 추론하고 개선방안을 제시하였다.

이 책 건물관리용역 《수주영업실무》는 이 책을 학습하는 모든 사람들이 건물관리용역 수주영업에 필요한 수주영업의 개념지식과 방법지식 및 활동지식(행동지식)을 정신적으로 인식하고 수주영업의 기능을 육체적으로 스스로 감당할 수 있도록 희망하고 있으며, 대학생의 경우 수업과정에서 수주영업의 이론과 실무를 모두 학습하여 졸업과 동시에 곧바로 건물운영관리 용역회사에 수주영업담당자로 취업하여 취업한 회사의 수주영업 재교육 없이 곧바로 수주영업현장에 투입되어 수주영업업무를 감당할 수 있도록 하는 데 목표를 두고 집필되었으며 나아가 이 책의 학습자 모두에게 학습 후에 수주영업업무를 스스로 감당할 수 있도록 희망하고 있다.

이와 같은 목표와 희망에도 불구하고 미개척 분야 교과서 개발의 어려움으로 건물관리용역 수주영업에 필요한 이론과 자료가 부족하고 수주영업에 필요한 지식과 정보와 기술 및 경험 사례를 충분히 확보하지 못하여 수주영업에 필요한 지식과 정보 및 기술과 이론을 체계적으로 기술하지 못한 점에 대하여 독자 제현의 이해와 양해가 있기를 진심으로 바라면서, 향후 저자들의 끊임없는 정진과 연구로 보다 충실한 건물관리용역 수주영업의 교과서가 될 수 있도록 노력하고자 한다.

아무쪼록 이 책을 통하여 대학에서 건물관리용역 수주영업을 학습하는 건물자산관리학을 전공하는 학생 및 건물관리용역 수주영업시장과 현장에서 수고하고 있는 수주영업 실무자 제위 모두에게 건물관리용역 수주영업활동에 학문적으로나 실무적으로 많은 도움이 되기를 진심으로 소망해 마지않는다.

끝으로 이 책의 출판을 위하여 자료의 수집과 정보제공에 최선을 다해 준 극동대학교 대학원 제자 여러분과 국내 건물관리용역 수주영업의 현황과 실태에 관한 정보와 자료를 제공하여 준 국내 굴지의 건물관리용역회사 수주영업전문가 열한 분과 대형 빌딩 16개 현장관리사무소장 모두에게 심심한 감사를 표하고, 이 책의 출판을 기꺼이 허락해 준 남두도서 남승우 사장님께도 진심으로 감사를 드린다.

또한 건물자산관리학 연구에 언제나 올인할 수 있도록 격려와 지원을 다하고 있는 가족 모두에게 특별한 고마움을 표하고, 이 책에 작은 영광이 있다면 언제나 힘이 되어 주신 하나님께 이 책의 모든 영광을 바친다.

2012년 가을

대표저자 김 일 효 씀

CONTENTSCONTENTSCONTENTSCONTENTSCONTENTSCONTENTSCONTENTSCONTENTS

차 례

제 II 편 건물관리용역 수주영업실무_171

제 I 편

건물관리용역 수주영업의 이론적 기초

이 책 건물관리용역 《수주영업실무》의 집필목적은 이 책의 학습을 통하여 건물관리 전체 서비스 분야(AM 서비스 분야, PM 서비스 분야, FM 서비스 분야) 중 AM 서비스 분야를 제외한 PM 서비스 분야와 FM 서비스 분야 중심의 건물관리용역 수주영업 이론을 이해하고 수주영업방법과 절차를 숙지하여 학습자로 하여금 수주영업 실무수행 능력의 향상을 도모함으로써 수주영업을 타인의 도움 없이 학습자 스스로 감당할 수 있도록 하여, 결과적으로 수주영업 성과물(용역계약)의 창출을 도모하는 데 있다.

이 책 건물관리용역 《수주영업실무》의 구성은 머리말에서 이미 설명한 바와 같이 제Ⅰ편과 제Ⅱ편 및 제Ⅲ편으로 구성하고, 제Ⅰ편 아래 3개의 장을 통하여 수주영업의 기초이론과 수주영업활동의 기반이론 및 수주방식과 절차에 관하여 이론 중심으로 소개하고 있다.

이 책 건물관리용역 《수주영업실무》 제Ⅰ편은 학습자 제위에게 건물관리 용역 수주영업 개념지식의 이해와 방법지식(절차지식)의 숙지를 주문하고 있으며, 제Ⅱ편의 수주영업실무를 지원하여 수주영업의 행동지식을 육체적 기능으로 익히도록 협력함으로써 학습자 스스로 건물관리(PM＋FM) 용역실무를 스스로 감당할 수 있도록 희망하고 있다.

제1장
건물관리 용역수주영업의 기초개념

제Ⅰ편 제1장은 건물관리용역 중 AM 용역을 제외한 PM 용역과 FM 용역 중심의 건물관리용역의 수주영업에 관한 기초개념을 소개하는 장으로서 제1장 아래 17개절을 두고 수주영업담당자가 수주영업활동을 시작하기 전에 반드시 이해하고 숙지해야 할 수주영업 전반의 개념지식을 설명하고 있다.

제1장을 통하여 소개하는 수주영업 기초개념은 제2장 수주영업 기반의 개념과 더불어 제3장 수주영업의 방법과 절차 개념 등과 함께 수주영업 전반의 이론구성의 요소로서 수주영업의 총론적 개념지식과 방법지식 모두를 담고 있다. 또한 제Ⅰ편 제1장 수주영업 기초개념과 제2장 수주영업 기반의 개념 및 제3장 수주영업방법과 절차 개념은 제Ⅱ편 건물관리용역 수주영업실무를 지원하는 역할을 하고 있다. 따라서 학습자는 제1장의 기초개념의 이해를 바탕으로 제2장의 수주영업 기반의 개념과 제3장 수주영업방법과 절차 개념 모두를 모두 숙지함으로써 수주영업담당자는 수주영업 전반의 기초개념을 모두 이해하게 되어 건물자산관리용역 수주영업실무활동에 도움이 될 것으로 판단된다.

제1절
건물관리 용역관리제도의 개념과 필요성

1. 건물자산관리의 개념과 용역관리제도의 개념

이 책 건물관리용역 《수주영업실무》는 건물관리용역 수주영업에 필요한 수주영업의 개념지식과 방법지식 및 행동지식을 독자에게 설명하여 독자로 하여금 타인의 도움 없이 스스로 인식하고 수주영업을 기능적으로 수행할 수 있도록 지원하는 데 목적을 두고 집필하였다.

따라서 이 책의 핵심 주제인 건물관리용역 수주영업을 이론적으로 이해하기 위하여 건물관리의 개념을 포괄하고 있는 큰 틀의 건물자산관리의 개념을 먼저 살펴보고 이를 바탕으로 이 책의 주제인 건물관리용역 수주영업에 관한 개념지식과 방법지식 및 행동지식 순으로 탐색하여 수주영업의 방법론을 도출함으로써 독립적으로 바람직한 건물관리용역 수주영업실무활동이 가능하도록 안내하고자 한다.

건물자산관리라 함은 건물자산 전 생애단계(취득단계, 보유단계, 처분단계)에 걸쳐 전략적 의사결정과 실행으로 최적 건물자산의 취득과 효과적 보유 및 운영관리 그리고 합리적 처분 등을 가장 경제적 방법으로, 안전하게, 효율적으로, 적합하게 처리하는 건물자산경영활동과 건물자산운영활동 및 건축시설물유지관리활동을 총칭하여 건물자산관리라 한다. 다시 말하면, 자산경제가치 극대화에 가치를 두는 재무관리 중심의 건물자산경영관리(AM : Asset Management), 운영수익 최대화와 사용가치 극대화에 가치를 부여하고 있는 건물임대관리와 시설물관리 통합관리개념의 건물운영관리(PM : Property Management), 그리고 사용가치 극대화에 가치를 두고 있는 유지관리 중심의 건축시설물유지관리(FM : Facility Management) 등을 포괄한 자산관리개념을 건물자산관리라 한다.

이와 같은 포괄적 개념의 건물자산관리 이론이 성립되는 근거는 건물자산관리 3측면 이론에 전적으로 근거하고 있으며, 건물자산관리 3측면이란 건물자산의 경영관리 측면, 취득 건물자산의 운영관리 측면, 보유 건축시설물의 유지관리 측면 등을 말한다.

건물관리 용역관리제도라 함은 건물의 경영이나 운영 및 관리 등이 관리전문회사의 용역(서비스)에 의하여 경영되고 운영·관리되는 시스템을 의미한다. 취득된 건물의 경영이나 운영 및 관리는 소유주체에 의하여 직접 관리할 수도 있으나 전문성이 결여된 소유주체의 사정상 또는 현대 건물의 특성상 대형, 초고층, 첨단 설비 등의 기술적 이유로 고도의 경영과 운영 및 관리 기술과 관리경험을 가진 전문 건물관리용역회사에 의한 용역관리가 불가피하다.

따라서 도시 소재 건물 대부분이 전문 건물관리용역회사가 관리주체가 되어 건물의 경영과 운영 및 관리를 담당하고 있다. 이와 같이 건물 소유주에 의한 직영관리방식이 아닌 타 전문용역관리회사가 제공하는 관리용역수단에 의하여 위탁 경영과 운영 및 관리하는 시스템을 건물관리 용역관리제도라 한다.

건물자산관리 3측면을 바탕으로 성립되는 건물관리용역의 범주에는 건물경영관리 용역관리제도, 건물운영관리 용역관리제도, 건축시설물관리 용역관리제도 등 3종류의 건물관리 용역관리제도 개념이 있다. 이를 구체적으로 설명하면 다음과 같다.

1) 건물경영관리 용역관리제도

건물경영관리 용역관리제도라 함은 건물관리 위탁자와 수탁자 상호 간에 AM 계약을 체결하고 AM Fee를 받는 조건으로 건물경영관리(AM), 건물운영관리(PM) 그리고 건축시설물유지관리(FM) 등을 수탁처리하기 위하여 건물자산관리회사(AMC)가 제공하는 AM 서비스 시스템을 건물경영관리 용역관리제도라 한다.

2) 건물운영관리 용역관리제도

건물운영관리 용역관리제도의 의미는 건물운영관리 용역회사(PMC)가 건물 소유자 또는 AMC와 PM 계약을 체결하고, PM Fee를 받는 조건으로 건물의 PM(운영과 관리)업무 수행을 위하여 주로 임대관리와 시설물유지관리업무 수행에 제공되는 PM 서비스 시스템을 건물운영관리 용역관리제도라 한다.

3) 건축시설물유지관리 용역관리제도

건축시설물유지관리 용역관리제도라 함은 큰 틀의 건물자산관리(AM) 용역관리제도의 일종으로서 그리고 광의의 PM 용역 범주의 하나로서 건물의 소유자나 AMC 또는 PMC 등과 시설관리회사(FMC)가 FM 계약을 체결하고 용역비 지급을 조건으로 시설물유지관리 목적의 시설물의 청소, 경비 등의 서비스 및 건축시설물(건축대지와 건축시설, 건축설비 및 부대시설)의 상태 보존관리와 기능과 성능의 유지관리, 환경관리와 안전관리 등 시설물유지관리를 위하여 제공되는 FM 서비스 시스템을 건축시설물유지관리 용역관리제도라 한다.

2. 건물관리 용역관리제도의 필요성

취득단계에서 매입 또는 신축 등의 방법으로 취득한 건물은 보유단계 동안 사용 수익하기 위하여 어떤 형태이든 간에 운영관리가 필요하다. 특히 상업용 임대건물의 경우에는 운영활동과 관리활동이 모두 필요하다. 왜냐하면, 취득한 건물의 소유자나 사용자 또는 이용자가 보유 또는 점유 건물을 최고 최선의 환경과 조건으로 사용하고 수익하기 위해서는 운영을 통한 건물의 임대관리와 관리를 통한 유지관리가 모두 요구되기 때문이다.

따라서 상업용 임대건물의 경우, 관리주체나 관리종사자에 의한 임대관리활동과 유지관리활동 중심의 건물운영관리활동이 반드시 접목되어야 한다.

큰 틀의 건물자산관리의 개념은 건물자산 전 생애단계에 걸쳐 이루어지는 건물자산경영관리활동(AM 활동), 건물자산운영관리활동(PM 활동) 그리고 건축시설물유지관리활동(FM 활동)을 총칭하며, 건물자산관리라 함은 전술한 바와 같다.

다시 말하면, 건물자산관리란 건물자산 투자자·소유자·사용자 등의 사용목적, 수익

목적, 처분목적을 위하여 건물자산 전 생애단계에 걸쳐 전략적으로 이루어지는 최적 건물자산의 취득과 효과적 보유 및 운영관리 그리고 합리적 처분 등을 가장 경제적 방법으로, 안전하게, 효율적으로 적합하게 처리하는 건물자산경영관리활동(AM 활동)과 건물자산운영관리활동(PM 활동) 그리고 건축시설물유지관리활동(FM 활동) 등을 총칭하여 건물자산관리라 한다.

이와 같은 건물자산관리의 대상이 되는 건물자산은 경영관리활동, 운영관리활동 그리고 유지관리활동의 결과로 최적 건물자산의 취득, 효과적 보유와 운영관리, 합리적 처분 등의 경영성과와 관리성과가 도출되므로 어떤 형태나 방식으로든지 경영·운영·관리 활동이 요구되고 있다.

건물자산관리의 개념도 시대의 흐름에 따라 도입 초기에는 단순한 건물유지보수개념(facility maintenance)에서 출발하여 건물유지관리(facility management & maintenance)의 개념으로 발전되어 오다가 최근에는 건물자산운영관리(property operation & management) ► 건물자산경영관리(asset operation & administration)의 개념으로 발전적 변화를 보이고 있다.

따라서 이와 같은 요구와 건물자산관리개념의 변화에 따라 건물자산 소유자는 소유자의 최유효 사용과 수익을 위하여 누군가에 의하여 직접 관리하거나, 아니면 관리전문 용역회사에 위탁하여 용역관리 형태로 간접 관리하는 것이 요구된다.

또한 신축되는 현대 건물의 실태와 건물자산관리시장의 변화 추이를 살펴보면 신규로 신축되는 대부분의 건물들은 층수의 고층화, 규모의 대형화, 설비 및 시설의 첨단화, 용도의 복합화 등의 특성을 가지고 있으며, 건물자산관리시장에서 나타나는 입주고객의 욕구변화 추이 또한 종전 입주고객들의 입주건물에 대한 욕구 수준은 최소한의 단순한 물리적 공간과 시설 기능의 제공만으로 만족하였으나 최근의 입주고객(수요자) 욕구는 첨단 시설의 기능과 웰빙 환경 및 친환경적 니즈 등을 모두 요구하고 있으며, 고품격의 서비스 품질마저 요구하고 있어 종래와 같이 단순한 FM 기술력만을 보유한 용역회사나 건물 소유주의 능력만으로는 현대 건물자산의 운영과 관리로 입주고객의 욕구를 충족하기가 매우 어려운 시대적 환경을 맞이하고 있다.

따라서 건물 입주고객의 욕구 충족을 위해서는 종합 건물관리 서비스의 역량, 세계표준(global standard)의 관리기술 및 업무 표준을 갖춘 효율 지향의 건물자산 전문용역관리회사의 접목으로 체계적·전문적 운영관리가 크게 요구되고 있어 용역관리제도의 필요성이 날로 증가되고 있다.

또한 건물관리 현장과 시장의 현황을 살펴보면, 전문적 운영관리 능력을 갖춘 소수의 건물 소유자를 제외하고는 관리용역 전문회사에 위탁하여 관리함이 경제적 측면과 기술 측면, 그리고 안전관리 측면에서 모두 유리한 것으로 인식되고 있어, 관리 전문회사에 의한 용역관리제도가 시설물유지관리현장(facility management Site)마다 대세를 이루고 있다. 따라서 대형 건물이나 고층 건물 또는 첨단 건물일 경우, 건물관리 전문회사에 의한 용역관리제도가 보편적 건물관리방법으로 인정되고 있으며, 건물의 운영관리방법으로 대종을 이루고 있다.

이와 같은 사정으로 건물관리시장에서 시설물관리용역시장이 연중 개설되어 활성화 추세를 보이고 있다.

제2절 건축시설물관리용역과 건물자산관리용역의 상호관계

건축시설물관리용역은 건물자산관리용역의 범주에 포함되어 있어 상호 밀접한 관계를 가지고 있는바 건축시설물관리용역의 개념을 살펴 건물자산관리용역 상호관계를 분석함으로써 수주영업 수행에 필요한 정보를 탐색해 보고자 한다.

1. 건축시설물관리용역과 건물자산관리용역의 개념

1) 건축시설물관리용역의 개념

시설물관리용역이라 함은 일정한 FM 용역도급계약에 따라 건축시설물의 유지관리를 위하여 제공되는 노무(서비스)를 말한다. 다시 말하면, 건축시설물관리용역이란 큰 틀의 건물자산관리업무(AM) 범주에 속하는 FM 업무로서는 용역계약에 따라 수행되는 건축물(건축대지, 건축시설, 건축설비, 기타 부대시설) 유지관리 목적의 시설물관리, 청소관리, 경비관리 등을 통하여 건축시설물의 상태 보존과 기능과 성능의 유지, 시설물의 환경관리와 안전관리 등 건축시설물의 유지관리를 위하여 기술적·사무적으로 제공되는 노무(서비스)를 말한다.

건축시설물관리용역시장에서 관리용역을 업으로 경영하고 있는 용역회사의 경우, 수주영업을 담당해야 하는 영업담당자는 전술한 건물자산관리의 개념과 관리용역의 개념 등을 정확하게 이해해 둘 필요가 있다. 왜냐하면, 이 책의 서명은 건물관리용역《수주영업실무》이나 책의 주제는 '건물관리용역 수주영업'이므로 이 책의 목표는 '건물관리용역 수주영업의 개념을 이해하고 수주방법과 절차를 이론적으로 숙지하여 수주영업담당자 스스로의 수주영업실무활동을 통한 용역계약의 체결'이기 때문에, 건물자산의 개념과 관리용역의 개념 및 수주영업의 의미 등에 대하여 개념지식과 방법지식 및 행동지식(활동지식) 등을 체계적으로 학습하고 공부해 둘 필요가 있다.

2) 건물자산관리용역의 개념

건물자산관리용역의 개념을 이해하기 위해서는 건물자산의 개념과 건물자산관리의 개념 및 건물자산관리용역의 개념 등 세 가지 개념을 개별적으로 이해하고 최종적으로 종합하여 건물자산리용역의 개념을 통합적으로 이해함이 요구된다. 왜냐하면, 건물자산관리용역의 개념은 건물자산의 요소와 관리의 요소 및 용역의 요소 등 세 가지 요소가 전체의 하나개념인 건물자산관리용역의 개념을 통일적으로 하나의 보편적 개념으로 구성하고 있기 때문이다.

건물자산관리용역의 개념을 보다 구체적으로 이해하기 위하여 건물자산을 구성하고 있는 건물자산의 본체인 건물의 의미를 먼저 살펴보면, 건물은 건축물을 의미하는 것으로 토지에 정착하는 공작물 중 지붕과 기둥과 벽이 있는 것과 이에 부수되는 시설물, 지하 또는 고가와 그 공작물에 설치하는 사무소, 공연장, 점포, 차고, 창고, 기타 대통령령이 정하는 것을 건물이라 하며 이에는 협의의 건물과 광의의 건물로 분류할 수 있다.

광의의 건물이라 함은 인간의 기술과 노동력과 자본의 결합으로 생산된 모든 종류의 건설물 즉, 건축물, 시설물, 구조물, 구축물 등을 말하며, 협의의 건물이란 광의의 건물 중 건축물만을 의미한다. 건물자산관리용역의 대상 중 시설물관리용역의 대상에는 광의의 건물 모두가 관리용역의 대상이 되므로 건축물, 시설물, 구조물, 구축물 모두 관리용역 수주영업의 대상이 된다.

또한 국토해양부 연감에 의한 건축물의 종류는 주거용 건물, 상업용 건물, 공업용 건물, 문교사회용 건물, 기타 용도의 건물 등으로 대분류하고 있으나 건축법에 의하면 주택, 학교 등 28종으로 분류되고 있다. 건축학에서는 공간, 기능, 안전성, 환경 등을 건물의 요소로 인식하고 있다. 이상에서 설명한 건물을 자산 측면에서 건축자산이라 호칭하고 있다.

이상과 같은 건물의 개념에서 새롭게 개념화된 건물자산의 의미는 건축자산을 중심으로 그 건축자산 위에 존재하는 소유권 중심의 권리자산 그리고 경제적 가치와 문화가치 및 예술가치 등의 가치자산 및 환경자산 등을 총합한 건축자산을 건물자산이라 한다. 건물자산을 구체적으로 다시 설명하면, 건물자산이란 건축자산과 권리자산 및 가치자산과 환경자산의 요소를 두루 가지고 있는 자산을 총칭하여 건물자산이라 한다.

건물자산의단계에는 취득단계와 보유단계 및 처분단계 등 3단계가 있으며, 건물자산은 삶의 터전, 생활의 기반, 일의 인프라 기능과 역할을 하고 있음은 물론, 물리적 내용연수, 경제적 내용연수, 기능적 내용연수, 행정적 내용연수, 법정 내용연수 등의 연수개념을 가지고 있다.

건물자산은 내구성과 경제성, 공간의 쾌적성과 편리성, 안전성과 환경을 가치로 인식하고 있으며, 건물자산의 구성은 건축대지와 건축시설물(건축골조와 주요 부재 및 마감

부재 등) 및 건축설비(전기설비, 냉난방설비, 위생설비, 소방설비, 이동설비, 통신설비와 전자설비 등)와 기타 부대시설(창고, 주차장, 조경시설물, 도로 등)로 구성된 건축물과 그 위에 존재하는 재산권, 즉 물권의 소유권과 임대료 및 관리비 등의 채권 및 기타 권리 등의 권리자산, 그리고 경제가치(사용가치와 교환가치), 문화가치, 역사가치, 예술가치 등의 가치자산 그리고 그 건축물이 위치하고 있는 곳의 자연경관, 일조권과 조망권, 교통환경과 교육환경, 편의시설, 문화시설과 시장상권과 쾌적한 환경 등의 환경자산 등을 총합하여 건물자산이라 호칭하고 있다.

건물자산관리용역의 개념을 이해하기 위해서는 건물자산관리의 관리개념과 용역개념을 동시에 이해할 필요가 있다. 관리의 의미는 관리대상 건물을 보존하거나 이용 및 개량하는 활동을 의미하나 용역의 의미는 서비스로서 물질적 재화 이외의 생산이나 또는 소비에 필요한 노무(서비스)를 말한다.

용역은 영문으로 서비스(service)로 표기되는 용어로서 생산된 재화를 운반, 배급하거나 생산 이외의 소비에 제공되는 노무를 의미하고 경제학에서는 비생산적 노동 또는 비물질적 재화로 해석하고 있다. 용역(서비스)도 돈을 매개로 거래되면 상품이 된다. 서비스의 종류에는 분류기준에 따라 여러 가지로 분류가 가능하나 일반적으로 사람에 의하여 직접 제공되는 휴먼 서비스(human service)와 사람이 설계하고 장치한 기계에 의하여 간접적으로 제공되는 엔지니어링 서비스 또는 공학적 서비스(engineering service) 등으로 분류하고 있으며, 업무의 편의상 일반용역과 기술용역으로 분류하기도 한다.

이 책에서 사용하는 용역의 의미는 서비스의 의미와 같은 뜻으로 사용하고 있다.

건물자산관리를 함에 있어서 관리용역은 건물자산관리에 필요한 용역을 사람과 설비 등에 의하여 제공하는 서비스로서 전문적 · 기술적으로 제공되는 노무를 의미한다. 이때 제공되는 용역은 서비스 상품으로 이해되고 있다.

왜냐하면, 건물자산관리용역은 건물자산의 소유자나 경영자가 그들의 지식과 정보 또는 기술이나 경험으로 직접 관리대상 건물자산을 운영하고 관리하기가 불가능하여 직접 유지관리 할 수 없는 경우, 또는 건물자산 경영 전략상 위탁관리하는 것이 경제적 측면이나 기술적 측면 및 안전관리 측면에서 유리한 경우에 일정한 용역대가(용역비) 급부를 조건으로 반대급부의 조건으로 제공되는 서비스 개념이기 때문에 서비스(용역)는 금전으로 교환되는 상품으로 이해해야 한다.

건물자산의 단계별 관리용역의 범주에는 취득단계의 경우, 매입대행용역, CM 용역, 개발용역, 투자 타당성 연구용역 등이 있으며, 보유단계에는 PM 용역, FM 용역(시설물관리용역, 시설물경비용역, 청소용역과 위생소독용역 및 조경시설물 관리용역), 인테리어 용역, 대수선용역과 점검 · 진단 용역, 보수 · 정비 · 교체 용역 등 다양한 용역의 범주가 있다. 그리고 처분단계의 용역의 범주에는 철거용역, 재개발용역, 매각대행용역, 증축과 개축의 기술용역 등이 있다.

조달청의 용역분류에 따르면, 용역의 종류는 일반용역과 기술용역으로 대별되며, 일반용역에는 시설분야용역(시설물관리용역, 청소용역, 경비용역)을 필두로 정보통신관련 용역, 폐기물처리용역, 조경관리용역, 육상운송용역, 학술연구용역, 전시 및 행사 대행 용역, 공고 및 행사 대행 용역, 감리 및 검사 용역, 장비 및 유지보수 용역, 보험용역 등으로 세분되며, 기술용역에는 다시 건설기술용역, 엔지니어링기술진흥법에 의한 기술용역으로서 엔지니어링 활동, 기타 개별법에서 정한 기술용역 등으로 세분된다.

오늘날 국내 건물자산관리시장에서 주된 용역수주영업의 범주에는 보유단계에서 주로 이루어지는 운영관리용역으로서 PM 용역(건물자산운영관리용역)과 FM 용역(시설물관리용역, 시설물경비용역 그리고 시설물청소용역, 주차시설관리용역, 조경시설물관리용역) 등이 있다.

결론적으로, 건물자산관리용역의 개념은 건물자산관리용역계약에 따라 건물자산의 사용과 수익을 위하여 유료의 조건으로 제공되는 건물자산의 경영과 운영 및 관리 서비스를 말한다.

AM 용역과 PM 용역 및 FM 용역(시설물관리용역, 시설물경비용역, 시설물청소용역과 주차시설관리용역, 조경시설물관리용역) 등이 대표적 건물자산관리용역의 범주에 해당되며, 시설관리용역시장에서는 PM 용역과 FM 용역이 건물자산관리 전문용역회사 영업팀의 주된 수주영업의 대상이 되고 있다.

2. 건물자산관리용역과 건축시설물관리용역의 상호관계

건물자산관리와 건축시설물관리는 상호 보완관계를 가지고 있는 동시에 상호 지원관계를 가지고 있다. 특히 건물자산관리용역 범주 중 건물자산운영관리(PM)는 취득 건물자산의 운영과 관리를 통하여 유지관리비용의 최소화와 운영수익의 극대화를 통하여 운영수익의 최대화를 지향하는 수익관리라 할 수 있으나 이는 건축시설물관리(FM)의 지원 없이는 공염불에 지나지 않는다. 왜냐하면, PM을 통하여 운영수익을 최대화하려면 건축시설물관리를 통하여 기능과 성능을 장기적으로 정상화하고 사용가치를 높여야 하며, 쾌적하고 편리하며 안전하게 사용, 수익할 수 있도록 양질의 시설물관리 서비스를 적절히 생산하고 제공해야 하기 때문이다.

건축시설물관리용역은 건물자산 소유주 또는 AMC나 PMC와 건축시설물관리용역계약을 체결하고 제공하는 건축시설물관리 서비스(시설관리 서비스, 청소 서비스, 경비 서비스 등)는 현실적으로 가장 큰 규모의 FM 시장을 가지고 있으나 PM 용역시장(임대관리와 시설물관리)은 FM 시장에 비하여 매우 제한적 시장을 가지고 있어, 현재까지는 FM 시장이 대종을 형성하고 있다. 그러나 시장 환경이 변화하고 있어 향후 PM 시장의 규모도 다소 커질 것으로 전망된다. 현실적으로 대형 빌딩 관리용역 민간 발주자 중에는 PM 용역 발주를 통하여 임대관리와 시설물관리용역을 동시에 발주하고 있어, 이 책에서는 건물자산운영관리(PM 용역)와 건축시설물관리용역(FM 용역)을 동일 선상에 놓고 수주영업 이론을 설명하고 있음을 독자 제현께서 유념해 주기 바란다.

제3절 건물관리용역업의 법정자격과 필요조건

1. 건물관리용역업

1) 건물관리용역업의 개념

매년 정부에 의하여 발표되는 한국표준산업분류에 의하면 건물관리용역 관련업종은 '사업시설관리 및 사업지원 서비스업'으로 분류되고 있다.

시설물관리용역업을 다시 구체적으로 설명하면, 시설관리용역 관리 분야인 사업시설 유지관리 서비스업, 건축물 일반청소업, 소독·구충 및 방제 서비스업, 조경관리 및 유지 서비스업, 경비 및 경호 서비스업, 보안 시스템 서비스업 등을 사업시설관리 및 사업지원 서비스업으로 규정하고 있다. 그러나 조달청에서는 시설물관리용역업을 일반용역업으로 명시하고 있다.

강학상 시설물관리용역업과 건물임대관리용역업을 포괄하고 있는 건물운영관리용역업은 큰 틀의 건물자산관리업(AM 서비스업)에 해당되는 하나의 업종으로서 개인이나 단체, 기업 등이 건물자산관리용역 위탁자로부터 일정한 용역비를 받는 조건으로 건물자산의 사용 수익에 필요한 일정한 노무 즉, 운영관리 서비스(임대관리 및 건축물의 영선, 건축설비의 점검과 운전, 경비, 환경미화, 조경시설물관리 등의 서비스)를 계속하여 제공함을 업으로 영위하는 경제활동을 말한다.

건물운영관리용역업은 건물의 라이프사이클 측면에서 고찰해 볼 때, 보유단계 동안에만 이루어지는 건물관리 서비스업의 일종으로서 이에는 PM 용역업과 FM 용역업이 있다. PM 용역업에는 건물임대관리 서비스업(LM : Leasing Management Service)과 건축시설물관리 서비스업(FM : Facility Management Service) 등이 있고, FM 용역업인 건축시설물관리 서비스업을 다시 세분하면, 시설물관리용역업과 시설물경비용역업, 시설물청소용역업 그리고 주차시설관리용역업, 조경시설물관리용역업 등으로 분류할 수 있으며 이를 통칭하여 시설물관리용역업이라 말한다.

2012년도 조달청 행정자료에 의하면, 용역업체의 조달청 등록자 수는 무려 74,699개 사에 달하고 있으나, 2006년도 통계청 자료에 따르면, 전국부동산관리업체의 수는 개인사업체, 회사법인, 회사 이외의 법인, 비법인단체 등을 합하여 21,265개 사업자로 조사되고 있다. 또한 이에 종사하는 관리자의 수는 186,350명으로 집계되고 있다.

전국 부동산관리업체의 현황은 다음의 〈표 1-1〉과 같다.

건축시설물관리 관련협회(한국건물위생관리협회, 한국건축물유지관리협회, 한국경비협회, 한국방역협회)의 2010년 12월 31일자 각 협회의 자료에 의하면, 시설물관리용역업체의 수는 4,000개사로서 이에 종사하는 관리자의 수는 45,000명으로 추산되고 있으며, 시설물 청소용역업체의 수는 무려 9,860개사로서 약 600,000명이 이에 종사하고 있는 것으로 추산되고 있다. 또한 동 자료에 의하면, 시설물 경비용역업체의 수는 4,270개사로서 이에 종사하는 경비원의 수는 150,000명으로 집계되고 있으며, 시설물 소독용역업체의 수는 4,065개사로서 이에 종사하는 소독종사자는 60,000명으로 집계되고 있다.

건축시설물관리용역시장의 규모와 업체 현황은 다음의 〈표 1-2〉와 같다.

〈표 1-1〉 부동산관리업체의 현황(2006)

산업별	조직 형태별	사업체수(개)	종사자수(명)
부동산관리업	계	21,265	186,350
	개인사업체	2,195	8,490
	회사법인	3,705	54,528
	회사 이외의 법인	665	8,107
	비법인단체	14,700	115,225
주거용 부동산관리업	계	15,164	136,216
	개인사업체	296	1,569
	회사법인	1,761	25,000
	회사 이외의 법인	467	5,946
	비법인단체	12,640	103,701
비주거용 부동산관리업	계	6,101	50,134
	개인사업체	1,899	6,921
	회사법인	1,944	29,528
	회사 이외의 법인	198	2,161
	비법인단체	2,060	11,524

(자료출처 : 통계청, 서비스 통계, 2006)

〈표 1-2〉 건축시설물관리용역시장의 규모

(2010년 12월 31일 현재)

업종명	시장 규모	업체수	회원수	종사자	관련단체
청소업	3.5조	9,860	468	600,000	(사)한국건물위생관리협회
설비업	3조	4,000	100	45,000	(사)한국건축물유지관리협회
경비업	2조	4,270	1,559	150,000	(사)한국경비협회
소독업	1000억	4,065	725	60,000	(사)한국방역협회
계	8조6000억				

(자료출처 : 최걸성, 상업용 건물관리제도의 평가와 개선에 관한 연구, 2011, p48 인용)

[주] 1. 종사자수는 업체수를 고려한 추정치임
2. 시장 규모는 관련업종의 종사자를 고려해서 추정한 시장 규모임
3. 각 관련협회의 협조로 작성된 자료임

이 책의 주제가 건물관리용역 수주영업이므로 건물관리용역의 중심인 PM 용역업과 FM 용역업을 대상으로 수주영업의 이론지식과 실무경험지식인 개념지식과 방법지식 및 활동지식(행동지식) 등을 연계하여 함께 설명할 예정이다.

2) 국내 건물관리용역업의 태동 역사와 발전 배경

1960년대 이전에는 우리나라 건물관리용역업은 존재조차 없었으나 1960년 2월 9일 한경기업(주)이 주한 미국대사관 소유 유 솜 빌딩 청소용역의 계약체결과 연이어 용역 계약이 체결된 국가재건최고회의 청사 건물관리용역 계약이 공식적으로 우리나라 최초의 건물관리용역의 효시로 인정되고 있다.

1970년대에 진입하면서 우리나라 최초의 현대 건물로 인정되는 삼일빌딩이 1971년에 준공되고 1976년에 대우빌딩, 1979년에 삼성본관건물이 각각 준공됨으로써 현대적 관리 개념의 건물관리가 일부 직영, 일부 위탁관리방식으로 관리되기 시작하였다.

1973년 1차 오일쇼크와 1979년 2차 오일쇼크는 외국의 경제는 물론, 우리나라 경제에 엄청난 타격을 가하여 기업의 도산과 실업자의 양산을 가져왔으나 역설적으로 건물관리용역업 태동을 촉진하는 계기가 되었다.

1980년대에 진입하면서 '86아시안 게임과 '88서울올림픽 게임이 각각 성공적으로 개최되고 이를 위한 서울의 테헤란로와 여의도 등지에 현대식 고층 빌딩인 63빌딩이 1985년에, 포스코 본사 건물과 풍림빌딩이 1987년에 각각 준공되었고 기타 빌딩들이 줄이어 신축됨으로써 바야흐로 현대 빌딩의 숲을 이루게 되자 재벌기업을 중심으로 삼성의 중앙개발, 대우의 동우공영, LG 그룹의 LG 유통, 삼성생명의 빌딩관리사업부, 풍림

산업의 사옥관리부 등을 각각 설립하거나 조직화하여 대기업 중심의 건물관리시대가 시작되었다.

특히, '86아시안 게임과 '88서울올림픽 게임의 개최는 우리나라 경제 발전에 견인차 역할을 하여 산업화를 앞당겨 주었고 부의 축적으로 다수의 대형 빌딩의 신축을 양산하게 하여 자연스럽게 빌딩관리의 전문화를 요구하게 되었으며 이로 인하여 건물관리용역업이 전문 관리용역업으로 발전하는 데 획기적인 전기를 마련해 주었다.

1990년대에 진입하면서 출현하기 시작한 대형 상업용 임대빌딩들은 건물임대시장을 출현시켰으며 정보통신, 전자기술의 발전은 IBS 건물, 자동화 건물, 첨단 건물, 스마트 건물 등을 양산하여 기술관리의 중요성과 필요성을 크게 증대시킴으로써 자연스럽게 관리기술과 전문성으로 무장한 대형 관리용역회사들을 태동하게 하였다.

2000년대가 시작되면서 빌딩관리 시스템이 개발, 접목되고 관리의 효율화와 능률화가 촉진되었으며 아웃소싱에 의한 인력관리가 정착되고, ISO 인증제도와 KS 서비스 인증제도 및 서비스 품질 우수기업 인증제도 등이 국제 인증단체와 우리나라 지식경제부 기술표준원의 주도로 실시되어 서비스 품질의 보장, 경영의 효율화, 기업조직의 경쟁력 강화 등으로 입주고객의 생명 및 건강 보호와 재산 보호의 장치를 마련하여 일대 건물관리용역의 사회적 책임과 공공성을 크게 강조하게 되었다.

건물관리 용역시장의 규모가 크게 신장하여 6조 원대의 시장으로 성장하였으며, 용역업이 단순한 기능이나 노무 제공이 아닌 서비스업으로서 용역업의 전문화 시대를 도래하게 하였다.

2010년대에 들어와 우리나라 건물관리용역기업의 창업이 계속 늘어나 용역기업 간에 치열한 수주경쟁으로 덤핑 입찰이 일반화되고 있으며 부적절한 수주 관행으로 수주영업시장의 질서가 파괴되어 가고 있다. 대기업의 경우 중소기업 우선 입찰참가 정책으로 수주기회가 자주 박탈되어 대기업의 경영수지가 악화됨에 따라 채산성이 후퇴하여 경영상의 적자가 누적되는 현상이 나타나고 있다. 뿐만 아니라 부동산 경기의 후퇴로 빌딩의 공실이 증가되고 부동산 분양의 퇴조로 용역 단가의 하향 조정을 강요당하거나 용역비의 수금 지연으로 경영상의 어려움마저 감수당하고 있다.

이와 같은 연유로 시설물관리용역업에서 점차 영업영역을 넓혀 PM 용역업, 인테리어업, 인력파견업, 기술인력에 의한 제품생산업, 공사 CM업, 관리용품 생산업, 부동산 투자자문업 또는 자산운용업 등으로 눈을 돌리는 추세를 보이고 있다. 이는 전적으로 FM 용역업의 용역수주만으로는 기업경영의 한계가 있음을 인식한 결과로 판단된다.

건물관리현장과 건물자산관리용역시장에서 활발하게 활동하고 있는 AM 업체 수는 21개사에 이르고 있으나, 활발하게 활동하고 있는 외국계 대형 PM 업체는 CBRE, JLL, SAVILLS 등 3개사에 불과하고 국내 대형 PM 업체로는 메이트플러스, 신영에셋, 에버랜드,

교보리얼코 등이 대표적인 PM 업체로 활동하고 있다. FM 업체의 수는 시설관리용역업 4,000개사, 청소용역업 9,860개사, 경비용역업 4,270개사 그리고 소독용역업 4,065개사 등 관련협회 추산 22,195개사로 집계되고 있으나 이 중 약 10% 정도만이 시설물관리용역회사로서 경영다운 경영을 수행하고 있을 뿐, 나머지 용역회사 대부분은 경영상의 어려움과 영업 능력의 한계로 경영상 어려움을 면치 못하고 있는 것으로 추정된다.

우리나라 건물관리용역업의 태동과 발전의 배경을 요약해 보면 다음과 같다.

첫째, 1970년대에 진입하면서 재벌기업 중심으로 신축된 사옥 용도의 본사 사옥 건물의 등장과 이를 체계적으로 운영관리하기 위하여 해당 회사의 사정에 따라 기업마다 자산관리부, 빌딩관리부, 사옥관리부를 조직하거나 또는 건물관리회사를 자회사 성격으로 출범시켜 인사 · 회계 · 임대 관리 등의 업무를 직영관리하고 나머지 유지관리업무인 시설물관리 · 청소관리 · 경비관리 업무 등은 타 용역회사에게 위탁처리한 것이 건물관리용역업의 태동과 발전의 첫 번째 배경이 되고 있다.

둘째, 1980년대부터 '86아시안 게임, '88서울올림픽 게임 등의 대형 국체육제 행사 개최로 국내 부동산개발 붐이 조성되고 이에 편승한 대형 건물의 대량 등장이 건물관리용역업의 태동을 견인하였으며, 능력 있는 인력이 용역업에 참여하게 됨으로써 용역업의 업무체계화와 기술이 개발되고 전문화의 노하우가 축적되는 전문용역관리업을 탄생하게 하였다.

셋째, 국내 건물관리용역업의 태동과 발전을 크게 견인한 결정적인 배경은 1997년 IMF 외환위기로 인한 기업구조조정에 따른 부실기업과 금융기관 소유에서 자산관리공사로의 이전에 따른 건물자산 위탁관리와 처리문제, 해외펀드의 국내 유입에 의한 국내 건물자산의 외국계 투자회사에로의 매각으로 인한 위탁관리의 필요성 대두, 부동산간접투자시장의 활성화로 건물자산 대형 투자로 인한 전문 위탁관리의 필요성 등이 본격적으로 국내 건물관리용역업의 태동과 발전의 배경이 되고 있다. 다시 말하면, 극심한 경제불황이 우리나라 건물관리용역업의 태동과 발전의 주된 배경이 되고 있다.

미국의 경우에도 우리나라의 경우와 같이 1930년대 경제대공황, 1980년대 극심한 경제불황이 미국 건물자산관리업의 본격적인 태동과 발전의 배경이 되고 있어 우리나라 건물관리용역업의 태동과 발전 역사와 그 맥을 같이하고 있다.

3) 국내 건물관리용역업의 문제점

용역업의 문제점이라 함은 용역업을 영위하거나 발전하는 데 저해 요인으로 작용하거나 해결 또는 개선해야 할 과제(issue)나 요인(factor) 등을 의미한다.

우리나라 건물관리용역업의 영위나 발전의 저해 요소로 작용하고 있는 문제에는 대체로 다음과 같은 문제점들이 있으며 이는 건물관리용역업의 미래 발전을 위하여 조속히 연구나 노력을 통하여 개선해야 할 과제이다.

(1) 자본의 영세성과 매출 및 수익률 저조

우리나라 상위 건축시설물관리용역회사 100대 기업 중 삼성에버랜드, 서브원, 63CITY, 대림I&S 등 4개사를 포함한 자본금 10억 원 이상의 건물자산관리용역기업은 2011년 12월 31일 현재 C&S자산관리(396억), 이지빌(100억), 아이서비스(70.7억), 모스퍼실리티(62.7억), 에스텍시스템(40억), 우리기업(40억), 케이티에스엔시(40억), 포스메이트(35.7억), 한불에너지관리(30억), 삼구아이앤씨(22억), 백상기업(25억), 경원산업관리(18억), 동우공영(15.8억), 동우유니온(15억), 교보리얼코(15억), 아이비에스인더스트리(15억), 프로에스콤(15억), 국제흥업(15억), 미성산업개발(13억), 신의기술(12.4억), 지앤비시스템(11.8억), 휴콥(10.5억), 장풍(10.5억), 고암(10억), 현대C&R(10억), 아스타아이비에스(10억), 두레시닝(10억), 비티엠써비스(10억), 세안텍스(10억), 명진기업(10억), 대교산업(10억), 달마(10억) 등 자본금 10억 원 이상의 기업은 36개사에 불과하다.

우리나라 건축시설물관리용역업체의 자본금 실태를 분석해 보면, 자본금 10억 원 이상의 용역업체의 수는 전술한 바와 같이 100대 기업 중 단지 36개사에 불과하며 나머지 용역업체 64개사는 평균 자본금 5억 원 미만으로 영업하고 있어 자본잠식이 우려되는 가운데 우리나라 건축시설물관리용역업체의 자본 영세성을 여실히 보여주고 있다.

또한 100대 용역회사 중 타인의 지원 없이 자체 경영이 가능한 매출액 100억 원 이상의 기업은 54개사에 불과하고 100대 기업의 평균 영업이익률은 3.65%에 불과함을 볼 때 약 50% 상당의 기업들이 경영의 어려움에 노출되어 있으며 수익성 후퇴로 지속적 경영과 발전에 지장을 받고 있는 것으로 파악되고 있다. 또한 매년 한국은행에서 발표하는 〈기업경영분석〉에 의하면 2011년도 사업시설관리 및 사업지원 서비스업의 평균 부채비율은 106.53%이고 유동비율은 163.98%로 조사되고 있다.

이와 같은 자본의 영세성과 매출의 한계, 수익률의 저조와 높은 부채비율은 용역기업 발전의 장애 요소로 작용하고 있을 뿐만 아니라, 관리종사자의 저임금, 수주영업 전문인력의 고용마저 가로막아 수주영업에도 지장을 초래하고 있다. 자본의 영세성과 매출 및 수익률 저조의 문제와 높은 부채비율은 용역업의 미래 발전을 위하여 조속히 개선되어야 할 문제점으로 인식된다.

(2) 전문인력 양성의 미흡과 R&D 노력 부족

국내 건물관리용역회사 중 일정한 경영 규모를 갖춘 소수의 용역기업을 제외하고 대부분의 용역기업들은 경영상의 영세성과 경영자의 경영철학 부재로 교육과 훈련을 등

한시하여 전문인력 양성에 힘을 쏟지 않음으로써 전문인력 양성이 제대로 이루어지지 않아, 대부분의 용역업무를 비전문가인 고령인력과 여성인력에 전적으로 의존하여 서비스 생산과 공급으로 용역업을 영위함으로써 생산성은 후퇴하고 서비스의 질마저 떨어져 건물의 소유고객은 물론, 입주고객의 만족을 충족시키지 못하고 있는 실정이다.

또한 경영상의 영세성은 기술 연구와 효율적 운영관리 시스템 개발을 가로막아 관리생산성 향상을 저해하고 신기술 개발을 방해하여 미래 빌딩관리기술 변화에 적응하거나 새로운 건물관리문제에 적절히 대응하지 못하고 있다. 전문인력 양성의 미흡과 R&D 노력 부족의 문제는 용역업의 미래 발전을 위하여 조속히 개선되어야 할 문제점으로 판단된다.

(3) 단기 용역계약의 문제점

국가를 당사자로 하는 계약에 관한 법률에 따라 시행되는 조달청 입찰과 주요 민간 발주처의 경우, 용역계약기간을 1년으로 정하고 있어 용역기업이 현장을 인수하고 파악하여 어느 정도 안정적 관리가 이루어질 즈음에 계약기간이 종료되어 인계하고 철수해야 하는 입장에 서게 되어 건물자산의 효과적 보존을 위하여 물리적 수명 연장, 자산가치 제고 등에 관한 연구나 투자는 아예 생각조차 어렵게 하고 있다.

용역계약기간을 적어도 2~3년으로 개선하는 경우, 용역회사는 관리계획을 중·장기적으로 세워 자산의 보존과 물리적 수명 연장 등의 연구와 기술 개발로 관리대상 자산의 보호와 더불어 관리업무의 효율성과 생산성 향상에 기여하게 될 것이다.

단기 용역계약기간의 문제는 용역업의 미래 발전을 위하여 조속히 개선되어야 할 문제점으로 인식된다.

(4) 비효율적 관리 시스템과 서비스 업무 표준화 미흡

서비스는 활동을 통하여 생산·공급되며 서비스 생산과 공급은 반드시 효율적 서비스 생산 시스템을 기반으로 가장 경제적 방법으로, 안전하게, 효율적으로, 적합하게 생산 공급되어야 한다. 그러므로 서비스 활동을 위하여 활동 시스템은 효율적으로 구축되어야 하고 업무는 표준화되어야 한다.

시설물관리용역과 관련하여 지식경제부 기술표준원이 시행하고 한국표준협회가 주관하는 KS 서비스 인증제도의 경우 시행 6년이 경과하였음에도 불구하고 2011년 12월 말 현재, 단지 11개 용역회사만이 인증받았을 뿐 대부분의 용역기업들이 관심조차 보이고 있지 않음을 볼 때, 그리고 소수 용역회사를 제외한 대부분의 용역기업들이 표준 매뉴얼도 없이 아직도 경험과 상식, 직관으로 용역업무를 비효율적 관리 시스템을 통하여 수행하고 있음을 볼 때, 아직도 우리나라 용역기업의 관리 시스템과 업무 표준화에 문제가 있음을 확인할 수 있다.

비효율적 관리 시스템과 업무 표준화 미흡의 문제는 용역업의 미래 발전을 위하여 조속히 개선해야 할 문제점으로 판단된다.

(5) 시장진입 장벽의 문제점

건물관리용역시장에 진입하기 위하여 신규 입찰 또는 기획수주영업을 시도하는 경우, 누구든지 쉽게 시장진입이 허용되지 않는다.

왜냐하면, 시장진입을 수많은 요구조건과 제도 등이 가로막고 있기 때문이다. 예를 들면, 당해용역 수행능력(이행실적, 경영상태와 신용평가등급), 신인도 점수, 근로조건 이행계획의 적정성, 재무위험의 유무, 입찰가격 등에 문제가 없어야 하며, 사회적 기업 여부, 대기업 입찰참여 제한 등으로 누구나 시장진입을 하도록 허용하지 않고 있다. 뿐만 아니라, 청소용역업과 경비용역업의 경우에는 상시 근로자수 300명 미만 또는 매출액 300억 원 이하의 중소기업 업종으로 분류하여 중소기업만이 입찰참여가 허용되고 대기업의 경우는 입찰이 배제되며, 경비용역업의 경우에는 관할 지방경찰청장의 허가를 받아야 하는 조건이 추가된다.

시장진입 장벽의 문제는 건물관리는 규모 있는 용역기업에 의하여 수행하는 것이 바람직하므로 대기업 입찰참여 배제문제는 미래 용역의 발전을 위하여 조속히 개선되어야 할 문제로 인식된다.

(6) 저임금과 열악한 근무환경

건물관리 서비스 종사자의 평균 임금은 산업체 평균 임금(250만 원/월)의 62%에 해당하는 140만 원/월 으로 조사되고 있어 산업체 평균 임금 수준으로의 개선이 시급히 요구되고 있다.

그러나 다행스럽게도 수주영업직과 임대관리자의 경우에는 경력과 능력의 차이에 따라 다소의 차이는 있으나 3000만 원/년 내지 5000만 원/년의 고임금을 받고 있어 바람직한 직업으로 평가된다. 한편, 근무환경이 매우 열악하고 실내 공기 질마저 쾌적하지 아니하여 건강에도 문제가 있는 것으로 평가되고 있다. 따라서 미래 용역업의 발전을 위하여 저임금의 문제와 열악한 근무환경은 조속히 개선되어야 할 문제점으로 인식된다.

(7) 덤핑 입찰의 문제점

소수의 용역회사를 제외한 대다수 용역회사들의 경우, 덤핑 수주 행위를 일삼고 있어 경영 적자의 누적 현상이 자주 나타나고 있다. 덤핑 수주는 경영상의 적자는 물론 수주질서를 저해하고 서비스의 질을 떨어뜨려 고객의 불만을 낳고 있다. 조속히 개선해야 할 문제점으로 지적되고 있다.

2. 건물관리용역업의 법정자격과 필요조건

건물관리용역업 중 시설물관리용역업을 영위하려면 업종에 따라 다소의 차이는 있으나 소정의 절차에 따라 다음의 조치를 강구하고 각 용역 업종별로 필요조건을 충족한 후 법정자격을 취득하여야 한다.

1) 전 용역 업종 공통 조치사항

(1) 법인설립

시설물관리용역업을 영위하려면 우선 먼저 법인설립에 필요한 소정의 서류를 갖추어 법인설립 등기를 하여야 하며, 법인정관 및 법인등기부 상에 법인목적사업으로 건축물유지관리용역업을 명시해야 한다.

(2) 사업자등록

법인등기를 완료한 용역업자는 본사 주소지를 관할하는 세무서에 사업의 종류 난에 업태를 서비스업으로 명기하고 종목을 건축물유지관리용역업[경비업(주차관리), 청소업, 소독업, 건축시설관리업]으로 기재하여 사업자등록을 하고 사업자등록증을 교부받아야 한다.

(3) 허가 및 신고

업종에 따라 다소의 차이는 있으나 관계법에 따라 업을 영위하는 데 필요한 허가 또는 신고를 반드시 필해야 한다.

2) 시설경비용역업

시설경비용역업을 수행하고자 하는 자는 자본금 5천만 원 이상, 경비인력 20명 이상, 교육장(20명 가능 규모 이상), 20명 이상분의 복제 및 경비장구(경적, 경봉, 분사기)를 갖추고 경비업법에 따라 관할 지방경찰청에 소정의 절차대로 시설경비업 허가신청을 하고 시설경비업 허가를 받아야 한다.

허가절차는 다음의 [그림 1-1]과 같다.

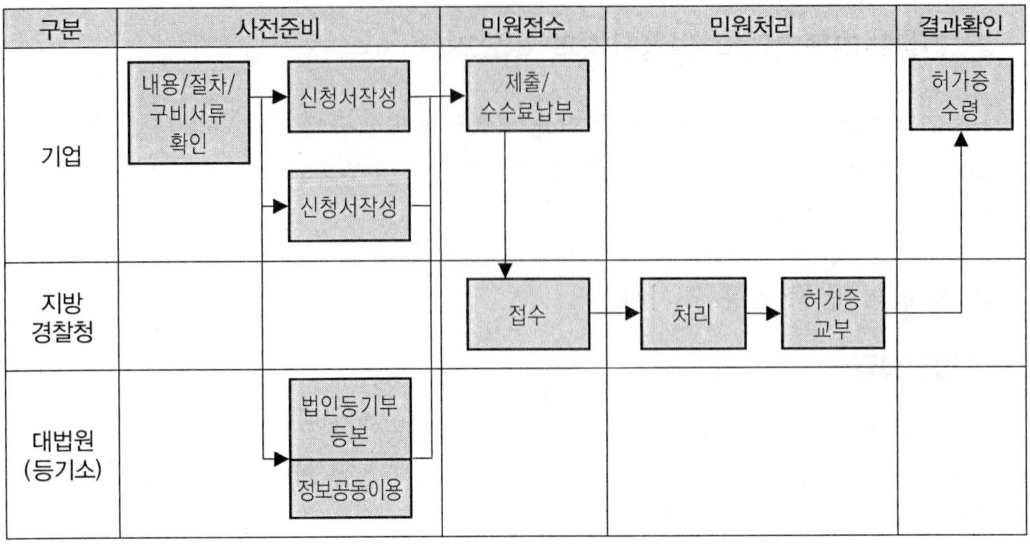

[그림 1-1] 시설경비용역업 허가절차

3) 청소용역업

청소용역업을 영위하고자 하는 자는 〈표 1-3〉의 위생관리용역업 신고 필요조건을 충족하여 공중위생법 제4조제2항, 동법 시행규칙 제6조제1항에 따라 해당 시·군·구청(보건소 또는 청소과)에 신고하고 신고필증을 교부받아야 한다.

〈표 1-3〉 위생관리용역업 신고 필요조건

사무실	건축물대장상 근린생활용도 사무실, 3.3 제곱미터 이상, 각 사업장마다 1명의 관리책임자 지정
장 비	- 운반차량 1대 - 마루광택기(10인치 이상) 5대 이상 - 진공청소기(10인치 이상) 5대 이상 - 먼지측정기 1대 이상 - 산소, 이산화탄소 측정기 1대 이상 - 조명측정기 1대 이상 - 온도, 상대습도 측정기 1대 이상 - 기류측정기 1대 이상 - 안전벨트, 안전모, 안전로프 등
창 고	장비 및 약품 보관창고 16제곱미터 이상 확보
준비서류	- 개설신청서 - 평면도 1부, 사진 2매(소 명함판 흑백 또는 컬러)
수수료 등	- 수수료 2,300원 수입증지 - 지역개발공채 45,000원 - 면허세 일정금액

이상의 신고 필요조건을 구비하여 신청서를 작성, 각 보건소 위생담당 또는 시·군·구의 청소과에 접수하고 신고 절차는 '신청 → 접수 → 현지조사 → 신고필증 → 신고증 교부' 순으로 진행된다. 신고 처리기간은 통상 3일 정도 소요된다.

4) 소독용역업

소독용역업은 전염병예방법 제40조의3, 동법 시행규칙 제20조의2에 따라 다음의 〈표 1-4〉와 같이 신고 필요조건을 구비하여 보건소 민원실(담당부서는 보건소 방역계, 예방의약계임)에 접수하면 된다.

〈표 1-4〉 방역소독용역업 신고 필요조건 및 절차

구분	내용
1. 신청서류	- 신청서 1부 - 시설내역서 1부 - 소독업무 종사자 1명 이상 - 장비내역서 1부
2. 시설 및 장비	- 사무실 및 구획된 창고 - 소독용 차량(승용차 제외) 1대 이상 - 차량용 또는 손수레용 초미립자 살충제 살포기 1대 이상 - 휴대용 연막소독기 2대 이상 - 동력분무기 1대 이상 - 약품혼합기(스테인리스 강재 100리터 이상의 용량) 2개 이상 - 수동분무기 5대 이상 - 방독면 및 보호용 안경 5개 이상 - 보호용 의복(상·하) 5벌 이상 - 진공청소기 등 청소 및 소독에 필요한 기계 및 기구
3. 수수료 및 기타 비용	- 수입증지(5,000원 상당) - 면허세 36,000원 - 지역개발공채 70,000원
4. 신청절차	- 보건소 민원실에 신청 → 접수 → 서류심사 → 현지조사 → 결과 통보 → 신고필증 교부 순으로 처리된다.

5) 건축시설관리용역업

건축시설관리용역업은 허가, 신고, 등록 등의 관련법이 없어 별도의 법정자격 없이 용역을 수주할 수 있어 법인을 설립하고 공통 조치사항을 취한 후 시설물관리용역업을 영위할 수 있다.

다만, 건축시설관리용역업의 업무범위가 건축영선, 전기, 기계, 방재, 소방, 자동제어설비 등에 대한 운전과 관리(O&M : Operation And Maintenance)와 경미한 보수와 점검 및 안전관리와 실내 환경관리업무를 수행하므로 도급계약 체결 후 건축시설물 용도 및 설비용량에 따라 개별법에서 명시한 전기안전관리자, 방화관리자, 가스안전관리자, 위험물취급자 등의 법정선임관리자를 선임하고 관계기관에 소정의 절차대로 신고해야 건축시설관리용역업을 영위할 수 있다.

또한 건축시설관리용역업은 근로자 파견업으로 용역업을 수행할 수 없으며, 반드시 도급계약에 의한 용역업으로만 이 업을 영위할 수 있다.

제4절 건물관리용역 수주영업

1. 수주영업의 개념

건물관리용역시장에서 수주영업이라 함은 기업의 영리를 목적으로 관리용역을 수주받기 위하여 수행하는 일체의 활동을 말하며, 용역수주를 통하여 영리를 목적으로 사업으로 경영하는 일 또는 경영활동(경영행위)을 말한다. 구체적으로 용역수주영업을 설명하면 수주영업이란 수주영업의 계획 및 영업 전략 수립, 수주영업정보의 수집과 분석, 제안서 작성 및 제출, PT(프레젠테이션), 적격심사, 협상, 계약체결 등의 활동을 의미한다.

모든 건물관리회사가 경영을 함에 있어서 관리용역의 수주는 기업의 사업목적이고 존재 이유이며 기업의 사활을 결정짓는 매우 중요한 과업이기 때문에 건물관리회사 경영의 꽃이라 할 수 있다. 그러므로 관리용역의 수주영업활동은 회사업무 중 가장 중요한 업무로 평가되며 이를 담당하는 수주영업 종사자는 수주영업의 전문성과 정보와 지식 및 경험 등을 두루 갖춘 수주전문가이어야 하고 기업의 발전을 책임지는 핵심 직원이므로 용역수주영업에 최선을 다해야 한다.

따라서 소속 건물관리회사에서도 수주영업 종사자를 끊임없이 교육 훈련해야 하고 동기를 부여해야 하며 경제적 만족 제공과 함께 권한과 책임을 동시에 부여하여야 한다.

관리용역의 수주는 시설관리회사(FMC : Facility Management Company)의 경우 매우 중요하다. 왜냐하면, 보유단계 동안 이루어지는 PM 용역과 FM 용역(시설물관리용역, 시설물경비용역, 청소용역, 주차관리용역) 등의 수주가 이루어지지 않는 경우 시설관리용역회사의 경영 기반이 무너지고 지속적 발전이 보장되지 않기 때문이다.

관리용역의 수주는 용역수주영업에 따라 수주 여부가 결정되고 기업의 경영에 절대적인 영향을 미치게 되므로 관리용역 수주영업은 회사의 업무 중 가장 중요하게 취급되어야 한다. 뿐만 아니라, 수주영업은 기업의 경영과 지속적 발전 여부를 좌우하기 때문에 건물자산관리용역회사, 특히 시설관리용역회사의 경우 수주영업은 가장 중요한 회사업무로 취급되고 있다.

2. 수주영업의 목적

수주영업을 통하여 얻고자 하는 것이나 달성하고자 하는 것을 통칭하여 수주영업의 목적이라 한다. 수주영업의 목적은 작게는 수주영업담당자가 소속한 영업팀의 수주목표 달성에 있으나 크게는 수주영업담당자가 소속된 회사의 경영을 지원하는 데 있다.

3. 수주영업의 수단

수주영업의 수단이라 함은 수주영업담당자나 수주영업팀이 수주영업을 수행하는 데 필요한 수주영업의 방도나 도구를 말한다. 시설물관리용역 수주영업의 수단에는 인적 수단(사람)과 물적 수단(제안서, 입찰서 등), 재무적 수단(수주영업 예산), 기술적 수단(수주영업 노하우) 그리고 정보적 수단(각종 수주정보 및 입찰성보 등) 등이 있다.

수주영업에 있어서 효율적으로 수주영업을 성사시키려면, 수주영업의 수단을 수주영업에 긍정적으로 작용할 수 있도록 관리해야 한다.

4. 수주영업의 방법론

수주영업을 효율적으로 수행하여 수주에 성공하는 정해진 방법은 원칙적으로 존재하지 않으며, 수주영업의 노하우에 따라 다양한 방법으로 수주가 가능하다.

그러나 수주영업의 노하우는 하루아침에 이루어지는 것이 아니라 수주영업담당자가 수주이론을 이해하고 수주영업의 방법과 절차 등을 숙지한 후 수주영업의 실무를 다년간 경험할 때 비로소 수주영업의 방법론을 저절로 터득하게 된다.

수주영업의 방법에는 입찰에 의한 용역수주방법, 제안 및 협상에 의한 용역수주방법, 기획영업에 의한 용역수주방법, 수의계약에 의한 용역수주방법 그리고 재계약에 의한 용역수주방법 등 다양한 수주방법이 있다. 구체적인 내용은 제3장 수주영업방식과 절차 편에서 설명하기로 한다.

제5절 건물관리용역 수주영업의 객체와 대상

1. 건물관리용역 수주영업의 객체

건물관리 수주영업의 객체라 함은 수주영업의 활동의 목적물인 건물을 의미하며, 이에는 광의개념의 건물(건축물과 시설물, 구조물, 구축물)과 협의개념의 건물(건축물) 등이 있다.

수주영업담당자는 성공적이고 효율적으로 수주영업을 진행하기 위해서는 수주영업의 객체인 건물과 수주 후 제공하여야 할 서비스(관리용역)의 대상인 용역에 대해서도 전문가 수준으로 이해할 필요가 있다. 왜냐하면, 광의개념의 건물 즉, 건축물과 시설물, 구조물, 구축물 등은 수주영업의 객체이고 용역계약 체결 후 관리주체가 생산하고 제공하는 용역(서비스)은 수주영업의 대상이기 때문이다. 이런 관점에서 운영관리용역 수주영업의 객체부터 먼저 살펴본 후 수주영업의 대상인 서비스(용역)에 대하여 접근해 보고자 한다.

1) 광의개념의 건물과 협의개념의 건물

건축물을 줄여서 건물이라 하며 이에는 광의개념의 건물과 협의개념의 건물 등 두 종류의 건물개념이 있다. 광의개념의 건물은 인간의 자본과 기술과 노동력의 결합으로 생산된 모든 건설물을 의미하며 이에는 전술한 바와 같이 건축물, 시설물, 공작물, 구축물 등이 있다.

협의개념의 건물은 광의개념의 건물 종류의 하나인 건축물만을 말한다. 건물관리용역 광의개념의 건물이 모두 건물관리용역 수주영업의 목적물이 되며, 수주영업 목적물의 관리용역이 수주영업의 대상이 된다.

2) 건축물

건축물(building)이라 함은 토지에 정착한 공작물 중 지붕과 기둥 또는 벽이 있는 것과 이에 부수되는 시설물, 지하 또는 고가와 그 공작물에 설치하는 사무소, 공연장, 점포, 차고, 창고, 기타 대통령령이 정하는 것을 말한다.

건물(건축물)의 구성은 건축대지, 건축시설, 건축설비, 기타 부대시설 등으로 구성되며, 건축준비단계, 시공단계, 유지관리단계, 철거단계 등의 단계개념이 있고, 물리적 내용연수, 경제적 내용연수, 법정 내용연수, 기능적 내용연수 등의 연수개념이 있다.

건물에 대한 건축학의 명제는 미(美), 기능, 안전, 환경, 에너지 등이며, 건물은 결국 인간이 창조한 3차원 공간으로 이해되고 있다. 건물은 토지의 정착성과 비이동성, 토지 개별용도의 의존성과 토지공법의 제약성, 생산가능성과 용도의 다양성, 물리적 비영속성과 경제적 감가상각성, 재화성과 재산성 등의 특성을 가지고 있으며, 다양한 건물 용도를 지니고 있다.

국토해양부 연감에 의하면 건물은 주거용 건물, 상업용 건물, 공업용 건물, 문교사회용 건물, 기타용도 건물 등으로 분류되며, 건축법 시행령에 따르면 단독주택, 공동주택, 제1종 근린생활시설, 문화 및 집회시설, 의료시설, 공장, 창고시설, 업무시설, 운동시설, 숙박시설, 공용시설 등 28종으로 용도를 분류하고 있다.

2011년 12월 31일 현재 전국 건축물의 분포에 관해 건축물 통계를 중심으로 살펴보면 주거용 건축물이 4,529,464동(전체 대비 67.3%)으로 가장 많으며 그 다음이 상업용 건축물로서 1,142,766동(17.0%)에 이르고 공업용 건축물이 258,744동(3.8%)이며 문교사회용 건축물이 170,284동(2.5%)이고 기타용도의 건축물이 630,529동(9.4%)으로 분포되어 있다.

참고로, 건물자산관리학에서 연구대상으로 설정하고 있는 건물자산의 의미는 건축자산(건축물)을 중심으로 그 건축자산 위에 존재하거나 관련성을 가지고 있는 권리자산과 가치자산 및 환경자산 등이 하나의 자산개념으로 결합된 자산을 말한다.

건물자산에는 취득단계, 보유단계, 처분단계 등 3단계 개념이 있으며, 보유단계 동안 건축물에는 용역관리의 개념이 적용되고 수주의 목적물이 되며 수주영업의 주된 대상이 된다.

건물자산 취득단계에서 용역수주영업의 대상에는 매입대행용역, CM 용역(공사관리용역), 투자 타당성 연구용역 등이 있으며, 매입대행용역의 경우 완성된 건물자산이나 건축중에 있는 건물자산이 수주영업의 대상이 되고, CM 용역의 경우에는 건축 중인 건물이 수주영업의 대상이 되며, 투자 타당성 연구용역의 경우에는 투자의사결정에 필요한 지식과 정보조사 분석이 수주영업의 대상이 된다.

건물자산 보유단계에서 용역수주영업의 대상에는 PM 용역, FM 용역이 주된 수주영업의 대상이 된다. PM 용역을 세분하면 건물임대관리용역과 시설물관리용역으로 분류할 수 있으며, FM 용역을 다시 세분하면 시설물관리용역, 시설물경비용역, 시설물청소용역, 주차시설관리용역, 인테리어 용역, 정비·보수 기술용역, 점검·진단 용역, 증·개축 기술용역 등이 있다.

건물자산 처분단계에서 용역수주영업의 대상에는 매각대행용역, 철거용역, 재개발용역 등이 있다.

3) 시설물

시설물(facilities)이라 함은 건설공사를 통하여 만들어진 구조물 및 그 부대시설로서 이에는 1종 시설물과 2종 시설물 등이 있다. 1종 시설물은 도로, 항만, 교량, 터널과 철도, 하천 둑, 상하수도 시설, 건축물 중 안전을 도모하기 위하여 특별히 관리할 필요가 있거나 구조상 유지관리에 있어 고도의 기술이 필요하다고 인정하여 대통령령이 정하는 시설물을 말한다.

건축물로서 1종 시설물에 해당하는 건축물에는 21층 이상의 공동주택과 공동주택 외의 건축물로서 21층 이상 또는 연면적 5만 제곱미터 이상의 건축물 등이 이에 해당된다.

2종 시설물이라 함은 시설물의 안전관리에 관한 특별법에서 규정하고 있는 1종 시설물을 제외한 시설물로서 대통령령이 정하는 시설물을 말한다.

16층 이상 20층 이하의 공동주택과 1종 시설물에 해당되지 않는 공동주택외의 건축물로서 16층 이상 20층 이하 연면적 3만 제곱미터의 이상의 건축물, 1종 시설물에 해당되지 않은 건축물로서 문화 및 집회시설, 판매시설, 영업시설, 의료시설 중 종합 병원, 숙박시설, 관광숙박시설의 용도로 5천 제곱미터 이상인 건축물 등은 2종 시설물에 해당된다.

1종 시설물과 2종 시설물 역시 건물관리용역 수주의 목적물이 됨은 물론이고 수주영업의 대상이 된다.

4) 구축물

구축물(structural facilities)이라 함은 건설공사를 통하여 축조된 것으로서 풀장, 스케이트장, 전망대, 실외 스탠드, 수조, 사일로, 유원지의 옥외 오락시설, 저수조, 저장조 등의 옥외 건축물, 잔교, 도크 및 조선대, 송유관(연결시설 포함), 옥외 주유시설, 옥외 가스충전시설, 급배수 시설, 복개시설 등을 말한다. 구축물 역시 건물관리용역 수주의 목적물이 되고 수주영업의 대상이 된다.

5) 공작물

공작물(structure)이라 함은 사람에 의한 인공적 작업에 의하여 지상 또는 지하에 축조된 건설물을 말한다. 공작물 역시 건물관리용역 수주의 목적물이 되고 수주영업의 대상이 된다.

2. 수주영업의 대상

1) 용역수주영업대상의 종류와 내용

수주영업을 수행하기 위해서는 큰 틀의 건물자산관리용역 수주영업의 전체 대상에 관하여 살펴 볼 필요가 있다. 건물자산관리용역 수주대상은 건물자산 전 생애단계에 걸쳐 진행되는 건물자산의 취득과 보유 및 처분 등과 관련을 가지고 있는 건물자산관리 서비스 즉, 경영관리 서비스(AM)+운영관리 서비스(PM)+유지관리 서비스(FM) 이른바 AM+PM+FM 서비스에 관하여 구체적으로 이해할 필요가 있다. 왜냐하면, 건물자산관리 서비스는 건물자산경영관리 서비스, 건물자산운영관리 서비스, 시설물관리 서비스 등 건물자산관리 3측면의 서비스 개념을 전부 포괄하고 있기 때문이다.

이와 같은 3측면의 서비스는 고유 업무의 범주와 시대적 배경을 가지고 발전해 왔으며 지향하는 자산관리의 목적과 지향점 역시 각각 상이하나 큰 틀의 건물자산관리 서비스 범주에 해당되며, 건물자산관리 3측면의 건물자산관리 서비스의 시작은 1원화 시스템에 의하여 하나의 경영관리주체에 의하여 건물자산의 경영관리와 운영관리 및 유지관리 모두를 포괄적으로 수행하는 것이 일반적 자산관리방법이나 경우에 따라서는 건물자산의 투자관리와 경영관리, 운영관리, 유지관리를 개별 관리하여 각각의 성과를 최종적으로 종합하여 건물자산관리 성과로 평가할 수도 있다.

따라서 수주영업의 대상으로 전체 건물자산경영관리용역(AM 서비스), 건물자산운영관리용역(PM 서비스), 건축시설물관리용역(FM 서비스) 등을 포괄적으로 수주할 수 있으나 때로는 개별 용역수주도 가능하다.

수주영업의 대상이 되는 건물자산관리 3측면의 서비스(건물자산경영관리 서비스, 건물자산운영관리 서비스, 건축시설물관리 서비스)의 내용을 소개하면 다음과 같다.

(1) 건물자산 경영관리용역(AM 서비스)

건물자산 경영관리용역(AM 서비스)은 본래 금융자산을 토대로 건물자산 투자관리개념에 기초를 두고 재무관리를 바탕으로 자산가치 극대화 중심의 신개념 자산관리 서비스라 할 수 있다.

다시 말하면, 건물자산경영관리 서비스는 투자와 투자자 관리를 통하여 투자수익 극대화를 지향하는 자산관리 모델로서 신개념의 건물자산(부동산)경영관리 서비스를 말한다. AM은 기관 투자자인 은행, 연기금, 보험사와 개인 또는 단체 투자자 등을 고객으로 하여 투자자 입장에서 투자의사의 결정, 파이낸싱 지원, 매입·매각 의사결정, PM사 고용 및 통제를 주요 업무로 상정하고 있다.

투자회사의 종류에는 지역을 중심으로 국내 투자회사와 외국 투자회사로 분류할 수 있으며, 외국 투자회사의 경우 투자회사 본사에 자산위험관리자(portfolio asset manager)를 두고 자산관리자(asset manager)를 직접 파견하거나 또는 외국계 AMC를 전략적으로 고용하여 현지 투자를 위한 시장조사 분석과 투자대상 건물자산 분석 및 추천, 금융 조달 방안 검토, 투자자 모집, 매입·매각 의사결정·조언, 매입 건물자산의 인수 및 파악, PMC 선정 및 PM 계약, 월간·연간 보고서 제출, PM 예산 통제 및 승인, 회계 재무관리 업무를 통하여 투자수익을 극대화하는 신개념의 건물자산관리 서비스를 말한다.

또한 외국계 투자회사는 현지에 파견한 자산관리자(asset manage) 또는 현지에서 전략적으로 고용한 자산관리회사(AMC)로 하여금 매입 또는 개발한 다수의 건물자산(통상 10개 이상의 빌딩)을 대상으로 수행하는 자산운용과 재무관리 중심(금융과 예산 승인 및 통제)의 건물자산관리 대행 서비스를 말한다.

AM 서비스는 투자자 입장에서 투자 결정과 파이낸싱에 주력하는 서비스로서 이를 담당하는 AM 매니저는 투자 분석과 재무 분석, 파이낸싱과 시장조사 분석에 특별한 능력을 가지고 있어야 하며, 영어에 능통하고 MBA 이상의 학력 소지자라야 AM 업무를 정상적으로 소화할 수 있다. 국내 자산관리회사가 건물자산 AM 업무를 영위하기 위해서는 부동산투자회사법에 따라 국토해양부장관으로부터 자산관리회사의 인가를 받아야 AM 서비스를 대행할 수 있다.

자산관리회사의 자본금은 70억 원 이상이며, 위탁관리 REITs 또는 기업구조조정 REITs의 위탁을 받아 자산의 투자·운용 업무를 수행하는 자산관리회사의 경우에는 자산운용 전문인력 5명의 고용이 의무화되어 있다.

전술한 바와 같이 자산관리 서비스의 수주는 부동산투자회사법에 따라 인가받은 자산관리회사만이 가능하다. 따라서 건물자산경영관리 서비스는 시설물관리용역회사의 수주영업대상이 아니다. 그러나 시설물관리용역회사가 점차 발전하여 수주영업의 영역을 확장하는 경우 수주영업의 대상이 될 수 있으며 향후 지향해야 할 서비스 수주영업의 대상으로 인식된다.

(2) 건물자산운영관리용역(PM 서비스)

건물자산운영관리 서비스는 자산관리회사(AMC) 또는 자산관리자(asset manager)에 의하여 고용된 건물자산운영관리회사(PMC) 또는 건물자산운영관리자(property manager)에 의하여 수행되는 자산관리 서비스로서 건물자산운영관리계약(PM agreement)에 의하여 수탁받은 PM 관리대상 단위 건물자산에 대한 운영관리계획을 수립하고 임대관리와 시설물유지관리(시설물관리, 시설물 경비관리, 시설물 청소관리)와 임대관리를 통한 수익관리개념의 건물자산관리 대행 서비스를 의미한다.

또한 운영관리 서비스(PM service)는 경영관리 서비스(AM service)와 함께 투자 건물자산(투자 자산) 관리개념의 자산관리 대행 서비스로서 개별 건물자산의 경영관리개념에서 출발하여 발전하여 왔으나, 투자 건물자산이나 수익형 건물자산관리에 매우 적합한 건물자산관리 대행 서비스라 할 수 있다.

PM의 주된 업무에는 건물자산 임대관리, 건축시설물운영관리, 시설물관리용역사 관리, 회계관리, 보고업무, 건물자산가치 유지업무, 출구 전략 지원 등의 업무를 가지고 있다.

PM의 최대 핵심 목표는 건물자산 소유자의 소유목적을 최대로 충족하고 소유자의 이익을 극대화하며 관리대상 건물자산의 가치 보전 및 향상과 운영지출을 통제하여 지출을 최소화하고 운영수익 극대화를 통한 운영수익의 최대화에 있으며, 이를 통하여 부차적으로 건물자산 소유자나 자산관리회사(AMC)를 수익 측면에서 최대로 만족시키는 데 있다.

PM 서비스(property management service)는 취득 이후 처분 전까지의 건물자산 보유단계 동안 보유 건물자산의 운영관리를 위하여 제공되는 임대관리 서비스와 시설관리 서비스를 총칭하는 건물자산관리 서비스로서 일정한 PM Fee를 받는 조건으로 건물자산 소유자의 건물자산을 위탁받아 건물자산 소유자나 AMC를 대리하여 운영하고 관리해 주는 유상조건의 급부 서비스를 의미한다.

PM 서비스는 건물자산 소유자나 AMC를 대리하여(엄격한 의미의 대리인이 아님) 건물자산의 운영계획을 수립하고 임대관리업무와 시설물관리업무(시설관리 서비스, 환경미화 서비스, 경비 서비스)를 수행하여 건물자산의 상태를 양호하게 보존하고 사용가치를 높이며 운영관리비용의 최소화와 운영관리수익의 최대화를 도모하는 낮은 단계의 건물자산관리 서비스 업무로서 PM의 관리대상에는 상업용 건물자산, 주거용 건물자산, 산업용 건물자산, 특수 용도의 건물자산 등이 있다.

PM 서비스에는 High-Level PM과 Low-Level PM으로 구분되는데 High-Level PM은 AM 서비스 업무(자산운용업무, 재무관리업무) 중 일부의 재무관리업무와 PM의 고유 업무인 임대관리업무와 시설관리업무를 함께 수행하는 서비스를 의미하고, Low-Level PM은 PM 본래의 고유 업무인 임대관리업무와 시설관리업무만을 수행하는 서비스를 말한다. PM 용역을 수주하는 경우 관리용역회사는 시설관리업무를 자체 조직과 종사자로 하여금 직접 수행하거나 아웃소싱 개념을 적용하여 타 FMC를 전략적으로 고용하여 간접 수행하게 하고 통제방법으로 시설물을 관리하는 형태로 운영관리하기도 한다.

PM 서비스는 PM 매니저를 중심으로 전략적으로 FMC 또는 엔지니어를 고용하여 수행하는 건물자산운영관리 서비스이며, PM 매니저는 아직은 법정자격이 아니나 향후 법정자격이 되는 경우 PMer 자격을 취득하는 것이 매우 유리하며 대학 졸업 이상의 학력과 조직관리, 인사관리, 회계관리, 기술관리, 위기관리, 마케팅, 보고서 작성 능력 등의 조건과 능력을 갖추어야 하며 경제, 법률, 행정, 환경, 경영, 공학 등의 지식 외에 운영관리의 경험과 정보를 가지고 있어야 PM 업무를 무리 없이 소화할 수 있다.

PM과 AM의 상이점은 AM의 경우 투자자 입장에서 파이낸싱과 투자결정에 주력하여 투자자 모집과 파이낸싱을 주로 담당하나, PM의 경우에는 AM의 경우와는 달리 위탁자 입장에서 위탁된 목표수익 극대화에 주력하고 파이낸싱과 투자자 모집을 하지 않는다는 점이다.

PM 서비스는 건물자산의 소유자나 AMC에 의하여 발주되며 수주 가능회사는 상법상의 회사로서 정관에 임대관리업, 시설관리업을 규정하고 관리이행실적과 신용상태 및 적격의 조건을 구비한 회사는 PM 서비스 수주가 가능하며, 수주영업 절차는 통상 입찰공고, 입찰참가 등록, 현장설명, 제안 및 PT, 협상(네고), 계약의 순으로 수주영업이 종결되며 구체적 내용은 실무 편에서 설명하기로 한다.

(3) 건축시설물관리용역(FM 서비스)

건축시설물관리용역(FM : Facilities Management Service)이라 함은 완공된 건물자산의 효율적 관리를 위하여 시작된 건축시설물관리 대행 서비스 개념으로서 유지관리의 효율성과 건물의 기능과 성능 유지, 생산성 중심의 공학적 · 환경적 · 안전적 유지관리 대행 서비스를 말한다.

FM 서비스를 구체적으로 분류하면 시설물관리 서비스, 시설물경비 서비스, 시설물청소 서비스 등으로 분류할 수 있으며 건축 · 기계 · 전기 · 통신 · 방재 조직과 경비조직 및 청소관리조직과 그 종사자들로 하여금 유지관리를 중심으로 인테리어, 칸막이 작업, 가구 또는 공간 배치, 설비의 운전과 정비(O&M), 건축물의 영선 등의 업무를 공학적 측면, 환경적 측면, 안전적 측면에서 수행하는 건축시설물유지관리용역을 FM 서비스라 할 수 있다.

FM 서비스는 건물자산 소유자 또는 PMC로부터 위탁받아 관리 서비스를 대행하는 서비스로서 FM Fee를 받는 조건으로 제공하는 유상 서비스이다.

FM 매니저는 전기, 기계, 건축, 방재, 통신 등의 공학적 지식과 기술을 요하며 인사관리, 조직관리, 회계관리, 사무관리 등의 관리 능력을 갖추어야 하고 적어도 대학 졸업 이상의 학력을 소지함이 유리하다. FM 서비스의 수주는 상법상의 회사는 물론 영리 행위를 할 수 있는 단체도 가능하다. FM 서비스는 시설물 종합관리 대행 서비스와 시설물 개별관리 대행 서비스로 대별되며, 시설물 종합관리 서비스는 건축시설물관리 서비스, 시설물청소 서비스, 시설물경비 서비스, 주차관리 서비스 등을 일괄 수주받아 하나의 관리조직과 그 구성원이 종합 건물유지관리의 개념으로 제공하는 관리대행 서비스를 의미하고, 개별관리 서비스는 시설관리 서비스, 청소 서비스, 경비 서비스, 주차관리 서비스 중 하나의 서비스(용역)만을 개별적 · 부분적 유지관리개념으로 제공하는 서비스를 의미한다. 종류별 서비스의 구체적인 내용은 다음과 같다.

① 시설물관리 서비스

시설물관리 서비스(facilities management service for the building)라 함은 건축시설물유지관리용역(FM 서비스) 분야 중 하나의 서비스(용역) 분야로서 완성된 건축시설물(건축대지, 건축시설, 건축설비, 기타 부대시설)의 기능을 보전하고 사용자의 안전과 편의와 쾌적성을 높이기 위하여 일상 점검, 정비하고 손상된 부분은 원상 복구하며 경과시간, 사용상의 잘못, 부실관리 등에 따라 요구되는 점검, 보수와 정비, 운전, 유지, 보전하는 기술적 관리대행 서비스를 말한다. 또한 완성된 건축물을 점검, 보수 및 정비, 운전, 유지, 보전, 개량 및 보강 활동을 통하여 건물의 상태를 장기적으로 보존하고, 기능과 성능을 정상적으로 유지하며, 건물의 사용가치를 극대화하여 건물의 사용 수익을 직접 지원하는 물적/기술적 유지관리활동을 시설관리라 한다.

시설관리용역은 건축시설물유지관리 서비스 분야 중 가장 중요한 핵심 서비스 분야로서 공공용 또는 공중이 이용하는 시설물의 본체와 동 부속 시설물(소방, 배전, 공조, 급·배수 시설 등)에 대한 운전, 점검, 유지보수와 에너지의 적정 공급 등 효율적 관리를 통해 시설물 이용자 및 주변 일반주민들에게 안전하며, 경제적인 시설환경을 조성하는 업무의 전부 또는 일부를 대행하는 영업을 말한다. 뿐만 아니라, 시설물관리용역은 건물의 기능성과 쾌적성, 안전성과 편리성 등의 확보를 목적으로 수행되는 기술관리 분야이다.

시설물관리 서비스(용역)방법은 점검(inspection), 정비와 보수(maintenance & repairing), 운전(operation), 유지 및 개량 중심의 기술관리방법인 I.M.R.O.M 관리법을 주로 사용하며, 일정한 주기마다 점검, 보수, 진단, 교체 작업을 실시하여 시간의 경과와 사용상의 잘못, 관리부실 등의 이유로 저하되는 기능과 성능을 회복하거나 향상시켜야 하는 유지관리개념의 기술관리 서비스 분야 용역업이다.

시설물관리 서비스를 생산, 제공하기 위해서는 일정한 기술자격과 해당 분야의 기술과 경험이 필요하며, 서비스를 생산, 제공하는 시설관리조직은 관리소장 휘하에 건축팀, 기계팀, 전기팀, 방재팀 등을 두고 기술직 기사들로 구성되는 직계조직으로 운영되나 실제 시설물관리용역업무를 효율적으로 수행하기 위해서는 공적 서비스를 제공하는 관계자(수도사업소, 소방서, 한국전력공사, 한국도시가스공사, 보건소 등)와 사적 서비스를 제공하는 협력자(용역회사, 점검·진단회사, 정비·보수회사, 장비·자재 공급회사, 인력파견회사 등)로 구성되는 방계조직의 도움이 절대적으로 필요하다.

시설물관리 서비스 업무에는 건축시설, 기계설비, 전기설비, 소방설비 등을 주기적으로 점검, 보수진단, 교체하며, 일상적으로 점검, 정비, 보수, 운전, 유지, 개량하는 기술관리업무 외에 자재관리, 안전관리, 환경관리 인력관리, 사무관리, 예산관리, 대외업무관리 등의 엄무가 있다. 또한 시설물관리는 기술관리 분야로서 큰 틀의 건물자산관리 6대 분야(경제·경영관리 분야, 법률관리 분야, 행정관리 분야, 기술관리 분야, 환경관리 분야, 위험관리 분야) 중 기초관리 분야에 해당되는 물적·기술적 작업 중심의 하드웨어(hardware) 관리 분야인 동시에 인사노무, 예산회계, 사무행정, 자재, 대외기관업무, 안전관리, 환경관리, 프로그램 관리업무, 시스템 관리업무 등 소프트웨어(software) 관리 분야라 할 수 있다.

정비·보수·교체·개량 작업, 대수선 공사 중 난이도가 높은 작업이나 공사는 별도 전문 정비업체나 보수업체, 기술용역업체 등에 의하여 처리되므로 시설관리용역업체의 서비스 범위에서 일반적으로 제외된다.

시설물관리활동을 통하여 생산, 제공되는 시설물관리 서비스는 다음과 같다.

가. 입주지원 서비스(입주 상담, 공사 지원, 입주 지원)

나. 시설운영 서비스(건축물 냉난방 서비스, 전원 및 전열 공급 서비스, 실내 환경유지

서비스, 위생 및 급수 공급 서비스, 공용 시설관리 서비스)
다. 안전관리 서비스(시설 안전 확보 서비스, 시설 점검 보수 서비스, 사고 조치 서비스)
라. 퇴거지원 서비스(퇴거 상담 및 지원 서비스, 원상복구 서비스, 퇴거 종결 서비스)
마. 불만처리 서비스(불만사항의 접수, 확인, 처리 및 추가 조치 서비스)
바. 피해보상 서비스(피해사항의 접수, 확인, 조치 및 보고 서비스)

시설관리 서비스의 수행 절차는 대체로 다음과 같이 진행된다.

가. 건축시설물 파악
나. 서비스 제안 또는 입찰
다. 시설관리 서비스 계약 체결
라. 인수 및 점검
마. 시설관리 서비스 계획 수립
바. 조직화 및 교육 훈련
사. 시설관리 서비스 업무 수행 및 통제
아. 서비스 수행결과 점검 및 확인
자. 피드백 및 조정
차. 서비스 수행결과 보고(정기 및 수시 보고)
카. 서비스 사후관리 및 기록 보존

시설관리의 법적 근거는 일반건물의 경우에는 건축법 제35조와 동법 시행령 제23조가 근거법이 되며, 건축법에 따르면 건축물의 소유자와 관리자는 건축법이 정하는 기준에 적합하게 관리해야 함을 선언하고 있다. 그러나 공동주택의 경우에는 주택법에 따라 유지관리하도록 규정하고 있으며, 집합건물의 경우는 집합건물의 소유 및 관리에 관한 법률에서 관리방법과 기준을 정하고 있다. 또한 국유 건물의 경우에는 국유재산관리법에 따라 관리해야 한다.

② 시설물청소 서비스

시설물청소 서비스(cleaning service for the building)란 청소에 관련한 포괄적 시스템의 총칭으로 클리닝 사업자가 건축시설물의 위생환경을 관리하기 위하여 제공하는 총체적 대행 서비스를 말한다.

또한 청소용역이라 함은 공공용 또는 공중이 이용하는 건축물, 시설물과 옥내 · 외 부대시설 등의 청결 유지와 실내 공기 정화를 위한 청소 등을 대행하는 영업을 말한다.

건축시설물 청소의 개념을 구체적으로 설명하면 건물의 청결성과 보건성, 미관성 등을 조성하고 건물 기능의 유지 및 향상을 위하여 건물 내외 주변에 오염되고 더럽혀진 환경을 청결하게 하기 위하여 먼지, 쓰레기, 오물, 때 등을 제거하거나 예방하는 작업 중심의 위생관리 서비스를 말한다. 종전의 청소개념은 클리닝(cleaning) 개념의 청소로 이해되어 왔으나, 현대의 청소개념은 메인터넌스(maintenance) 개념의 청소개념으로 변화하고 있어, 청결 유지와 함께 건축 마감부재의 기능과 색상을 오래 지속하고, 초기 기능과 성능을 장기적으로 유지하는 데 청소의 가치를 부여하고 있다. 또한 사후 청소의 소극적 청소개념에서 사전 예방 청소의 적극적 청소개념으로 확대 해석되고 있다.

청소 서비스의 생산과 제공을 위한 조직은 청소관리소장 아래 주·야간 감독과 반장, 환경 미화원 등으로 구성된다.

건축시설물의 효과적 청소 서비스가 이루어지려면 유능한 환경미화원, 편리한 청소 자재 및 장비, 청소관리 매뉴얼 등이 필요하다.

시설물의 청소용역 수행 절차는 대체로 다음과 같이 진행된다.

가. 건축시설물 파악
나. 서비스 제안 또는 입찰
다. 청소용역계약 체결
라. 건축시설물 인수 및 점검
마. 청소용역계획 수립
바. 청소 서비스 인력의 조직화 및 교육 훈련
사. 청소 서비스 업무 수행 및 통제
아. 청소 서비스 결과 확인 및 점검
자. 청소작업 평가 및 피드백
차. 청소용역 수행결과 보고(정기 및 수시 보고)
카. 청소용역 사후관리 및 기록 보존

청소용역(청소 서비스)활동을 통하여 생산·제공되는 서비스는 대체로 다음과 같다.

가. 청결성 유지 및 향상
나. 미관성 향상으로 건축물 미(美)의 보존
다. 정리, 정돈으로 사무생산성 제고
라. 위생성과 보건성 확보로 전염병 예방
마. 건물 내부 마감재의 조기 노후화 예방 및 기능 장기 유지
바. 빙판 제설 작업에 의한 겨울철 안전사고 예방
사. 건물 사용자 및 이용자의 건물 내·외부 청결 환경 만족

시설물의 청소 서비스는 폐기물관리법과 공중위생관리법에 따라 수행된다.

③ 시설물경비 서비스

시설물경비 서비스(security service for the building)라 함은 주로 경비인력에 의하여 제공되는 서비스로서 건축시설물의 안전을 위해 필요한 방범 서비스, 출입통제 서비스, 주차관리 서비스, 순찰 서비스, 화재예방 서비스 등을 말한다. 또한 시설물 경비용역이라 함은 국가 중요시설, 산업시설, 공공시설, 사무소, 주택, 창고, 주차장, 행사장, 유원지, 항공기, 차량, 기타 경비를 필요로 하는 시설 및 장소에서 도난, 화재 기타 혼잡 등으로 인한 위험 발생을 방지하는 업무의 전부 또는 일부를 대행하는 영업을 말한다.

일반적으로 경비 서비스의 의미는 경비 서비스계약에 따라 경비구역 내의 경비대상 시설물에 대한 도난 위험이나 빌딩 범죄, 화재, 무단 침입, 질서 파괴(혼잡), 기물 파손이나 손괴, 건물 사용 방해, 무단 점유 등의 위험 발생을 방지하거나 그로부터 발생하는 피해를 최소화하기 위하여 제공하는 제반 서비스(용역)를 말한다.

경비 서비스(경비용역)의 종류에는 기계경비 서비스, 시설경비 서비스, 호송경비 서비스, 신변보호 서비스, 특수경비 서비스 등이 있으며 건축물과 관계되는 경비 서비스는 기계경비 서비스와 시설경비 서비스에 한정되고 있다.

경비 서비스의 수행 절차는 대체로 다음과 같다.

가. 경비구역과 대상 확정
나. 제안 또는 입찰
다. 경비 서비스 계약 체결 및 현장 인수
라. 경비계획의 수립 및 경비 시스템 설치
마. 배상책임보험 가입
바. 경비업무의 수행(순찰, 관제, 긴급 대처 등)
사. 사후 서비스 수행
아. 정기 보고 및 기록 보존

경비 서비스의 조직 구성은 경비회사, 경비지도사, 경비원 등으로 구성되며 경비 서비스의 근거 법에는 경비업법이 있다.

시설물 경비의 기대 효과는 다음과 같다.

가. 빌딩 범죄 예방
나. 화재 예방
다. 피해 최소화
라. 질서 확립
마. 안정적 건물 사용 수익
바. 인명, 재산 보호

AM(Asset Management) 서비스와 PM(Property Management) 서비스 및 FM(Facility Management) 서비스 모두는 큰 틀의 건물자산관리 서비스의 범주로서 투자, 개발, 매입, 신축, 교환 등을 가장 경제적 방법으로 안전하게, 효율적으로, 적합하게 최적 건물자산을 취득하고 효과적으로 운영관리하며, 합리적 처분 등을 통하여 건물자산의 가치를 극대화하고 운영수익을 최대화하며 양도차익을 최대로 실현하여 인간의 삶과 생활과 일(업무)의 영위를 주 환경(住 環境) 측면에서 지원한다.

건물자산관리 이해관계자(투자자, 소유자, 사용자, 이용자, 관리자, 사적 서비스 협력자, 공적 서비스 관계자 등)의 최유효 만족 그리고 국가경제 발전 이바지를 학문적 이념으로 설정하고 있는 건물자산관리학의 관점에서 건물자산관리 전체 서비스를 고찰해 볼 때, AM 서비스는 AMC(Asset Management Company)에 의하여 처리하고, PM 서비스는 AMC에 의하여 전략적으로 제휴한 PMC(Property Management Company)가 담당하며, FM 서비스 업무는 PMC(Facility Management Company)에 의하여 전략적으로 고용한 FMC가 처리하는, 이른바 건물자산관리 3원화 시스템을 통하여 처리하는 방식보다 국내 자산관리회사(AMC)의 경우 1원화 자산관리 시스템 방식을 채택하여 AMC 밑에 AM팀과 PM팀 그리고 FM팀을 각각 두고 AM 서비스 업무, PM 서비스 업무, FM 서비스 업무를 통합적으로 수행하는 경우, 자산관리 서비스를 보다 효율적으로 처리할 수 있을 것으로 판단된다.

1원화 자산관리 시스템이 용이하지 아니한 경우에는 2원화 자산관리 시스템을 도입하여 자산운용업무와 재무관리업무를 AMC의 AM팀이 담당하고 전략적으로 고용한 PMC를 통하여 임대관리업무와 시설물관리업무를 용역관리방식으로 위탁관리하는 것이 3원화 자산관리 시스템으로 처리할 때보다 2원화 자산관리 시스템 처리방식으로 처리하는 것이 건물자산관리 서비스 업무 처리방식으로 매우 타당할 것으로 판단된다.

이 책에서는 용역개념으로 수주영업이 가능한 PM 용역과 FM 용역에 한정하여 수주영업의 대상으로 설정하고 이에 대한 개념지식과 방법지식 및 활동지식(행동지식)들을 소개하고자 한다.

2) 수주영업대상 서비스의 특성

수주영업의 대상인 서비스(용역)는 시설물관리용역과 동일한 서비스의 개념과 함께 서비스의 특성을 가지고 있으므로 수주영업사원은 서비스의 특성을 이해하고 이를 수주영업에 활용함이 현명하다. 시설물관리 서비스는 재화 상품의 상대적 개념의 상품으로서 무형의 용역상품을 말한다. 서비스는 생산 후 사용해야 하고 사용 후 보관할 수 없으며 소멸하는 특성이 있다.

또한 건물관리용역(서비스)은 서비스를 소비하는 상대방과 함께 생산하고 소비자가 주관적으로 평가하게 됨으로써 소비 즉시 만족 또는 불만족의 반응이 나타나는 특성이 있다.

뿐만 아니라, 서비스는 장소와 시간 및 상대방에 따라 서비스의 양과 질이 다르게 생산되고 소비되는 특성이 있다. 그러므로 시설물관리용역 수주영업담당자는 시설물관리서비스의 특성을 고려하여 용역계약 후 제공되는 시설물관리 서비스는 양질의 서비스로서 고객을 반드시 만족하게 할 수 있다는 확신을 주어 고객이 안심하고 용역계약에 응할 수 있도록 해야 한다.

시설물관리 서비스의 특성을 요약 정리하면 다음과 같다.

첫째, 시설물관리 서비스는 서비스 생산과 소비의 동시성의 특성이 있다.

제품의 경우에는 다른 시간대에 생산되고 저장되며, 보관되고, 유통되며, 마침내 소비되는 패턴을 가지고 있으나 시설물관리 서비스의 경우 동일 시간대에 서비스의 생산과 동시에 소비되는 생산-소비 패턴을 가지고 있다.

둘째, 시설물관리 서비스는 무형성과 유형성의 특성이 있다.

일반적으로 서비스는 무형성만의 특성이 있으나 시설물관리 서비스의 경우에는 유형적 서비스(물질적 서비스)도 존재하고 있다. 예컨대, 임대 서비스 판매 전에 제공하는 서비스(before service)로서 임대안내, 책자전달, 임대조건 제시 등의 사전 서비스를 들 수 있다. 그리고 임대상품을 판매하는 과정의 서비스(on service)로서 위치가 좋은 사무실 제공, 저렴한 임대료와 관리비, 편의시설 제공 등은 유형적 서비스에 해당되기 때문이다 뿐만 아니라, 임차한 사무실의 기구나 시설이 고장일 경우 판매 후에 제공하는 서비스(after service)로서 행하는 수선, 보수, 정비, 교체 등의 서비스는 전적으로 유형적 서비스에 해당된다.

한편, 시설물관리 서비스는 무형성의 서비스(인적 서비스)의 특성도 가지고 있다. 예컨대, 실내 온도나 습도를 쾌적하게 공급하는 서비스는 눈에는 보이지 않으나 주관적으로 쾌적함을 느끼게 하여 실내 재실자로 하여금 기분을 좋게 하고 사무생산성을 높여 준다. 따라서 시설물관리 서비스는 유형성과 무형성 등 양면성의 특성이 있다.

셋째, 시설물관리 서비스는 소멸성의 특성이 있다.

제품의 경우에는 판매되지 않을 때는 창고에 보관하거 후일 판매할 수 있으나 서비스의 경우에는 소비되지 않을 경우에는 즉시 소멸하게 된다. 다시 말하면, 서비스는 소비되지 않을 경우 창고 저장이 어렵게 되고 보관할 수 없게 된다. 그러므로 서비스는 소멸성의 특성이 있어 소비하지 않을 경우 반복 사용이 불가능하다.

넷째, 시설물관리 서비스는 이질성의 특성이 있다.

동일한 시설물관리 서비스를 한 고객에게 제공하는 서비스의 질과 만족도가 다른 고객에게 제공 될 때와 차이가 발생할 수 있다. 왜냐하면, 서비스는 이질성의 특성이 있기 때문이다.

다섯째, 시설물관리 서비스의 소유권은 다른 사람에게 이전할 수 없는 이른바 소유권 이전 불가능성의 특성이 있다.

여섯째, 시설물관리 서비스의 핵심가치는 서비스 생산자와 소비자 상호작용에 의하여 만들어지는 이른바 서비스 공동 생산의 특성이 있다.

일곱째, 시설물관리 서비스는 관리자 인력행위의 과정을 통하여 생산, 제공되는 이른바 인력행위성의 특성이 있다.

제6절 건물관리현장 이해당사자 상호관계와 상호작용

1. 건물관리현장 이해당사자 상호관계

건물관리용역 수주영업은 기업의 장·단기 수주목표에 따라 수주목표를 성공적으로 달성하여야 하기 때문에 공공 발주처나 민간 발주처의 입찰에 참여하거나 기획 수주영업이나 제안 및 협상을 통한 수주, 수의계약방법에 의한 수주, 재계약을 통한 용역수주 등을 포함하여 장·단기 수주목표를 반드시 달성해야 한다.

그러므로 관리 중에 있는 현장의 재계약 역시 매우 중요한 수주영업방법이라 할 수 있다. 따라서 관리용역 수주영업담당자는 운영 중인 현장의 연장 재계약의 지속적 유지를 위하여 건축시설물유지관리현장의 운영관리 실태는 물론, 이해당사자의 상호관계를 면밀히 모니터링하여 문제가 있는 경우 신속하게 개선 조치할 필요가 있다.

건물관리현장의 이해당사자로 구성되는 상호관계라 함은 [그림 1-2]와 같이 건물 소유주체인 소유자 또는 경영자와 관리주체인 관리용역회사 그리고 사용주체인 입주자 또는 테넌트(tenant) 등 3자로 구성되는 외부 3면 3각 관계와 관리용역회사가 현장에 파견한 관리사무소(관리소장) F′와 소유자(O), 사용자(T), 현장관리조직(현장관리사무소) 관리용역회사(F) 등 3주체로 형성되는 내부 3각 관계를 말한다. 내부 3각 관계를 좀 더 구체적으로 설명하면 F′를 중심으로 F′+O+T의 내부관계가 형성되어 O+M+T로 구성되는 3면 3각 관계 내에 3개의 내부관계가 형성되어 실제로는 F′가 중심이 되어 시설물관리 서비스를 직접 생산하고 공급하며, O와 M에게 수시 또는 정기적으로 보고하고 해당 주체의 승인과 감독을 받는 가운데 F를 대리하는 내부 3각 운영체제를 갖추고 있다.

외부 3면 3각 상호관계 1면의 경우 소유자(O)와 관리용역회사(F) 간에 합의에 따라 용역계약이 체결되면 법적으로 O+F의 1면 상호관계가 성립되어 소유자(O)는 F에 대하여 관리용역 제공의 급부 의무와 관리 서비스를 제공받을 반대급부 권리가 동시에 발생하게 되며 F는 O와 반대로 급부와 반대급부의 권리 의무가 동시에 주어지고 O와 같은 권리 의무 관계, 법적 당사자 관계 등이 성립되게 된다.

이 경우 F는 시설물관리조직을 현장에 파견하여 인적 자원, 물적 자원, 재무적 자원, 기술적 자원, 정보자원들을 지원하고 현장조직으로 하여금 시설물유지관리활동을 통하여 관리 서비스를 생산, 소유자 및 사용자의 건물 사용 수익에 필요한 서비스를 O와 T에게 F를 대신하여 직접 제공하는 이해 당사자 구조를 가지고 있다. 따라서 용역계약 이후에는 현장관리소장이 관리용역회사의 대표를 대리하게 되어 관리소장(F′)이 경영자 대리인이고 관리현장조직이 곧 관리용역회사 본사의 기능과 역할을 하게 된다. 이와 같은 연유로 관리소장의 자세와 태도, 역할과 능력에 따라 현장 재계약이 좌우되며 일반적으로 결정되게 됨을 수주영업담당자는 유의해야 한다.

한편, 3면 3각 상호관계의 2면에는 건물 소유자(O)와 사용자(T)간에 합의에 따라 임대차계약의 체결 또는 법률관계가 성립되면, O+T 2면 상호관계가 성립되어 O 측면에서는 건물임차권(건물 점유권과 사용 수익권) 허여의 급부 의무와 임대료 청구의 반대급부 권리가 발생하고, T는 O와 상반되는 급부의무와 반대급부의 권리를 가지게 되며, 1면과 같은 법적 권리 의무 관계, 법적 당사자 상호관계가 성립된다.

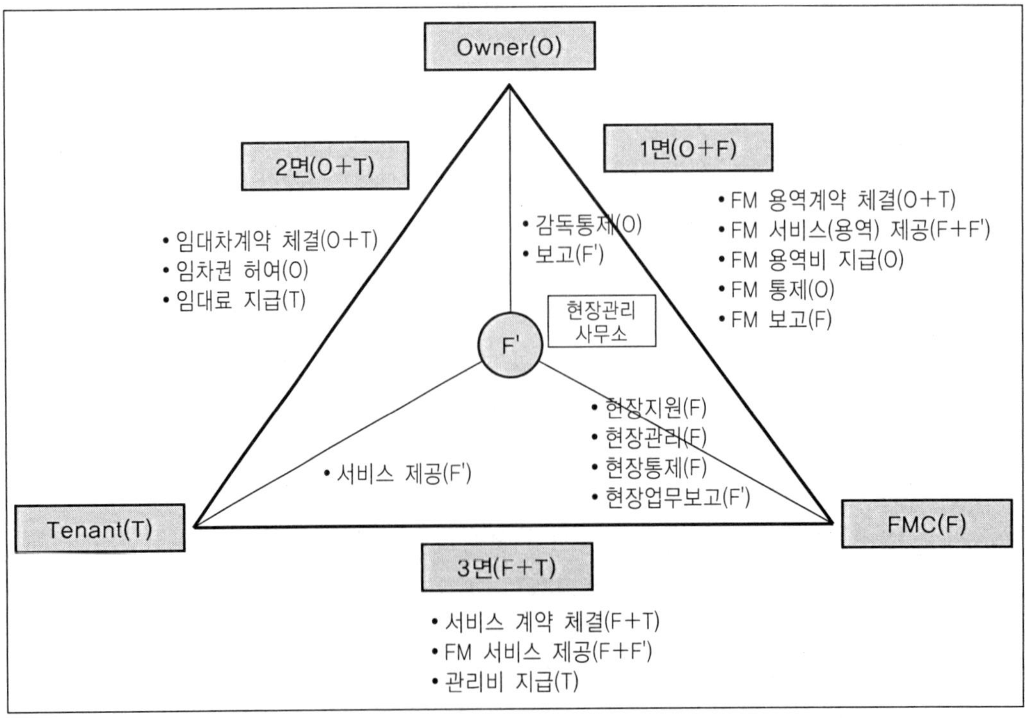

[그림 1-2] 건물관리현장 이해당사자 상호관계 개념도

3면 3각 상호관계의 3면에는 관리용역회사(F)와 건물 사용자(T) 간에 합의에 의하여 관리 서비스 계약이 체결되면 M+T 3면 상호관계가 법적으로 성립되게 되며, F는 T의 건물 사용 수익에 필요한 관리 서비스 제공의 급부 의무와 관리비 청구의 반대급부 권리를 가지게 되나 T는 F와 반대로 관리비 납부의 급부 의무와 서비스를 제공받을 반대급부 권리를 보유하게 된다. 또한 3면의 이해당사자는 1면과 2면의 상호관계와 같이 권리 의무 관계, 법적 당사자 관계가 성립된다.

결론적으로 시설물관리용역 이해당사자에는 소유자와 사용자, 관리회사와 현장 파견 관리사무소 소장 등 4주체가 외부 3면 3각 상호관계와 내부 3각 관계를 형성하게 된다.

F가 O와 T 사이에 관리용역계약 및 서비스 대행계약이 체결되고 나면 관리회사는 전술한 바와 같이 관리사무소조직(관리소장)을 관리현장에 파견하여 관리사무소가 중심이 되어 관리회사의 지원과 용역계약서와 과업지시서의 내용에 따라 계약기간 동안 건물 사용 수익에 필요한 서비스를 직접 생산하여 건물자산의 소유자, 사용자에게 공급하고 입주고객과 소유고객 등의 건물 사용 수익을 지원하게 된다.

수주영업담당자는 이상에서 설명한 건축시설물관리용역현장의 이해당사자 상호관계 외부 구조와 내부 구조를 통합적으로 이해하고 외부 고객인 건물의 소유자와 사용자, 이용자 모두가 양질의 서비스에 만족하도록 하기 위하여 관리사무소로 하여금 의무 중심, 급부 중심으로 관리활동을 하도록 해야 하며, 특히 관리소장으로 하여금 외부 고객인 입주자(임차인, 점유자 등) 모두가 최 유효 임대료와 관리비 급부의 대가로 반대급부로 제공받는 시설물관리 서비스가 저들의 건물 사용 수익에 만족할 수 있도록 현장조직을 장악하고, 현장조직을 서비스 조직화하여 운영관리하도록 본사를 통하여 지원받아야 한다.

2. 건물관리현장 이해당사자 상호작용

건물관리용역 수주영업담당자는 전술한 이해당사자 상호관계 외에 이해당사자 상호작용에 대하여 폭 넓게 이해할 필요가 있다. 왜냐하면, 시설물관리 이해당사자는 하나같이 급부보다 반대급부에 관심이 있으며, 의무보다 권리에 더욱 요구가 있기 때문이다.

특히, 건물자산의 소유자는 현실적으로 경제 민주화에 전혀 관심이 없어 법적 당사자 관계를 경시하는 경향이 있으며, 건물자산의 소유자는 O+F 상호관계는 물론 O+T 상호관계에서도 여전히 우월적 지위에 있으며, 의무보다 권리 중심에서 명령하기를 좋아하고, 급부보다 반대급부에 더 많은 관심을 보이고 있어 이에 대한 F나 F가 파견한 F′의 O에 대한 대응은 말과 같이 쉽지 아니하다.

뿐만 아니라, 입주자 역시 종래의 건물 사용 수익을 위하여 요구하였던 욕구보다 매우 다양한 고품질의 서비스를 요구하고 있어 종래와 동일한 관리용역비로 질 높은 서비스를 생산하고 제공하기란 건축시설물관리용역업자의 입장에서 용이하지 않다. 또한 건물자산 소유자(O)는 용역계약의 범위 외의 업무 지원을 강요하는 경우가 비일비재하여 관리현장에서 소유자 지원업무가 가장 어려운 과제로 대두되고 있다.

3면 3각 상호관계에서 소유자와 관리용역회사(실제는 관리현장사무소 소장)간의 상호작용을 요약하면 계약서와 과업지시서 등에 근거하여 소유자 O는 관리용역회사 F에 대하여 통제와 감독 및 지휘를 끝임 없이 행하며, 관리용역회사(관리사무소)는 정기 또는 수시로 보고하고 명령 수령과 함께 승인이나 자문 득함을 통하여 상호작용한다.

뿐만 아니라, 건물 소유자와 사용자 간에도 소유자 O는 사용자 T에 대하여 입주자 사후관리 형태로 항시 점검활동을 지속하고 있으며, 사용자 신용상태를 지속적으로 모니터링하여 신용상태가 불량해지는 것을 경계하고 있다. 한편, 사용자 T 역시 임대인인 건물 소유자 소유 부동산의 권리관계를 모니터링하여 임대보증금 보호의 문제발생 여부를 감시하고 있다. 건물 사용자 T는 건물 사용 수익 상에 조금이라도 불편이나 불만이 있는 경우 지체 없이 건물 소유자 또는 현장 관리사무소 또는 콜센터에 민원을 제기하거나 불만을 표출하고 소수의 외국인 입주자의 경우에는 손해배상을 요구하는 사례도 발생하고 있다.

F와 T의 상호관계에서도 T는 일방적으로 건물 사용 수익에 필요한 서비스를 급부하는 관리비보다 항상 더 많이 요구하는 경향을 보이고 있으며, 입주 시 F와 T사이에 체결한 건물 사용관리규정을 무시 또는 경시하며, 관리비용 부담의 의무보다 권리를 편향적으로 주장하는 사례가 증가 추세에 있다. 이와 같이 건축시설물유지관리 이해당사자 상호관계와 상호작용에 관하여 건물관리용역 수주담당자가 이를 이해하지 못하여 긍정적으로 활용하지 못하는 경우 수주목표 달성을 위한 현장 연장계약 성격의 재계약에 의한 수주는 성공할 수 없게 된다.

그러므로 수주영업담당자는 건축시설물 용역관리 이해당사자의 상호관계와 상호작용에 관하여 폭 넓게 이해하고 이를 활용하여 수주목표 달성을 위한 수주영업에 적용하기 바란다.

제7절 건물관리용역 수주영업목표와 계획 및 전략

1. 수주목표 설정과 계획 및 전략수립의 중요성

건물관리용역회사의 경영에 있어서 용역업무의 수주는 매우 중요한 경영과 관리의 핵심 업무이므로 수주목표를 설정하고 이를 달성하기 위한 수주계획 및 전략의 수립은 매우 중요하고 필요한 업무이다. 왜냐하면, 수주목표 설정과 계획 및 전략수립의 중요성은 수주목표와 계획 및 전략수립이 회사 경영관리, 특히 수주영업활동의 지침이 되고 영업담당자의 수주영업활동에 동기부여의 원천이 되기 때문이다. 또한 수주목표의 설정과 계획 및 전략수립은 영업활동 의사결정의 지침이자 수주영업 성과측정의 기준 및 수주 방향 설정과 방법을 제시해 주기 때문이다.

수주목표 설정과 계획 및 전략수립의 중요성을 요약하여 정리하면 다음과 같다.

첫째, 수주목표 설정과 계획 및 전략수립은 수주활동의 지침이 되고 방법을 제시해 준다.

둘째, 수주목표 설정과 계획 및 전략수립은 수주활동 동기부여의 원천이 되고 방향을 제시해 준다.

셋째, 수주목표 설정과 계획 및 전략수립은 수주영업활동 의사결정의 지침이 되고 내부 환경의 강점을 활용할 수 있다.

넷째, 수주목표 설정과 계획 수립은 수주영업 성과 측정의 기준이 되고 외부 환경의 기회를 극대화할 수 있다.

2. 수주영업목표와 수주영업계획 및 전략의 내용

건물자산관리용역회사의 경우 건물운영관리용역(PM 서비스)나 시설물관리 서비스(FM 서비스) 수주는 회사 존립의 기반인 동시에 지속적 번영과 발전에 초석이 되므로 수주영업의 중요성을 아무리 강조해도 지나치지 않는다.

그러므로 용역회사의 경영자와 수주영업팀에서는 회사의 미션을 달성하고 지속적 번영과 발전을 도모하기 위하여 수주영업목표를 설정하고 수주영업계획을 수립하며, 계획달성을 위한 전략을 수립하고 전술을 개발하여 수주영업활동을 강화해야 한다.

수주영업을 성공적으로 수행하기 위해서는 우선 먼저 수주영업목표를 설정하고 계획 및 전략을 수립해야 한다.

여기서 수주영업목표(order goal)라 함은 기업 미래의 운영관리용역 수주 결과를 지향하는 것으로서 미래의 바람직한 수주 상태를 의미하고, 수주영업계획(order plan)이라 함은 현재의 수주영업 수단에 초점을 맞추어 수주목표를 달성하기 위한 방법을 말한다.

또한 수주영업 전략계획(strategy plan)이라 함은 기업이 경쟁적 환경 속에서 기업의 미래 달성 목표를 설정하고 설정된 목표를 성공적으로 달성하기 위한 수단을 개발하는 활동을 말한다. 다시 말하면, 내부 수주영업환경의 약점은 최소화하고 강점을 최대로 극대화하여 수주영업 외부 환경의 위협을 능동적으로 극복하고 기회를 최대로 살려 내부 환경의 강점과 외부 환경의 기회를 접합시켜 수주영업목표를 달성하게 하는 활동과 과정이라 해석할 수 있다.

수주영업계획 수립(order planning)은 수주영업목표와 수주영업계획 양자를 포함하는 개념으로서 추구하거나 지향하는 수주영업목표를 확실하게 설정하고 이를 구체적으로 달성하기 위한 방법을 결정하는 과정을 의미한다.

본래 기업의 경영상 목표는 사훈이나 사시로 표현되는 미션(mission)이 먼저 최고경영자에 의하여 설정된 후, 경영 계층에 따라 내려오면서 최고경영자에 의한 전략목표가 수립되고, 전략목표에 따라 중간경영자에 의한 전술목표가 정해지며, 전술목표에 따라 일선경영자(예 : 수주영업팀장)에 의한 운영목표(수주영업목표)가 최종적으로 수립된다. 계획의 경우에도 목표 설정과정과 같이 미션에 근거하여 최고경영자에 의하여 전략계획이 수립되고, 전략계획에 따라 중간경영자에 의하여 전략계획이 마련되며, 전략계획에 따라 일선경영자에 의하여 전술계획이 마련되며, 전술계획에 근거하여 운영계획(수주영업계획)이 최종 수립된다.

수주영업목표의 설정과 계획 수립은 회사의 수주영업목표와 계획이 영업팀의 수주영업목표이고 계획으로 연결되므로 회사 수주영업목표와 계획은 종래 전통적 접근방법으로 경영자 스스로 목표를 설정하고 계획을 수립하는 경우 수주영업팀과 영업담당자의 적극적 수주가 계획대로 이루어지지 않는 경향이 있으므로 새로운 접근방법으로 영업팀과 영업담당자 전원이 수주영업목표 설정과 계획 수립에 참여하여 목표 설정과 계획을 수립하는 것이 매우 바람직한 설정계획 수립방법으로 판단된다.

수주영업계획서에는 수주영업목표 달성 시 수주영업사원에게 회사 차원의 보상과 인센티브가 반드시 제공된다는 회사 보상조항을 명기해 두는 것이 바람직하다. 이와 같은 보상 조항은 수주영업사원에게 수주영업의 동기를 부여하고 자발적 수주영업활동에 참여하게 하여 회사 수주영업목표 달성에 긍정적으로 작용하게 된다.

1) 수주영업의 목표 설정

수주영업의 목표 설정이라 함은 기업 미래의 바람직한 수주 상태를 수치화하여 새로 마련하여 정함을 말한다. 예컨대, 시설관리용역회사들은 연도 말 이전에 지난해의 매출실적과 신규 수주 현황, 전년도 영업성과 분석, 영업이익 실적 등 기업경영 자료들을 분석하고 미래 발전 방향과 기업 전략을 기초로 수입과 지출 및 수지차를 계상하여 내년도 매출목표와 영업이익목표를 미리 설정한 후 이를 문서화하여 당해 연도 기업수주영업계획을 수립하고 발표하게 된다. 이와 같이 발표되는 기업수주영업계획에 따라 당해 연도 수주목표가 책정되고, 이에 따라 영업팀의 수주영업목표가 설정되며 이를 달성하기 위한 영업팀의 수주영업계획 및 전략이 수립된다.

시설관리용역회사나 수주영업팀이 내년도 수주영업목표를 설정하는 경우 반드시 수주영업의 목표 설정 지침에 따라 설정하는 것이 바람직하다.

수주영업목표 설정의 기초가 되는 수주영업의 지침은 다음과 같다.

첫째, 수주영업의 목표는 현실성과 도전가치가 있는 목표를 설정해야 한다.

수주영업의 목표는 기업의 여건과 조건 및 역량 등 현실적으로 사용가능한 자원의 범위 내에서 달성 가능한 목표이어야 하고, 영업사원들이 수주에 도전의 가치가 있어야 한다. 예컨대, 작년도 매출보다 지나치게 높게 책정되거나 너무 낮게 수주목표가 책정되는 경우 영업에 도전가치를 느끼지 못하게 되며 동기 부여가 되지 않는다. 그러므로 수주목표 설정 시 현실적으로 수주가 가능한 목표로서 도전가치가 있도록 수주영업목표를 설정해야 한다.

둘째, 수주영업목표는 수치적으로 또는 계량적으로 측정이 가능하도록 설정되어야 한다. 수주영업목표는 2012년도 매출액 500억 원, 수익률 10% 등과 같이 측정이 가능하도록 설정되어야 한다. 또한 수영영업목표를 계량화해야 하는 또 다른 이유는 영업담당자로 하여금 목표 달성의 현황을 쉽게 파악하게 하고 목표 달성을 보다 강력하게 촉진하도록 동기를 부여하기 위함에 있다.

셋째, 수주영업목표는 목표 달성 기간을 동시에 설정해야 한다. 기간의 정함이 없는 수주목표는 담당자들로 하여금 언제까지 달성해야 하는지를 스스로 결정할 수 없기 때문이다.

넷째, 수주영업의 목표 설정은 목표 달성과 보상을 반드시 연계하도록 설정해야 한다. 영업사원에 의한 수주목표 달성은 보상의 인센티브가 주어질 때, 수주영업 성과가 반드시 향상되기 때문이다.

2) 수주영업계획의 수립

수주영업계획이라 함은 전술한 바와 같이 수주영업의 목표 달성을 위한 수주방법과 절차를 명시한 서면을 말하는 것으로 수주영업계획은 드러커(P. Drucker)의 목표관리(MBO : Management By Objectives) 개념에 따라 수립하는 것이 바람직해 보인다. 왜냐하면, 목표관리개념은 1단계 수주영업목표 설정(기업목표, 영업팀 목표, 영업사원 개인목표 설정), 2단계 실행계획 수립, 3단계 과정 검토(과정 검토, 수정 조치), 4단계 영업성과 평가 순으로 계획하여 수주영업목표를 과학적 관리방법으로 관리해 주기 때문이다.

또한 MBO에 의한 수주영업계획은 기업의 대표와 수주영업담당자 모두가 수주영업에 집중할 수 있기 때문에 수주영업목표를 쉽게 달성할 수 있는 계획이며, MBO에 의한 수주영업계획은 기업 대표와 수주영업담당자가 합심 노력하기 때문에 목표 달성을 위한 동기 부여가 이루어져 수주목표 달성이 용이하게 된다. 또한 MBO에 의한 수주영업계획은 기업 대표와 수주영업담당자 모두가 수주영업계획에 참여하기 때문에 기업의 수주전략목표와 부서(영업팀)의 수주전략목표 그리고 개인 영업담당자의 수주전략목표가 균형 있게 연결되어 수주활동에 긍정적으로 작용하기 때문에 MBO에 의한 수주영업계획 수립은 매우 바람직한 계획 수립방법으로 평가된다.

시설관리용역회사의 경우 전술한 바와 같이 당해 연도 사업계획(영업계획)을 매 연말 이전에 작성, 발표하게 되는데, 작성 내용은 회사마다 각각 상이하나 대체로 전년도 매출액, 매출액 증가율, 신규 계약, 기존 계약, 손실 특징 등을 중심으로 전년도 영업성과를 분석하고 전년도 신규 수주 현황을 종합관리, 시설관리, 미화관리, 경비관리 등 분야별로 검토하고 분야별 총 계약고와 총 현장수를 검토한 다음 성과분석을 통하여 수주성과 및 영업력 개선 분야, 수주 실패 및 문제점 개선 분야에 관한 종합평가를 한 후, 당해 연도 영업계획을 업계 전망(시장 전망), 주요 수주대상, 수주목표 및 핵심 수주영업 과제 순으로 작성하여 최종적으로 회사 대표 및 경영자와 영업팀 및 영업사원 전원이 참석한 수주영업회의에서 재검토를 거처 최종적으로 수주영업계획을 확정하게 된다.

다시 말하면, 수주영업계획은 전 년도 성과를 분석한 후 당해 연도 업계와 시장을 분석 후 주요 영업추진대상을 설정하고 수주목표와 주요 과제를 설정하는 내용으로 사업계획서를 수립하고 확정하는 것이 바람직하다.

3) 수주영업 전략의 수립

미래에 달성할 수주목표를 성공적으로 달성하기 위하여 수주영업 전략을 수립하려면 첫째, 수주영업활동의 수단을 개발하고 둘째, SWOT 분석법을 활용하여 외부 환경의 위협을 능동적으로 극복하고 기회를 최대로 살리며, 내부 환경의 강점과 접목시켜 영업활동 시너지를 극대화시킬 수 있는 전략 요인을 도출해야 한다. 따라서 수주영업 전략을 수립하기 위해서는 수주영업자원을 통한 영업수단의 개발과 SWOT 분석법에 의한 외부 환경의 기회와 내부 환경 강점의 기술적 접합이 필요하다.

다시 말하면, 수주영업 전략을 수립하려면 영업수단의 개발과 SWOT 분석법(Strength-Weakness-Opportunity-Threat analysis)을 통해 전략 요인을 파악하고 수주영업환경을 분석하여 외부 환경의 기회와 내부 환경의 강점을 전략적으로 접합함으로써 수주영업에 긍정적으로 활용하여야 한다.

전략적 수주영업 수단에는 인적 자원, 물적 자원, 재무적 자원, 기술적 자원 그리고 정보자원 등이 있으며, 전략적 수주영업환경에는 기회와 위협을 제공하는 외부 환경(경제적 환경, 법적 · 정치적 환경, 사회적 · 문화적 환경, 기술적 환경, 국제적 환경)과 기업의 강점과 약점을 동시에 제공하는 내부 환경(기업조직 내의 경영자, 종업원, 기업문화와 기업조직 외의 내부 고객과 외부 고객, 발주자, 경쟁기업, 인력시장) 등이 있다.

수주영업사원이 수주영업 수단으로서의 인적 자원이 되려면, 영업을 담당하는 영업팀 소속 전원이 영업에 대한 중요성을 크게 인식하고 수주에 대한 사명으로 무장한 영업사원으로서 수주영업에 관한 개념지식과 수주방법지식, 수주계획에서 계약에 이르기까지 수주활동을 스스로 전문적으로 수행할 수 있는 행동지식을 두루 갖추어야 한다. 다시 말하면, 수주영업의 인적 자원이 되려면 수주영업의 이론을 정신적으로 인식하고 수주영업 실무를 기능적으로 수행할 수 있어야 한다.

영업수단으로서 물적 자원이 되려면, 현장설명 시에 활용되는 카메라, 녹음기, 프레젠테이션에 활용되는 노트북이나 PT 자료 등을 언제든지 사용할 수 있도록 점검하고, 필요한 경우 업데이트시켜야 하며, 항상 사용할 수 있도록 준비해 두는 것이 필요하다.

재무적 자원이 전략적 수주영업 수단이 되려면, 수주활동에 사용되는 수주영업활동 예산을 체계적으로 수립하여 두고 투입되는 직접 경비 외에 간접 경비 역시 준비되어 전략적으로 활용되어야 한다. 특히 수주를 위한 입찰보증금의 경우 입찰보증보험증권 발행이나 현금 예치를 할 수 있도록 반드시 사전에 준비하여 실수하지 않도록 해야 한다.

수주영업에 활용되는 기술이 전략적 수주영업을 위한 기술이 되려면, 제안서 작성의 전문화, PT 기술의 개발, 협상과 설득 기술의 개발 및 훈련, 계약체결 기술 훈련, 고객관리기술 등을 개발하고 확보하여 수주영업활동에 직접 활용할 수 있어야 한다.

정보자원이 전략적 자원이 되려면, 입찰정보, 발주정보, 고객정보, 기술정보, 입찰제도 정보 등을 체계적으로 탐색하고 데이터베이스화하여 언제든지 활용할 수 있도록 정보관리를 철저히 해야 한다.

SWOT 분석에 의한 수주영업 전략을 수립하기 위하여 외부 환경과 내부 환경의 수주영업 전략 요인들을 탐색해 보기로 한다.

SWOT 분석 중 내부 환경 요인인 강점은 회사가 전략적 목표를 달성하는 데 유익한 내적 특성을 말하고 약점은 방해가 되는 내적 특성을 말한다.

외부 한경 중 위협은 전략적 목표를 달성하는 데 방해가 되는 외적 특성을 말하며 기회는 전략목표를 달성하는 데 유익한 외적 특성을 말한다.

용역회사의 경영자는 내부 환경의 강점과 약점 및 외부 환경의 위협과 기회를 각각 추출하고 이를 종합적으로 분석하여 기업 수주영업 전략, 영업팀 수주영업 전략, 영업사원 개인별 수주영업 전략 등을 수립하고 이를 영업활동에 활용해야 한다.

내부 환경의 강점과 약점 분석 시 사용되는 수주영업 분야 요인에는 주로 조직관리, 마케팅, 인적자원, R&D, 재무상태 등이 있으며, 외부 환경 분석 요인에는 외부 환경 중 하나의 환경인 일반환경의 경제적 환경, 법률적 · 정치적 환경, 사회 · 문화적 환경, 기술적 환경, 국제적 환경과 외부 환경의 다른 하나인 과업환경에는 고객(발주처 포함), 경쟁기업, FM · PM 시장, 이해관계집단, 새로운 경쟁기업 출현 등이 외부 환경의 분석대상이 된다.

(1) 외부 환경 분석

① 외부 환경이 우리 회사에 주는 위협은 무엇인가?

- 시장경기 후퇴
- 새로운 대기업 시장진입 장벽 대두(사회기업 인증제도, 정부정책으로 지방업체 우선 보호)
- FM 분야 시장 축소
- 후발 회사 강세
- 중소업체 약진

② 외부 환경이 우리 회사에게 주는 기회는 무엇인가?

- 신규 영역 진출 가능성(AM, PM 분야)
- 경기 후퇴로 경쟁사 퇴조
- 시장점유율 증가
- 회사 성장 가능성

(2) 내부 환경 분석

① 내부 환경이 주는 우리의 약점은 무엇인가?

- 허술한 영업 시스템
- 영업 전문성 결여
- 일반관리비 과다로 입찰 경쟁력 저하
- 수주현장 관리사고 다발로 안전 신인도 저하
- 경영상태 관련 신용평가등급 하락

② 내부 환경이 주는 우리의 강점은 무엇인가?

- 병원 청소관리용역 분야 관리 전문
- 신규 분야 개척 능력
- 높은 서비스 생산력
- 높은 직무 만족도
- R&D 능력 보유

이상에서 설명한 외부 환경의 위협과 기회 그리고 내부 환경의 강점과 약점을 분석하면 [그림 1-3]과 같이 SWOT 분석 결과가 도출된다.

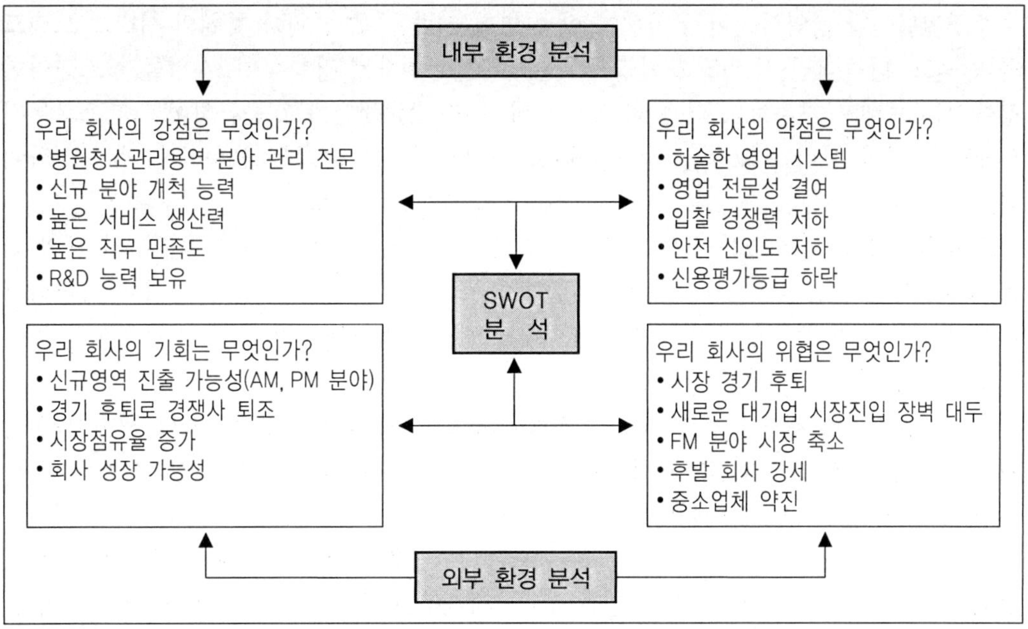

[그림 1-3] SWOT에 의한 환경 분석

이상과 같이 우리 회사 외부 환경 요인과 내부 환경 요인들을 분석한 결과 우리 회사 내부 환경의 약점과 강점 및 외부 환경의 위협과 기회를 교차 분석하여 약점을 크게 개선하고 강점을 더욱 보완한 후 외부 환경의 위협을 최소화하고 기회를 최대로 살릴 경우, 회사의 수주영업 전략으로 병원 청소 분야에 전략적 우위를 점할 수 있으므로 이 분야에 차별화 전략을 선택하고 더욱 서비스 원가를 낮추어 원가우위 전략을 구사하는 것이 영업 전략상 유효할 것으로 판단되며, 영업팀과 영업사원의 경우에는 병원 청소 분야에 집중화 전략을 구사하는 것이 바람직해 보인다.

따라서 이 용역회사의 경우, 당해 연도 수주영업 전략의 예를 들면 다음의 〈표 1-5〉와 같이 수립할 수 있다.

당해 연도 수주영업 전략상 선택한 차별화 전략(differentiation strategy)은 수주영업회사가 생산 제공하는 용역(서비스)을 타 경쟁회사의 서비스와 차별화시키는 전략을 말한다.

〈표 1-5〉 당해 연도 수주영업 전략(예)

전 략	내 용
가. 기업 수주영업 전략	서비스 차별화 전략, 입찰원가우위 전략
나. 영업팀 및 수주영업사원 개인별 수주영업 전략	병원 청소관리용역 분야 집중화 전략

수주영업팀이나 영업사원이 구사해야 할 차별화 전략은 우선 회사 차원의 서비스 브랜드를 만들고, 만들어진 서비스 브랜드의 가치 제고에 투자를 강화하며, 시설물 청소관리현장에서는 브랜드 가치보다 더욱 더 고품질의 서비스를 생산하고 공급하여 고객으로부터 인정받을 뿐만 아니라 고객을 감동하게 함으로써 새로운 고객을 창출하게 하는 전략이다.

또한 수주영업의 차별화 전략은 수주영업 능력 강화, 수주영업팀과 지원부서 간의 협조 체제, 서비스 품질 및 기술적 관리 능력 인정, R&D 능력 향상 등을 통하여 차별화가 이루어지게 된다. 수주영업의 차별화가 이루어지면 서비스에 대한 고객의 충성도가 높아지고 경쟁업체에도 효과적 대응이 가능해진다.

수주영업회사가 선택하는 원가우위 전략(cost leadership strategy)은 자사 서비스 입찰가격을 경쟁사 서비스 입찰가보다 현저하게 인하하여 입찰함으로써 입찰금액상 경쟁사보다 우위를 확보하는 전략이다.

수주영업을 추진하고 입찰가를 낮추어 입찰하는 경우, 입찰가만으로 경영상 흑자가 보장되어야만 원가우위 전략이 성공할 수 있다. 왜냐하면, 원가우위 전략에 의한 저가 입찰은 덤핑 입찰이 아니어야 하며, 이 금액으로 양질의 서비스를 생산하고 제공할 수 있어야 한다. 원가우위 전략이 성공하려면, 서비스 생산원가를 현저히 절감할 수 있어야 하고 소수의 전문 관리 인력으로 서비스 생산량을 증대시켜야 하며, 안전사고를 미리 막아 안전사고로부터 발생하는 인적·물적 피해를 현저히 경감 시킬 경우 원가우위 전략은 성공할 수 있다.

다시 말해서 원가우위 전략이 성공하려면 단순한 비용의 절감만으로는 원가우위 전략이 성공할 수 없으며, 타 경쟁사가 감히 구사할 수 없는 강력한 원가 통제, 효율적 서비스 생산 시스템의 구축, 영업팀과 지원부서 간의 긴밀한 협조 체제, 집중적 수주영업 활동 및 서비스 생산활동관리, 발주처와의 유대 강화, 고객집중관리 등을 구사해야 한다.

수주영업을 위하여 영업팀과 영업사원이 선택한 집중화 전략(focus strategy)은 한정된 고객이나 시장을 상대로 집중적으로 공략하는 전략이다. 예컨대, 병원건물 청소용역에 영업 역량을 집중하는 전략의 경우이다. 집중화 전략은 목표시장(target market)에 한정하여 집중 수주영업을 하게 되므로 일반시장을 상대로 구사하는 원가우위 전략과 차이가 있다. 집중화 전략이 성공하려면 세분시장(segmented market)이 존재해야 한다.

시설물관리용역회사가 열악한 용역관리시장에서 살아남아 지속적 발전과 번영을 하려면 전략 경영과정을 거쳐 도출한 차별화 전략과 원가우위 전략, 집중화 전략을 수주영업계획과 함께 수립하고 실천할 때 비로소 수주영업목표가 성공적으로 달성하게 된다.

수주영업 전략 경영과정은 다음의 [그림 1-4]와 같다.

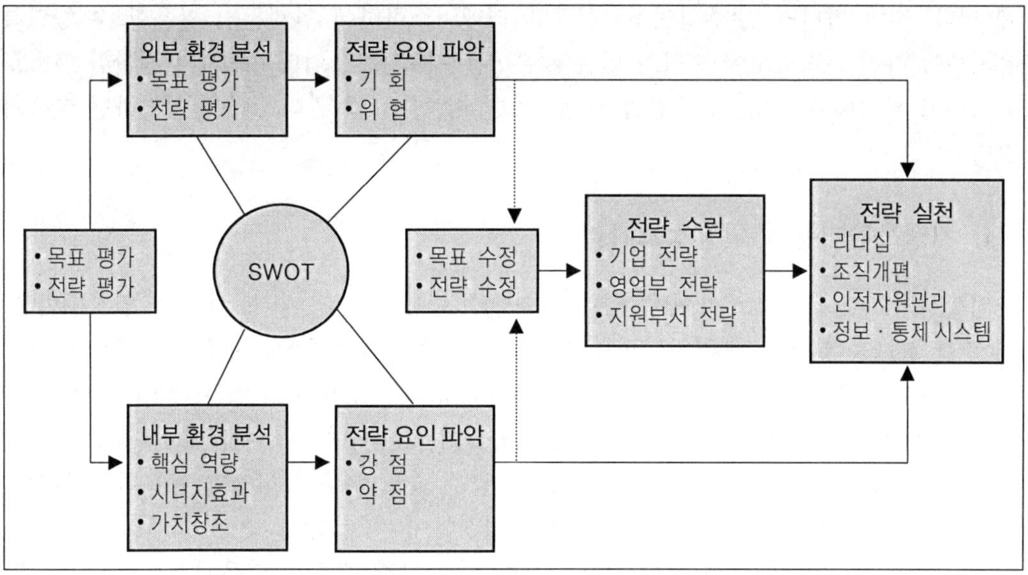

(자료출처 : 신민식 · 권중생, 경영의 이해, 법문사, 2006, p.183 인용 및 재구성)

[그림 1-4] 수주영업 전략 경영과정

제8절 건물관리용역 수주영업 정보관리

1. 수주영업정보의 개념과 중요성

수주영업정보라 함은 수주영업의 입찰, 발주 내용이나 수주영업과 관계되는 형편이나 소식 등을 말한다. 수주영업활동은 수주정보의 입수에서 시작되고 입수정보의 분석 결과에 따라 입찰 여부가 결정되고 입찰 결과에 따라 경영성과가 나타나 기업의 지속적 발전과 번영이 약속되므로 시설관리용역 수주를 업으로 경제활동을 하고 있는 시설관리용역 회사에 있어서 수주정보야말로 매우 중요한 경영 자원이 아닐 수 없다.

수주영업에 관계되는 정보에는 입찰정보, 발주처정보, 경쟁사정보, 용역시장정보, 건축정보, 수주영업 외부 환경 정보, 수주영업 내부 환경 정보, 용역 정책 · 제도 · 법령 정보, 계약정보, 기술정보 등이 있다.

2. 수주영업정보의 종류와 관리방법

수주영업정보는 입수하고 분석하여 수주영업에 활용할 때 비로소 정보의 가치를 가지게 된다. 뿐만 아니라, 수주영업정보를 데이터베이스화하여 언제든지 활용할 수 있도록 유지해야 하며 축적정보에 변화가 있는 경우에는 지체 없이 업데이트시켜 정확한 정보로 유지하고 관리해야 한다. 수주영업 관계정보별 정보수집과 관리방법을 설명하면 다음과 같다.

1) 시설물관리용역 입찰정보관리

입찰정보(bidding information)라 함은 용역발주 내용과 입찰 자격, 입찰일, 입찰방법 등에 관한 정보를 말한다. 용역입찰정보의 대부분은 주로 국가종합전자조달 사이트인 나라장터(g2b)나 사설 입찰정보회사인 비드큐 그리고 21라인 등에서 얻을 수 있고 방송 매체나 신문 매체 그리고 발주처 홈페이지 등을 통하여 입수되며 현장소장 또는 경영자 인맥을 통하여 입수되기도 한다. 수주영업정보는 입수 즉시 수주정보 창에 등록하고 입찰을 전제로 분석 작업을 하여 입찰참여 여부를 결정하여야 한다.

참고로 나라장터(g2b), 비드큐, 21라인 등의 홈페이지 주소는 다음과 같다.

- 나라장터(g2b) — www.g2b.go.kr
- 비드큐 — www.bidq.co.kr
- 21라인 — www.21line.co.kr

2) 시설물관리용역 경쟁사 정보관리

수주영업에 있어서 경쟁사정보는 입찰정보 다음으로 중요한 정보이다. 왜냐하면, 경쟁사는 시설관리용역 입찰현장에서 자주 만나는 입찰 경쟁사이므로 경쟁사의 현황정보를 알고 있는 경우 견적서 작성이나 입찰 전략의 수립이 훨씬 쉬워지기 때문이다.

경쟁사의 정보는 다음의 정보를 데이터베이스화하여 유지하고 변경되는 정보가 있는 경우 즉시 업데이트시켜 현황을 실시간별로 유지해야 한다.

경쟁업체의 필요정보는 회사명, 주소, 대표전화, 팩스번호, 홈페이지 주소, 대표자명, 자본금, 신용평가등급, 신인도 점수, 기술인력 보유 현황, 이행실적, 주거래 은행, 용역별 매출액, 총 연간 매출액, 5년간 연도별 매출액, 영업이익, 경상이익, 회계연도, 주요 고객, 경쟁력, 기업의 규모(대기업, 중소기업), 업종, 업태, 입찰 경향, 협력 가능 여부, 현장 분포, 주력 용역 분야, 가점 합계점수(훈장, 국가 표창, 서비스 품질 우수기업, 사회적 기업 등), 재무상태, 당해 입찰 적격성, 수주영업 주력 분야(종합관리, 시설관리, 경비관리, 청소관리) 등을 파악하여 정보 창에 저장하고 데이터베이스화하여 언제든지 활용할 수 있도록 유지관리해야 한다.

3) 시설물관리용역 발주처 정보관리

일반적으로 발주라 함은 제품이나 서비스 따위를 주문함을 의미하고, 발주처란 발주하는 장소 또는 기관을 말한다. 큰 틀의 건물자산관리용역 발주처에는 AM 용역 발주처와 PM 발주처 및 FM 발주처 등이 있으며, AM 발주처에는 투자자, 소유자 등으로 대변되는 은행, 보험사, 연기금, 외국 투자은행, 외국 투자기관, 국내 투자기관 등이 있으며, PM 발주처에는 AMC(Asset Management Company), 건물자산 소유자, 투자자, 운영관리 위탁자(예 : 정부기관, 한국자산관리공사)등이 있다.

그리고 FM 발주처에는 PMC(Property Management Company), 건물자산 소유자, 경영자 등이 있으며 정부 부처 또는 공공기관이 발주하는 시설물관리용역은 조달청의 나라장터를 통하여 발주되고 있으며, 민간 용역의 경우에는 민간기업 자체에서 직접 발주하고 있다. 발주정보는 전술한 바와 같이 나라장터, 비드큐, 21라인 등에서 실시간으로 제공하고 있다.

시설물관리용역 국내 주요 발주처를 소개하면 다음과 같다.

조달청, 중앙부처, 서울특별시, 부산광역시, 인천광역시, 대구광역시, 광주광역시, 대전광역시, 울산광역시, 경기도, 강원도, 충청북도, 충청남도, 전라북도, 전라남도, 경상북도, 경상남도, 제주도, 국방조달본부, 한국토지공사, 한국전력공사, 한국도로공사, 한국통신, 환경관리공단, 국립공원관리공단, 한국철도공사, 서울메트로, 서울특별시 도시철도공사, 한국수자원공사, 한국수력원자력, 한국통신, 인천국제공항공사, 한국공항공사(14개 국내 공항), 국민연금, 한국 가스공사, 한국마사회, 농수산물유통공사, 서울대학교 외 국내 대학, 서울대학교병원 외 국내 종합 병원, 조선 호텔 외 국내 주요 호텔, 신세계 백화점 외 국내 주요 백화점, 우리은행 외 국내 주요 은행, 기타 고층 빌딩 소유 기업과 비영리 법인(예 : COEX) 등이 있다. 또한 이상의 주요 발주처 외에도 FM 분야의 발주처에는 대형 교회와 성당, 시도별 시설관리공단, 대도시 초 · 중 · 고등학교, 대형 유통회사, 시도별 관광공사, 컨벤션센터 운영업체, 콘도미니엄 운영업체, 대형 레저시설 운영업체 등이 있다.

이상과 같은 발주처에 관하여 수주영업에 종사하는 영업담당자는 발주처의 명칭, 대표자명, 발주부서명, 팩스번호, 홈페이지, 대표전화, 발주담당자의 성명 · 직책 · 핸드폰 번호 · 이메일 주소, 연도별 발주 내역, 발주방법, 보유 건물자산의 개요 · 용도 · 규모 등을 전산 처리하여 데이터베이스화하고 이를 수주영업에 적극적으로 활용해야 한다.

4) 건축정보관리

수주영업담당자가 시설물관리용역 수주영업을 위하여 반드시 확보하고 활용할 정보에는 건축정보가 있다. 수주영업담당자에게 건축정보가 중요한 이유는 기획 수주 또는 제안 입찰의 대상이 되기 때문이다.

건축정보라 함은 건축설계사나 건축주에 의하여 기획, 설계되고 있거나 시공사에 의하여 건축 중인 건축물 그리고 기 건축된 건축물의 현황정보를 의미하며, 건축정보의 입수방법은 일반적으로 시·군·구의 건축과나 설계사무소 또는 건축주 등으로부터 입수할 수 있으나, 대형 건축물의 경우 국토해양부나 관할 광역시 또는 도의 승인대상이므로 국토해양부 건축기획팀 또는 광역시나 도의 건축 관련 부서로부터 입수할 수 있으며 신문, 방송 등 매체로부터도 입수할 수 있다.

건축정보는 기 건축된 건축물의 정보로부터 건축 중인 건축물은 물론, 기획 또는 준비 중인 건축물의 정보도 모두 포함하여 데이터베이스화해야 하며 건물명, 위치, 소유자명, 소유자 성격(공법인, 사법인, 개인 등), 대표전화, 팩스번호, 홈페이지, 건물의 규모, 건축물 용도, 준공일, 관리방법(직영관리, 위탁관리), 관리 예정 부서, 관리담당자의 성명·핸드폰 번호·이메일 주소, 현재 관리하고 있는 용역회사명, 계약일자, 계약종료일, 관리용역의 내용, 관리금액, 투입 인원수, 관리소장의 성명·전화번호·이메일 주소, 건축물의 특성 및 문제점 등을 조사하고 데이터베이스화하고 정기적으로 점검하여 변동사항이 있는 경우, 즉시 업데이트시켜 정보의 현실성과 정확성을 유지해야 한다.

참고로 기 건축된 건축물 현황을 2012년 2월 16일자 국토해양부 보도자료를 중심으로 소개하면 다음과 같다.

(1) 전국의 건축물 총 동수와 총 면적

2011년 12월 31일 현재, 전국 건축물 총 동수는 6,731,787동이며, 총 연면적은 32억9천5백만m²[서울 면적(6억5백만m²)의 5배]이다.

(2) 용도별 건축물 동수

- 주거용 — 4,529,464동(전체 대비 67.3%)
- 상업용 — 1,142,766동(전체 대비 17.0%)
- 공업용 — 258,744동(전체 대비 3.8%)
- 문교사회용 — 170,284동(전체 대비 2.5%)
- 기타용도 — 630,529동(전체 대비 9.4%)

(3) 수도권, 비수도권 노후 건축물(25년 이상) 분포

- 수도권 — 571,269동(수도권 전체 대비 30.2%)
- 비수도권 — 2,193,369동(비수도권 전체 대비 45.3%)

(부산, 전남의 경우 절반 이상이 25년이 넘는 건물로 조사되고 있음)

(4) 고층 건물 분포 현황

- 2012년 4월 30일 현재, 우리나라에서 가장 높은 건물은 부산의 주상복합건물 해운대 두산위브더제니스 80층이다.
- 그러나, 잠실 제2롯데월드 등 100층 넘는 건물이 신축 또는 계획 중에 있어 조만간 최고층 순위가 바뀔 것으로 추정된다.
- 지역별 최고층은 서울은 타워팰리스 69층, 63빌딩(63층), 인천은 송도 더샵퍼스트월드(64층), 경기도는 화성 메타폴리스 A동(66층)으로 조사되고 있다.

(5) 건축물 변동 추이

- 2009년 이후 전반적으로 주거용, 상업용, 문교사회용 건축물은 증가 추세가 주춤한 반면, 공업용 건축물은 증가 추세에 있음. 그러나 2011년도에 오피스텔은 4.8%, 도시형생활주택은 7.3%가 각각 증가 현상을 보이고 있다.

5) 시설물관리기술 정보관리

기술정보라 함은 건물자산의 운영과 관리 기술에 관한 정보로서 수주영업담당자에게 매우 유용하게 쓰이는 정보이다. 건물의 규모와 용도 특성에 따라 설치된 장비나 설비의 제원이 다르고 운전 · 정비법이 각각 상이하여 운영관리에 관한 제안서 작성이나 제안 설명(PT) 시 특별한 설비나 장비 및 시설물 관리에 관한 기술적 정보가 없는 경우, 실수할 가능성이 있다. 그러므로 수주영업담당자는 건물에 대한 특별한 시설이나 설비 및 장비 등에 관하여 현장설명 시 또는 입찰 전 특별히 점검하여 기술정보를 파악하고 숙지하는 것이 유용하다.

특히 IBS 건물의 경우, 설비의 작동법이나 운전, 정비 등 기술적 유지관리에 관한 정보를 입수하고 파악해 두는 것이 현명하다. 수주영업을 하는 회사가 특별한 시설물이나 설비에 대하여 운영관리 실적(이행실적)이 없는 경우에는 더욱 더 기술정보의 입수와 파악이 요구된다. 기술정보 역시 데이터베이스화하여 축적해 둠이 필요하다.

6) 시설물관리용역 계약정보관리

시설물관리 계약정보라 함은 시설물관리대상인 주요 건물에 대한 용역회사의 계약 시기와 종기에 관한 정보를 말한다. 시설물관리용역시장의 실태는 용역의 종류가 시설관리용역이든 환경미화용역이나 경비용역이든 간에 신규로 용역시장에서 거래되는 것보다 기존 시설관리대상이 용역회사의 수주영업의 능력에 따라 A사에서 B사로 또는 B사에서 C사로 이동하고 있어 수주영업담당자가 시설물관리용역 계약정보를 숙지하고 데이터베이스화하여 활용하는 것은 매우 중요한 수주영업관리업무 중 하나이다.

시설물관리용역 계약현황정보는 건물명, 소유자명, 주소, 연락처, 건물의 용도와 특성, 건물의 규모와 면적, 계약 시기와 종기, 용역기간, 발주처명, 발주용역명, 계약금액, 입찰 방법, 용역의 종류 등을 조사하고 데이터베이스화하여 활용함이 유익하다.

7) 시설물관리용역시장 정보관리

우리나라 건물자산관리시장에는 FM 시장이 대종을 이루는 가운데 PM 시장이 아주 적은 규모로 명맥을 겨우 유지하고 있다.

2006년도 한국생산성본부, 기업부동산자산관리실무 P.47에 의하면, 오피스 빌딩만을 대상으로 조사한 결과 PM 시장의 규모는 850억 원, FM 시장의 규모는 8,500억 원으로 조사되었고, 오피스 빌딩 외 학교, 호텔, 백화점, 병원, 공공시설, 아파트 등을 모두 합산하면 6～10조 원의 시장으로 추정하고 있다. 또한 통계청 2006년도 전국 부동산관리업 현황 자료에 의하면 임대업을 포함한 시설물관리용역시장에 참여하고 있는 업체의 수는 무려 21,265개사로 조사되고 있다.

또한, 한국경비협회, 한국건물위생관리협회, 한국건축물유지관리협회, 한국방역협회 자료에 의하면, 2010년도 12월 31일 현재, 업종별 시장 규모는 다음과 같이 조사되고 있다.

- 청소용역 — 3.5조 원
- 경비용역 — 2조 원
- 시설관리용역 — 3조 원
- 소독용역 — 1,000억 원

FM 시장 규모 총 8조6,000억 원

수주영업담당자는 이상과 같은 시장 규모를 이해하고 영업대상 용역의 포트폴리오(portfolio) 전략을 수립하고 회사 수주 역량과 운영관리 능력을 조합하여 수주전략을 실천해야 할 것이다.

8) 시설물관리용역 정책, 법, 제도 및 기준 등의 정보관리

시설물관리용역 관계법과 제도 및 정책과 기준의 정보라 함은 시설물관리용역의 입찰, 계약 등에 직접적으로 영향을 미치거나 간접적으로 관계되는 정책, 법, 제도 및 기준 등에 관한 정보를 말한다.

시설물관리용역의 입찰이나 계약 등에 직접 또는 간접으로 영향을 미치거나 관계되는 법에는 법령이나 제도, 정책 및 기준 등이 산재되어 있으므로 이에 대한 정보를 취합하고 데이터베이스화하여 두고 필요시마다 이를 수주영업에 활용할 필요가 있다.

특히, 시설물관리용역 수주영업은 관계법에 의한 허가나 신고 등을 필해야 하고 인력,

장비, 시설, 이행실적 등을 미리 갖추고 관계법에 따라 허가 또는 신고를 수주영업 전에 해야 하므로 이에 관한 관계법의 이해가 필요하다.

수주영업에 필요한 법령에는 다음과 같은 법률들이 있다.

(1) 수주영업관계법령

① 입찰

- 국가를 당사자로 하는 계약에 관한 법률
- 지방자치단체를 당사자로 하는 계약에 관한 법률
- 중소기업제품 구매촉진 및 판로지원에 관한 법률
- 사회적 기업 육성법
- 중소기업기본법 등

② 경비용역업

- 경비업법

③ 청소용역업

- 공중위생관리법, 폐기물관리법

④ 소독용역업

- 전염병예방법

⑤ 시설관리용역업

- 건설산업기본법
- 소방관계법
- 전기사업법
- 에너지이용합리화법
- 고압가스안전관리법
- 도시가스사업법
- 건축법
- 시설물 안전관리에 관한 특별법 등

(2) 수주영업의 제도와 예규 및 기준

수주영업담당자는 경영상태 평가기준, 신인도 평가기준, 조달청 일반용역 적격심사 세부기준, 지방자치단체 일반용역 적격심사 세부기준, 대기업 입찰 제한 정책, 사회적 기업 인증업체의 입찰 지원 제도나 중소기업 입찰참여 확대 정책 등 수주영업 관련 기준 및 예규(회계예규) 등을 면밀히 살펴 데이터베이스화하고 이를 적절히 수주영업에 활용해야 한다. 참고로 신용평가등급에 의한 경영상태 평가기준과 신인도 평가기준은 다음의 〈표 1-6〉 및 〈표 1-7〉과 같다.

〈표 1-6〉 신용평가등급에 의한 경영상태 평가기준

회사채에 대한 신용평가등급	기업어음에 대한 신용평가등급	기업신용평가 등급	평 점(점) 배점한도별 30점	25점	10점
AAA AA+, AA0, AA− A+ A0 A−	A1 A2+ A20 A2−	AAA (회사채에 대한 신용평가등급 AAA에 준하는 등급) AA+, AA0, AA− (회사채에 대한 신용평가등급 AA+, AA0, AA−에 준하는 등급) A+ (회사채에 대한 신용평가등급 A+에 준하는 등급) A0 (회사채에 대한 신용평가등급 A0에 준하는 등급) A− (회사채에 대한 신용평가등급 A−에 준하는 등급)	30	25	10
BBB+	A3+	BBB+ (회사채에 대한 신용평가등급 BBB+에 준하는 등급)	29.8	24.8	9.8
BBB0	A30	BBB0 (회사채에 대한 신용평가등급 BBB0에 준하는 등급)	29.6	24.6	9.6
BBB−	A3−	BBB− (회사채에 대한 신용평가등급 BBB−에 준하는 등급)	29.4	24.4	9.4
BB+, BB0	B+	BB+, BB0 (회사채에 대한 신용평가등급 BB+, BB0에 준하는 등급)	29.2	24.2	9.2
BB−	B0	BB− (회사채에 대한 신용평가등급 BB−에 준하는 등급)	29.0	24.0	9.0
B+, B0, B−	B−	B+, B0, B− (회사채에 대한 신용평가등급 B+, B0, B−에 준하는 등급)	28.8	23.8	8.8
CCC+ 이하	C 이하	CCC+ 이하 (회사채에 대한 신용평가등급 CCC+에 준하는 등급)	25.0	20.0	7.0

(자료출처 : 조달청 일반용역 적격심사 세부기준 별표 6)

〈표 1-7〉 신인도 평가기준

심 사 항 목	평점(점)
A. 여성기업지원 및 여성고용촉진 (1) 여성기업 : 「여성기업 지원에 관한 법률」 및 같은 법 시행령에서 정한 기업으로서 중소기업청장(위임받은 자를 포함)에 의해 확인서를 발급받은 여성기업으로서 그 존속기간에 따라 · 3년 이상 · 3년 미만 (2) 여성고용 우수기업(시설분야용역은 제외) (가) 최근 3개월 평균 여성고용률이 10% 이상이면서 최근 3개월 평균 여성 종업원이 10인 이상인 기업 (나) 최근 3개월 평균 여성고용률이 5% 이상이면서 최근 3개월 평균 여성 종업원이 5인 이상인 기업 (3) 고용노동부장관에 의해 남녀고용평등 우수기업으로 지정받은 자	 0.5 0.25 1.0 0.5 0.5
B. 「가족친화 사회환경의 조성촉진에 관한 법률」 제15조에 따른 가족친화 인증을 받은 기업	0.5
C. 장애인기업지원 및 장애인 고용촉진 (1) 장애인기업 : 「장애인기업활동 촉진법」에서 정한 기업으로서, 중소기업청장(위임받은 자를 포함)에 의해 확인된 경우 인정 (2) 장애인고용 우수기업 (가) 최근 3개월 평균 장애인 고용률이 3% 이상이면서 최근 3개월 평균 장애인 종업원이 6인 이상인 기업 (나) 최근 3개월 평균 장애인 고용률이 1.5% 이상이면서 최근 3개월 평균 장애인 종업원이 3인 이상인 기업	 1.5 1.5 1.0
D. 신규채용 우수기업(시설분야용역 및 폐기물처리용역은 제외) - 전년도 6개월간 평균고용인원 대비 해당년도 최근 6개월간 평균고용인원 증가율이 기업 규모에 따라 정해진 증가율 이상인 기업 · 대기업 : 6% 이상인 기업 5% 이상인 기업 4% 이상인 기업 · 중기업 : 7% 이상인 기업 6% 이상인 기업 4% 이상인 기업 · 소기업 및 소상공인 : 10% 이상인 기업 8% 이상인 기업 4% 이상인 기업	 3.0 2.0 1.0 3.0 2.0 1.0 3.0 2.0 1.0
E. 공동수급체 구성 (1) 소기업 또는 소상공인과 공동수급체(10% 이상 20% 미만)를 구성하는 경우 (2) 소기업 또는 소상공인과 공동수급체(20% 이상)를 구성하는 경우 (3) 지역업체와 공동수급체(10% 이상 20% 미만)를 구성하는 경우 (4) 지역업체와 공동수급체(20% 이상)를 구성하는 경우	 0.5 1.0 0.5 1.0

심 사 항 목	평점(점)
F. 고용노동부장관으로부터 '노사문화 우수기업'으로 선정된 업체	0.5
G. 「품질경영 및 공산품안전관리법」 제6조의 규정에 의하여 지식경제부장관이 품질경영우수기업 또는 서비스품질우수기업으로 인증한 업체	0.5
H. 중소기업청장(또는 위임받은 자)에 의해 혁신형(기술혁신형, 경영혁신형) 중소기업으로 지정받은 자	0.5
아. 〈삭 제〉	-
자. 〈삭 제〉	-
I. 「사회적기업육성법」 제7조에 따른 고용노동부장관의 인증을 받은 기업	1.5
J. 공정거래위원장이 지정한 하도급거래 모범업체	0.5
K. 최근 6개월 이내에 조달청과의 계약이행과정에서 지체상금 부과를 받은 자로서 지체상금이 발생한 계약(단가계약의 경우 납품요구)의 종결 용역(물품)대금 대비 지체상금 부과율에 따라 (1) 10% 이상 (2) 8% 이상~10% 미만 (3) 6% 이상~8% 미만 (4) 4% 이상~6% 미만 (5) 2% 이상~4% 미만 (6) 2% 미만	 △2.00 △1.75 △1.50 △1.00 △0.50 △0.25
L. 부적정처리가능성(폐기물처리용역에 한함) (1) 최근 2년 내 사업장폐기물을 버리거나 매립하여 벌금형 이상을 받은 자나 행정처분을 받은 자(폐기물관리법 제8조 위반) (2) 최근 2년 내 폐기물관리법령 규정에 의한 영업정지 3월 이상 또는 5천만 원 이상 과징금처분을 받은 자 (3) 최근 1년 내 폐기물관리법령 규정에 의한 영업정지 1월 이상 또는 2천만 원 이상 과징금처분을 받은 자	 △3.0 △2.0 △1.0
M. 최근 2년 이내에 공정거래위원장으로부터 하도급 상습범위반자 또는 불공정 거래행위 위반자로 통보받은 자	△2.0
N. 최근 2년 이내에 부정당업자 제재를 받은 자로서 부정당업자로 제재기간 종료일이 입찰공고일로부터 2년 이내에 포함된 전체 부정당업자 제재건의 총 제재기간에 따라 (1) 총 제재기간이 2년 이상인 경우 (2) 총 제재기간이 1년 이상~2년 미만인 경우 (3) 총 제재기간이 6월 이상~1년 미만인 경우 (4) 총 제재기간이 6월 미만인 경우	 △2.0 △1.5 △1.0 △0.5

(자료출처 : 조달청 일반용역 적격심사 세부기준 별표 7)

9) 수주영업 외부 환경 정보와 내부 환경 정보의 관리

수주영업 외부 환경 정보라 함은 경제적 환경, 법적 · 정치적 환경, 사회적 환경, 기술적 환경, 국제적 환경 등 수주영업에 간접적으로 영향을 미치는 환경정보를 의미하고, 내부 환경 정보라 함은 고객, 경쟁업체, 시설물관리용역시장, 발주처 등과 같이 수주영업에 직접적으로 영향을 미치는 환경정보를 말한다.

수주영업담당자가 수주영업에 직 · 간접으로 영향을 미치는 외부 환경과 내부 환경의 정보를 이해하고 수주활동에 적절하게 활용할 수 있어야 한다. 왜냐하면, 외부 환경 중 하나인 경제적 환경의 정보를 이해하지 못한 상태에서 수주를 위한 제안을 하거나 입찰을 시행하는 경우, 제안과 입찰의 결과 용역수주로 인한 경제적 손실을 입을 수 있기 때문이다. 또한 법적 · 정치적 환경이 시설물관리용역 수주에 부정적 영향을 제공하는 경우, 수주활동 진행 여부를 다시 판단해 볼 필요가 있다.

특히 내부 환경의 고객이나 경쟁업체, 용역시장의 정보 없이 수주영업활동을 계속 진행하는 것은 매우 무모한 수주영업활동이 되기 쉬우므로 내부 환경의 고객이나 경쟁업체, 용역시장의 정보를 파악하고 이를 적절히 활용하여 수주영업활동에 임하는 것이 현명하다.

제9절 건물관리용역 수주영업 주요 업무

1. 수주영업 주요 업무의 개념

수주영업 주요 업무라 함은 수주를 위하여 날마다 계속하여 행하는 중요한 사무나 일을 말한다. 수주영업은 전사적으로 계획되고 추진되어야 하기 때문에 수주업무 역시 전사적으로 각 계층에 속한 모든 조직의 구성원 즉, 최고경영자나 중간경영자 및 관리자와 담당자 모두 담당하여야 한다. 따라서 회사조직에 종사하고 있는 최고경영자에서부터 중간경영자는 물론 수주영업팀 소속의 수주영업담당자에 이르기까지 수주목표 달성을 위하여 최선의 수주영업활동에 동참하여야 한다. 그러므로 각 조직의 직책별로 수주영업의 업무가 각각 분장된다.

기업조직의 직책별(최고경영자 및 중간경영자, 수주영업관리자, 수주영업담당자) 건물자산운영관리용역 수주영업의 주요 업무는 다음과 같다.

2. 직책별 수주영업 주요 업무의 종류와 내용

1) 최고경영자 및 중간경영자 수주영업 주요 업무

시설물관리용역의 수주영업은 전사적으로 수행해야 한다.

그러므로 시설물관리용역회사의 최고경영자는 물론 중간경영자 역시 수주영업에 모두 참여해야 한다.

이와 같은 관점에서 최고경영자와 중간경영자는 수주영업업무를 수행하고 필요 시 설정한 수주영업 전략목표와 전략계획 및 인맥을 통하여 취득한 수주정보나 추진 경과 또는 결과를 수주영업관리자(수주영업팀장)에게 추진 경위나 정보를 전달하고 추진방법이나 추진 방향을 지시하여 수주영업을 총괄 지휘하는 것이 수주목표 달성에 매우 유효하다.

최고경영자(회장, 사장) 및 중간경영자(부사장, 상무이사 등)의 수주영업 주요 업무는 다음과 같다.

(1) 수주전략목표 설정 및 수주전략계획 수립

최고경영자의 수주전략목표 설정과 수주전략계획 수립은 수주영업에 대한 기업 내부를 향한 수주 메시지로서 목표와 계획을 통해 내부 수주영업 담당 구성원에게 수주영업 전략목표와 전략계획을 전달하고 수주영업의 동기를 부여하며, 수주영업담당자들에게 수주영업의 의사결정의 지침을 주게 되어 수주영업활동에 대한 성과측정의 기준을 제공하는 역할을 하게 된다.

(2) 인맥을 통한 정책적 수주 추진

기업의 최고경영자는 수주영업 중간경영자나 일선경영자보다 수주영업에 유효한 인맥을 구축하고 있으므로 인맥을 활용한 시설물관리용역 수주가 가능하다.

따라서 최고경영자는 수주영업목표 달성을 위하여 인맥을 통한 정책적 수주활동을 자진하여 추진해야 한다.

(3) 수주영업 총괄 지휘 및 지원

수주영업은 기업의 규모에 따라 통상 중간경영자에 의하여 추진되고 중간경영자와 수주영업팀장이 수주영업을 주도하고 지휘하는 경향을 보이고 있으나, 수주목표를 성공적으로 달성하기 위해서는 최고경영자가 앞장서서 관심을 가지고 지휘하며 총력 지원하는 것이 바람직하다.

2) 수주영업관리자(수주영업 팀장, 수주영업 지원부서장) 주요 수주영업업무

수주영업을 담당하는 부서장 또는 팀장의 수주영업 주요 업무는 다음과 같다

(1) 전술 수주목표 설정 및 수주대상별 전술계획 수립
(2) 수주영업담당자별 수주목표 및 수주업무 배당
(3) 수주영업 주력 방향 설정 및 수주영업담당자 영업교육 및 수주영업 통제
(4) 주요 발주처 관리
(5) 수주정보 탐색 및 DB 구축
(6) 현장설명(현설) 참가와 수주목적물 및 입찰대상 용역(서비스) 분석
(7) 투찰 및 계약 추진
(8) 기획수주영업
(9) 수주영업담당자 영업지휘 및 통제
(10) 공공발주처 외 용역비 지급 능력 조사

3) 수주영업담당자 수주영업 주요 업무

수주영업담당자의 수주영업 주요 업무는 다음과 같다.

(1) 수주운영목표 설정 및 수주운영계획 수립
(2) 현장설명 참가 준비 및 수주목적물 조사 분석
(3) 제안서 작성 및 제출
(4) 프레젠테이션 시나리오 작성 및 프레젠테이션 수행
(5) 견적서 작성 및 투찰 지원
(6) 적격신사서류 준비 및 계약서류 준비
(7) 기획수주영업 지원
(8) 업계 및 경쟁사 동향 파악
(9) 수주정보 수집 및 DB 구축
(10) 발주처 용역비 지급 신용상태 조사 및 동향 파악
(11) 수주용역계약 사후관리

제10절 건물관리용역 수주영업담당자의 요구조건과 능력 및 자세

수주영업업무는 해당 기업의 발전 여부는 물론, 기업 운명의 사활을 결정하는 중요 업무이나 수주영업업무는 아무나 누구나 할 수 있는 업무가 아니며, 더군다나 수주계약의 체결은 말과 같이 쉽지 아니하다. 그러므로 수주영업담당자가 수주영업을 효율적으로 수행하기 위해서는 일정한 자격과 업무 수행에 필요한 능력의 충족과 자세가 요구된다.

수주영업담당자에게 요구되는 필요조건과 요구 능력 및 갖추어야 할 자세는 다음과 같다.

1. 수주영업담당자의 요구조건

시설물관리용역 수주영업담당자의 자격에는 법정자격은 없으나 수주영업의 특성상 다음의 요구조건을 갖출 경우, 수주영업에 경쟁력이 있어 바람직한 수주 성과를 얻을 수 있다. 따라서 수주영업담당자가 다음의 요구조건을 충족하여 수주영업에 임하는 것은 본인은 물론, 몸담고 있는 기업 입장에서도 매우 유익하다. 따라서 수주영업담당자는 수주영업에 요구되는 자격과 자질을 갖도록 노력해야 하고 수주영업사원이 몸담고 있는 소속기업은 수주영업 종사자 전원에게 수주영업 종사자의 요구조건과 요구 능력 및 요구자세 등을 모두 갖추도록 지원해야 한다.

1) 수주영업전문가 조건

수주영업담당자가 담당하고 있는 수주영업을 성공적으로 수행하기 위하여 갖추어야 할 요구조건에는 수주영업전문가 조건이 있다.

시설물관리용역 수주영업을 능률적으로 수행하려면, 수주영업담당자는 수주영업전문가가 되어야 하고, 수주영업전문가는 그에 합당한 자질을 가져야 하기 때문에 수주영업담당자는 수주영업전문가의 자질조건을 구비해야 한다.

수주영업전문가의 자질은 수주영업의 특성상 다음 능력의 구비를 필요로 한다.

첫째, 수주영업전문가의 자질을 갖추려면 수주영업전문가로서 수주영업의 상황 분석과 판단에 작용하는 지능지수(IQ : Intelligence Quotient), 거래 상대방을 우호적 관계로 전환하고 긍정적으로 작용하게 하는 감성지수(EQ : Emotional Quotient), 인적 · 물적 관계를 시스템화하고 이를 유지 발전시켜 수주 성공에 작용하게 하는 인간관계지수(NQ :

Network Quotient) 그리고 수주영업과정과 결과를 윤리적 방법으로 처리하는 데 작용하는 윤리지수(MQ : Moral Quotient) 등 높은 수준의 IENM 능력을 구비해야 한다.

왜냐하면, 수주영업담당자에게 IENM 요소로 구성된 자질조건이 필요한 이유는 수주영업담당자가 수주활동에 임할 때, 수주영업담당자에게는 수주상황을 정확하게 판단하기 위한 지적 능력이 필요하고 수주과정에서 나타나는 여러 가지 상황이나 변수에 대한 영업담당자 스스로의 감정을 다스리고 상대방의 마음을 읽어 따뜻하게 처리하는 감성 능력이 필요하기 때문이며, 발주 책임자와의 인간관계 유지 능력과 수주과정과 수주 결과에 대한 높은 윤리성이 요구되기 때문이다.

둘째, 수주영업담당자가 수주영업전문가의 자질조건을 확보하려면, 커뮤니케이션 능력을 구비해야 한다. 커뮤니케이션 능력은 오프라인 커뮤니케이션 능력뿐만 아니라, 온라인 커뮤니케이션 능력도 매우 중요하다. 왜냐하면, 현대는 지식정보화 사회이므로 통신 매체가 고도로 발달되어 있어 면전에서 이루어지는 오프라인 커뮤니케이션보다 경우에 따라서는 설득력이 높게 나타날 수 있다.

거래 상대방 발주처의 실무자는 수주영업담당자의 생각과 욕구와는 전혀 다를 수 있으므로 수주영업을 성공시키려면, 온라인과 오프라인 커뮤니케이션을 통하여 거래 상대방을 빠른 시간 내에 영업사원 내심의 의사와 일치시킬 필요가 있다. 그러므로 영업사원이 전문적 수주영업담당자의 자질을 확보하려면 커뮤니케이션의 능력을 구비해야 한다.

셋째, 수주영업담당자가 수주영업전문가의 자질을 인정받으려면, PC 조작 능력을 구비해야 한다. 시설물관리용역 수주영업은 주로 PC에 의한 전산처리에 의하여 수행되므로, 수주영업사원은 PC 조작 능력을 구비해야 한다. 특히, 전자입찰의 경우에는 전산처리의 능력 없이는 시작조차 할 수 없으며, 각종 제안, 적격심사, 계약, PT 등을 위하여 PC상에서 사진, 그래픽, 통계, 서류 작성 등을 처리해야 하므로 고도의 PC 조작 능력이 필요하다. 그러므로 수주영업전문가로서 자질을 인정받으려면 PC 조작 능력을 구비해야 한다.

넷째, 수주영업전문가의 자질을 인정받으려면, 수주영업사원으로서 용모를 갖추어야 한다. 수주영업담당자가 수주영업전문가로서 용모를 갖추지 않는 경우, 수주영업현장에서 수주영업담당자로서 인정받을 수 없어 수주영업수행에 부정적 결과를 자초하게 된다.

그러므로 수주영업담당자는 회사를 대표하여 수주영업을 수행하는 매우 중요한 사원이므로 복장, 두발, 구두 등의 용모에 신경을 써야 하며 언어, 태도 등에도 각별한 주의를 기울여야 한다.

2) 수주영업 이론 숙지조건과 경험조건

수주영업담당자가 수주영업을 수행하기 위하여 수주영업 절차나 방법 등의 수주영업

이론의 숙지조건과 수주영업실무 경험조건이 필요하다. 왜냐하면, 수주영업담당자는 수주영업전문가이므로 수주영업에 관한 절차나 방법 등 수주영업 이론을 모른다거나 수주영업 이론을 모르는 상태에서 수주영업실무 경험조차 다년간 쌓지 않고서는 바람직한 수주영업을 수행할 수 없으며, 따라서 수주목표는 계획처럼 달성할 수 없다.

특히, 다년간의 수주영업의 실무경험이 없는 경우 수주영업 수행 능력이 결여되어 수시로 변하는 발주처의 욕구나 수주 환경 및 변수에 관한 분석 능력이 떨어지고 판단이 서지 않아 능동적으로 대처할 수 없게 되며, 발주처의 욕구나 수주 환경 및 변수에 적절히 대응할 수 없게 된다. 그러므로 수주영업담당자는 수주영업에 대한 이론의 숙지와 경험조건을 수주영업전문가 수준으로 두루 갖추어야 한다.

3) 수주영업담당자 프로 정신 조건

수주영업담당자는 수주영업 프로 정신 조건을 구비해야 한다.

수주영업담당자가 수주영업에 대한 프로 정신(전문 직업정신), 책임감과 자신감을 가지고 적극적으로 임하는 자세가 안 된 경우에는 효율적 수주활동은 고사하고 수주목표를 효과적으로 달성할 수 없게 된다. 따라서 수주영업에는 수주영업담당자의 수주영업에 대한 전문 직업인 정신, 책임, 사명감, 적극적 사고와 열정적 행동 등 프로로서 정신조건을 구비해야 한다.

4) 수주영업 인맥 조건

수주영업담당자에 필요한 또 다른 필요조건으로는 수주에 직접 관계가 있고 긍정적으로 작용할 수 있는 사람과 끈을 맺는 조건, 즉 인맥 조건이 필요하다.

수주영업담당자가 인맥의 조건을 가지고 있는 경우에는 해당 시설물관리용역 수주를 수의 계약방법으로 수주가 용이하게 이루어질 수 있기 때문이다. 그러므로 인맥의 조건이 없는 경우에는 수주에 도움이 되는 인맥을 개발하여 인맥의 조건을 구축할 필요가 있다.

5) 전자입찰을 위한 수학적 조합지식 조건

수주영업담당자에게는 전자입찰을 위하여 수학적 조합지식이 필요하다. 따라서 수학적 조합지식조건을 충족해야 한다. 조달청의 전자입찰에 있어서 수주영업담당자가 수학적 조합지식이 있는 경우와 없는 경우의 차이는 전자입찰의 성공 확률에 크게 영향을 미친다. 그러므로 수주영업사원은 수학적 조합지식을 학습을 통하여 체득하고 전자입찰에 활용하여 전자 입찰의 수주성과를 높여야 한다.

6) 수주영업 R&D 조건

수주영업사원에게는 수주영업 R&D 조건이 필요하다.

왜냐하면, 수주영업은 연구와 개발을 기반으로 이루어지는 업무이고 연구 개발을 통하여 무에서 유를 창출하는 업무이기 때문이다.

그러므로 수주영업담당자는 수주영업에 관한 업무 연구와 노하우 개발에 시간과 노력과 비용을 투자해야 한다.

결론적으로 수주영업담당자가 수주영업을 능력 있게 수행하기 위해서는 수준 높은 IENM 요소로 구성된 수주영업전문가 자격 조건, 수주영업 이론 숙지 조건과 수주영업실무 경험 조건, 수주영업담당자의 수주영업 자세 조건, 인맥 조건과 수학적 조합지식 조건 그리고 R&D 조건 등 여섯 가지의 조건이 필요하다.

2. 수주영업담당자 요구 능력

수주영업담당자가 수주영업업무를 능률적으로 처리하기 위해서는 다음과 같은 다양한 능력이 요구된다. 요구되는 수주영업담당자의 능력은 다음과 같다.

(1) 용역제안요청서(RFP) 및 과업지시서 내용분석 능력
(2) 논리적 사고 능력 및 차별화된 제안 능력
(3) PC 조작 능력(엑셀, 파워포인트, 포토샵 등)
(4) PT 시나리오 작성 능력 및 효과적 프레젠테이션(PT) 능력
(5) 정보수집 능력 및 분석 능력
(6) 커뮤니케이션 능력(설득 능력 및 협상 능력)
(7) 수주목적물의 파악 능력 및 수주대상 용역의 이해 능력
(8) 제안서, 견적서, 적격심사 증빙서류, 계약서 등의 수주영업 관련서류 작성 능력
(9) 투찰 능력 및 계약체결 능력
(10) 영문서식 처리 능력

3. 수주영업담당자의 요구자세

수주영업을 능률적으로 처리하여 수주목표를 효과적으로 달성하기 위해서는 다음의 자세가 수주영업담당자에게 요구된다.

수주영업은 전술한 바와 같이 용역회사의 사활을 결정짓는 중대사이므로 수주영업사원은 최선을 다하여 수주목표를 달성하기 위해 수주영업을 반드시 성공해야 한다. 그러나 수주영업은 전적으로 수주영업사원의 자세에 따라 결정되는 경우가 많으므로 수주영

업담당자의 자세를 연구해 볼 필요가 있다. 국내 시설물관리용역회사 810개사가 수주영업에 임하고 있으나 괄목할 만한 수주영업 실적을 보이고 있는 곳은 단지 4개 회사 내지 5개 회사에 불과한 것은 전적으로 수주영업담당자의 수주영업 자세에 기인되고 있음이 실증조사 결과 밝혀지고 있다.

수주영업담당자의 바람직한 수주영업 자세는 어떤 자세인지에 대하여 연구할 필요가 있는바 'ㄲ'으로 표상되는 여섯 가지 순수 우리말을 빌어 수주영업담당자의 바람직한 수주영업자세를 살펴보고자 한다.

1) 깜의 자세

'깜'은 본래 감에서 유래된 순수 우리말로서 사전적 의미는 일정한 자격에 알맞은 대상자를 의미하며, 수주영업에 있어서 깜의 자세라 함은 수주영업담당자가 발주처 또는 건물주로 하여금 수주영업담당자와 영업사원 소속 관리용역전문업체가 발주 용역을 충분히 감당할 수 있는 수주영업담당자이고 기술 능력과 경영상태가 건실한 이행 능력이 있는 용역업체로서 발주 예정 용역을 충분히 담당할 수 있는 자격이 있음을 확신하게 만드는 태도 또는 모습을 말한다.

수주영업담당자 깜의 자세가 거래 상대방 발주처나 건물주에게 유효하게 적용되기 위해서는 용역 희망 업체의 효율적 관리 시스템, 관리기술 능력, 재무상태, 조직, 관리기술 인력의 확보, 관리장비의 준비, 관리이력, 무사고 경력 등이 사전에 준비되어야 하고, 거래 상대방에게 가장 경제적 방법으로 안전하게, 효율적으로, 적합하게 전달하여 빠른 시간 안에 상대방으로 하여금 제출한 자료나 전달한 정보가 확실히 믿어지게 하는 모습이며, 이를 통하여 용역 희망 업체가 충분히 발주용역을 운영관리할 수 있다는 믿음과 함께 용역계약 이후 어떠한 안전사고나 노사분규 등 문제점의 발생 없이 발주용역을 충분히 감당할 수 있는 신뢰 있는 수주영업담당자로 인정하고 유능한 용역업체로 확신하도록 만드는 수주영업담당자의 태도이다.

깜의 자세가 거래 상대방 발주처나 수주 의사결정권자에게 활용되기 위해서는 수주영업담당자의 자세 조건이 갖추어져야 함은 물론, 수주 희망 업체 역시 평소에 능력 있는 용역회사(서비스 회사)로서 브랜드 관리에 노력해야 하고, 회사 홍보와 함께 이미지 관리에 투자하여 자격 있는 모범 용역회사의 면모를 유지해야 한다.

2) 끈의 자세

우리말 '끈'은 연결하는 줄 또는 본인과 상대방 간의 연결을 의미한다. 이와 같은 의미에서 끈의 자세란 수주영업을 성사시키기 위하여 발주처의 의사결정자나 실무담당자와 인맥을 조기에 구축하고 구축한 인맥을 수주영업에 유효하게 활용하게 만드는 수주영업담당자의 태도를 말한다. 수주영업을 위하여 없던 인맥을 새로 구축하고 수주영업에 유용하게 활용한다는 것은 말과 같이 쉽지 아니하다. 끈의 자세는 인맥관리기술이라고 할 만큼 사람과 사람을 끈으로 연결하여 수주영업에 필요한 정보나 자료 또는 상대방의 욕구(needs) 등을 입찰 또는 제안 전에 확보하거나 파악하여 수주영업 전략으로 활용하는 모습과 태도를 견지해야 한다.

끈의 자세가 거래 상대방에게 유효하게 긍정적으로 인식되게 하기 위해서는 발주처나 발주기업 또는 단체의 담당별 사람을 확인하고 성별, 연령, 직책, 전화번호(특히 핸드폰 번호), 이메일주소, 출신학교, 고향, 병역, 종교, 친구관계, 사는 동네 등을 먼저 확인하고 관계되는 사람을 수소문하거나 조사한 후 직접접근방법이나 간접접근방법으로 접근하여 가장 빠른 시간 안에 우호적 관계가 형성하는 데 유효한 인간관계 기술이다.

끈의 상대방은 비공식 인맥이므로 공식적인 장소나 시간대에 인맥 관계를 표출하거나 표현해서는 안 되며, 자랑해서는 더욱 안 된다.

수주영업사원은 구축된 인맥을 일회용 인맥으로 끝나게 하는 우를 범하지 말아야 하며, 장기적으로 인맥 유지가 될 수 있도록 지속적으로 인맥관리를 해야 한다.

왜냐하면, 시설관리용역 수주영업은 장기적으로 진행되는 업무인 동시에 계속적으로 반복되는 업무이기 때문이다.

3) 끼의 자세

우리말 '끼'의 사전적 의미는 타고난 달란트, 재주, 적성 등으로 설명하고 있다.

수주영업에 있어서 끼의 자세라 함은 타고난 수주영업 적성의 발견 또는 적성 계발, 태도나 모습을 말한다. 연예인의 경우에도 연예인의 끼가 있는 바와 같이, 수주영업담당자에게도 수주영업의 적성 유·무 개념이 있다. 만일 수주영업담당자가 수주영업에 적성이 없거나 수주업무에 성격상 맞지 않을 경우에는 지체 없이 다른 보직으로 이동하는 것이 현명하며, 적성이 있는 경우에는 그 적성을 더욱 계발하고, 없는 경우에는 수주영업 적성을 조속히 계발한 후 수주영업에 임해야 한다. 끼는 선천적으로 타고 나야 하는 재주이나 성격이 결정해 주므로 타고난 성격이 수주영업에 적응하지 못하는 경우가 있을 수 있으므로 수주영업팀장이나 경영자는 수주영업 요원들을 관찰하여 적성 유·무를 식별하고 적절한 인사 조치를 강구해야 한다.

4) 깡의 자세

'깡'의 사전적 우리말의 의미는 용기, 배짱 등으로 설명하고 있다.

수주영업에 있어서 깡의 자세라 함은 수주에 임하는 용기나 수주 추진에 자신감을 가지고 수주활동에 과감히 도전하고 수주영업에 임하는 용기 있는 모습이나 태도를 말한다.

수주영업의 결과 수주에 성공하는 경우 급부하는 용역의 반대급부로 발주처로부터 생명 다음으로 귀중한 용역비(금전)를 지급받는 것이므로 수주영업의 노력도 없고 용기 있는 도전도 없는 아무나 누구에게나 발주처로부터 용역비 지급을 수령할 순 없다.

수주영업에 임하는 수주영업담당자 일부의 경우를 주의 깊게 관찰해 보면, 수주활동 수행에 적극적 용기가 없어 수주영업을 소극적으로 대처하거나 소속회사가 업무용 건물자산 10,000평의 관리 이행실적이 없어 A 발주처의 금번 입찰에는 입찰 자격이 없는 관계로 입찰참여가 불가능하다고 불평하는 사례를 가끔 목격하게 되는데, 이는 참으로 어리석은 생각이라 판단된다.

왜냐하면, 민간 기업의 소유 건물자산이나 개인 소유 10,000평 규모의 업무용 건물자산이 서울에만도 수십·수백 동이 산재되어 있는데도 불구하고 1년 365일, 1일 24시간 내내 민간기관 소유 업무용 건물(빌딩) 10,000평 이상의 건물자산관리용역 수주를 줄기차게 고민하면서 희망 수주 건물 주위를 단지 일주일 이상이라도 그곳에 머문 적이 있는지 자문자답해 볼 필요가 있다.

용기를 가지고 수주영업담당자인 내가 반드시 금년에 민간 소유 업무용 건물자산 10,000평 규모의 건물자산관리용역을 수주하고, 내년에는 이를 바탕으로 조달청 발주용역 전자입찰 자격을 쟁취하여 기필코 내년부터는 수주영업에 성공을 이루어 냄으로써 몸담고 있는 회사의 발전을 내가 선도한다는 각오를 해본 적이 있는가? 또한 수주목표 달성에 실패한 이유가 무엇이며 발주기관에서 제공하는 입찰정보 외에 발로 뛰어 발주정보를 수집하고 이를 수주한 적이 있는가? 등 자문자답할 필요가 있다.

그러므로 수주영업담당자는 소극적 수주영업에 대하여 용기를 가지고 깡의 자세, 즉 깡의 태도와 모습으로 영업에 적극적으로 임해야 한다.

5) 꼴의 자세

'꼴'의 사전적 우리말의 의미는 모습, 자세를 의미한다. 꽃의 경우에도 꽃이 아름답거나 향기가 좋을 때는 벌과 나비가 모이듯이 수주영업회사나 수주영업담당자의 모습과 자세가 유능한 용역회사로 보일 때 그리고 수주영업담당자의 모습과 자세가 바람직하게 보일 때 수주영업활동은 그만큼 쉽게 이루어 질 수 있다.

그러므로 수주영업을 수행하는 회사는 물론, 수주영업담당자도 수주영업에 도움이 되는 자세를 견지하고, 모습을 유지할 필요가 있다.

꼴의 자세가 긍정적으로 작용하려면 수주영업담당자의 필요조건과 요구 능력을 구비해야 하며, 소속회사도 수주영업에 필요한 자격이나 법정 면허 등을 사전에 확보해야 한다. 또한 수주영업담당자도 발주자의 요구가 있거나 약속을 하는 경우 순발력을 발휘하여 즉시 응대하고 약속은 반드시 지켜 좋은 모습과 태도를 항상 보여줘야 한다.

6) 꾼의 자세

'꾼'의 사전적 우리말의 의미는 직업의식을 가진 사람 또는 프로 정신을 가지고 있는 전문적 직업인의 태도 등으로 설명하고 있다. 수주영업에 임하는 수주영업사원은 수주영업전선에서 수주영업의 프로로서 꾼의 자세를 견지해야 한다.

왜냐하면, 수주의 성공 여부는 한 시설물관리용역기업의 운명을 좌우하는 중대사이므로 전문적 직업인으로서 수주영업에 도전하고 프로답게 수주를 성사시켜야 하기 때문이다.

꾼의 자세를 수주영업에 작용하도록 하기 위해서는 수주영업에 살고 수주영업에 죽는 프로 정신을 교육과 훈련을 통하여 정신적으로 인식하고 육체적으로 체험하고 체득하도록 해야 하며, 프로 정신 함양에 소속회사도 집중적으로 지원할 필요가 있다. 수주영업은 정신이 앞장서고 행동이 따라가는 형국으로 수주활동이 진행되는 수주영업의 특성상 프로 정신을 갖도록 선(先) 조치하고 후(後) 행동으로 수주목표 달성을 쟁취하는 꾼의 자세가 필요하다.

제11절 건물관리용역의 수주방식

1. 수주방식의 개념

건물자산관리용역의 수주방식이라 함은 건축시설물관리용역과 건물자산운영관리용역 및 건물자산 경영관리용역을 주문받는 일정한 형식이나 방법을 말한다.

수주방식에는 기준에 따라 여러 가지 방식으로 분류할 수 있으나, 일반적으로 용역시장에서 활용되는 수주영업방식을 중심으로 분류하면 수의계약 수주방식, 제안 및 협상 수주방식, 입찰수주방식, 재계약 수주방식 그리고 기획영업 수주방식 등 다섯 가지 종류의 수주방식이 있다.

2. 수주방식의 종류와 내용

1) 수의계약 수주방식

수의계약 수주방식이라 함은 경쟁이나 입찰에 따르지 아니하고 일방적으로 상대편을 골라서 맺는 계약에 의하여 수주하는 방법을 말한다.

수의계약에 의한 수주는 일반적으로 자회사 성격의 관리용역수주회사가 모회사 건물자산의 관리용역을 수주할 때나, 최고경영자 또는 중간경영자의 인맥에 의하여 주로 이루어지는 특색이 있다. 그러나 이와 같은 경우에도 수주영업을 담당하고 있는 영업실무자는 상대방의 욕구(needs)를 정확히 파악하고 설득력 있는 제안서와 견적서를 작성하고 상대방에게(통상의 경우에는 상대방의 실무자에게 제출함) 제출하고 제출된 용역 조건이나 견적금액이 적정하여 상대방의 욕구를 충족할 때 비로소 수의계약이 성사된다.

그러므로 수의계약에 의한 수주를 성공시키기 위해서는 수주회사의 배경과 수주회사 최고경영자 및 중간경영자의 인맥이 매우 중요하며, 수주영업실무자로 하여금 제출하는 제안 내용과 견적금액에 대하여 만족할 수 있도록 상대방 실무자를 집중 관리하여 우군의 편에 서게 해야 한다.

만일 상대방 실무자가 우군 편에 서지 않을 경우, 수의계약에 의한 수주는 얼마든지 실패할 수 있다. 따라서 경영자의 인맥에 의하여 수의계약의 기회를 맞는 수주영업담당자는 상대방 실무자를 우군으로 작용하도록 최선의 노력을 집중해야 한다.

2) 입찰수주방식

입찰의 사전적 개념은 일의 도급이나 물건의 매매 등의 계약체결에서 희망자에게 입찰가격(입찰기준에 따라 최저가격, 최고가격, 적정가격)을 써내게 하고 입찰기준에 맞는 희망자와 계약을 체결하여 일의 도급이나 매매 등을 결정하는 방법을 말한다.

조달청에 의한 시설물관리용역의 도급에 있어서도 일반경쟁 입찰에 의한 도급계약 체결이 원칙적으로 인정되고 있으며, 예외적으로 제한경쟁 입찰방법으로 낙찰자를 결정하고 용역계약을 체결하고 있다. 다시 말하면, 조달청을 비롯한 공공 발주처의 경우 대부분 일반경쟁 입찰방법과 제한경쟁 입찰방법에 의하여 구매를 결정하고 있다.

입찰의 종류에는 투찰방법에 따라 직접 입찰, 전자 입찰, 우편 입찰, 상시 입찰 등으로 분류되며, 계약방법에 따라 일반경쟁 입찰, 제한경쟁 입찰, 지명경쟁 입찰, 총액 입찰, 내역 입찰, 2단계 경쟁 입찰, 규격(기술)·가격 분리 동시입찰 등으로 분류된다.

입찰, 즉 투찰에 의하여 결정되는 수주방법은 수주 희망 회사의 입찰참여 준비가 입찰 전에 확실하게 준비된 상태라야 하며, 1순위자로 결정되어 낙찰예정자의 지위를 가질 때 지체 없이 적격심사 서면을 준비하고 제출할 수 있어야 한다.

수주영업담당자가 입찰에 성공하려면, 당해 발주용역의 입찰 절차를 충분히 숙지하고 입찰 조건과 상황을 정확히 분석한 후 수지분석을 통하여 입찰참여 여부를 결정하고 경영자로부터 입찰 최종 지침을 수령하여 입찰에 임해야 한다.

투찰방법에 의한 입찰의 종류별 내용은 후술하는 '제 II 편 건물관리용역 수주영업실무편'에서 구체적으로 설명하기로 한다.

3) 제안 및 협상 수주방식

제안에 의한 수주방식은 용역발주자가 용역업자로 적합하다고 판단되는 3~5개 용역업체를 선정하고 선정된 용역업체들을 현장설명회에 초청하여 현설(현장설명회)을 통하여 구체적인 용역발주 내용과 제출서면, 제안 요청 내용 및 계약체결 절차와 방법을 고지한 후 발주 진행 일정에 따라 용역 희망자로부터 제안사항(입찰금액이 기재된 가격입찰서는 별도 밀봉 날인 제출함)에 관해 PT를 통하여 개별적으로 평가심사위원 면전에서 제안사항을 발표하게 하고, 발표 내용에 대한 평가심사위원들의 질의과정을 거쳐 제안사항을 최종 평가한 후 평가심사위원들로부터 심사 당일 평가표를 제출받아 평가 점수를 합산하여 PT 현장에서 곧 바로 계약자를 발표하거나 또는 용역목적물의 관리방안이나 계획서 및 용역조건과 용역가격 등을 제시받아 일주일 이내 발주처가 구성한 심사위원회에서 심사위원들로 하여금 일정한 방법으로 평가(심사항목에 따라 심사위원 각자 개별 심사함)하고 평가 점수를 합산하여 1순위 자와 차 순위 자(2순위 자)를 우선 협상대상자로 결정한 후, 1차적으로 최고 득점자와 협상을 개시하여 적격 여부를 판단하고 적격인 경우, 용역계약에 필요한 서류를 제출받아 1순위 자와 용역계약을 체결하여 용역업자를 최종 결정하는 방식이다. 그러나 만일, 1순위 자와 협상이 결렬되는 경우 차 순위 자를 상대로 협상이 개시되고 그 결과 적격인 경우, 용역업체로 최종 결정하고, 계약에 필요한 서류를 제출받아 도급계약을 체결하는 방식이다.

제안에 의한 수주방식은 수의계약에 의한 수주방식이나 입찰에 의한 수주방식에 비하여 수주 절차가 복잡하고, PT 참여대상으로 선정되는 자체가 어려우며, 장시간이 소요되고 수주환경과 변수가 많을 뿐만 아니라, 수주시장에 완전 노출되어 있어 경쟁이 치열하므로 수주하기가 매우 어려운 수주영업방식이다.

그러므로 수주영업담당자는 수주영업의 필요조건을 최대로 활용하고 요구 능력을 충분히 발휘하여 수주계획에서부터 도급계약 체결 시까지 고도의 평정심을 유지한 가운데 발주자의 의도와 욕구(needs)를 철저히 분석하고 제안 서면을 준비해야 하며, PT 시나리오를 미리 작성하고 PT 예행연습을 사전에 몇 차례 실시하여 PT 당일 한 치의 실수가 없도록 해야 할 뿐 아니라, 평가심사위원들의 질문에도 순발력을 가지고 자연스럽게 응답하여 심사위원들로부터 좋은 반응을 얻어야 하고, 경쟁자의 정보를 최대로 파악하여 적절히 대응해야 수주에 성공할 수 있다.

용역 희망 업체가 우선 협상자로 선정되는 경우, 협상에 응할 준비와 함께 협상담당자를 미리 정해 두고, 협상 시 예상되는 문제에 대하여 경영자의 지침을 받아 사전 예상문제의 답을 결정하고 협상에 임하는 것이 현명하다.

심사 평가 결과 1순위 자 또는 2순위 자로 결정되는 경우, 지체 없이 계약서류를 준비하고 협상에 대비해야 함은 물론이다.

조달청의 경우에도 각 중앙관서의 장 또는 계약담당공무원은 물품 · 용역 계약에 있어서 계약 이행의 전문성, 기술성, 긴급성, 공공시설물의 안전성 및 그 밖의 국가보안 목적 등의 이유로 필요하다고 인정되는 경우에는 다수의 공급자들로부터 제안서를 제출받아 평가한 후 협상 절차를 통하여 국가에 가장 유리하다고 인정되는 자와 계약을 체결할 수 있도록 규정하고 있다(국가를 당사자로 하는 계약에 관한 법률 시행령 제43조).

4) 재계약 수주방식

재계약에 의한 수주방식은 기존 용역계약의 만기 종료 전에 용역 위탁자에 의하여 계약 기간을 연장하거나 또는 새롭게 용역계약을 체결하여 수주하는 방법이다.

이 방법은 현장에 파견된 관리사무소 소장과 현장관리 종사자의 서비스 실적과 자세 및 태도에 전적으로 기인되는 것이므로 현장종사자 모두는 수주를 위하여 건물의 소유주나 발주자가 만족할 수 있도록 현장관리 서비스 업무 수행에 최선을 다해야 한다.

5) 기획영업 수주방식

기획의 사전적 의미는 일을 꾸미어 꾀함을 뜻하는바 수주영업에 있어서도 수주영업의 대상에 대하여 장기적 계획을 세워 전략을 수립하고 의도적으로 꾸미어 추진하고 성사시키는 일련의 의도적 수주방식을 말한다. 예컨대, 신축 건물의 경우 관리용역을 수주하기 위하여 신축정보에서부터 출발하여 설계, 시공, 준공 등 진행되는 전 과정에 걸쳐 수주와 관계되는 담당자나 의사결정권자와 의도적으로 접촉하고 설득하는 한편, 관리정보와 편의를 제공하여 마침내 수의계약 또는 입찰에 의하여 수주하거나 제안 및 협상에 의하여 수주하는 장기적 · 의도적 · 전략적 수주방식을 말한다.

제12절 건물관리용역 수주영업 4대 원칙

1. 용역수주영업 4대 원칙의 개념

건물관리용역 수주영업의 4대 원칙이라 함은 수주영업을 수행하는 데 적용되는 원칙으로서 수주영업담당자가 반드시 지켜야 하는 네 가지 원칙을 의미한다.

수주영업 4대 원칙에는 경제성의 원칙, 효율성의 원칙, 안전성의 원칙 그리고 적합성의 원칙 등 네 가지 원칙이 있다.

2. 용역수주영업 4대 원칙의 내용

1) 경제성의 원칙

수주영업에 적용되는 경제성의 원칙이라 함은 적은 수주영업비용으로 양질의 시설물 관리용역을 수주하여 운영관리과정에서 운영관리비를 통제하여 계약종결 후 총수입에서 총지출을 차감한 금액이 차익으로 나타나 수지차가 반드시 흑자가 되어야 한다는 원칙을 말한다.

수주영업에 있어서 가장 경계해야 하는 것 중 하나는 수주목표를 충족시키기 위하여 실행하는 정책 수주, 덤핑 수주는 회사의 지속적 성장을 저해하고 적자를 누적시켜, 마침내 회사를 도산으로 몰고 가는 요인들이 되므로 수주영업담당자는 이를 반드시 경계해야 한다. 또한 수주를 위하여 부적절하게 사용되는 비용, 예컨대 과도한 베팅이나 리베이트는 수주 질서를 파괴시킬 뿐만 아니라, 수주 후에도 흑자 경영을 방해하는 요인이 되므로 수주회사의 경영자는 물론, 수주영업담당자 역시 이를 경계해야 한다.

수주영업 전 과정에서 경제성의 원칙이 지켜지려면, 수입과 지출 부분을 면밀히 조사분석하고 적정 이윤 발생을 전제로 견적서를 작성, 제출해야 하며 협상 시에도 발주자의 강권이나 회유에도 불구하고 적정 이익이 보장되는 선에서 협상을 종결하고 용역계약을 체결해야 한다.

또한 경제성의 원칙이 계속 지켜지려면 수주 후 관리현장에서 위험을 사전에 통제하거나 회피하여 안전사고 발생을 예방하여 인적·물적 피해가 발생하지 않도록 관리해야 하고, 만일의 경우를 대비하여 화재보험이나 각종 영업배상책임보험에 가입하여 사고로 인하여 발생이 예상되는 경제적 손실에 대비하여야 하며, 사고 발생으로 손실이 발생한 경우에도 그 피해를 최소화하고 발생 사고의 조기 수습 및 관리현장 조기 정상화에 최선을 다해야만 경제성의 원칙이 견지될 수 있다.

다시 말하면, 수주영업에 있어서 경제성의 원칙이 지속적으로 지켜지려면 수주용역계약을 원인으로 용역비, 기타 명목으로 수입되는 총수입에서 인건비, 복리후생비, 운영관리비 등의 명목으로 지출되는 총지출을 차감한 후 그 수지차가 흑자로 나타나야 하고, 견적서에 기업이윤으로 계상하여 반영하였던 기업이윤 이상으로 현금흐름표상에 가처분 영업이익으로 나타나야 하고, 총수입에서 총지출을 차감한 금액이 반드시 차익으로 나타나 기업경영에 흑자 요인으로 작용해야 한다는 원칙을 말한다.

그러므로 경제성 원칙이 지켜지지 않는 수주는 관리실적을 위하여 기업 차원에서 정책적으로 수행하는 정책적 수주의 경우를 제외하고는 원칙적으로 포기하는 것이 현명하다.

수주영업에 있어서 경제성의 원칙은 어느 원칙보다 중요한 원칙이므로 수주영업담당자는 경제성의 원칙을 금과옥조로 삼아야 하고 반드시 지켜야 한다. 왜냐하면, 수주영업 담당자가 수행하는 수주영업은 기업 이익을 실현시키기 위한 기업의 경제활동인 동시에 영업사원이 몸담고 있는 기업의 설립목적인 영업 이익의 창출과 지속적 발전과 번영을 보장하는 중요한 업무이기 때문이다.

2) 안전성의 원칙

수주영업에 적용되는 안전성의 원칙이라 함은 입찰 전 과정, 즉 입찰 준비에서부터 제안서 및 견적서 작성, PT, 투찰, 계약체결, 계약종결에 이르기까지 발생할 수 있는 가격위험, 담합 위험, 투찰 위험, 협상 위험, 계약 위험, 건물주의 신용문제로 용역비 미수령 위험, 송사 위험 등의 수주영업 위험을 최소화하여 수주영업 위험으로 인한 금전상의 손실 발생을 반드시 방지해야 한다는 원칙을 말한다.

수주영업을 수행함에 있어 수주영업 전 과정의 위험을 방지하려면, 수주대상 목적물에 대한 철저한 분석과 입찰 준비에 만전을 기해야 함은 물론, 발주되는 용역이 신규 발주 용역인지, 아니면 재발주 용역인지를 조사하고 재발주 용역인 경우, 발주일 현재 발주대상 건물의 관리회사를 조사하여 용역금액이나 인건비 수준 및 기타 조건을 조사한 후 입찰 계획을 수립해야 하고 입찰에 참여해야 한다.

특히, 입찰과정에서 수주에 너무 집착한 나머지 부정한 방법으로 입찰에 참여하거나 허위 적격심사 자료를 준비하고 제출하여, 계약 이후에 경쟁사로부터 소송을 당하는 사례가 없어야 하며, 입찰에 성공했음에도 불구하고 관리현장을 인수하지 못하는 경우가 발생하지 않아야 한다.

3) 효율성의 원칙

수주영업에 적용되는 효율성의 원칙이라 함은 수주영업에 투입되는 비용, 시간, 노력의 양보다 산출되는 수주영업의 성과가 반드시 크게 나타나야 한다는 원칙을 말한다.

만일, 수주영업을 위하여 지출되는 비용이나 소요되는 시간, 투입되는 노력의 양보다 수주영업 성과가 낮게 나타나는 경우는 비록 수주에 성공하였다 하더라도 실패한 수주영업의 결과로 판단해야 한다. 시설관리회사는 시설물관리용역의 수주가 기업의 사활을 결정하게 되므로 기업의 경영자는 물론, 수주영업담당자 역시 수주영업활동에 밤과 낮을 가리지 않으며, 수주 성공을 위하여 휴일 반납은 물론, 경우에 따라서는 휴가까지 반납하면서 수주활동에 최선을 다하고 있는 것이 용역회사의 현실이다.

이상과 같은 수주영업 중요성의 존재와 수주 현실 가운데 수행되는 시설물관리용역 수주는 반드시 효율성이 보장되는 수주가 아니면, 수주를 포기하는 것이 현명하다.

4) 적합성의 원칙

수주영업에 적용되는 적합성의 원칙이라 함은 수주과정에서 수주대상의 목적물이나 제공하는 용역의 종류나 규모가 수주회사의 기술 능력과 관리 능력 및 재무 능력 등에 부합하는 수주를 해야 한다는 원칙을 말한다.

일반적으로 시설관리용역회사는 능력과 관계없이 과도하게 수주 욕심을 내는 경우가 비일 비재하여 경우에 따라서는 수주 후에 수주한 용역을 감당하지 못하여 발주자로부터 몰수당하거나, 용역계약을 중도 해지 당하는 사례가 종종 발생하고 있다.

그러므로 수주영업담당자는 몸담고 있는 기업의 기술 능력과 관리 능력 및 재무 능력 등을 감안하여 기업 능력에 적합한 수주영업을 수행하여야 한다.

제13절 건물관리용역 수주영업기술

1. 수주영업기술의 개념

시설물관리용역기업과 수주영업담당자가 수주목표를 성공적으로 달성하기 위해서는 수주영업기술이 필요하다.

또한 수주영업에 있어서 수주영업기술은 매우 중요한 수주영업의 도구가 되고 수주영업을 위한 능력이 된다.

수주영업기술(order sales skill)이라 함은 시설물관리용역 수주영업의 계획과 프로세스 및 계약 체결 등 수주업무 전반을 체계적으로 관리하여 수주영업업무를 효율적으로 처리하고, 경제적 가치가 있는 용역계약을 능률적으로 체결하게 하는 솜씨(skill)와 능력(ability)을 말한다. 이와 같은 수주영업 관리기술에는 개념적 기술, 인간적 기술 그리고 전문적 기술 등 세 가지 기술이 있다.

2. 수주영업기술의 종류와 내용

1) 개념적 기술

수주영업에 있어서 개념적 기술(conceptual skill)이라 함은 수주상황 전반을 정확하게 파악하고 수주영업담당자 상호 간의 의견을 조정·통합하여 수주환경 변화에 능동적으로 적절히 대응하게 하는 조정·통합 솜씨나 능력을 말한다.

개념적 기술은 수주영업회사 경영자와 수주영업담당자의 전략적 사고와 계획 능력을 포함하므로 개념적 기술은 광의의 전략적 사고 능력이라 할 수 있다.

개념적 기술은 수주영업회사 최고경영자에게 가장 필요한 기술이다. 왜냐하면, 최고경영자는 주어진 수주영업 상황에서 무엇이 가장 중요한 요소인가를 개념적으로 파악하고, 장기적 안목에서 의사결정을 해야 하기 때문이다.

2) 인간적 기술

수주영업에 있어서 인간적 기술(human skill)이라 함은 최고경영자와 중간경영자, 중간경영자와 일선경영자, 일선경영자와 근무자 간에 수주영업업무를 효율적으로 수행하기 위한 인간관계 조정 솜씨나 지휘 능력을 말한다.

인간적 기술은 부하 직원들을 지휘 · 조정하고 동기를 부여하며, 커뮤니케이션으로 갈등을 해소하여 수주영업목표를 효율적으로 달성하게 하는 기술을 말한다.

인간적 기술은 중간경영자(수주영업본부 담당이사, 상무이사)에게 특별히 필요한 기술이다.

3) 전문적 기술

수주영업현장에 적용할 전문적 기술(technical skill)이라 함은 부여된 수주영업을 효율적으로 수행하는 솜씨 또는 능력을 말한다.

전문적 기술은 전문 실무 능력을 수반하고, 수주영업에 실무적으로 처리해야 할 수주정보 수집 및 분석, 제안서 작성 및 제출, PT 시나리오 작성 및 설명, 적격심사 서류준비 및 제출, 용역계약의 체결 등의 실무 등에 관하여 전문적 지식과 경험을 바탕으로 효율적으로 처리하는 영업직의 특수한 업무를 담당하는 일선경영자(수주영업 팀장)의 필요기술이다.

일선경영자가 수주영업을 전담하고 처리해야 하기 때문에 전문적 기술에 대하여 연구하고 개발(R&D)하여 전문적 기술 연마에 가일층 노력해야 한다.

일선경영자(영업팀장)가 중간경영자(수주담당 이사, 상무이사)로 발전하려면 인간적 기술을 터득해야 하고, 중간경영자에서 최고경영자(회장, 사장)로 발전하려면, 개념적 기술을 터득해야 한다.

제14절 건물관리용역 수주영업의 변수와 제약 요인

1. 수주영업 변수와 제약 요인의 개념

시설물관리용역 수주영업에 종사하는 수주영업담당자 모두는 수주영업의 변수와 제약 요인들에 관하여 이해해 둘 필요가 있다. 왜냐하면, 추진하고 있는 수주영업과정에서 예상외의 변수와 제약 요인이 갑자기 나타나 수주영업을 직접 또는 간접으로 방해하거나 저해하고 수주상황을 바꾸어 놓기 때문이다.

수주영업의 변수는 수주상황을 갑자기 변화시키는 요인을 말하고, 제약 요인은 어떤 조건을 붙여 제한하는 요인을 말한다.

2. 수주영업의 변수

수주영업의 변수라 함은 전술한 바와 같이 수주영업 상황을 갑자기 변화시키는 요인을 의미하는 것으로, 경우에 따라서는 영업담당자에게 플러스 성격(+)의 변화를 가져와 수주영업에 유리하게 작용하기도 하고, 마이너스 성격(−)의 변화를 가져와 수주영업을 전면으로 저해하기도 한다.

수주영업에 통상 작용하는 변수의 종류와 내용은 다음과 같다.

1) 제한입찰자 변경통지

당초 통보받은 제한입찰자의 수보다 PT 당일 갑자기 추가 입찰 예정자가 발주처에 의하여 등장하는 사례가 종종 있다. 새로 등장하는 입찰 초청자가 불행하게도 경쟁 관계에 있는 경우에는 수주영업이 매우 어렵게 진행하게 되며, 수주에 실패할 확률이 높다.

이와 같은 상황에서 수주영업사원은 새로 등장한 입찰자가 어떠한 이유로 PT 현장에 등장 했는지에 관하여 분석하고 그 결과에 따라 대응할 필요가 있다.

2) 입찰기일 연기

조달청 입찰이나 공공 발주기관의 경우에는 입찰기일 연기 사례는 거의 없으나 민간 발주처의 경우와 입찰 대행 기관의 경우 종종 입찰기일을 변경하는 사례가 있다.

이와 같은 경우에도 입찰기일 변경 사유를 면밀히 조사하고 분석하여 그 결과에 따라 적절한 대응 방안을 모색해야 한다.

3) 유찰 및 재입찰

입찰 당일 발주처가 입찰을 실시한 결과 발주처의 의도나 조건을 충족하지 못했을 경우 재입찰을 선언하게 되며, 입찰자가 전혀 없는 경우 유찰을 선언하게 된다.

이와 같은 상황이 전개되는 경우, 수주영업담당자는 즉시 상황을 분석하고 유찰과 재입찰의 이유와 배경을 살펴본 후 대응 방안을 탐색해야 한다.

4) 입찰방법 및 입찰참가조건의 변경

발주처가 현장설명 당일 발표하였던 입찰방법이나 참가조건을 입찰일 수일 전에 갑자기 변경 통보하는 사례가 있다. 이와 같은 상황이 도래하면 입찰담당자는 당황하지 말고 차분하게 새로 발표된 상황에 맞게 재준비하는 것이 현명하다.

5) 이행보증금 사전 예치조건부입찰

시설물관리용역 금액이 크고 낙찰 후 낙찰자가 서비스 수행이 용이하지 않는 경우 발주처는 이행보증금(p-bond) 예치를 조건으로 입찰을 실시할 수 있다.

이행보증금 예치 조건부 입찰에 있어서 수주영업담당자는 미리 본사의 승인을 득하여 준비하고 입찰에 응해야 한다.

6) 용역계약 체결 후 용역비 미지급

수주영업에 성공하여 시설물을 인수하고 관리인력을 투입하여 운영관리하고 있으나, 1개월 경과 후 용역비가 미지급 상태가 되면 지체 없이 발주자 신용평가를 실시하고 용역비 지급이 지연되는 경우 또는 상황이 호전되지 않는 경우, 지체 없이 철수 준비를 하고 철수를 단행해야 한다.

3. 수주영업의 제약 요인

수주영업의 제약 요인이라 함은 발주과정에서 어떤 조건을 붙여 수주과정에 악영향을 미치거나 입찰참여 제한, 입찰 결과에 악영향을 끼치는 요인들을 말한다.

수주영업에 제약 작용을 하는 주요 요인에는 다음과 같은 제약 요인들이 있다.

1) 대기업 입찰참여 제한 및 중소기업 입찰참여 기회 확대

시설관리용역 수주영업과 관계되는 최근의 이슈로는 대기업 입찰참여 제한 및 중소기업 입찰참여 기회 확대의 문제이다.

정부의 동반성장 정책에 따라 조달청을 포함한 공공 발주기관으로 하여금 시설물청소용역과 경비용역 발주 시 중소기업제품 구매촉진 및 판로지원에 관한 법률 제2조, 제8조, 제33조에 따라 중소기업자를 구별하고 동법 제9조 및 동법시행령 제10조의 규정에 따라 직접생산확인증명서(경쟁제품명 : 건축물 일반청소업, 경비업)를 소지한 중소기업만 경비용역과 청소용역 입찰에 참여시키고 대기업은 입찰참여를 허용하지 않아 대기업의 입찰참여 제한과 중소기업의 입찰참여 기회를 확대하고 있다.

중소기업과 대기업의 법적 분류는 업종별로 다소 상이하나 중소기업기본법 시행령 [별표 1]에 따라 사업시설관리 및 사업지원 서비스업의 경우 상시 근로자 300명 미만 또는 매출액 300억 원 이하의 규모를 가진 업체를 중소기업으로 분류하고 그 이상은 대기업으로 분류하고 있다.

이와 같은 정부 정책을 돌파하고 수주영업목표를 달성하기 위해서는 경영자의 전략적 사고로 중소기업을 조속히 설립하여 청소용역과 경비용역 입찰에 참여하는 것이 현명하다.

2) 사회적 기업 인증업체 외의 기업 입찰참여 제한

2012년에 진입하면서 수주영업에 관계되는 이슈에는 사회적 기업 인증 업체의 입찰참여 기회 확대 정책을 들 수 있다.

사회적 기업육성법 제7조의 규정에 따라 고용노동부로부터 사회적 기업으로 인증을 받은 업체에 대해서만 입찰에 참여를 허용하고 적격심사 시 가산점을 부여하는 입찰 형태가 현재까지는 보편화되고는 있지 아니하나 불원장래에 사회적 기업의 입찰참여 기회가 확대될 것으로 전망된다.

가산점 부여 인정 제도가 아직까지는 조달청 일반용역 적격심사 세부기준에 적용되지 않고 있으나, 서울시의 경우에는 일반용역 적격심사 세부기준 신인도 부분에서 0.3점의 가산점을 적용하고 있다. 용역회사와 소속 수주영업사원은 사회적 기업의 장려로 고용을 창출하고자 노력하는 정부의 강력한 의지를 읽고 고용노동부로부터 사회적 기업의 인증을 받는 것이 현명하다.

3) 가산점 부여업체 신인도 우대로 수주기회 확대

여성기업(0.5점), 장애인 고용 우수기업(1.5점) 등은 관계법령에 따라 일정 가산점을 부여받으나 해당 업체가 아닌 경우, 자동적으로 불리한 대우를 받게 된다. 또한 KS 인증을 받은 업체의 시설관리 서비스와 건축물 클리닝 서비스 및 경비 서비스는 산업표준화법에 따라 국가 등이 조달청을 통한 서비스 구매 시 우선 구매해 주도록 법에 규정하고 있다.

그러므로 가산점을 부여받지 못하는 업체는 상대적으로 수주영업에 다소 불리한 대우를 받게 되며 수주영업에 지장을 감수해야 한다. 따라서 수주영업담당자는 기회를 보아 소속회사로 하여금 가산점 인증 업체로 거듭나도록 조치해야 한다.

4) 민 · 형사상 처벌업체 입찰 제한

시설물관리용역과 관련하여 처벌받은 업체는 관계법에 따라 입찰참여를 일부 제한하고 있다. 그러므로 수주영업사원은 소속회사가 민 · 형사상 처벌받지 않도록 해야 하며, 용역관리과정에서 송사에 휘말리지 않도록 힘써야 한다.

5) 노동법 위반업체 입찰참여 제한

시설관리회사가 임금 미지불, 가혹행위, 불법 노동쟁의 등으로 사회적 물의를 일으킨 업체는 시설물관리용역 입찰에 제한을 받게 되어 있으므로 수주영업담당자는 노사문제로 소속회사가 입찰에 제한받는 불상사가 없도록 각별히 신경써야 한다.

제15절 건물관리용역의 수주영업자원

1. 수주영업자원의 개념

수주영업의 자원(resources of sales orders for building management service)이라 함은 수주영업의 성과물 즉, 수주목표를 달성하는 데 소요되는 각종 투입물(input)을 말한다.

수주영업의 결과로 나타나는 산출물 즉, 수주목표 달성은 수주영업의 투입물 없이는 불가능하므로 수주 성과물을 도출하기 위해서는 수주영업의 투입물이 필요하다. 수주영업은 수주영업조직이 계획하고 있거나 설정한 수주목표를 조기에 달성하기 위함에 있기 때문에 수주목표 달성을 위하여 전사적으로 수주목표 달성에 최선을 다해야 한다.

문제는 수주목표의 달성은 수주영업담당자의 노력만으로 이루어지는 것이 아닌 관계로 수주영업활동에 필요한 투입자원을 사전에 준비하고 투입하기 전에 조화 있게 믹스(resources mix)할 필요가 있다는 점이다. 왜냐하면, 수주영업의 목표는 수주영업활동을 통하여 달성되며, 수주영업활동은 수주영업활동의 자원의 결합과 조화 및 상호작용에 의하여 이루어지기 때문이다.

수주영업의 투입물인 수주영업의 자원에는 인적 자원과 물적 자원, 재무적 자원과 기술적 자원 및 정보자원 등 다섯 종류의 자원들이 있다.

2. 수주영업자원의 종류와 내용

수주영업의 자원에는 전술한 바와 같이 다섯 종류의 자원이 있는바 이에 대한 개념을 먼저 이해하고 그 기능과 작용을 살펴 자원의 활용방법을 도출한 후 자원 상호 간 서로 조화하고 결합하며 상호 생산적으로 작용하도록 해야 한다. 수주영업자원의 종류별 내용은 다음과 같다.

1) 인적 자원

(1) 인적 자원의 개념

인적 자원(human resources)이라 함은 수주영업에 있어서 중추적 역할을 주도적으로 담당하는 사람의 자원을 말한다. 수주영업은 기업경영의 한 분야이므로 비록 기업이 기계화, 자동화 되어있디 하더라도 사람이 경영의 주체이므로 결국 사람이 가장 중요한 수주영업의 주체가 된다. 왜냐하면, 지식경제사회에서는 인적 자원이 물적 자원보다 더욱 중요하게 작용하기 때문이다.

수주영업의 인적 자원에는 수주영업담당자를 비롯하여 수주영업팀장, 수주영업조직의 중간경영자 그리고 수주영업조직의 최고경영자 등을 들 수 있다.

수주영업담당자를 비롯한 직책별 수주영업담당자는 상위조직 책임자인 최고경영자는 수주전략의 수립과 수주영업의 방침의 결정 및 수주영업의 목표 설정을 현실적으로 담당해야 하며, 중간경영자 역시 최고경영자가 결정한 수주영업의 방침에 따라 수주영업의 방침 실행을 위하여 수주영업의 지침 결정과 수주영업의 전술 개발을 담당해야 한다.

뿐만 아니라, 수주영업팀장은 최고경영자가 설정한 수주목표 달성을 위하여 수주영업의 방침과 지침 및 전략과 전술을 실행하기 위한 계획을 수립하고 이를 적극적으로 실행해야 한다. 직책별 수주영업담당자들이 각자의 자리에서 수주영업을 수행하기 위해서는 수주영업의 업무개념을 공통적으로 이해하고 방법과 절차를 숙지한 가운데 수주영업에 관계되는 인적 자원들로 하여금 상호작용과 조화 및 결합을 지혜롭게 실천해야 한다는 점을 유의할 필요가 있다. 그러므로 수주영업에 관계되는 모든 인적 자원들은 수주영업의 개념지식과 방법지식 및 행동지식을 학습하고 공동의 수주영업의 목표를 가지고 함께 수주영업활동에 참여해야 한다. 건물자산운영관리 용역회사는 기업이므로 기업의 인적 자원은 경영자와 종업원으로 구성되어 있으며 기업의 인적 자원의 구성은 수주영업의 자원을 배분하고 의사를 결정하는 경영자와 경영자의 지시나 감독에 따라 육체적 · 정신적 노동을 제공하는 종업원으로 구성되어 있다. 따라서 경영자와 종업원의 관계는 불가분의 관계를 형성하고 있으므로 상호 원만하고 이해하는 관계가 유지되어야만 수주영업의 목표를 조기에 달성할 수 있게 된다.

또한 수주영업담당자 상호관계에서도 갈등관계가 없어야 하고 원만하고 협조적인 관계가 유지되어야만 수주영업목표를 조기에 달성할 수 있게 된다.

(2) 인적 자원 관리와 전략적 목표

수주영업을 영위하고 있는 용역회사의 경우, 다섯 가지 수주영업자원 중 인적 자원이 가장 중요함은 재론의 여지가 없다. 따라서 인적 자원의 관리는 수주영업만큼이나 중요하다.

인적 자원 관리(human resource management)란 회사조직의 수주영업목표를 달성하기 위하여 인적 자원을 확보하고 수주영업의 능력을 발휘할 수 있도록 개발하고 유지하는 활동을 말한다. 수주영업에 투입할 인적 자원을 바람직하게 활용하려면, 전술한 바와 같이 인적 자원이 갖추어야 할 필요조건과 요구 능력을 확보하게 하고 수주영업자의 자세를 반드시 견지하도록 해야 한다.

또한 인적 자원을 생산적으로 활용하려면, 수주영업사원의 개인적 욕구와 수주영업목표를 동시에 충족하고 달성할 수 있도록 해야 한다. 최근의 인적 자원의 관리는 다음의 방향으로 관리되고 있다.

첫째, X 인간유형(비 자율 인간형)에서 Y 인간유형(자율 인간형)으로 변화되도록 관리되고 있다.

둘째, 인간 중심적이고 미래 지향적으로 관리되고 있다.

셋째, 개인의 목표와 조직의 목표를 동시에 달성할 수 있는 방향으로 관리되고 있다.

넷째, 전통적인 인사관리 차원에서 관리하지 아니하고 전략적 차원에서 접근하고 있다.

또한 인적 자원 관리는 인적 자원의 확보와 개발 및 유지라는 세 가지 전략적 목표를 가지고 있다. 그러므로 우선 먼저 인적 자원의 확보는 전략적으로 유능한 인재를 확보해야 하고 둘째로 확보한 인적 자원의 능력을 개발해 줘야 하며, 셋째로 능력을 개발한 유능한 인적 자원을 장기간 수주영업팀에 머물도록 해야 수주영업의 목표관리가 용이하게 이루어지게 된다.

2) 물적 자원

수주영업에 있어서 물적 자원(physical resources)이라 함은 수주영업에 사용되는 컴퓨터나 사무자동화기기와 도구 및 차량 등과 각종 데이터베이스화된 자료 등을 말한다.

물적 자원을 바람직하게 활용하려면 컴퓨터와 사무기기나 도구 및 자료 등을 자동화하고 데이터베이스화하여 언제든지 활용할 수 있도록 준비되어 있어야 한다.

3) 재무적 자원

수주영업에 있어서 재무적 자원(financing resource)라 함은 수주영업활동에 소요되는 비용이나 수주영업팀의 운영자금을 말한다. 수주목표를 달성하기 위해서는 수주영업팀의 지속적 활동과 수주영업사원의 수주영업활동이 계속되어야 하므로 운영비와 수주활동비 모두가 필요하다. 재무적 자원을 바람직하게 활용하려면 수주영업팀 내에 서무담당자를 두고 서무담당자로 하여금 운영비의 예산계획을 세워 경영자의 승인을 받아 미리 확보하고 수주활동을 위한 비용의 조달은 승인받은 예산에서 집행되도록 재무적 자원관리를 체계적으로 해야 한다.

4) 기술적 자원

수주영업에 있어서 기술적 자원(technological resources)라 함은 수주영업에 투입되는 자원 성격의 기술을 의미한다. 수주영업의 기술이란 개념적 기술과 인간적 기술 및 전문적 기술 등을 말한다. 수주영업의 기술에 있어서도 기술의 발전 속도가 계속 빨라지기 때문에 수주영업담당자는 수주영업의 기술 진보 속도를 의식하고 이에 대응할 준비가 되어 있어야 한다.

특히 전문적 기술의 경우, 수주영업의 대상인 건축물의 설계나 시공 상의 기술이 날로 발전하기 때문에 첨단 설비의 사용법이나 운전정비방법에 이르기까지 공부해 둘 필요가 있다.

5) 정보자원

수주영업에 있어서 정보자원(information resources)이라 함은 수주영업 수행상 필요로 하는 정보를 말한다.

수주영업에 있어서 수주정보는 매우 중요한 투입 자원으로서 활용도가 매우 높은 자원이라 할 수 있다. 수주영업의 정보에는 발주정보, 시장정보, 경쟁자정보, 계약정보 등이 있으며, 이 중에서 발주정보는 시간을 다투어 접수해야 하고 수주활동에 즉각 활용해야 한다.

제16절 건물관리용역 수주영업환경

1. 수주영업환경의 개념과 중요성

건물자산관리용역 수주영업에 있어서 수주영업의 환경(environment of order business for building management service)이라 함은 수주영업 주체에 의하여 수행되는 수주영업활동을 둘러싸고 직접 또는 간접적으로 영향을 미치는 자연 또는 사회의 조건이나 형편 등을 말한다.

수주영업의 환경에는 일반환경과 과업환경 및 조직 내부 환경 등으로 분류된다. 조직 내부 환경에는 경영자와 종업원 및 기업문화 등의 환경이 있고 과업 환경에는 발주처, 경쟁사, 시장 등의 환경이 있으며, 일반환경에는 경제적 환경, 법적 · 정치적 환경, 사회 · 문화적 환경, 기술적 환경, 국제적 환경 등으로 세분된다.

수주영업에 있어서 일반환경은 외부 환경이라 하고, 과업 환경과 조직 내부 환경을 합쳐 내부 환경이라 호칭하기도 한다. 수주영업의 내부 환경과 외부 환경은 직접 또는 간접적으로 수주영업활동에 영향을 미치는 것이므로 매우 중요한 수주영업의 전략상 고려의 대상이라 할 수 있다. 따라서 수주영업담당자는 수주영업활동을 둘러싸고 있으면서 수주영업의 환경에 직접 또는 간접적으로 영향을 미치고 있는 수주영업환경에 대하여 충분히 분석하고 고려하여 수주영업에 임해야 한다.

현대의 기업은 개방 시스템(open system) 체제이므로 환경에 영향을 주기도 하고 받기도 하는 이른바 기업과 환경 간에는 동태적 상호작용을 하고 있다.

그러므로 수주영업을 수행하고 있는 용역회사도 기업의 측면에서 환경과 서로 동태적 상호작용을 하고 있으므로 수주영업담당자는 이를 이해하고 수주영업에 임해야 한다.

2. 수주영업 일반환경

수주영업에 있어서 일반환경(general environment)이라 함은 수주영업 주체의 수주영업에 간접적으로 영향을 미치는 조건이나 형편 등을 말한다.

이에는 전술한 바와 같이 경제적 환경, 법적 · 정치적 환경, 사회 · 문화적 환경, 기술적 환경 그리고 국제적 환경 등이 있다.

1) 경제적 환경

수주영업활동에 간접적으로 영향을 미치는 경제적 환경(economical environment)이란 국가, 기업, 가계에 영향을 미치는 국내의 경제적 상태를 의미한다.

경제적 환경은 주로 금리 수준, 외환보유고, 은행이자율, 1인당 GNP, 인플레이션율, 실업률, 소비자 구매력 등 주요 경제지표로 나타나며 수주영업에 영향을 주는 지표에는 은행의 대출금리, 공실률, 임대율, 건축허가 건수, 주가지수 등이 영향을 미치는 지표로 작용한다. 또한 수주영업에 경제적 환경으로서 영향을 주는 것에는 수주영업의 시장을 들 수 있다. 따라서 시장의 상태를 주기적으로 점검하여 수주영업의 전략을 수립하는 것이 현명하다.

뿐만 아니라, 경제체제나 국민소득, 금융정책이나 무역정책 등도 수주영업에 간접적 환경으로 작용하고 있음도 유의해야 한다.

2) 법적 · 정치적 환경

수주영업에 있어서 법적 · 정치적 환경(legal and political environment)이라 함은 수주영업활동에 영향을 미치는 법적 규제나 정치적 제도 등을 말한다.

수주영업에 영향을 미치는 법률에는 국가계약법이나 지방자치단체계약법 등이 있고 대기업 입찰 규제제도나 사회적 기업 보호제도 등은 법적 규제나 정치적 제도에 해당된다. 수주영업담당자는 이와 같은 법적 규제나 정치적 제도 등을 파악하고 확인하여 그 영향을 최소화할 필요가 있다.

3) 사회 · 문화적 환경

수주영업에 있어서 사회 · 문화적 환경(social and cultural environment)이라 함은 수주영업에 영향을 미치는 관습, 사회적 가치관, 전통, 사회규범, 문화 인구통계 등 사회 · 문화적 특성을 의미한다. 국내 기업이 외국에서 수주영업을 하는 경우에는 그 나라의 사회적 · 문화적 환경을 이해하는 것은 매우 중요하다. 인구구조나 인구이동 등의 사회적 환경은 고객의 의식에도 영향을 미치어 수주영업에도 영향을 가져다준다.

따라서 수주영업사원은 이와 같은 사회적 환경과 문화적 환경을 이해하고 수주영업에 대응할 필요가 있다.

4) 기술적 환경

기술적 환경(technological environment)은 수주영업에 지대한 영향을 미치는 환경이다. 건물의 기술적 발달은 자동화, 첨단화, 스마트 빌딩, 인공지능 빌딩 등의 신기술개념을 탄생시켰으며, 엘리베이터의 발명과 건축 공법과 자재 · 장비의 비약적 발전은 현대 초고층 빌딩을 탄생시켰다. 이와 같이 발전에 발전을 거듭하고 있는 건축물의 기술 발전은 수주영업에도 크게 영향을 미치어 기술이 없는 용역회사는 감히 초고층 건물의 수주영업에 엄두조차 낼 수 없게 만들었다. 특히 정보기술과 전자통신기술의 발달은 용역회사로 하여금 기술적 무장을 촉진시켰으며, 수주영업에도 기술의 개념 없이 접근할 수 없는 영역이 되었다.

기술의 발전 속도는 매우 빠르기 때문에 수주영업담당자는 물론, 경영자도 수주영업을 위하여 건물자산관리기술의 연구와 관리기술 축적에 투자해야 할 것으로 판단된다.

5) 국제적 환경

수주영업에 있어서 국제적 환경(international environment)이라 함은 우리나라에 영향을 미치는 외국에서 일어나는 여러 가지 환경을 말한다.

1973년 1차 석유파동, 1979년의 2차 석유파동, 1987년의 블랙먼데이(black monday), 1997년도에 발생한 IMF 금융위기 등의 외국 환경의 변화는 우리나라 경제에도 치명적인 악영향을 미쳤으며, 건물자산운영관리용역 수주영업에도 엄청난 악영향을 주어 수주영업을 위축시키는 결과를 가져왔다. 특히 국제 환경은 예측이 어려워 환경 변화를 읽을 수 없을 뿐만 아니라 환경 예측이 거의 불가능한 것이므로, 수주영업담당자는 국제적 환경 변화에 유의할 필요가 있다.

특히, 국제적 환경은 국내 경제적 환경이나 사회 · 문화적 환경, 법적 · 정치적 환경과 기술적 환경에도 악영향을 미치게 됨으로써 결과적으로 수주영업에도 부정적으로 작용하게 된다. 그러나 국제적 환경이 호전될 경우에는 국내 환경에 선영향과 긍정적 작용을 하게 되어 수주영업에도 좋은 결과를 가져다준다.

3. 수주영업의 과업 환경과 조직의 내부 환경

수주영업에 있어서 과업 환경과 조직 내부 환경이라 함은 수주영업에 직접 영향을 미치는 환경을 말하며, 과업 환경에는 발주처와 경쟁사, 용역시장 등이 있으며, 조직 내부 환경에는 경영자와 종업원 및 기업문화 등의 환경이 있다.

수주영업의 발주처는 거래 고객을 의미하며, 경쟁사는 수주영업현장에서 수주영업에 참여하는 용역기업들을 의미하고, 용역시장은 용역의 수요와 공급이 이루어지는 입찰 시장을 말한다.

또한 조직의 내부 환경에는 경영자와 종업원 및 기업문화 환경이 있으며 경영자와 종업원 모두는 상호 조화하고 원만한 노사문화가 정착되도록 서로 협력해야 한다.

수주영업에 있어서 외부 환경의 분석과 내부 환경의 파악은 매우 중요한 과제이므로 수주영업담당자는 이를 매우 주의 깊게 관찰하고 분석하여 적절히 대응해야 한다.

제17절 건물관리용역업체 기업윤리와 수주영업담당자 직업윤리

1. 기업윤리와 직업윤리의 개념

윤리(ethics)의 사전적 의미는 개인이나 집단의 행위가 옳고 그름에 관한 판단기준으로 사용되는 윤리적 원칙이나 가치체계를 말한다.

또한 윤리란 사람이 지켜야 할 도리나 규범을 말한다. 기업윤리라 함은 기업이 지켜야 할 윤리적 기준이나 윤리적 원칙 및 윤리가치 체계를 말하며, 직업윤리란 직업인이 직무수행과정에서 반드시 지켜야 할 사람의 도리나 윤리적 기준 및 윤리적 규범을 말한다.

시설물관리용역 수주영업현장에도 시설물관리용역회사와 수주영업담당자가 반드시 지켜야 할 도리나 규범이 존재하고 있으며, 윤리적 원칙이나 가치체계가 있다.

사람이나 기업의 행동 영역에는 법률의 영역과 윤리의 영역 그리고 자유 선택의 영역 등 3영역이 있다.

법률의 영역(domain of codified law)에서는 사람이나 기업은 법의 기준에 따라 행동해야 하고 수행한 행동이 법에 위반할 시는 법에 의하여 처벌받도록 예정되어 있다. 반대로 자유 선택의 영역(domain of free choice)에서는 사람이나 기업은 개인이나 기업의 자유의사와 기준에 따라 자유롭게 행동할 수 있으며, 잘못되었을 경우에는 행한 행동의 결과에 복종하고 그 결과에 개인이 책임지거나 기업이 책임지게 된다.

그러나 윤리의 영역(domain of ethics)에서는 사람이나 기업의 행동은 개인의 기준이나 기업의 행동기준에 따라 행동해야 하고 나아가 사람이나 기업이 반드시 지켜야 할 도리나 규범 즉, 윤리적 기준에 따라 행동해야 하며 만일 잘못 행동하였을 경우, 잘못 행동한 개인이나 기업은 사회적 비난에 직면하게 된다.

윤리적 영역은 법률의 영역과 자유 선택의 영역 중간에 위치하며, 윤리적 행동 규범이나 윤리기준에 복종한다. 그러나 법률의 영역에서는 법률의 규정에 복종하고, 자유 선택의 영역에서는 개인이나 기업 스스로의 행동 결과에 복종하게 된다. 기업이나 개인 모두 자유 선택의 영역이나 법률의 영역에 서게 되며, 윤리의 영역에도 당연히 서게 된다. 특히, 수주영업담당자와 시설관리용역회사의 경우에는 법률의 영역과 윤리 영역에 동시에

서게 되므로 기업의 영리를 위하여 수주영업을 수행할 때, 법률의 영역에서 그리고 윤리 영역에서 지켜야 할 법적 기준과 윤리적 기준을 엄수하여 법의 처벌이나 윤리적 비난을 받지 않도록 불법과 부적절한 행동을 삼가야 한다.

시설물관리용역회사와 수주영업담당자가 지켜야 할 기업윤리와 직업윤리의 윤리적 기준은 다음과 같다.

2. 용역업체 기업윤리

기업 윤리란 기업이 지켜야 할 윤리적 판단기준이나 윤리적 원칙 및 윤리적 가치체계를 의미함은 전술한 바와 같다.

시설물관리용역회사가 기업윤리로서 지켜야 할 윤리적 기준은 대체로 다음과 같다.

1) 리베이트 수주 금지
2) 덤핑 수주 금지
3) 적격심사 제출용도 서류 위조와 변조 금지
4) 담합입찰 금지
5) 정실 수주 금지
6) 착취성 하도급 행위 금지
7) 부적절한 소송 금지

3. 수주영업담당자 직업윤리

수주영업담당자가 전문 직업인으로서 지켜야 할 도리나 규범은 다음과 같다.

1) 성실과 정직으로 수주영업업무 수행
2) 고객 향응 및 접대에 의한 회사 수주영업 기밀 누설 절대 금지
3) 회사 수주영업 지침 및 규정 절대 준수
4) 수주목표 달성 최선
5) 회사 공금 사적사용 금지
6) 수주영업전문가 필요조건 충족 및 요구 능력 계발 최선

제2장

건물관리용역 수주영업활동의 기반구조

수주영업담당자가 건물자산관리용역을 수주하기 위한 바람직한 수주영업활동을 수행하기 위해서는 수주영업 이론 즉, 수주영업에 관한 기초개념들을 먼저 이해하고 입찰방법 및 각종 절차 등을 숙지한 후 수주영업실무를 다년간 기능적으로 경험함으로써 비로소 수주영업을 성공적으로 수행할 수 있게 된다.

또한 수주영업담당자가 수주영업을 정상적으로 수행하려면, 수주영업활동을 지원하는 수주영업 기반구조를 이해하고 활용할 줄 알아야 한다. 왜냐하면, 수주영업은 수주영업담당자의 수주영업 이론의 무장과 장기간의 수주영업의 경험 외에 수주영업 기반을 토대로 이루어지기 때문이다.

수주영업 이론에는 전술한 제 I 편 제1장을 통하여 이미 설명한 바 있는 수주영업 기초개념 이론과 함께 본 단원인 제 I 편 제2장을 통하여 소개하고자 하는 수주영업 기반구조 이론과 제2장에 이어 후술하는 제 I 편 제3장에서 소개하는 수주방식과 절차에 관한 방법이론이 있다.

수주영업활동에 기반으로 작용하는 수주영업 기반구조에는 수주영업담당자가 소속하고 있는 용역회사와 수주영업팀의 조직과 수주영업 관계법령과 기준 및 예규 그리고 최고경영자의 수주영업 목표와 방침 등이 있다.

제2장 건물자산관리용역 수주영업활동의 기반구조의 주제로 건물관리 수주영업의 기반으로 작용하는 수주영업활동의 기반구조에 관하여 이론 측면에서 소개함으로써 수주영업담당자로 하여금 수주영업활동의 기반구조를 이해하고 이를 수주영업활동에 직접 활용할 수 있도록 지원하는 데 목표를 두고 있다.

제1절 수주영업활동 기반의 개념과 중요성

1. 수주영업활동 기반의 개념

수주영업은 수주영업담당자 개인의 수주영업 지식과 정보 및 경험 그리고 수주영업담당자의 노력과 비용 및 시간의 투입만으로 이루어지지 않는다. 왜냐하면, 건물자산운영관리용역의 발주와 입찰 및 계약은 용역을 수행할 수주영업담당자가 소속한 용역회사를 상대로 진행되는 것으로써 용역회사의 이행실적이나 경영상태 및 인력과 장비 등의 기반요소 등을 갖춘 회사를 거래의 상대방으로 상정하고 있기 때문이다.

그러므로 수주영업은 전적으로 수주영업담당자가 소속하고 있는 용역회사를 기반으로 하여 이루어지는 활동임을 인식해야 한다. 따라서 수주영업활동은 기반이 되는 소속회사의 능력이나 조건에 따라 입찰에 참여할 수 있거나 입찰을 제한받을 수도 있음을 명심해야 한다. 뿐만 아니라, 수주영업은 용역관계법령과 기준 및 각종 예규에 따라 발주되고 계약되며, 과업지서의 용역과업에 따라 입찰금액이 조정되고, 최고경영자의 수주목표와 방침 그리고 용역계약서와 과업지시서 등에 의하여 수주영업활동의 방향과 수주영업업무가 달라지므로 결국 용역수주영업은 수주영업활동의 기반에 전적으로 의존하는 관계를 가지고 있다.

다시 말하면, 수주영업의 성공 여부는 전적으로 수주영업담당자에게 있으나 수주영업담당자의 수주활동의 가능 여부는 소속 용역회사와 수주영업팀의 조직 기반 및 용역수주영업 관계법령과 기준 및 각종 예규, 최고경영자의 수주영업 목표와 방침과 용역계약서 및 과업지시서 등의 수주영업활동의 기반에 전적으로 의존하여 수행된다.

수주영업활동의 기반(foundation of sales activities)이라 함은 수주영업활동의 기초가 되는 지반이나 기본이 되는 자리를 말한다. 수주영업의 기반은 소속회사와 영업팀의 조직, 수주영업 관계법령과 기준 및 예규 그리고 최고경영자의 수주영업 목표와 방침 및 용역계약서와 과업지시서 등으로 구축되어 있다.

2. 수주영업활동 기반의 중요성

수주영업은 용역회사의 능력에 비례하여 이루어지는 특징이 있다. 예컨대, 수주영업담당자가 소속한 용역회사가 이행실적이나 경영상태 및 법정자격 등을 구비하지 못하고 있는 경우에는 수주영업은 수주영업담당자의 능력에도 불구하고 매우 제한적으로 이루어지게 되며, 반대의 경우에는 수주영업담당자의 능력에 비례하여 무제한적으로 수주영업이 이루어져 수주목표를 초과 달성하게 될 수 있다.

수주영업팀의 조직 역시 매우 중요한 기반으로 작용한다. 왜냐하면, 수주영업목표 달성은 개인의 영업활동에 의하여 이루어지는 경우도 있으나 대부분의 경우, 팀의 수주영업활동 총합의 결과로 이루어지는 특성이 있기 때문이다.

또한 용역수주영업 관계법령과 각종 기준 및 예규 등도 수주영업활동의 근거가 되고 지반으로 작용하므로 매우 중요한 수주영업활동의 기반이라 할 수 있다.

뿐만 아니라, 최고경영자에 의하여 작성되고 하달되는 수주영업의 목표와 방침은 수주영업활동의 지표가 되고 길잡이 역할과 방향을 결정해 주므로 이 또한 매우 중요한 수주영업활동의 기반이라 할 수 있다.

아울러 용역계약서와 과업지시서의 내용에 따라 수주영업의 견적서와 산출 내역서 등이 작성되고 이에 근거하여 입찰서가 마련되므로 용역계약서와 과업지시서 등도 매우 중요한 수주영업활동의 기반이 된다.

수주영업활동에 있어서 수주영업활동의 기반이 매우 중요한 것은 수주영업은 전적으로 수주영업활동의 기반을 토대로 수행되고, 수주영업의 방향과 수주영업의 과업이 결정되며, 기반에 의하여 용역입찰이 이루어지고 용역계약이 체결되기 때문이다. 따라서 수주영업활동의 기반은 수주영업에 있어서 지반 역할과 기능을 담당하게 되며 이를 토대로 작용하게 되므로 수주영업활동의 기반은 수주영업에 있어서 매우 중요한 의미를 갖는다.

아무리 수주영업담당자가 유능하고 능력을 갖추고 있는 경우에도 기반이 부실한 경우, 수주영업담당자는 능력을 충분히 발휘할 수 없게 된다. 따라서 수주영업담당자가 소속용역회사와 영업팀의 조직 기반이 부실한 경우, 이를 조속히 개선하여 건실한 기반으로 구축할 필요가 있다. 왜냐하면, 수주영업목표 달성은 전적으로 수주영업활동의 기반에 의존하기 때문이다.

제2절 건물관리용역회사의 경영조직과 수주영업팀의 영업조직

1. 조직의 개념

시설물관리용역 수주영업의 특성상 수주영업은 수주영업담당자가 소속하고 있는 회사의 조건과 배경을 토대로 수주영업자원을 투입하고 수주영업팀 조직 구성원을 최대로 활용하여 수주영업활동을 전문적으로 수행함으로써 마침내 수주목표를 달성하게 된다. 따라서 소속회사와 수주영업팀의 조직은 수주활동의 가장 중요한 수주영업활동의 기반이 된다.

소속회사가 수주영업의 기반이 되는 이유는 수주영업활동은 수중영업담당자 개인이 각자 수행하는 것같이 보이나 실상은 수주영업담당자 소속회사의 이행실적, 경영상태, 신인도, 발주처 등록 등 적격심사자격과 입찰 자격을 보유한 소속회사를 통하여 이루어지며, 입찰제한 조치를 받지 않은 회사의 여건과 배경을 토대로 입찰에 참가자격이 주어지고 용역계약 체결이 가능해지기 때문에 수주영업담당자가 수주영업의 주체가 아니라 수주영업을 지휘하는 소속 용역회사가 수주영업의 주체가 되는 데 있다.

수주영업팀의 조직 역시 수주영업의 기반이 되는 이유는 정보수집에서부터 수집된 정보의 분석, 입찰참가 타당성 검토, 수주대상 목적물의 조사 및 분석, 제안서 작성, PT 시나리오 작성 및 PT 참가, 견적서와 입찰서 작성 및 투찰, 적격심사 서류의 작성 및 제출, 계약체결 등 건물자산운영관리용역 수주영업의 주요 업무 대부분은 수주영업팀 전체의 유기적인 팀워크를 토대로 이루어지기 때문이다.

그러므로 수주영업담당자 소속회사와 수주영업팀의 조직은 수주영업에 있어서 가장 중요한 수주영업의 기반이 된다.

일반적으로 조직(organization)이라 함은 특정한 목적을 달성하기 위하여 협동적으로 노력하는 사람의 집합체를 말한다. 따라서 수주영업의 목적을 달성하기 위하여 협동적으로 결합한 사람의 조직을 수주영업조직이라 할 수 있다. 또한 수주목표를 달성하기 위하여 의도적으로 결합한 힘의 결합체를 수주영업의 조직이라 할 수 있다.

수주영업의 조직에는 협의의 수주영업의 조직인 수주영업팀 조직과 광의의 수주영업의 조직인 용역회사조직 등 두 종류의 조직개념이 있다. 수주영업에 있어서도 조직이 필요한 이유는 조직은 개인보다 여러 사람의 협력과 협동으로 더 많은 일을 감당할 수 있고 시너지 효과(synergy effect)를 얻을 수 있기 때문이다.

수주영업의 조직은 통상적으로 조직의 구조(조직도), 조직목표, 조직의 구성원과 업무분장, 조직지휘체계 등으로 조직화된다.

2. 건물관리용역회사 수주영업팀의 영업조직구조와 조직도

용역회사의 경우 조직의 구조는 용역회사의 성격, 규모나 사업내용 등에 따라 다양한 조직구조를 가질 수 있으나, 일반적으로 대표이사 휘하에 사업본부와 관리본부로 편성하고 양 본부 산하에 업무의 종류와 내용에 따라 팀으로 조직화된다. 사업본부의 구성은 본부 산하에 통상적으로 FM 사업팀(또는 영업팀), PM 사업팀, 인테리어 사업팀 등으로 영업 위주 또는 마케팅 위주로 구축되며, 관리본부 산하에는 경영지원팀과 기술지원팀 등으로 구축된다. 용역회사의 일반적인 조직은 다음의 [그림 2-1] 조직도와 같다.

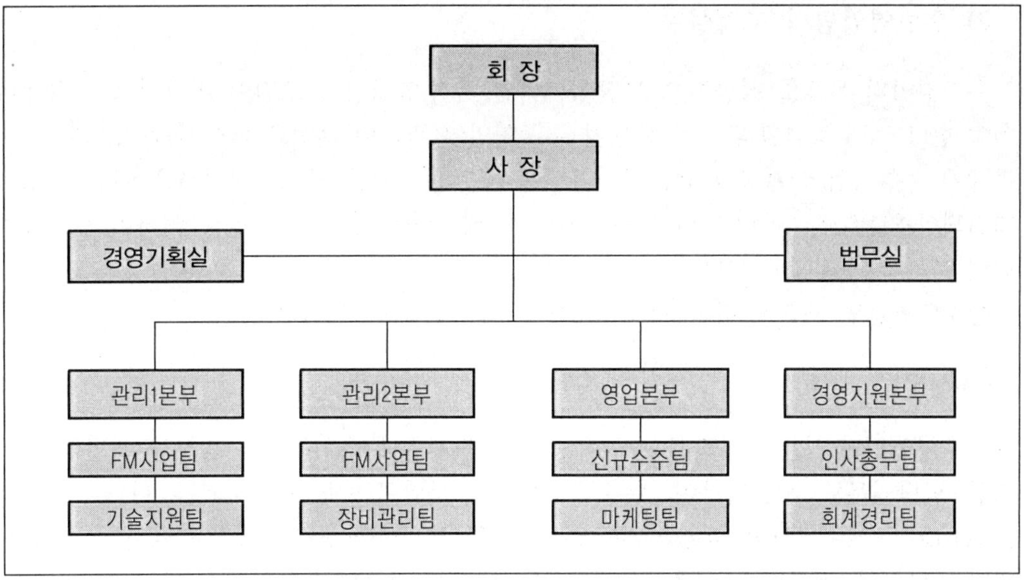

[그림 2-1] 건물관리용역회사의 조직도(예)

수주영업의 구조는 조직도(organization chart)를 통하여 파악할 수 있으며, 조직도 상에서 직위는 선으로 연결되어 있으며, 과업의 성질, 책임, 커뮤니케이션 통로, 계층구조 등의 여러 가지 정보를 제공해 준다.

그러나 수주영업의 조직도는 정태적 단면만을 보여주는 이른바 정태적 모형에 불과하여 조직 내부에서 복잡하게 일어나고 있는 상호작용이나 동태적 과정을 설명하지 못하는 단점과 한계를 가지고 있다.

사업본부의 수주목표를 성공적으로 달성하려면, 기능부서인 관리본부의 유기적인 협조 체제가 이루어져 상호 협조와 지원이 이루어져야 한다.

3. 수주영업팀 조직의 목적과 목표 및 조직설계

1) 수주영업팀 조직의 목적과 목표

수주영업팀 조직의 목적은 조직의 목표를 달성하는 데 있다. 용역회사는 매년 말에 내년도 수주목표를 결정하고 이를 달성할 수주영업계획과 전략 및 전술을 구체적으로 마련하고 이를 각 수주영업담당자에게 시달하여 수주영업활동을 독려하게 된다. 이때 최고경영자는 수주영업에 필요한 자원을 배분하고, 수주영업에 관한 의사를 결정하고 문제점이나 수주영업의 저해 요인을 찾아 해결하는 등 수주영업 지원에 최선을 다하게 된다.

2) 수주영업팀의 조직설계

수주영업의 목표를 성공적으로 달성하려면, 수주영업팀의 조직이 전략적으로 설계되어야 한다. 수주영업팀의 조직은 누가 수주영업에 관하여 무엇을 해야 하는가?, 누가 누구에게 수주영업에 관하여 책임지는가?, 수주영업을 위한 커뮤니케이션은 어떤 통로로 연결되어 있는가?, 수주영업의 자원은 어떻게 배분되어 있는가? 등을 고려하여 수주영업팀의 조직을 설계해야 한다.

수주영업팀의 조직은 다음 사항을 고려하여 조직화해야 한다.

(1) 전문화

수주영업의 조직은 전문화를 통하여 다양한 전체 수주영업조직의 업무를 개별적 수주영업 담당업무로 세분화하여 수주영업업무를 분업구조로 분화시켜야 한다. 전문화(specialization)는 조직설계(organization design)와 부서화(departmentalization)를 통하여 결과가 나타난다. 전문화 되는 경우 수주영업담당자는 전문화를 통하여 맡겨진 수주영업업무만 수행하고 이를 총합하면 수주영업의 결과물인 용역계약을 체결하게 된다.

전문화된 수주영업조직은 수주영업의 업무를 보다 능률적으로 처리하게 되는 강점을 가지게 된다.

(2) 권한과 책임 및 권한 위양

수주영업조직에 있어서 권한(authority)이란 경영자가 수주영업담당자에게 수주영업의 조직목표를 달성하기 위하여 명령하거나 지휘하며 수주영업의 자원을 배분하는 등 합법적이고 공식적인 자격을 말한다. 이와 같은 권한은 조직상 직위에 부여되어야 하고 부하직원이 수용할 수 있는 것만 명령해야 한다. 권한은 계층구조를 따라 아래로 내려가도록 되어 있으므로 상위 직위가 하위직보다 많은 권한을 보유하게 되어 있으나 이를 남용해서는 절대 안 된다.

책임(responsibility)은 수주영업담당자가 할당된 수주업무를 수행할 의무를 말한다. 수주영업조직에 있어서 수주영업을 담당하는 하위직 영업사원에게 경영자는 책임과 권한이 등가되게(동일하게) 위양하여 하위직 담당자가 이를 통하여 수주영업을 수행할 수 있도록 해야 한다. 권한 위양(delegation)은 경영자가 하위 수주영업관리자나 수주영업담당자에게 수주영업에 관한 책임과 권한을 동시에 위임하는 과정을 말한다.

발전적인 용역관리 기업은 보다 많은 권한을 위임하고 있으나 발전이 더딘 회사의 경우에는 권한과 책임이 경영자에 집중되어 있는 현상을 보이고 있다.

(3) 명령체계

수주영업조직의 목표를 성공적으로 달성하기 위하여 경영자로부터 관리자, 담당자에 이르기까지 수주영업에 관한 명령이나 지휘가 정확히 이루어지도록 명령체계가 수립되어야 한다.

명령체계는 원칙적으로 명령은 한 사람으로부터 받아야 한다는 명령통일의 원칙과 조직의 각 계층이 단절 없이 연결되어야 한다는 계층 연쇄의 원칙이 적용되어야 한다. 또한 조직의 계층은 가능하면 짧게 하여 능률과 생산성을 높이도록 해야 한다.

4. 영업본부조직과 관리본부조직의 상호 협력체계 구축

시설물관리회사의 일반적 조직 형태인 영업본부와 관리본부의 조직은 수주목표 달성을 위하여 상호 협력관계를 유지하고 유기적으로 협조하는 체계를 구축하여야 한다. 수주영업을 지휘하는 용역회사의 두 축을 형성하고 있는 양대 조직이 갈등구조를 만들거나 비협조 체제로 존재하는 경우 수주영업에 악영향을 미치게 된다. 왜냐하면, 영업본부의 노력으로 수주한 현장은 곧 바로 용역계약에 따라 관리본부에 이관되어 관리사무소 팀을 파견하여 체계적으로 관리활동을 착수해야 하기 때문에 두 본부의 조직은 항상 유기적인 협조관계를 유지하고 있어야 한다.

용역수주와 관리수행은 별개의 과정이나 회사 입장에서 보면 하나의 업무이기 때문에 하나의 조직개념으로 협력해야 한다.

제3절 최고경영자의 수주영업 목표와 방침

1. 수주영업의 목표와 방침의 개념

최고경영자(CEO : Chief of Executive Officer)에 의하여 작성되는 수주영업의 목표와 방침은 수주영업담당자에게 또 하나의 수주영업의 중요한 기반이 된다.

왜냐하면, 수주영업담당자는 수주영업의 수행과정에서 반드시 최고경영자의 수주영업의 목표와 방침을 준수하고 이행해야 하기 때문이다. 수주영업의 방침은 매출목표와 영업이익의 목표 및 전략목표 등을 포함하여 하달되는 경우가 일반적이다.

매출목표라 함은 당해 연도에 반드시 달성해야 할 용역계약금액의 목표를 의미하고, 영업이익의 목표는 수주영업을 위하여 지출한 총비용을 총수익에서 차감한 현금흐름표상의 가처분 소득을 의미한다. 그리고 수주영업의 전략의 의미는 수주영업의 목표를 설정하고 이를 달성하기 위한 수단을 개발하여 내부 환경의 강점을 강화하고 약점을 최소화하며, 외부 환경의 기회를 최대로 활용하고 위협을 최소화함으로써 수주목표를 기필코 달성하고자 의욕하는 방책을 의미한다.

2. 최고경영자 수주영업 목표와 방침의 기능과 작용

최고경영자에 의하여 수립되는 수주영업의 목표와 방침은 수주영업이 길잡이가 되고 매출목표와 수익목표의 기준이 되며 수주영업 성과 측정의 지표로 기능하고 작용한다.

3. 최고경영자 수주영업 목표와 방침의 효과

수주영업의 목표와 방침은 수주목표 달성을 촉진하는 효과를 가져다준다. 왜냐하면, 수주영업의 목표와 방침은 기필코 달성해야 하고 반드시 완수해야 하기 때문에 수주영업에 종사하는 모든 사원에게 동기를 부여하고 용기와 힘을 내게 만들어 쉼 없이 매진하게 만들기 때문이다. 또한 수주영업의 목표와 방침은 수주영업의 길잡이로서 안내하는 효과를 가져다준다. 뿐만 아니라, 수주영업의 목표와 방침은 새로운 수주영업의 아이디어를 제공하고 인맥을 개발하도록 영감을 주는 효과도 제공한다.

제4절 건물관리용역 수주영업 관계법령과 기준 및 회계예규

1. 용역수주영업 관계법령과 기준 및 회계예규의 개념

건물자산관리용역 특히, 건축시설물관리용역의 발주는 관계법령과 각종 기준 및 회계예규 등에 의하여 발주되고 입찰 자격이 사전심사되며 입찰과 계약 절차가 이루어지고 낙찰자가 선정되어 마침내 용역계약이 체결되므로 건물자산운영관리용역 발주에 관한 각종 관계법령과 기준 및 회계예규 등은 수주영업활동에 중요 기반이 된다.

따라서 수주영업담당자는 바람직한 수주영업활동을 수행하기 위하여 수주영업에 관한 관계법령과 각종 기준 및 회계예규 등에 관하여 전문가 수준으로 이해하고 숙지해야 한다.

유의해야 할 사항은 본 절에서 소개하는 수주영업의 기반 성격을 가지고 있는 수주영업과 직접 관계되는 관계법령과 기준 및 회계예규 등은 용역에 관계되는 내용을 중심으로 정리하여 설명하고 있음을 참고하기 바란다.

1) 수주영업 주요 관계법령

(1) 국가를 당사자로 하는 계약에 관한 법률, 동법 시행령, 동법 시행규칙,
(2) 지방자치단체를 당사자로 하는 계약에 관한 법률, 동법 시행령, 동법 시행규칙 및 특례규정
(3) 주요 민간 용역발주기관 입찰규정

2) 주요 발주처 입찰기준

(1) 조달청 일반용역 적격심사 세부기준
(2) 서울특별시 등 지방자치단체 일반용역 적격심사 세부기준
(3) 주요 민간 용역발주기관 적격심사기준

3) 조달청 회계예규

(1) 용역입찰유의서
(2) 용역계약 일반조건
(3) 일반용역계약 특수조건

2. 용역수주영업 관계법령의 주요 내용

용역수주영업에 근간이 되고 심대한 영향을 미치는 수주영업 관계법령에는 국가를 당사자로 하는 계약에 관한 법률(국가계약법)과 지방자치단체를 계약의 당사자로 하는 계약에 관한 법률(지방자치단체계약법) 및 주요 민간 용역발주처의 입찰규정 등이 있다.

1) 국가를 당사자로 하는 계약에 관한 법률 · 시행령 · 시행규칙

국가계약법은 시설물관리용역 수주영업의 기반이 되는 법률로서 법률 제 11377호로 제정 · 공표된 계약관계 특별법 성격의 법률이며, 2012. 3. 21자로 일부 개정되어 시행 중에 있는 법률로서 시행령과 시행규칙 등으로 국가계약법의 체계를 이루고 있다.

국가계약법은 34개조와 부칙으로 구성되어 있으며, 목적, 적용범위, 계약의 원칙, 계약사무의 위임과 위탁, 계약의 방법, 입찰공고, 입찰보증금, 경쟁 입찰에 있어서 낙찰자 결

정, 계약서의 작성 및 계약의 성립, 계약의 보증금, 부정당업자의 입찰자격 제한, 계약 절차의 중지 등을 규정하고 있다. 국가계약법은 전술한 바와 같이 동 법률에서 위임사항을 집행하기 위하여 시행령과 시행규칙 등을 두고 있다.

정부가 수요로 하는 모든 조달구매(공사, 제품 및 서비스 구매)에 있어서 조달청이 원칙적으로 정부를 대리하여 조달 서비스를 대행하도록 계약법에 규정하고 있다.

국가계약법은 공사, 제품, 용역 등의 구매에 포괄적으로 적용되는 법률이나 이 책에서는 시설물관리용역 수주영업과 관계되는 계약법의 주요 내용만을 소개하기로 한다. 국가계약법의 구체적 내용은 수주영업과정 이론 편에서 설명할 예정이므로 본 절에서는 국가계약법의 개요 정도만 기술하기로 한다.

(1) 국가계약법의 제정목적

국가를 당사자로 하는 계약에 관한 법률의 제정목적은 국가를 당사자로 하는 계약에 관한 기본적인 사항을 정함으로써 계약업무의 원활한 수행을 도모함을 목적으로 하고 있다.

(2) 국가계약법의 적용범위

계약법은 국제입찰에 의한 정부조달계약, 국가가 국민을 상대자로 하여 체결하는 계약(세입의 원인이 되는 계약을 포함한다)에 대하여 적용한다.

(3) 계약의 원칙

계약법의 계약에 적용되는 원칙은 다음과 같다.

가. 당사자 대등의 원칙
나. 당사자 합의의 원칙
다. 신의성실의 원칙
라. 호혜의 원칙
마. 특약 및 조건 배제의 원칙

(4) 계약의 방법

계약법에 의하여 체결되는 계약의 종류는 다음과 같다.

가. 원칙 — 일반경쟁에 의한 계약
나. 예외 — 지명경쟁 입찰에 의한 계약 또는 협상에 의한 수의 계약

(5) 제한경쟁 입찰 시 입찰자 입찰참가자격 사전심사

계약법에 따라 경쟁 입찰에 부치는 경우, 계약이행의 난이도, 이행실적, 기술 능력, 재

무상태, 사회적 신인도, 계약이행 성실도 등 계약수행능력평가에 필요한 사전심사기준, 사전심사 절차 등 그 밖에 대통령령으로 정하는 바에 따라 입찰참가자격을 사전심사하고 입찰에 참가하게 할 수 있다.

대통령령에 의하여 사전심사를 거쳐 입찰 자격을 취득하는 경우는 다음과 같다.

가. 다른 법령의 규정에 의하여 허가, 인가, 면허, 등록, 신고 등으로 요하거나 자격요건을 갖추어야 할 경우에 당해 자격요건을 받았거나 당해 자격요건에 적합할 것.
나. 보안측정 등의 조사가 필요한 경우에는 관계기관으로부터 적합판정을 받을 것.
다. 기타 기획재정부령이 정하는 요건에 따라 소득세법, 법인세법 부가가치세법에 따라 해당 사업에 관한 사업자등록증을 교부받거나 고유번호를 부여받았을 것.

(6) 입찰공고

각 중앙관서의 장 또는 계약담당공무원은 경쟁 입찰에 의하는 경우에는 입찰에 관한 사항을 공고 또는 통지하여야 한다. 입찰공고는 특별한 규정이 있는 경우를 제외하고는 지정정보처리장치를 이용하여 공고하여야 한다. 다만, 필요한 경우 일간신문 등에 게재하는 방법을 병행할 수 있다. 공고한 내용에 오류나 정정내용이 있는 경우 남은 공고기간에 5일 이상을 더하여 공고하여야 한다.

입찰공고는 입찰마감일의 7일 전에 공고해야 하며 공고 내용은 다음과 같다.

가. 입찰에 붙이는 사항
나. 입찰 또는 개찰의 장소와 일시
다. 제안요청서에 대한 설명을 하는 경우에는 그 장소, 일시, 참가 여부에 관한 사항
라. 입찰참가자격에 관한 사항
마. 입찰참가자격 등록 및 입찰관련서류에 관항 사항
바. 입칠보증금 국고 귀속에 관한 사항
사. 낙찰자 결정방법
아. 계약의 착수일 및 완료일
자. 계약하고자 하는 조건을 공시하는 장소
차. 입찰 무효에 관한 사항
카. 입찰에 관한 서류의 열람, 교부장소 및 비용
타. 지정정보장치, 또는 각 중앙관서의 장이 지정, 고시한 정보처리장치를 이용하여 입찰서를 제출하게 하는 경우 그 절차 및 방법
파. 우편으로 입찰서를 제출하게 하는 경우 그 취지와 입찰서 송부 주소
하. 기타 입찰에 필요한 사항

(7) 예정가격

각 중앙관서의 장 또는 계약담당공무원은 경쟁 입찰 또는 수의계약 등에 부칠 사항에 대하여 당해 규격서 및 설계서 등에 의하여 예정가격을 결정하고 이를 밀봉하여 미리 개찰장소 또는 가격협상 장소 등에 두어야 하며, 예정가격이 누설되지 않도록 하여야 한다.

(8) 입찰참가자격 사전심사

각 중앙관서의 장 또는 계약담당공무원은 입찰참가자의 자격을 미리 심사하여 경쟁 입찰에 참가할 수 있는 적격자를 선정할 수 있으며, 적격자를 선정한 경우에는 선정된 적격자에게 선정 결과를 통지하여야 한다. 입찰참가자의 자격을 심사하는 경우에는 계약이행의 난이도, 이행실적, 기술 능력, 재무상태, 사회적 신인도, 계약이행의 성실도 등 계약수행능력을 평가하는 데 필요한 요소들을 종합적으로 고려하여 심사기준을 정하여야 한다.

적격자 사전심사 정보 즉, 심사기준, 입찰참가자격 사전심사에 필요한 증빙서류의 작성 및 제출서류, 기타 필요한 사전심사에 필요한 정보는 사전에 입찰참가자가 요청하는 경우 열람, 교부하여야 하나 기획재정부장관이 지정·고시하는 지정정보처리장치에 게재함으로써 열람, 교부에 갈음할 수 있다.

(9) 입찰참가자격요건의 증명

입찰참가자격요건이란 소득세법, 법인세법, 부가가치세법에 따라 해당 사업에 관한 사업자등록증을 교부받거나 고유번호를 부여받아야 한다.

(10) 입찰참가자격의 등록(용역 등록)

용역 등록의 서류는 다음과 같다.

가. 등록신청서
나. 관련 허가, 인가, 면허, 등록, 신고 등을 증명하는 서류(단, 필요한 경우에 한한다)
다. 인감증명서

(11) 입찰참가신청

각 중앙관서의 장 또는 입찰담당공무원은 경쟁 입찰에 부치고자 할 때에는 입찰신청인으로 하여금 다음의 입찰신청서를 제출하도록 해야 한다.

가. 입찰참가신청서
나. 입찰참가를 증명하는 서류

다. 기타 입찰공고 또는 지명통지서에서 요구한 사항

(12) 구매 및 용역 등의 입찰서류 열람 및 교부

각 중앙관서의 장 또는 계약담당공무원은 구매 및 용역 등을 입찰에 부치고자 할 때에는 기획재정부령으로 정하는 입찰에 관한 서류를 작성 · 비치해야 하며, 입찰자의 요청이 있는 경우 이를 열람하게 하여야 한다. 다만, 각 중앙관서의 장은 지정정보처리장치에 게재함으로써 열람 및 교부에 갈음할 수 있다.

구매 및 용역의 입찰은 기획재정부령이 정하는 서식에 의한 입찰서에 의하여야 하며, 입찰금액은 총액에 대하여 실시하는 경우에는 총액을 기재하여야 하며, 단가에 대하여 실시하는 경우에는 단가를 각각 표시하여야 한다.

(13) 입찰보증금의 납부

각 중앙관서의 장 또는 계약 담당공무원은 경쟁 입찰에 참가하는 자로 하여금 입찰보증금을 납부하게 하여야 한다. 입찰보증금은 입찰금액의 100분의 5 이상으로 한다.

입찰보증금은 현금 또는 자기앞 수표로 해야 하나 보험회사의 보증보험증권, 은행이 보증하는 지급보증서, 상장증권, 관련공제조합, 신용보증기금 등 계약법 시행령 제37조에 제4항에 명기한 기관 등이 발행한 보증서로도 할 수 있다.

(14) 입찰서의 제출 · 접수 및 입찰의 무효

각 중앙관서의 장 또는 계약담당공무원은 입찰자가 입찰서를 제출하는 경우, 지정정보처리장치를 이용하여 입찰서를 제출하도록 해야 한다. 다만, 다음의 경우에는 입찰서를 입찰공고에 명시한 장소와 일시에 직접 또는 우편으로 제출할 수 있다.

가. 국제입찰대상인 경우
나. 각 중앙관서장이 필요하다고 인정되는 경우

입찰자는 입찰서를 교환, 변경, 또는 취소하지 못한다. 다만, 기획재정부장관이 정하는 경우에는 그러하지 아니하다.

경쟁참가의 자격이 없는 자가 행한 입찰 기타 기획재정부령이 정하는 사유에 해당하는 입찰은 무효로 한다.

(15) 부정당업자 입찰참여 제한

각 중앙관서의 장은 계약상대자, 입찰자, 지정정보장치를 이용하여 견적서를 제출하는 자가 계약을 이행함에 부실, 조잡, 부당하게 하거나 부정한 행위를 한 자나 부당하게 하도급을 행한 자 및 승인 없이 하도급을 하거나 발주관서의 승인을 얻은 하도급 조건을 변경한 자, 불공정거래위원회 또는 중소기업청장 등으로부터 입찰참가자격 제한 요청을 한 자, 발주기관에 손해를 끼친 자, 산업안전보건법에 위반하여 근로자 등에게 사망 등 중대 위해를 가한 자, 특정인의 낙찰을 위하여 담합한 자, 고의로 무효의 입찰을 한 자, 사기 그 밖의 부정한 행위로 입찰·낙찰 또는 계약의 체결·이행 과정에서 국가에 손해를 끼친 자 등 기타 국가계약법 제76조에 해당하는 자는 부정당업자로 결정되어 입찰참여 제한 조치를 당하게 된다.

(16) 개찰 및 낙찰자의 결정

각 중앙관서의 장 또는 계약담당공무원은 입찰공고에 표시한 장소와 일시에 입찰자가 참석한 자리에서 개찰해야 한다. 입찰서를 확인한 후 유효한 입찰서의 입찰금액과 예정금액을 대조하여 적격자를 낙찰자로 결정할 때에는 지체 없이 낙찰 선언을 해야 한다.

그러나 지정정보처리장치 또는 중앙관서의 장이 지정, 고시한 정보처리장치를 이용하여 입찰서를 제출하는 방식의 경우에는 입찰공고에 표시한 절차와 방법에 의하여 개찰 및 낙찰 선언을 해야 한다.

(17) 경쟁 입찰에 있어서 낙찰자 결정

국고의 부담이 되는 경쟁 입찰의 경우 다음의 각호의 1에 해당하는 입찰자를 낙찰자로 결정한다.

가. 충분한 이행 능력이 있다고 인정되는 자로서 최저가격으로 입찰한 자
나. 입찰공고 또는 입찰 설명서에 명기된 평가기준에 따라 국가에 가장 유리하게 입찰한 자
다. 기타 계약의 성질, 규모 등을 감안하여 대통령령으로 특별히 기준을 정한 경우에는 그 기준에 가장 적합하게 입찰한 자

(18) 계약서의 작성 및 계약의 성립

각 중앙관서의 장 또는 입찰담당공무원은 계약을 체결하고자 할 때에는 계약의 목적, 계약금액, 이행 기간, 계약보증금, 위험부담, 지체상금, 기타 필요한 사항을 명백히 기재한 계약서를 작성하여야 한다. 다만, 대통령령이 정하는 경우에는 이의 작성을 생략할 수 있다.

계약서를 작성하는 경우에는 그 담당공무원과 계약상대자가 계약서에 기명·날인 또는 서명함으로써 계약이 확정된다.

(19) 계약보증금

각 중앙관서의 장 또는 담당공무원은 국가와 계약을 체결하고자 하는 자로 하여금 계약보증금을 납부하게 하여야 한다.

계약보증금의 금액, 납부방법, 기타 필요한 사항은 대통령령으로 정한다.

대통령령으로 정하고 있는 계약보증금의 내용은 다음과 같다.

각 중앙관서의 장 또는 계약담당공무원은 계약금액의 100분의 10 이상으로 납부하게 하여야 한다. 다만, 대통령령이 정한 경우에는 보증금의 일부 또는 전부를 면제할 수 있다.

(20) 부정당업자 입찰참가자격 제한

각 중앙관서의 장은 경쟁의 공정한 집행 또는 계약의 적정한 이행을 해칠 염려가 있거나 기타 입찰에 참여시키는 것이 부적합하다고 인정되는 자에 대해서는 2년 이내의 범위 내에서 대통령령이 정하는 바에 따라 입찰참가자격을 제한하여야 한다. 제한 사실은 다른 중앙관서의 장에게 통보하여야 한다.

통보받은 다른 중앙관서의 장은 해당자의 입찰참가를 제한하여야 한다.

(21) 계약의 해제 및 해지

상대자의 귀책사유로 계약을 수행할 가능성이 없음이 명백할 경우에는 계약보증금을 국고에 귀속시키고 계약을 해제 또는 해지할 수 있다.

2) 지방자치단체를 당사자로 하는 계약에 관한 법률 · 시행령 · 시행규칙

지방자치단체계약법 역시 시설물관리용역 수주영업의 기반이 되는 법률로서 법률 제9685호로 제정 공표된 계약 특별법 성격의 법률로 42개조와 부칙으로 구성되어 있다. 지방자치단체계약법은 지방자치단체를 당사자로 하는 계약에 관한 기본적 사항을 정할 것과 계약업무의 원활한 수행을 목적으로 제정된 법률로서 지방자치단체가 계약상대자와 체결하는 수입 및 지출의 원인이 되는 계약 등에만 적용되는 법률이다.

동 법률은 동 법률에서 위임된 사항을 집행하기 위하여 시행령과 시행규칙을 두고 지방자치단체계약법의 체계를 구축하고 있다. 지방자치단체계약법은 목적, 적용범위, 계약의 원칙, 계약사무의 위임과 위탁, 계약의 대행, 계약의 방법, 입찰공고, 예정가격의 작성, 입찰보증금, 낙찰자결정, 계약서의 작성 및 계약의 성립, 계약보증금 입찰 및 계약의 제한 등을 규정하고 있다.

수주영업담당자는 지방자치단체가 발주하는 시설물관리용역의 입찰 시 지방자치단체계약법을 반드시 이해하고 숙지한 후 입찰에 임하여야 한다.

3) 주요 민간 용역발주기관 입찰규정

사학연금, COEX 등 주요 민간 발주기관 들은 자체 용역입찰규정을 제정하고 이에 따라 용역입찰을 실시하고 있다. 민간 발주기관들의 입찰규정들이 각각 상이한 관계로 수주영업담당자는 해당 발주처의 입찰규정을 사전에 확인하고 이를 참고하여 입찰에 임하여야 한다.

3. 용역발주처 수주영업 입찰기준의 주요 내용

수주영업에 기반으로 작용하는 주요 공공기관 입찰기준에는 조달청 일반용역 적격심사 세부기준과 지방자치단체 일반용역 적격심사 세부기준 등이 있으며, 민간 발주기관의 경우에는 입찰평가기준이 있다. 이상 기준의 구체적인 내용은 수주영업과정 이론 편에서 설명하기로 하고 조달청 일반용역 적격심사 세부기준과 서울특별시 일반용역 적격심사 세부기준에 한정하여 개괄적으로 설명하고 구체적인 내용은 이 책의 제Ⅱ편 수주영업실무 편에서 다루기로 한다.

1) 조달청 일반용역 적격심사 세부기준

조달청 일반용역 적격심사 세부기준은 2012년 8월 8일 조달청 공고 제2012-48호로 공고되어 현재에 이르고 있는 일반용역 적격심사 세부기준으로서, 조달청에서 집행하는 일반용역 입찰의 낙찰자 결정에 적용할 적격심사 세부기준을 정함을 목적으로 하고 있다.

동 세부기준은 14개조와 부칙 2개조를 두고 목적, 용어의 정의, 심사대상, 제출서류 및 심사자료 요구, 각 용역별 평가기준, 적용기준, 평가방법, 공동수급체 평가, 결격사유의 평가, 낙찰자 결정, 재심사, 부정한 방법에 의한 심사서류 제출자 및 미제출자의 처리, 기타사항 순으로 규정하고 있다.

수주영업담당자는 조달청 입찰 시 반드시 숙지하고 입찰에 임하여야 함은 모든 수주영업담당자의 상식이 되고 있다. 조달청 적격심사 세부기준은 별표 7개와 별지 5개를 두어 기준을 구체적으로 보완하고 있다.

시설물관리용역과 관계되는 별표와 별지를 소개하면 다음과 같다.

(1) 별표의 내용

가. [별표 2] 시설분야용역 적격심사항목 및 배점한도

구 분	심사 분야	심 사 항 목	배점한도 추정가격 5억 원 이상	배점한도 추정가격 5억 원 미만
Ⅰ.해당 용역 수행 능력	1.이행실적	해당 용역 규모 대비 최근 3년간 동등 이상 용역 및 유사용역 이행실적비율	10	-
	2.경영상태	신용평가등급	25	25
	3.신인도		+4.25~ △2.0	+4.25~ △2.0
	계		35	25
Ⅱ.근로조건 이행계획의 적정성		예정가격 산정 시 적용한 노임에 낙찰률을 곱한 수준 이상의 임금지급, 퇴직금 및 4대사회보험료 등 법정부담금 지급, 포괄적인 재하청 금지, 근로기준법 및 최저임금법 준수 여부	5	5
Ⅲ. 입찰가격		※ 입찰가격 평점산식 참조	60	70
합 계			100	100
Ⅳ.결격사유	해당 용역 수행 능력 결격 여부	부도·파산·해산·폐업·영업정지 등의 상태인 경우 또는 부도 등의 우려가 있어 해당 계약 이행이 어렵다고 판단되는 경우(다만, 법정관리·화의인가 결정 등 법원의 정상화 판결을 받은 경우 제외)	△20	△20

① 입찰가격 평점산식

○ 평점(점) = 배점한도 $-\, 60 \times \left| \left(\frac{88}{100} - \frac{\text{입찰가격}}{\text{예정가격}} \times 100 \right) \right|$

(다만, 입찰가격이 예정가격 이하로서 예정가격의 88.25% 이상인 경우에는 입찰가격이 예정가격의 88.25%인 경우의 점수로 평가)

- │ │는 절대값 표시임.
- 입찰가격을 예정가격으로 나눈 결과 소수점 이하의 숫자가 있는 경우에는 소수점 다섯째자리에서 반올림함.
- 최저평점은 2점으로 함.

② 이행실적 평가는 [별표 2-1]의 평가기준에 의하여 평가하며, 평점의 합계는 배점한도를 초과하지 못한다. 다만, 이행실적은 3개월 이상 계속 수행한 실적에 한하여 인정하며, 아파트 및 주상복합건물의 청소용역실적은 인정하지 아니함.

③ 경영상태 평가는 [별표 6]의 평가기준에 의하여 평가한다.

④ 신인도 평가는 [별표 7]의 평가기준에 의하여 평가한다.

⑤ 근로조건 이행계획의 적정성 평가는 [별표 2-2] 근로조건 이행계획의 적정성 평가기준에 의하여 평가한다.

(자료출처 : 조달청 일반용역 적격심사 세부기준 인용)

나. [별표 2-1] 배점한도 세부내역

심사항목		평가등급	평점		비고
			추정가격 5억 원 이상	추정가격 5억 원 미만	
해당 용역 규모 대비 최근 3년간 용역이행실적비율[금액기준(다만, 청소용역은 금액 또는 면적 기준)]	가. 동등이상용역	A. 100% 이상 B. 70% 이상~100% 미만 C. 40% 이상~70% 미만 D. 10% 이상~40% 미만	10 9 8 7	-	계약목적용역과 동일한 분야거나 그 이상의 분야가 포함된 용역이행실적
	나. 유사용역	A. 100% 이상 B. 70% 이상~100% 미만 C. 40% 이상~70% 미만 D. 10% 이상~40% 미만	3 2 1 0.5	-	계약목적용역과 관련 1개 이상의 분야가 미포함된 용역이행실적

(자료출처 : 조달청 일반용역 적격심사 세부기준 인용)

[주] 1. 국내 소재업체의 이행실적은 해당 용역을「중소기업제품 구매촉진 및 판로지원에 관한 법률」제2조제2호의 공공기관(이하 "공공기관"이라 한다)에 이행한 "일반용역 이행실적 증명서"(별지 제3호)를 제출하여야 함. 다만, 공공기관 이외의 이행 실적은 원본이 확인된 해당 용역의 계약서, 세금계산서, 거래명세표 등을 실적증명서(별지 제3호)에 첨부한 경우에 평가하고, 특히 필요한 경우 공급받는 자의 인감증명(법인 또는 개인)을 첨부한 거래사실 확인서를 제출하게 할 수 있음

2. 국외 소재업체의 이행실적도 국내 소재업체에 준하여 "일반용역 이행 실적 증명서"(별지 제3호)를 제출하여야 함. 다만, 공공기관 이외의 납품실적은 이를 공증하거나 해당 국가의 상공회의소 또는 해당 국가에 주재하는 대한민국 공관의 확인을 받은 경우에는 세금계산서 등 증빙자료 첨부를 생략할 수 있음

3. 이행실적에 대한 입증책임은 적격심사대상자가 부담하며 의무를 다하지 아니하여 실적확인이 어려운 경우에는 실적을 인정하지 아니함

4. 이행실적의 평가는 "가"항과 "나"항의 심사항목을 합산하여 평가함. 다만, 합산한 점수는 배점한도를 초과하지 못함

다. [별표 2-2] 근로조건 이행계획의 적정성 평가기준

심사항목	평가점수(배점한도)		비 고
	제출 시	미제출 시	
1. 예정가격 산정 시 적용한 노임에 낙찰률을 곱한 수준 이상의 임금을 지급한다는 "근로조건 이행확약서" 제출 2. 근로기준법 등 관련법규 준수 여부 ① 퇴직금, 4대 사회보험료 등 법정부담금을 지급한다는 "근로조건 이행확약서" 제출 ② 포괄적인 재하청을 하지 않겠다는 "근로조건 이행확약서" 제출 ③ 근로기준법 및 최저 임금법을 위반하지 않겠다는 "근로조건 이행확약서" 제출	5	0	
계	5	0	

(자료출처 : 조달청 일반용역 적격심사 세부기준 인용)

[주] 1. "예정가격 산정 시 적용한 노임"은 청소·경비용역의 경우는 해당 연도 중소기업협동조합중앙회에서 발표하는 제조부분 시중노임단가(보통 인부, 작업반장 등)에 과업지시서상의 해당 인원, 근로기간을 곱하여 계산하되, 「근로기준법」에서 정하고 있는 제수당, 상여금, 퇴직충당금의 합계액으로 하고, 시설물관리용역의 경우에는 해당 직종의 시중노임단가 또는 (사)한국건축물유지관리협회의 해당 연도 건축물유지관리비 표준단가표상의 관리소장, 분야별 책임자, 기능사, 기능사보의 기본료에 과업지시서상의 해당 인원, 근로기간을 곱하여 계산함

예시) 예정가격 산정 시 적용한 노임=인건비(기본급+제수당+상여금+퇴직충당금)×예정가격결정비율(사정률)

2. "퇴직금, 4대 사회보험료"는 근로자퇴직급여보장법 등에 의한 퇴직금과 국민연금법, 국민건강보험법, 고용보험법, 산업재해보상보험법 등 각각의 관계법령에서 규정한 법정부담금인 의료보험, 국민연금, 산재보험, 고용보험을 의미함

3. 근로기준법 및 최저임금법을 위반하지 않겠다는 "근로조건 이행확약서"는 근로기준법 제107조 내지 제114조와 최저임금법 제28조의 벌칙조항을 위반하지 아니하고 동 법규를 성실히 준수한다는 확약을 말함

라. [별표 6] 신용평가등급에 의한 경영상태 평가기준

회사채에 대한 신용평가등급	기업어음에 대한 신용평가등급	기업신용평가 등급	평 점(점)		
			배점한도별		
			30점	25점	10점
AAA AA+, AA0, AA− A+ A0 A−	A1 A2+ A20 A2−	AAA (회사채에 대한 신용평가등급 AAA에 준하는 등급) AA+, AA0, AA− (회사채에 대한 신용평가등급 AA+, AA0, AA−에 준하는 등급) A+ (회사채에 대한 신용평가등급 A+에 준하는 등급) A0 (회사채에 대한 신용평가등급 A0에 준하는 등급) A− (회사채에 대한 신용평가등급 A−에 준하는 등급)	30	25	10
BBB+	A3+	BBB+ (회사채에 대한 신용평가등급 BBB+에 준하는 등급)	29.8	24.8	9.8
BBB0	A30	BBB0 (회사채에 대한 신용평가등급 BBB0에 준하는 등급)	29.6	24.6	9.6
BBB−	A3−	BBB− (회사채에 대한 신용평가등급 BBB−에 준하는 등급)	29.4	24.4	9.4
BB+, BB0	B+	BB+, BB0 (회사채에 대한 신용평가등급 BB+, BB0에 준하는 등급)	29.2	24.2	9.2
BB−	B0	BB− (회사채에 대한 신용평가등급 BB−에 준하는 등급)	29.0	24.0	9.0
B+, B0, B−	B−	B+, B0, B− (회사채에 대한 신용평가등급 B+, B0, B−에 준하는 등급)	28.8	23.8	8.8
CCC+ 이하	C 이하	CCC+ 이하 (회사채에 대한 신용평가등급 CCC+에 준하는 등급)	25.0	20.0	7.0

(자료출처 : 조달청 일반용역 적격심사 세부기준 인용)

[주] 1. 「신용정보의 이용 및 보호에 관한 법률」제4조제1항 제1호 또는 제4호의 업무를 영위하는 신용정보업자가 심사기준일 이전에 평가한 유효기간 내에 있는 회사채, 기업어음, 기업신용평가등급을 기준으로 「국가종합전자조달(G2B)시스템」에 따라 조회된 신용평가등급으로 평가하되 가장 최근의 신용평가등급으로 평가함

2. '신용평가등급 확인서'가 확인되지 않은 경우에는 최저등급으로 평가하며, 유효기간 만료일이 입찰공고일인 경우에도 유효한 것으로 평가함
3. 합병한 업체에 대하여는 합병 후 새로운 신용평가등급으로 심사하여야 하며 합병 후의 새로운 신용평가등급이 없는 경우에는 합병대상업체 중 가장 낮은 신용평가등급을 받은 업체의 신용평가등급으로 심사함

마. [별표 7] 신인도 평가기준(공통)

심 사 항 목	평점(점)
A. 여성기업지원 및 여성고용촉진	
(1) 여성기업 : 「여성기업 지원에 관한 법률」 및 같은 법 시행령에서 정한 기업으로서 중소기업청장(위임받은 자를 포함)에 의해 확인서를 발급받은 여성기업으로서 그 존속기간에 따라	
· 3년 이상	0.5
· 3년 미만	0.25
(2) 여성고용 우수기업(시설분야용역은 제외)	
(가) 최근 3개월 평균 여성고용률이 10% 이상이면서 최근 3개월 평균 여성종업원이 10인 이상인 기업	1.0
(나) 최근 3개월 평균 여성고용률이 5% 이상이면서 최근 3개월 평균 여성종업원이 5인 이상인 기업	0.5
(3) 고용노동부장관에 의해 남녀고용평등 우수기업으로 지정받은 자	0.5
B. 「가족친화 사회환경의 조성촉진에 관한 법률」 제15조에 따른 가족친화 인증을 받은 기업	0.5
C. 장애인기업지원 및 장애인 고용촉진	
(1) 장애인기업 : 「장애인기업활동 촉진법」에서 정한 기업으로서, 중소기업청장(위임받은 자를 포함)에 의해 확인된 경우 인정	1.5
(2) 장애인고용 우수기업	
(가) 최근 3개월 평균 장애인 고용률이 3% 이상이면서 최근 3개월 평균 장애인 종업원이 6인 이상인 기업	1.5
(나) 최근 3개월 평균 장애인 고용률이 1.5% 이상이면서 최근 3개월 평균 장애인 종업원이 3인 이상인 기업	1.0
D. 신규채용 우수기업(시설분야용역 및 폐기물처리용역은 제외)	
- 전년도 6개월간 평균고용인원 대비 해당 연도 최근 6개월간 평균 고용인원 증가율이 기업 규모에 따라 정해진 증가율 이상인 기업	
· 대기업 : 6% 이상인 기업	3.0
5% 이상인 기업	2.0
4% 이상인 기업	1.0
· 중기업 : 7% 이상인 기업	3.0
6% 이상인 기업	2.0
4% 이상인 기업	1.0

심 사 항 목	평점(점)
·소기업 및 소상공인 : 10% 이상인 기업 8% 이상인 기업 4% 이상인 기업	3.0 2.0 1.0
E. 공동수급체 구성 (1) 소기업 또는 소상공인과 공동수급체(10% 이상 20% 미만)를 구성하는 경우 (2) 소기업 또는 소상공인과 공동수급체(20% 이상)를 구성하는 경우 (3) 지역업체와 공동수급체(10% 이상 20% 미만)를 구성하는 경우 (4) 지역업체와 공동수급체(20% 이상)를 구성하는 경우	 0.5 1.0 0.5 1.0
F. 고용노동부장관으로부터 '노사문화 우수기업'으로 선정된 업체	0.5
G. 「품질경영 및 공산품안전관리법」 제6조의 규정에 의하여 지식경제부장관이 품질경영우수기업 또는 서비스품질우수기업으로 인증한 업체	0.5
H. 중소기업청장(또는 위임받은 자)에 의해 혁신형(기술혁신형, 경영혁신형) 중소기업으로 지정받은 자	0.5
아. 〈삭 제〉	-
자. 〈삭 제〉	-
I. 「사회적기업육성법」 제7조에 따른 고용노동부장관의 인증을 받은 기업	1.5
J. 공정거래위원장이 지정한 하도급거래 모범업체	0.5
K. 최근 6개월 이내에 조달청과의 계약이행과정에서 지체상금 부과를 받은 자로서 지체상금이 발생한 계약(단가계약의 경우 납품요구)의 종결 용역(물품)대금 대비 지체상금 부과율에 따라 (1) 10% 이상 (2) 8% 이상~10% 미만 (3) 6% 이상~8% 미만 (4) 4% 이상~6% 미만 (5) 2% 이상~4% 미만 (6) 2% 미만	 △2.00 △1.75 △1.50 △1.00 △0.50 △0.25
L. 부적정처리가능성(폐기물처리용역에 한함) (1) 최근 2년 내 사업장폐기물을 버리거나 매립하여 벌금형 이상을 받은 자나 행정처분을 받은 자(폐기물관리법 제8조 위반) (2) 최근 2년 내 폐기물관리법령 규정에 의한 영업정지 3월 이상 또는 5천만 원 이상 과징금처분을 받은 자 (3) 최근 1년 내 폐기물관리법령 규정에 의한 영업정지 1월 이상 또는 2천만 원 이상 과징금 처분을 받은 자	 △3.0 △2.0 △1.0
M. 최근 2년 이내에 공정거래위원장으로부터 하도급 상습범위반자 또는 불공정 거래행위 위반자로 통보받은 자	△2.0

심 사 항 목	평점(점)
N. 최근 2년 이내에 부정당업자 제재를 받은 자로서 부정당업자로 제재기간 종료일이 입찰공고일로부터 2년 이내에 포함된 전체 부정당업자 제재건의 총 제재기간에 따라	
(1) 총 제재기간이 2년 이상인 경우	△2.0
(2) 총 제재기간이 1년 이상~2년 미만인 경우	△1.5
(3) 총 제재기간이 6월 이상~1년 미만인 경우	△1.0
(4) 총 제재기간이 6월 미만인 경우	△0.5

(자료출처 : 조달청 일반용역 적격심사 세부기준 인용)

[주] 1. 국제입찰의 경우에는 "L, M, N"항의 평가에 한하여 적용함

2. 신인도 심사항목 중 중소기업·소상공인, 여성기업, 장애인기업, 혁신형(기술·경영) 중소기업은「중소기업제품 공공구매 종합정보망」에 등재된 자료로 평가함

3. 신인도 심사항목별 평가는 아래 각 항목을 제외하고는 중복하여 평가할 수 있음

1) "A(여성기업지원 및 여성고용촉진)" 내의 각 항목이 중복되는 경우에는 그중 높은 평점 한 가지만 평가함. 다만, 여성기업 대하여는 중소기업청장(위임받은 자를 포함)에 의해 확인서를 발급받은 여성기업으로서 그 존속기간을 확인할 수 있는 확인서 일체를 제출하여야 함

2) "C(장애인기업지원 및 장애인고용촉진)" 내의 각 항목이 중복되는 경우에는 그중 높은 평점 한 가지만 평가함

3) 동일인물이 "A(여성고용)", "C(장애인고용)", "D(신규채용)"의 평가에 중복되는 경우에는 그중 높은 평점 한 가지만 평가함

4. "A"의 (2) 및 "C"의 (2)의 여성 및 장애인고용 우수기업에 대한 평가는 입찰공고일 전월을 기준으로 하여 여성고용사실 또는 장애인 고용사실을 증명할 수 있는 서류(국민건강보험법에 의한 국민건강보험, 국민연금법에 의한 국민연금에 가입한 증빙서류)에서 나오는 "여성종업원수(여성이 대표인 경우는 대표를 포함하여 산정) 및 여성종업원비율 또는 장애인종업원수(장애인이 대표인 경우는 대표를 포함하여 산정) 및 장애인종업원비율" 자료로서 최근 3개월간의 평균자료를 제출받아 평가함

(적용례) 12월 입찰공고건의 경우,

구분	9월	10월	11월
월별 여성(장애인)고용인원 (해당 월 고용하고 있는 인원이며 신규고용인원이 아님)	8	11	15
월별 총 고용인원	100	104	102

(1) 최근 3개월 평균 여성(장애인) 고용율

$$=[(8+11+15)/(100+104+102)]=(34/306)=0.1111=11.11\%$$

(2) 최근 3개월 평균 여성(장애인) 고용인원 $=[8+11+15]/3=11.33333333\cdots\cdots=12$명

5. "D"항의 신규채용 우수기업에 대한 평가는 다음 각 목에 따름

1) 해당 연도 입찰공고일 전월 기산 평가기간에 해당하는 고용사실을 증명할 수 있는 서류(국민건강보험법에 의한 국민건강보험, 국민연금법에 의한 국민연금에 가입한 증빙서류)에 따라 평가함

2) 해당 연도 최근 6개월간 평균고용인원은 입찰공고일 전월 기산 최근 6개월간의 고용인원을 합산하여 평균하고, 직전 연도 6개월간 평균고용인원은 해당 연도 고용인원 산출 시작시점부터 그 직전 연도 동기간의 고용인원을 합산하여 평균함

3) 해당 연도 입찰공고일 전월까지의 신규고용인원 증가율은 해당 연도 최근 6개월간 평균고용인원을 직전 연도 동기간 평균고용인원으로 나누어 계산한다.

4) 〈삭제〉

(적용례) '10년 6월 입찰공고 건의 경우,

〈직전 연도 6개월간 평균고용인원〉

'08.12	'09.1	'09.2	'09.3	'09.4	'09.5
100	100	100	100	102	101

〈해당 연도 최근 6개월간 평균고용인원〉

'09.12	'10.1	'10.2	'10.3	'10.4	'10.5
103	104	103	104	104	105

(1) 직전 연도 6개월간 평균고용인원 = 해당 연도 고용인원 산출 시작시점부터 그 직전 연도의 동기간 고용인원의 평균 $=(100+100+100+100+102+101)/6=100.5=101$명

(2) 해당 연도 최근 6개월간 평균고용인원 = 입찰공고일 전월 기산 최근 6개월간 고용인원의 평균 $=(103+104+103+104+104+105)/6=103.83333\cdots\cdots=104$명

(3) 해당 연도 입찰공고일 전월까지의 신규고용인원 증가율
$=104/101=1.02970297\cdots\cdots=2.9703\%$

6. "A(여성고용)", "C(장애인고용)", "D(신규채용)" 항의 평가에서 고용인원 계산결과의 소수점 처리는 소수 첫째 자리에서 올림을 하고, 고용비율 계산결과 소수점 처리는 소수점 다섯째 자리에서 반올림함

7. "A(여성고용)", "C(장애인고용)"항의 평가에서 최근 3개월의 자료가 없는 경우에는 평가에서 제외한다. 다만, "D(신규채용)"항의 평가에서 해당 입찰공고일 전월부터 기산하여 1년6개월 미만인 신설기업의 경우에는 총고용 인원(대표자 포함)이 6인 이상인 경우 1.5점, 3~5인인 경우 1점으로 평가함

8. "E"항의 평가는 공동계약방식의 입찰로 입찰공고한 경우에 평가하되 다음 각 목에 따름

1) 소기업·소상공인과 공동수급체 구성평가는 적격심사대상자가 소기업·소상공인(『중소기업제품 공공구매종합정보망』에 등재된 경우 평가)과 공동수급체를 구성(10% 이상)한 경우에 평가함. 다만, 소기업·소상공인이 단독으로 입찰에 참가한 경우 최고등급을 부여함

2) 지역 업체는 용역수행현장(납품현장) 소재지 기준으로 공동수급체 구성원 내에 특별시·광역시·도에 본사를 둔 업체를 말함. 다만, 지역 업체가 단독으로 입찰에 참가한 경우 최고등급을 부여함

3) 공동수급체 구성평가는 중복하여 평가할 수 있으며, 단가계약(제3자 단가계약 포함)의 경우와 용역수행현장이 3개소 이상인 총액계약의 경우 및 지역 제한경쟁 입찰의 경우에는 『지역 업체 공동수급체 구성가점』 적용을 제외함

4) 공동수급체 구성평가에 대하여는 본문 제8조제1항 제3호의 규정에 따른 신인도 평가시 구성원별 출자비율 또는 분담비율을 적용하지 아니하며, 공동수급체에 해당 평점을 부여함

9. "A"의 (3), "B", "F" 내지 "J"항의 평가는 주무부(처 · 청)등의 장(위임한 경우 포함)이 확인한 자료를 제출하여야 하며, 유효기간 이내인 것에 한하여 평가함. 다만, 유효기간이 정해지지 아니한 경우에는 입찰공고일 전일부터 기산하여 최근 2년 이내에 인증 또는 선정, 지정된 것에 한하여 평가함

10. "G"항의 평가는 해당 기업 전체 또는 본사(사업부문별 인증인 경우에는 해당 용역수행에 직접 관련된 분야의 전체 또는 본사의 해당 분야)에 대한 인증인 경우에 한하며 개별 사업장 또는 해당 용역수행에 직접 관련되지 아니한 분야에 대한 인증인 경우는 평가하지 아니함. 다만, 동일 기업에 대하여 품질경영우수기업 및 서비스품질우수기업을 각각 인증한 경우에는 그중 1건에 대하여만 인정함

11. "K"항의 평가는 다음 각 호에 따름

1) 용역(물품)대금 지급(종결)일자를 기준으로 입찰공고일로부터 최근 6개월 이내에 지체상금을 부과받은 자인 경우에 감점하며,

2) 지체상금 부과율은 지체상금이 발생된 계약(단가계약의 경우 납품요구)의 종결 용역(물품)대금 대비 지체상금 부과액의 비율로 산정함

(적용례) 최근 6개월 이내 3건의 지급(종결)건이 있을 경우

계약번호 (납품요구번호)	계약(납품요구) 종결용역(물품)대	지체상금	지체발생계약 (납품요구) 종결용역(물품)대	지체상금 부과액	지체상금부과율 (비고)
A	7,000,000	350,000	7,000,000	350,000	"A"는 분할납품
	3,000,000	0	0	0	
B	20,000,000	0	0	0	
C	15,000,000	420,000	15,000,000	420,000	
계			22,000,000	770,000	3.5%

* 지체상금 부과율=지체상금 부과액/지체발생 계약(납품요구)종결용역(물품)대

  $= 770{,}000/22{,}000{,}000 = 0.035 = 3.5\%$

12. "M"심사항목의 불공정거래에 따른 평가

1) 최근 2년 이내에 공정거래위원회로부터 불공정 하도급거래 상습법위반 사업자 또는 불공정거래행위 위반자로 선정된 자

13. "N"심사항목의 부정당업자 제재기간에 따른 총제재기간의 평가

1) 부정당업자 제재받은 자에 대하여는 부정당업자 제재기간 종료일이 입찰공고일로부터 2년 이내에 포함된 전체 부정당업자 제재 건의 총 제재기간에 따라 해당 배점으로 평가함. 이 경우 총제재기간은 제재받은 기간의 종료일이 입찰공고일로부터 2년 이내에 있는 부정당업자 제재건의 전체기간을 합산함

(적용례) 입찰공고일이 '10년 10월 9일인 입찰 건에 대하여 해당 적격심사대상자가 '07년 11월 20일부터 12개월간 부정당업자 제재를 받고, '09년 5월 20일부터 3개월간 부정당업자 제재를 받은 경우 부정당업자 제재기간 종료일이 입찰공고일로부터 2년 이내에 2건이 존재하므로 전체 제재기간을 합산하여 총제재기간은 15개월, 평점은 −1.5점으로 평가함

(2) 별지의 내용

가. 별지 제1호 ― 적격심사신청서

적격심사신청서

- ○ 구매관리번호 :
- ○ 심사대상용역명 :
- ○ 수 요 기 관 :
- ○ 입 찰 일 시 :

위 건 일반용역 입찰의 적격심사와 관련하여 적격심사 자기평가 및 심사표와 제 증빙자료를 신의 성실의 원칙에 입각하여 붙임과 같이 작성 제출하며, 만일 제출한 서류가 허위 또는 부정한 방법으로 작성된 사실이 확인될 경우에는 적격심사기준(회계예규) 및 「국가를 당사자로 하는 계약에 관한법령」 등에 따라 처리하여도 아무런 이의를 제기하지 않겠음을 확약합니다.

200 . . .

심사대상입찰자 주 소 :
회 사 명 :
대 표 자 : (인) 또는 (서명)

붙임 1. 적격심사 자기평가 및 심사표 1부
2. 일반용역 이행실적증명서 1부
4. 근로조건 이행확약서(시설분야용역인 경우) 1부
5. 기타 첨부서류(신인도 평가관련 증빙자료 등)

조달청장 귀하

접 수 증

1. 구매관리번호 :	3. 수요기관 :
2. 용 역 명 :	4. 제 출 자 :

위 건 용역입찰 적격심사신청서 및 관련서류를 접수하였음을 확인합니다.

200 . . .

조 달 청 장 (인)

(자료출처 : 조달청 일반용역 적격심사 세부기준 인용)

나. 별지 제2호 — 적격심사 자기평가 및 심사표

적격심사 자기평가 및 심사표

1. 심사대상용역

관리번호	
입찰일시	
용 역 명	
용역기간	
수요기관	
입찰금액	
예정가격	
제출기한	

2. 심사대상입찰자

회 사 명	(전화)
대 표 자	
업종구분	학술연구( ), 시설관리( ), 청소( ), 경비( ), 정보통신( ), 폐기물( ), 기타( )

3. 회사를 대표하는 연락책임자 인적사항

소 속	
직 위	
성 명	
전화번호	(FAX)

4. 종합평가

(단위 : 점)

구 분			배점한도	자기평점	심사평점
당해용역 수행능력	이행실적	당해용역			
		유사용역			
	경영상태	신용평가등급			
	기술능력	기술인력			
		기술인증			
		장비보유			
	신 인 도				
	소 계				
입찰 가격					
합 계					
결격 사유					
총평 정점			100		

(자료출처 : 조달청 일반용역 적격심사 세부기준 인용)

다. 별지 제3호 ― 일반용역 이행실적 증명서

일반용역 이행실적 증명서

<table>
<tr><td rowspan="5">신 청 인</td><td>업체명(상호)</td><td colspan="2"></td><td colspan="2">대 표 자</td><td colspan="2"></td></tr>
<tr><td>영업소재지</td><td colspan="2"></td><td colspan="2">전 화 번 호</td><td colspan="2"></td></tr>
<tr><td>사업자번호</td><td colspan="2"></td><td colspan="2">조달청등록번호</td><td colspan="2"></td></tr>
<tr><td>증명서용도</td><td colspan="2">일반용역 적격심사신청용</td><td colspan="2">제 출 처</td><td colspan="2">조 달 청</td></tr>
<tr><td>용역범위 및
기준
(면적, 금액 등)</td><td colspan="6"></td></tr>
<tr><td rowspan="6">용역이행
실적내용</td><td>용 역 명</td><td colspan="2"></td><td colspan="2">구 분</td><td colspan="2">학술( ), 정보통신( )
청소( ), 시설관리( )
경비( ), 폐기물처리( ),
기타분야( ),</td></tr>
<tr><td>용역개요</td><td colspan="6"></td></tr>
<tr><td colspan="3">계 약 내 용</td><td colspan="3">이행실적내용</td><td rowspan="3">비고</td></tr>
<tr><td rowspan="2">계약번호
(계약일자)</td><td rowspan="2">계약일자</td><td rowspan="2">계약금액
또는
계약면적</td><td rowspan="2">이행기간</td><td colspan="2">이행실적(금액또는면적)</td></tr>
<tr><td>비율</td><td>실적</td></tr>
<tr><td></td><td></td><td></td><td></td><td></td><td></td><td></td></tr>
<tr><td rowspan="4">증 명 서
발급기관</td><td colspan="7">위 사실을 증명함

년 월 일</td></tr>
<tr><td colspan="7">기 관 명 : (인) (전화:)</td></tr>
<tr><td colspan="7">주 소 : (FAX :)</td></tr>
<tr><td colspan="3">발급부서 :</td><td colspan="4">담당자:</td></tr>
<tr><td colspan="8">註)
① 민간거래실적은 세금계산서, 계약서 등 증빙자료를 첨부하여야 합니다.
② 용역이행실적은 입찰공고 시에 제시한 용역범위 및 기준(면적, 금액 등) 등이 조건에 부합되는 실적에 한하며, 공동계약으로 이행하였을 경우 비율과 이행실적을 기재하여야 합니다.
④ 이행실적 란은 기재 후 투명 접착테이프를 붙여 증명을 받아야 합니다.</td></tr>
</table>

(자료출처 : 조달청 일반용역 적격심사 세부기준 인용)

라. 별지 제4호 ─ 근로조건 이행확약서

근로조건 이행확약서

- 입찰공고번호 :
- 용역건명 :

1. 인건비는 조달청 일반용역 적격심사 세부기준 [별표 2-2]의 기준에 따라 "예정가격 산정 시 적용한 노임에 낙찰률을 곱한 수준 이상의 임금"을 지급하겠습니다. : 예 ( )
: 아니요 ( )

2. 「근로기준법」 등 아래의 관련법규를 준수하겠습니다. : 예 ( )
: 아니요 ( )

① 퇴직금, 의료보험, 국민연금, 산재보험, 고용보험은 관계법령이 정한 금액을 별도 책정하여 지급하겠습니다.

② 포괄적인 재하청을 하지 않겠습니다.

③ 「근로기준법(제107조 내지 제114조)」 및 「최저임금법(제28조)」를 준수하겠습니다.

★ 예정가격 산정 시 적용한 노임 : (기본급+제수당+상여금+퇴직충당금)의 인건비 합계액×예정가격결정비율(사정률)

(회사명)은 본용역을 수행함에 있어 위에 언급한 내용대로 계약을 성실히 이행할 것이며, 만일 이를 이행하지 않을 경우 부정당업자로 입찰참가자격 제한조치 등 불이익 처분을 받더라도 하등의 이의를 제기하지 아니할 것을 확약하고 근로조건 이행확약서를 제출합니다.

년 월 일

주 소 :

회 사 명 :

(공동구성원 모두기재) 대 표 자 : (인)

(자료출처 : 조달청 일반용역 적격심사 세부기준 인용)

마. 별지 제5호 – 제출서류 목록표

심사 분야	연번	내 용	발행기관(확인기관)	비고(서식)
총 괄	1 2	- 적격심사신청서 - 적격심사 자기평가 및 심사표	신청자 신청자	별지 제1호 별지 제2호
이행실적	3	- 일반용역 이행실적 증명서	납품기관(수요기관), 조달청 또는 관련협회	별지 제3호
경영상태	4	- 신용평가등급 확인서	해당 신용정보업자	제출생략
근로조건 이행계획	5	- 근로조건 이행확약서	신청자	별지 제4호
기술능력	6 7 8	- 기술인력 평가 관계 증빙자료 - 기술인증 평가 관계 증빙자료 - 장비보유 평가 관계 증빙자료	관계기관 관계기관 관계기관	
신 인 도	9	- 신인도 평가 관계 증빙자료	관계기관	
결격사유	10	- 부도 · 파산 · 해산 · 폐업 · 영업정지 등의 상태인 경우 또는 부도 등의 우려가 있는 경우 등 재무위험 내용	관계기관	

(자료출처 : 조달청 일반용역 적격심사 세부기준 인용)

2) 서울특별시 일반용역 적격심사 세부기준

서울특별시 일반용역 적격심사 세부기준은 2012년 6월 28일자로 재무과-27906호로 공고한 세부기준으로서 7개조와 2개조의 부칙을 두고 목적, 용어의 정의, 적격심사 자료제출, 평가기준, 수행능력 결격사유, 낙찰자 결정, 그 밖의 사항 등을 명시하고 있다.

동 세부기준은 다음과 같은 별지 제1호와 제2호, 제3호, 제4호, 제5호, 제6호 서식과 별표 1, 2, 3 등을 두고 있다. 별지와 별표의 내용은 다음과 같다.

(1) 별지의 내용

가. 별지 제1호 — 적격심사신청서

적 격 심 사 신 청 서

입찰 등록 번호 :
용　역　명 :
입 찰 일 시 :

위 건 용역입찰의 적격심사와 관련하여 적격심사 자기평가표 및 제 증빙자료를 신의성실의 원칙에 입각하여 붙임과 같이 작성 제출하며, 만일 제출한 서류가 허위 또는 부정한 방법으로 작성한 사실이 확인될 경우에는 지방자치단체 입찰시 낙찰자 결정기준(행정안전부예규) 및 지방자치단체를 당사자로 하는 계약에 관한 법령 등에 따라 처리하여도 아무런 이의를 제기하지 않겠음을 확약합니다.

200　.　.　.

입 찰 자 주　소 :
회사명 :
대표자 :

붙　임 : 제출서류 목록 및 관련서류 1부.

경 리 관　귀하

집　수　증

1. 입찰등록번호　　2. 용　역　명 :
3. 회　사　명　　4. 제　출　자 :

위 건 용역입찰적격심사신청서 및 관련서류를 접수하였음을 확인합니다.

200　.　.　.

경 리 관

(자료출처 : 서울특별시 일반용역 적격심사 세부기준 인용)

나. 별지 제2호 — 적격심사 자기평가 및 심사표

적격심사 자기평가 및 심사표

1. 심사대상용역

공고번호	
입찰일시	
용 역 명	
용역기간	
입찰금액	
예정가격	
제출기한	

2. 심사대상입찰자

업 체 명	(전화)
대 표 자	
업종구분	

3. 회사를 대표하는 연락책임자 인적사항

소 속	
직 위	
성 명	
전화번호	(FAX)

4. 종합평가

(단위:점)

구 분		배 점	자기평점	심사평점
계		100		
당해용역 수행능력	이행실적			
	경영상태			
	신 인 도			
입찰가격				

(자료출처 : 서울특별시 일반용역 적격심사 세부기준 인용)

다. 별지 제3호 — 용역이행 실적증명서

용역이행 실적증명서

<table>
<tr><td rowspan="4">신청인</td><td>업 체 명(상호)</td><td colspan="3"></td><td colspan="2">대 표 자</td><td></td></tr>
<tr><td>영 업 소 재 지</td><td colspan="3"></td><td colspan="2">전화번호</td><td></td></tr>
<tr><td>사 업 자 번 호</td><td colspan="3"></td><td colspan="2">증명서용도</td><td></td></tr>
<tr><td>용역범위 및 기준
(면적, 금액 등)</td><td colspan="3"></td><td colspan="2">제 출 처</td><td></td></tr>
<tr><td rowspan="5">용역이행
실적내용</td><td>용 역 명</td><td colspan="2"></td><td colspan="2">규 모</td><td colspan="2"></td></tr>
<tr><td>용 역 개 요</td><td colspan="6"></td></tr>
<tr><td rowspan="2">계 약 번 호</td><td rowspan="2">계약일자</td><td rowspan="2">계약기간</td><td rowspan="2">규모</td><td colspan="2">이행실적</td><td rowspan="2">비 고</td></tr>
<tr><td>비율(%)</td><td>실 적(원)</td></tr>
<tr><td></td><td></td><td></td><td></td><td></td><td></td><td></td></tr>
<tr><td rowspan="4">증 명 서
발급기관</td><td colspan="7">위 사실을 증명함
년 월 일</td></tr>
<tr><td colspan="7">기 관 명 : (인) (전화번호 :)</td></tr>
<tr><td colspan="7">주 소 : (FAX번호 :)</td></tr>
<tr><td colspan="3">발급부서 :</td><td colspan="4">담 당 자 :</td></tr>
</table>

[주] ① 민간거래실적은 세금계산서, 계약서등 증빙자료를 첨부하여야 함
② 용역이행실적은 입찰공고 시에 제시한 용역범위 및 기준(면적, 금액 등) 등의 조건에 부합되는 실적에 한하며, 공동계약으로 이행하였을 경우 비율과 이행실적을 기재하여야 함
③ 이행 실적란은 기재 후 투명접착테이프를 붙여 증명을 받아야 함

(자료출처 : 서울특별시 일반용역 적격심사 세부기준 인용)

라. 별지 제4호 — 각서

각 서

용 역 명 :

당 사는 위 건 적격심사서류(신인도평가서) 제출에 있어 신의성실의 원칙에 따라 작성하고 아래 기재사항이 틀림없으며, 만약 부정한 방법 또는 허위로 제출한 사실이 발견된 때에는 적격낙찰자대상에서 제외 또는 취소, 계약의 해제 또는 해지 및 부정당업자 입찰참가자격 제한조치 등 어떠한 제재 또는 처분을 받아도 하등의 이의를 제기치 않겠습니다.

아 래

① 최근 1년간 근로기준법등 노동관련 법령에 의한 과징금 이상 처분을 받은 사실
② 최근 1년간 최저임금법에 의한 과징금 이상 처벌을 받은 사실
③ 최근 1년간 공정거래위원회로부터 불공정 하도급거래행위로 과징금 부과처분을 받은 사실
④ 최근 2년간 입찰 및 계약이행과정에서의 부정행위로 부정당업자 제재처분을 받은 사실

년 월 일

주 소 :
회사명 :
대표자 : (인)

(발주기관) 귀하

(자료출처 : 서울특별시 일반용역 적격심사 세부기준 인용)

마. 별지 제5호 — 신규직원 채용 확약서

신규직원 채용 확약서

ㅇ 공고번호 :
ㅇ 사 업 명 :
ㅇ 사업기간 :
ㅇ 신규직원 채용

채용인원	월 급여	채용기간
2명	100만 원	2011. 8. 1 ~ 2011.12.31
1명	120만 원	2011. 8. 1 ~ 2011.10.31
	〈 예 시 〉	

당사는 ( )사업 낙찰시 서울시 일자리 정책에 참여하기 위하여 위와 같이 신규직원을 채용하여 본 사업에 투입할 것이며, 상기내용을 이행하지 않을 경우 계약해지, 부정당업자 제재 등에 대해 이의를 제기하지 않을 것임을 확약합니다.

20 년 월 일

업 체 명 :
사업자등록번호 :
주 소 :
연 락 처 :
대표이사 : (인) * 반드시 법인인감 날인

서 울 특 별 시 장 귀하

(자료출처 : 서울특별시 일반용역 적격심사 세부기준 인용)

바. 별지 제6호 — 제출서류목록

제 출 서 류 목 록 표

심사 분야	연번	내 용	발행기관 (확인기관)	비 고
총 괄	1	적격심사신청서	신 청 자	별지제1호 서식 참조
“	2	적격심사 자기평가 및 심사표	신 청 자	별지제2호 서식 참조
경영상태	3	신용평가등급확인서	신용평가기관	이 기준 제3조 제4호 참조
신 인 도	4	그 밖에 필요한 서류	관계기관 등	
이행실적	5	용역이행실적증명서	관련협회 및 발주처	별지제3호 서식 참조

(자료출처 : 서울특별시 일반용역 적격심사 세부기준 인용)

(2) 별표의 내용

가. [별표 1] — 적격심사항목 및 배점한도

▸ **추정가격 10억 원 이상인 용역**

『청소, 시설관리, 경비, 주차장관리 등』

구 분	심사 분야	심 사 항 목	배점 한도	비고
계			100	
당해용역 수행능력	이행실적	○ 최근 3년 이내 용역(청소, 시설관리, 경비, 주차장관리 등 동일 분야에 한함) 계약이행실적	40	
	경영상태	○ 신용평가등급	30	
신인도	약자 및 우수기업	○ 중증장애인생산품 생산시설(보건복지부 지정)(2) ○ 여성기업 및 여성고용 촉진(0.5) ○ 장애인기업 및 장애인고용 촉진(1) ○ 사회적 기업(예비 포함)(1) ○ 신규 채용(0.3) ○ 모범 납세자 등(0.3)	+6.1	수행능력배점 한도 범위 내에서 합산 적용
	중소기업	○ 중소기업(0.5) ○ 지역업체(0.5)		
	일자리창출	○ 당해사업 관련 신규인력 채용 (월 급여 100만 원 이상 신규직원 1명당 0.2점, 최고 1점)	1	
	고용안정	○ 비정규직 정규직화 또는 장애인 신규채용 (1명당 0.4점, 최고 5인 이상 2점)	2	
	근로 및 하도급법 준수 정도	○ 임금체불 및 하도급부조리 신고센터에 신고되어 사실 확인된 업체(−5점) · 임금체불, 원·하도급자의공사대금·장비(물품)대금 미지급 등 건당 −1점, 최고 −5점 감점	−5	
입찰가격		※ 입찰가격 평점산식 참조	30	

(자료출처 : 서울특별시 일반용역 적격심사 세부기준 인용)

○ 세부심사기준

가. 이행실적 : 40점

심사항목	등 급	배점한도	비고
당해용역 규모 · 양(또는 금액) 대비 최근 3년간 용역 이행실적	1) 100% 이상 2) 75% 이상~100% 미만 3) 50% 이상~75% 미만 4) 25% 이상~50% 미만 5) 0% 이상~25% 미만	40 36 32 28 24	

나. 경영상태 : 30점

신용평가등급			
회사채에 대한 신용평가등급	기업어음에 대한 신용평가등급	기업신용평가등급	평점
AAA		회사채에 대한 신용평가등급 AAA에 준하는 등급	30.0
AA+, AA0, AA−	A1	회사채에 대한 신용평가등급 AA+, AA0, AA−에 준하는 등급	30.0
A+	A2+	회사채에 대한 신용평가등급 A+에 준하는 등급	30.0
A0	A20	회사채에 대한 신용평가등급 A0에 준하는 등급	30.0
A−	A2−	회사채에 대한 신용평가등급 A−에 준하는 등급	30.0
BBB+	A3+	회사채에 대한 신용평가등급 BBB+에 준하는 등급	30.0
BBB0	A30	회사채에 대한 신용평가등급 BBB0에 준하는 등급	30.0
BBB−	A3−	회사채에 대한 신용평가등급 BBB−에 준하는 등급	30.0
BB+, BB0	B+	회사채에 대한 신용평가등급 BB+, BB0에 준하는 등급	29.0
BB−	B0	회사채에 대한 신용평가등급 BB−에 준하는 등급	28.0
B+, B0, B−	B−	회사채에 대한 신용평가등급 B+, B0, B−에 준하는 등급	27.0
CCC+ 이하	C 이하	회사채에 대한 신용평가등급 CCC+에 준하는 등급	24.0
없음	없음	없음	0.0

[주] ① 신용정보의 이용 및 보호에 관한 법률 제4조제1항제1호 또는 제4호의 업무를 영위하는 신용정보업자가 입찰공고일 기준 최근 1년 이내에 평가한 회사채 · 기업어음에 대한 신용평가등급 또는 기업신용평가등급 중 가장 최근의 신용평가등급으로 평가한다.

② 회사채 · 기업어음에 대한 신용평가등급 또는 기업신용평가등급은 유효기간 내에 있는 것이어야 한다(유효기간 만료일이 입찰공고일인 경우도 인정).

③ 합병한 업체는 합병 후 새로운 신용평가등급으로 평가하며, 합병 후의 새로운 신용평가등급이 없는 경우에는 합병대상업체 중 가장 낮은 신용평가등급을 받은 업체의 신용평가등급을 적용한다.

다. 신인도 : +9.1~−5점

※ 신인도 세부평가방법은 [별표 2]에 따른다.

라. 입찰가격 : 30점

심 사 항 목	등급 및 배점
입 찰 가 격	※ 평점산식 : 아래

※ 입찰가격 평점산식

- 단순노무 외의 용역 : 평점 = 30 − |(88/100 − 입찰가격/예정가격) × 100|
  - 추정가격 30억 원 미만 10억 원 이상인 용역의 경우 입찰가격이 예정가격 이하로서 100분의 98 이상인 경우의 평점은 20점으로 함.
- 단순노무에 의한 용역 : 평점 = 30 − 20 × |(88/100 − 입찰가격/예정가격) × 100|
  - 입찰가격이 예정가격 이하로서 예정가격의 100분의 88.25 이상인 경우의 평점은 25점으로 한다.
- | |는 절대값 표시이며, 입찰가격을 예정가격으로 나눈 결과 소수점 이하의 숫자가 있는 경우에는 소수점 다섯째 자리에서 반올림함.
- 최저평점은 2점으로 한다.

▶ 추정가격 10억 원 미만 5억 원 이상인 용역

『청소, 시설관리, 경비, 주차장관리 등』

구 분	심사 분야	심 사 항 목	배점 한도	비고
계			100	
당해용역 수행능력	이행실적	○ 최근 3년 이내 용역(청소, 시설관리, 경비, 주차장관리 등 동일 분야에 한함) 계약이행실적	30	
	경영상태	○ 신용평가등급	20	
신인도	약자 및 우수기업	○ 중증장애인생산품 생산시설(보건복지부 지정)(2) ○ 여성기업 및 여성고용 촉진(0.5) ○ 장애인기업 및 장애인고용 촉진(1) ○ 사회적 기업(예비 포함)(1) ○ 신규 채용(0.3) ○ 모범 납세자 등(0.3)	+6.1	수행능력배점 한도 범위 내에서 합산 적용
	중소기업	○ 중소기업(0.5) ○ 지역업체(0.5)		
	일자리창출	○ 당해사업 관련 신규인력 채용 (월 급여 100만 원 이상 신규직원 1명당 0.2점, 최고1점)	1	
	고용안정	○ 비정규직 정규직화 또는 장애인 신규채용 (1명당 0.4점, 최고 5인 이상 2점)	2	
	근로 및 하도급법 준수 정도	○ 임금체불 및 하도급부조리 신고센터에 신고되어 사실 확인된 업체(−5점) · 임금체불, 원·하도급자의공사대금·장비(물품)대금 미지급 등 건당 −1점, 최고 −5점 감점	−5	
입찰가격		※ 입찰가격 평점산식 참조	50	

(자료출처 : 서울특별시 일반용역 적격심사 세부기준 인용)

○ 세부심사기준

가. 이행실적 : 30점

심사항목	등 급	배점 한도	비고
당해용역 규모 · 양(또는 금액) 대비 최근 3년간 용역이행실적	1) 100% 이상 2) 75% 이상~100% 미만 3) 50% 이상~ 75% 미만 4) 25% 이상~ 50% 미만 5) 0% 이상~ 25% 미만	30 27 24 21 18	

나. 경영상태 : 20점

신용평가등급			
회사채에 대한 신용평가등급	기업어음에 대한 신용평가등급	기업신용평가등급	평점
AAA		회사채에 대한 신용평가등급 AAA에 준하는 등급	20.0
AA+, AA0, AA−	A1	회사채에 대한 신용평가등급 AA+, AA0, AA−에 준하는 등급	20.0
A+	A2+	회사채에 대한 신용평가등급 A+에 준하는 등급	20.0
A0	A20	회사채에 대한 신용평가등급 A0에 준하는 등급	20.0
A−	A2−	회사채에 대한 신용평가등급 A−에 준하는 등급	20.0
BBB+	A3+	회사채에 대한 신용평가등급 BBB+에 준하는 등급	20.0
BBB0	A30	회사채에 대한 신용평가등급 BBB0에 준하는 등급	20.0
BBB−	A3−	회사채에 대한 신용평가등급 BBB−에 준하는 등급	20.0
BB+, BB0	B+	회사채에 대한 신용평가등급 BB+, BB0에 준하는 등급	20.0
BB−	B0	회사채에 대한 신용평가등급 BB−에 준하는 등급	19.0
B+, B0, B−	B−	회사채에 대한 신용평가등급 B+, B0, B−에 준하는 등급	18.0
CCC+ 이하	C 이하	회사채에 대한 신용평가등급 CCC+에 준하는 등급	15.0
없음	없음	없음	0.0

[주] ① 신용정보의 이용 및 보호에 관한 법률 제4조제1항제1호 또는 제4호의 업무를 영위하는 신용정보업자가 입찰공고일 기준 최근 1년 이내에 평가한 회사채 · 기업어음에 대한 신용평가등급 또는 기업신용평가등급 중 가장 최근의 신용평가등급으로 평가한다.

② 회사채 · 기업어음에 대한 신용평가등급 또는 기업신용평가등급은 유효기간 내에 있는 것이어야 한다(유효기간 만료일이 입찰공고일인 경우도 인정).

③ 합병한 업체는 합병 후 새로운 신용평가등급으로 평가하며, 합병 후의 새로운 신용평가등급이 없는 경우에는 합병대상업체 중 가장 낮은 신용평가등급을 받은 업체의 신용평가등급을 적용한다.

다. 신인도 : +9.1~−5점

※ 신인도 세부평가방법은 [별표 2]에 따른다.

라. 입찰가격 : 50점

심 사 항 목	등급 및 배점
입 찰 가 격	※ 평점산식 : 아래

※ 입찰가격 평점산식

- 단순노무 외의 용역 : 평점 $= 50 - 2 \times \left| (88/100 - \text{입찰가격}/\text{예정가격}) \times 100 \right|$
  - 입찰가격이 예정가격 이하로서 100분의 90.5 이상인 경우의 평점은 45점으로 한다.
- 단순노무에 의한 용역 : 평점 $= 50 - 20 \times \left| (88/100 - \text{입찰가격}/\text{예정가격}) \times 100 \right|$
  - 입찰가격이 예정가격 이하로서 예정가격의 100분의 88.25 이상인 경우의 평점은 45점으로 한다.
- | | 는 절대값 표시이며, 입찰가격을 예정가격으로 나눈 결과 소수점 이하의 숫자가 있는 경우에는 소수점 다섯째 자리에서 반올림함.
- 최저평점은 2점으로 한다.

▸ 추정가격 5억 원 미만 2억 원 이상인 용역

『청소, 시설관리, 경비, 주차장관리 등』

구 분	심사 분야	심 사 항 목	배점 한도	비고
계			100	
당해용역 수행능력	이행실적	○ 최근 3년 이내 용역(청소, 시설관리, 경비, 주차장관리 등 동일 분야에 한함) 계약이행실적	5	
	경영상태	○ 신용평가등급	25	
신인도	약자 및 우수기업	○ 중증장애인생산품 생산시설(보건복지부 지정)(2) ○ 여성기업 및 여성고용 촉진(0.5) ○ 장애인기업 및 장애인고용 촉진(1) ○ 사회적 기업(예비 포함)(1) ○ 신규 채용(0.3) ○ 모범 납세자 등(0.3)	+6.1	수행능력배점 한도 범위 내에서 합산 적용
	중소기업	○ 중소기업(0.5) ○ 지역업체(0.5)		
	일자리창출	○ 당해사업 관련 신규인력 채용 (월 급여 100만 원 이상 신규직원 1명당 0.2점, 최고 1점)	1	
	고용안정	○ 비정규직 정규직화 또는 장애인 신규채용 (1명당 0.4점, 최고 5인 이상 2점)	2	
	근로 및 하도급법 준수 정도	○ 임금체불 및 하도급부조리 신고센터에 신고되어 사실 확인된 업체(−5점) · 임금체불, 원 · 하도급자의공사대금 · 장비(물품)대금 미지급 등 건당 −1점, 최고 −5점 감점	−5	
입찰가격		※ 입찰가격 평점산식 참조	70	

(자료출처 : 서울특별시 일반용역 적격심사 세부기준 인용)

○ 세부심사기준

가. 이행실적 : 5점

심사항목	등 급	배점한도	비고
당해용역 규모·양(또는 금액) 대비 최근 3년간 용역이행실적	1) 100% 이상 2) 75% 이상~100% 미만 3) 50% 이상~ 75% 미만 4) 25% 이상~ 50% 미만 5) 0% 이상~ 25% 미만	5.0 4.5 4.0 3.5 3.0	

나. 경영상태 : 25점

신용평가등급			
회사채에 대한 신용평가등급	기업어음에 대한 신용평가등급	기업신용평가등급	평점
AAA		회사채에 대한 신용평가등급 AAA에 준하는 등급	25.0
AA+, AA0, AA−	A1	회사채에 대한 신용평가등급 AA+, AA0, AA−에 준하는 등급	25.0
A+	A2+	회사채에 대한 신용평가등급 A+에 준하는 등급	25.0
A0	A20	회사채에 대한 신용평가등급 A0에 준하는 등급	25.0
A−	A2−	회사채에 대한 신용평가등급 A−에 준하는 등급	25.0
BBB+	A3+	회사채에 대한 신용평가등급 BBB+에 준하는 등급	25.0
BBB0	A30	회사채에 대한 신용평가등급 BBB0에 준하는 등급	25.0
BBB−	A3−	회사채에 대한 신용평가등급 BBB−에 준하는 등급	25.0
BB+, BB0	B+	회사채에 대한 신용평가등급 BB+, BB0에 준하는 등급	25.0
BB−	B0	회사채에 대한 신용평가등급 BB−에 준하는 등급	24.0
B+, B0, B−	B−	회사채에 대한 신용평가등급 B+, B0, B−에 준하는 등급	23.0
CCC+ 이하	C 이하	회사채에 대한 신용평가등급 CCC+에 준하는 등급	20.0
없음	없음	없음	0.0

[주] ① 신용정보의 이용 및 보호에 관한 법률 제4조제1항제1호 또는 제4호의 업무를 영위하는 신용정보업자가 입찰공고일 기준 최근 1년 이내에 평가한 회사채·기업어음에 대한 신용평가등급 또는 기업신용평가등급 중 가장 최근의 신용평가등급으로 평가한다.

② 회사채·기업어음에 대한 신용평가등급 또는 기업신용평가등급은 유효기간 내에 있는 것이어야 한다(유효기간 만료일이 입찰공고일인 경우도 인정).

③ 합병한 업체는 합병 후 새로운 신용평가등급으로 평가하며, 합병 후의 새로운 신용평가등급이 없는 경우에는 합병대상업체 중 가장 낮은 신용평가등급을 받은 업체의 신용평가등급을 적용한다.

다. 신인도 : +9.1 ~ −5점

※ 신인도 세부평가방법은 [별표 2]에 따른다.

라. 입찰가격 : 70점

심 사 항 목	등급 및 배점
입 찰 가 격	※ 평점산식 : 아래

※ 입찰가격 평점산식

- ▸ 단순노무 외의 용역 : 평점 = 70 − 4×|(88/100 − 입찰가격/예정가격)×100|
  - 입찰가격이 예정가격 이하로서 100분의 89.25 이상인 경우의 평점은 65점으로 한다.
- ▸ 단순노무에 의한 용역 : 평점 = 70 − 20×|(88/100 − 입찰가격/예정가격)×100|
  - 입찰가격이 예정가격 이하로서 예정가격의 100분의 88.25 이상인 경우의 평점은 65점으로 한다.
- ▸ |　|는 절대값 표시이며, 입찰가격을 예정가격으로 나눈 결과 소수점 이하의 숫자가 있는 경우에는 소수점 다섯째 자리에서 반올림함.
- ▸ 최저평점은 2점으로 한다.

▸ 추정가격 2억 원 미만인 용역

『청소, 시설관리, 경비, 주차장관리 등』

구　분	심사 분야	심 사 항 목	배점 한도	비고
계			100	
당해용역 수행능력	경영상태	○ 신용평가등급	10	
신인도	약자 및 우수기업	○ 중증장애인생산품 생산시설(보건복지부 지정)(2) ○ 여성기업 및 여성고용 촉진(0.5) ○ 장애인기업 및 장애인고용 촉진(1) ○ 사회적 기업(예비 포함)(1) ○ 신규 채용(0.3) ○ 모범 납세자 등(0.3)	+6.1	수행능력배점 한도 범위 내에서 합산 적용
	중소기업	○ 중소기업(0.5) ○ 지역업체(0.5)		
	일자리창출	○ 당해사업 관련 신규인력 채용 (월 급여 100만 원 이상 신규직원 1명당 0.2점, 최고 1점)	1	
	고용안정	○ 비정규직 정규직화 또는 장애인 신규채용 (1명당 0.4점, 최고 5인 이상 2점)	2	
	근로 및 하도급법 준수 정도	○ 임금체불 및 하도급부조리 신고센터에 신고되어 사실 확인된 업체(−5점) · 임금체불, 원·하도급자의공사대금·장비(물품)대금 미지급 등 건당 −1점, 최고 −5점 감점	−5	
입찰가격		※ 입찰가격 평점산식 참조	90	

(자료출처 : 서울특별시 일반용역 적격심사 세부기준 인용)

○ 세부심사기준

가. 경영상태 : 10점

신용평가등급			
회사채에 대한 신용평가등급	기업어음에 대한 신용평가등급	기업신용평가등급	평점
AAA		회사채에 대한 신용평가등급 AAA에 준하는 등급	25.0
AA+, AA0, AA−	A1	회사채에 대한 신용평가등급 AA+, AA0, AA−에 준하는 등급	25.0
A+	A2+	회사채에 대한 신용평가등급 A+에 준하는 등급	25.0
A0	A20	회사채에 대한 신용평가등급 A0에 준하는 등급	25.0
A−	A2−	회사채에 대한 신용평가등급 A−에 준하는 등급	25.0
BBB+	A3+	회사채에 대한 신용평가등급 BBB+에 준하는 등급	25.0
BBB0	A30	회사채에 대한 신용평가등급 BBB0에 준하는 등급	25.0
BBB−	A3−	회사채에 대한 신용평가등급 BBB−에 준하는 등급	25.0
BB+, BB0	B+	회사채에 대한 신용평가등급 BB+, BB0에 준하는 등급	25.0
BB−	B0	회사채에 대한 신용평가등급 BB−에 준하는 등급	24.0
B+, B0, B−	B−	회사채에 대한 신용평가등급 B+, B0, B−에 준하는 등급	23.0
CCC+ 이하	C 이하	회사채에 대한 신용평가등급 CCC+에 준하는 등급	20.0
없음	없음	없음	0.0

[주] ① 신용정보의 이용 및 보호에 관한 법률 제4조제1항제1호 또는 제4호의 업무를 영위하는 신용정보업자가 입찰공고일 기준 최근 1년 이내에 평가한 회사채·기업어음에 대한 신용평가등급 또는 기업신용평가등급 중 가장 최근의 신용평가등급으로 평가한다.

② 회사채·기업어음에 대한 신용평가등급 또는 기업신용평가등급은 유효기간 내에 있는 것이어야 한다(유효기간 만료일이 입찰공고일인 경우도 인정).

③ 합병한 업체는 합병 후 새로운 신용평가등급으로 평가하며, 합병 후의 새로운 신용평가등급이 없는 경우에는 합병대상업체 중 가장 낮은 신용평가등급을 받은 업체의 신용평가등급을 적용한다.

나. 신인도 : +9.1 ~ −5점

※ 신인도 세부평가방법은 [별표 2]에 따른다.

다. 입찰가격 : 90점

심 사 항 목	등급 및 배점
입 찰 가 격	※ 평점산식 : 아래

※ 입찰가격 평점산식

▸ 단순노무 외의 용역 : 평점 $= 90 - 20 \times |(88/100 - \text{입찰가격}/\text{예정가격}) \times 100|$

- 입찰가격이 예정가격 이하로서 100분의 88.25 이상인 경우의 평점은 85점으로 한다.

▸ 단순노무에 의한 용역 : 평점 $= 90 - 20 \times |(88/100 - \text{입찰가격}/\text{예정가격}) \times 100|$

- 입찰가격이 예정가격 이하로서 예정가격의 100분의 88.25 이상인 경우의 평점은 85점으로 한다.

▸ | | 는 절대값 표시이며, 입찰가격을 예정가격으로 나눈 결과 소수점 이하의 숫자가 있는 경우에는 소수점 다섯째 자리에서 반올림함.

▸ 최저평점은 2점으로 한다.

나. [별표 2] — 신인도 평가방법

신인도 평가방법

1. 신인도 평가 공통사항

가. 신인도 평가는 심사대상자의 당해용역 수행능력 취득점수가 배점한도에 부족한 경우에만 배점한도 범위 내에서 가산점을 부여한다. 합산한 점수가 배점한도를 초과할 경우 그 초과부분은 적용하지 않는다.

나. 신인도 심사결과 총 평점은 각 항목의 가점 합계와 감점 합계를 상계한 점수로 한다. 다만, 신인도 총평점이 음(−)인 경우에는 심사대상자가 신인도 평가 이외에서 취득한 총점에서 감점한다.

2. 신인도 분야별 평가방법

구 분	평 가 항 목	배점한도	평점
약자 및 우수기업	A. 중증장애인생산품 생산시설(보건복지부 지정)	2	2
	B. 여성기업 및 여성고용 촉진 ㅇ 여성기업 - 여성기업 지원에 관한 법률 및 같은 법 시행령에서 정한 기업으로서 중소기업청장(또는 위임받은 자)에 의해 확인된 경우 인정 ㅇ 여성고용 촉진 - 여성고용률이 10% 이상이고 여성종업원이 10인 이상 - 여성고용률이 5% 이상이고 여성종업원이 5인 이상 ㅇ 노동부장관이 지정한 남녀고용평등 우수기업	0.5	0.5 0.5 0.3 0.5
	C. 장애인기업 및 장애인고용 촉진 ㅇ 장애인 기업 - 장애인 기업활동 촉진법에서 정한 기업으로서 중소기업청장(또는 위임받은 자)에 의해 확인된 경우 인정 ㅇ 장애인 고용촉진 - 장애인고용률이 3% 이상이고 장애인종업원 6인 이상 - 장애인고용률이 1.5% 이상이고 장애인종업원 3인 이상	1	1 1 0.5

구 분	평 가 항 목	배점한도	평점
약자 및 우수기업	D. 사회적 기업(예비포함) ○ 사회적 기업 - 고용노동부 지정 사회적 기업 - 각 지방자치단체 지정 예비 사회적 기업	1	1 0.5
	E. 신규 채용 ○ 신규 채용 우수기업 - 전년도 매월말 평균 고용보험 등 피보험자 수 대비 최근 3개월 평균 신규 고용보험 등 피보험자수가 5% 이상 증가하고, 최근 3개월 평균 신규고용 증가인원이 6인 이상 - 전년도 매월 말 평균 고용보험 등 피보험자 수 대비 최근 3개월 평균 신규 고용보험 등 피보험자수가 2.5% 이상 증가하고, 최근 3개월 평균 신규고용 증가인원이 3인 이상	0.3	0.3 0.15
	F. 모범납세자 등 ○ 모범납세자 - 국세청장 또는 관세청장, 서울시장이 지정한 '모범성실납세자'이거나 '납세의 날' 정부포상을 받은 자, 기획재정부장관 또는 국세청장의 표창을 받은 모범납세자 ○ 노사문화 우수기업(고용노동부장관 선정)	0.3	0.15 0.15
중소기업	G. 중소기업 ○ 소기업 또는 소상공인 - (단독수급의 경우) - (공동수급의 경우) ▸ 소기업(또는 소상공인)의 출자(분담)비율이 30% 이상인 경우 ▸ 소기업(또는 소상공인)의 출자(분담)비율이 10% 이상인 경우 ○ 중기업 - (단독수급의 경우) - (공동수급의 경우) ▸ 중기업의 출자(분담)비율이 30% 이상인 경우 ▸ 중기업의 출자(분담)비율이 10% 이상인 경우	0.5	0.5 0.5 0.25 0.3 0.3 0.15
	H. 지역업체 ○ 서울소재 소기업 또는 소상공인 - (단독수급의 경우) - (공동수급의 경우) ▸ 서울소재 소기업 및 소상공인의 출자(분담)비율이 30% 이상인 경우 ▸ 서울소재소기업 및 소상공인의 출자(분담)비율이 10% 이상인 경우	0.5	0.5 0.5 0.25

구 분	평 가 항 목	최대점수	평점
중소기업	ㅇ 서울소재 중기업 - (단독수급의 경우) - (공동수급의 경우) ▸ 서울소재 중기업의 출자(분담)비율이 30% 이상인 경우 ▸ 서울소재 중기업의 출자(분담)비율이 10% 이상인 경우	0.5	 0.3 0.3 0.15
일자리 창출	I. 당해사업 관련 신규인력 채용 - 월 급여 100만 원 이상 신규직원 1명단 0.2점, 최고 1점	1	
고용안정	J. 비정규직 정규직화 또는 장애인 신규채용 - 1명당 0.4점, 최고 5인 이상 2점	2	
근로 및 하도급법 준수 정도	K. 임금체불 및 하도급부조리 신고센터에 신고되어 사실확인된 업체 - 임금체불, 원·하도급자의 공사대금, 장비(물품)대금 미지급 등 건당 −1점, 최고 −5점	−5	

(자료출처 : 서울특별시 일반용역 적격심사 세부기준 인용)

[주] ① 신인도 평가항목별 평가는 아래 각 항목을 제외하고 중복하여 평가할 수 있다.

가. "B"의 여성기업 및 여성고용 촉진 내의 각 항목이 중복되는 경우에는 그중 높은 평점 한 가지만 평가한다.

나. "C"의 장애인기업 및 장애인고용 촉진 내의 각 항목이 중복되는 경우에는 그중 높은 평점 한 가지만 평가한다.

다. 동일인물이 "B"의 여성고용 우수기업, "C"의 장애인고용 우수기업, "E"의 신규채용 우수기업이 평가에 중복되는 경우에는 그중 높은 평점 한 가지만 평가한다.

② "B"의 여성고용 우수기업 및 "C"의 장애인고용 우수기업 평가는 입찰공고일 전월을 기준으로 하여 여성고용사실 또는 장애인 고용사실을 증명할 수 있는 서류(「고용보험법」에 의한 고용보험, 「국민건강보험법」에 의한 국민건강보험, 「국민연금법」에 의한 국민연금, 「산업재해보상보험법」에 의한 산업재해보상보험에 가입한 증빙서류 중 1개)에서 나오는 "여성종업원수 및 여성종업원비율"(여성이 대표인 경우에는 대표를 포함하여 산정) 또는 "장애인종업원수 및 장애인종업원비율"(장애인이 대표인 경우는 대표를 포함하여 산정) 자료로서 최근 3개월 평균자료를 제출받아서 한다(입찰공고일 전월기준 최근 3개월 평균하여 요건을 충족하는 경우 평가).

③ "E"의 신규채용 우수기업의 평가는 다음 각 목에 따른다.

가. 전년도 및 최근 3개월(입찰공고일 전월기준)의 고용사실을 증명할 수 있는 서류(고용보험, 국민건강보험, 국민연금, 산업재해보상보험 관련 증빙서류 중 하나 택일)에 따라 평가한다.

나. 해당 기간 신규고용인원을 누적하여 계산한다(예 : 8월 입찰공고건의 경우, 5월, 6월, 7월의 각 월별 누적신규고용인원을 산술평균하여 계산. 단, 3월 이전 입찰공고건의 경우에는 전년도 포함 최근 3개월 누적평균자료로 계산).

다. 각 월별 신규고용인원은 월별 '신규채용자 수'－'퇴직자 수'로 계산한다.
(적용례) 8월 입찰공고건의 경우,

구 분	5월	6월	7월
월별 신규고용인원	5	4	5
월별 누적신규고용인원	5	9	14

* 최근 3개월 평균 신규고용인원 ＝(5＋9＋14)/3＝9.333333＝10명

④ "B"의 여성고용 우수기업, "C"의 장애인고용 우수기업, "E"의 신규채용 우수기업 평가에서 고용인원 계산결과의 소수점 처리는 소수점 첫째자리에서 올림을 하고, 전년도 또는 최근 3개월 평균자료가 없는 경우는 평가에서 제외한다.

⑤ 신인도 평가항목 중 중소기업, 여성기업, 장애인기업 등은 "중소기업제품 공공구매종합정보망"에 등재된 자료로 평가할 수 있다.

⑥ 지역업체 가산은 입찰공고일 전일부터 입찰일(입찰자가 입찰하는 날)까지 주된 영업소가 서울시에 소재한 업체에 한하며, 법인은 법인등기등본상 본점 소재지, 개인 사업자는 사업자등록증상 사업장 소재지가 서울시에 소재해야 한다(다만, 지역제한입찰의 경우에는 지역업체 가산 적용을 제외하나, 인접시도 포함하는 경우 지역업체 가산 적용한다).

⑦ 중소기업 가산은 「중소기업제품 구매촉진 및 판로지원에 관한 법률」 등에 따라 중소기업만 참여할 수 있는 입찰의 경우에는 적용하지 아니한다.

⑧ "B"의 남녀고용평등 우수기업, "F"의 모범납세자, 노사문화 우수기업은 주무부(처, 청) 등의 장(위임한 경우 포함)이 확인해 준 유효기간 내의 자료를 제출한 경우에 평가한다. 다만, 유효기간이 정해지지 아니한 경우에는 최근 2년 이내로 지정된 것에 한하여 평가한다.

⑨ "I"와 "J"의 신규인력 채용, 장애인신규채용, 비정규직 정규직화는 적격심사 시 확약서(별지제5호서식) 징구 후, 계약체결 전 신규채용 계약서 제출 및 착공계 등 제출 시 고용보험 증명서 등의 서류로 확인

⑩ "K"는 최근 3년 이내에 고용노동부, 서울시 하도급부조리신고센터 등에 신고된 내역 확인

다. [별표 3] — 용역 분야별 평가방법

1. 공동수급체의 경우 분야별 평가방법

가. 경영상태평가는 공동수급체 구성원 각각의 평가 요소별 분모 및 분자에 해당하는 금액에 출자비율 또는 분담비율을 곱한 후 이를 각각 분모, 분자별로 수치를 모두 합산하여 산정한다.

나. 공동수급체의 구성원 중 다른 법령에 의한 업종을 보완하는 분담이행방식일 경우 당해 구성원(업종보완자)은 평가에서 제외한다.

다. 신인도 평가는 구성원별로 각각 산출한 신인도 평가점수에 각각의 출자비율 또는 분담비율을 곱하여 이를 합산하여 평가한다. 감점대상업체가 공동수급체의 구성원으로 입찰에 참가하는 경우에는 해당 감점 점수에 해당 업체의 출자비율 또는 분담비율을 곱한 점수를 감점한다.

라. 용역수행실적 평가는 당해용역의 기초금액 대비 최근 3년간 공동수급체 구성원 각각의 이행실적에 구성원 각자의 출자비율 또는 분담비율을 곱하여 산정한 후 이를 합산한 실적으로 평가한다.

2. 당해용역 이행실적 평가방법

가. 당해용역 이행실적은 입찰공고일을 기준으로 최근 3년간 완성(준공)된 용역이행실적으로 평가한다.

나. 당해용역 이행실적은 관련협회 또는 공공기관의 확인을 받은 실적증명서(별지 제3호 서식)를 제출하여야 한다. 다만, 관련협회에 신고받지 않은 민간회사의 용역이행실적이 있는 경우 세금계산서 사본(원본제시), 계약서 사본 등 증빙자료를 첨부하여 실적증명서(별지제3호서식)를 제출한 경우에 한하여 인정 평가한다.

다. 당해용역의 인정범위 및 기준(규모 · 양 또는 금액)은 발주기관(부서)장이 입찰공고 시 별도 명시하여야 하며, 별도명시가 없다면 발주기관(부서)장이 인정하는 실적으로 한다.

라. 서류 미제출 시에는 최저등급으로 평가한다.

3. 경영상태 평가방법

가. 행정안전부장관이 지정 · 등재한 신용정보업자가 발급하는 신용평가등급확인서로 평가한다.

(자료출처 : 서울특별시 일반용역 적격심사 세부기준 인용)

수주영업담당자는 이상의 세부기준 내용을 숙지하고 입찰에 응하여야 함은 물론이다.

3) 주요 민간 용역발주처 적격심사기준

주요 민간 용역발주처는 용역의 규모와 성격 및 내용에 따라 용역의 입찰을 실시하고 입찰자의 적격 유무를 심사하여 낙찰자를 결정하고 있다. 따라서 수주영업담당자는 발주처별 적격심사기준을 사전에 확인하고 이에 적절히 입찰에 대응하여야 한다.

4. 용역입찰 회계예규의 주요 내용

용역수주영업에 있어서 중요하게 영향을 미치고 기반으로 작용하는 것 중 회계예규에는 용역입찰유의서, 용역계약 일반조건, 용역계약 특수조건 등이 있다.

용역입찰유의서라 함은 용역계약 관계법령에 따라 조달청에서 정한 입찰지침서로서 정부 발주기관이 행하는 용역계약에 대한 입찰에 있어서 입찰에 참가하는 자가 유의하여야 할 사항을 정한 회계예규를 말한다.

회계예규 중 입찰유의서는 수주영업담당자 모두에게 입찰의 지침서로서 매우 중요한 수주영업의 길잡이가 된다.

수주영업담당자가 준수해야 할 또 다른 회계예규에는 용역계약일반조건 및 일반용역계약특수조건 등이 있다. 용역계약일반조건은 용역계약 당사자 간에 이행하여야 할 계약조건을 정한 회계예규를 말하고 일반용역계약특수조건은 조달청 계약담당공무원과 계약상대자가 체결하는 계약의 내용을 규정한 예규를 말한다. 이상과 같은 회계예규들은 입찰에 있어서 매우 중요한 지침이자 길잡이 기반 역할을 담당함으로 수주영업담당자는 이를 충분히 이해하고 숙지한 후에 수주영업활동에 입해야 한다. 왜냐하면 각종 회계예규 역시 수주영업활동의 기반이기 때문이다.

1) 용역입찰유의서

용역입찰유의서라 함은 전술한 바와 같이 정부가 행하는 용역계약에 대한 입찰에 참가하고자 하는 자가 유의해야 할 사항을 정한 회계예규를 말한다.

용역입찰유의서는 조달청이 발주하고 계약한 계약서의 부속서류로서 전 22조와 부칙 2개조로 구성되어 있다.

용역입찰유의서는 입찰참가신청에서부터 입찰, 낙찰자의 결정, 계약의 체결 등에 이르기까지 입찰참가자가 반드시 유의해야 할 사항들을 명시하고 있다.

따라서 수주영업담당자는 입찰실무를 수행함에 있어서 용역입찰유의서를 반드시 숙지하고 유의하여 입찰에 임해야 한다.

2) 용역계약일반조건

용역계약일반조건 역시 회계예규로서 계약당사자 간에 이행하여야 할 계약조건을 정함을 목적으로 조달청이 작성한 회계예규이다. 용역계약일반조건은 총 4장 60개조 및 부칙으로 구성되어 있다. 용역계약일반조건은 계약체결 후 이행하여야 할 용역 이행 사항을 구체적으로 명시하고 있다. 따라서 수주영업담당자는 용역계약일반조건을 면밀히 검토하여 수주영업에 활용하여야 한다.

3) 일반용역계약특수조건

일반용역계약특수조건은 조달청 계약담당공무원과 계약상대자가 체결하는 일반용역계약의 내용을 규정할 목적으로 제정된 서면이다.

일반용역계약특수조건은 전 20개조와 부칙으로 구성되어 있으며, 신의성실의무, 계약이행 및 관리책임, 용역수행, 인력투입 및 교체와 업무감독, 검사, 지체상금, 용역대금 정산분쟁의 해결, 분쟁의 해결, 유효기간 등을 명시하고 있다. 일반용역계약특수조건 역시 수주영업의 기반이 되므로 수주영업담당자는 동 특수조건에 관하여 그 내용을 숙지하고 수주영업에 응해야 한다.

제5절 용역계약서와 과업지시서

1. 용역계약서와 과업지시서의 개념

용역계약서와 과업지시서 역시 수주영업활동의 기반이 된다.

용역계약이라 함은 용역위탁자와 수탁자 간에 일정한 수탁자가 용역비를 받는 조건에 따라 위탁자에게 용역을 제공하기로 합의한 약정을 말하며 과업지시서란 발주처가 용역사에게 용역계약을 전제로 용역사가 이행하여야 할 용역업무의 종류와 내용을 말한다.

2. 용역계약서

용역계약을 체결하기 위해서는 일정한 방법과 절차에 의한 입찰이나 제안 및 협상에 의하여 합의에 도달하는 경우 또는 수의계약방법으로 계약을 체결하는 경우, 일정한 계약 서식으로 조달청이 계약을 체결하게 되며, 지방자치단체의 경우 용역표준계약서 서식

〈표 2-1〉 용역표준계약서 서식과 주요 기재내용

용역표준계약서		계약번호 제 - 호 공고번호 제 - 호
계약서	발 주 처	
	계 약 대 상 자	법인명 : 사업자등록번호: 대표자 : 전 화 번 호: 주 소 :
	연 대 보 증 인	법인명 : 사업자등록번호: 대표자 : 전 화 번 호: 주 소 :
계약내용	용 역 명	
	계 약 금 액	금 원정(₩), 부가가치세 포함
	총용역부기금액	금 원정(₩), 부가가치세 포함
	계 약 보 증 금	(계약금액의 100분의 10)
	지 체 상 금 률	1000분의 2.5
	계 약 기 간	~
	위 치	
	기 타 사 항	입찰시 공시 및 제출 제안요청서, 과업지시서, 협상결과서 등 계약포함

과 계약상대자는 상호 대등한 입장에서 붙임의 계약문서에 의하여 위 용역에 대한 도급계약을 체결하고 신의에 따라 성실히 계약상 의무를 이행할 것을 확약하며, 이 계약의 증거로서 계약서를 작성하여 당사자가 기명날인한 후 각각 1통씩 보관한다.

붙임서류 : 1. 용역입찰유의서 및 용역계약일반조건 각 1부.
2. 산출내역서 1부.
3. 과업지시서 1부.
4. 협상결과서 등 기타관련서류 각1부. 끝.

년 월 일

발주처 (인)

계약상대자
법 인 명 :
대 표 자 : (인)
연대보증인
법 인 명 :
대 표 자 : (인)

용 역 내 역 서

용역명	규격 · 단위 또는 세부사항	금 액
	산출내역서 및 용역계약조건 참조	금 원정(₩), VAT 포함
	이 하 여 백	

(자료출처 : 지방자치단체를 당사자로 하는 계약에 관한 법률 시행규칙 별지 제9호 서식)

을 활용하여 계약을 체결하게 된다. 용역계약서는 붙임서류로 통상 용역입찰유의서와 용역계약일반조건, 산출내역서, 과업지시서, 협상결과서, 기타 관련서류를 각 1부씩 첨부하도록 요구하고 있다.

수주영업담당자는 이와 같은 용역계약서와 붙임서면의 내용들, 예컨대 계약금액, 지체상금률, 계약기간, 위치, 입찰유의서, 용역계약일반조건, 과업지시서, 협상결과서 등을 을 충분히 감안하고 파악하여 입찰 및 계약 과정마다 조화를 이루며, 적절히 대응하여 수주영업활동을 수행하여야 한다. 용역표준계약서의 서식과 주요 기재사항과 내용은 〈표 2-1〉과 같다.

3. 과업지시서

과업지시서라 함은 용역계약서의 일부로서 용역의 범위와 용역이행방법 등을 정한 발주처의 용역계약 첨부 서면을 말한다. 과업지시서는 발주처의 종류와 발주 용역의 범주와 내용 및 성격 등에 따라 각각 달리 작성되며 동일하게 작성되지 않는 특성이 있다.

그러나 과업지시서는 용역계약의 일부로서 중요한 의미를 가지며 용역수행의 지침이 된다. 따라서 수주영업담당자는 용역 과업지시서를 미리 입수하여 파악하고 숙지하여 수주영업의 방향설정과 함께 입찰 준비를 하여야 한다.

주요 민간 발주처가 작성한 시설물관리용역의 과업지시서는 일반적으로 과업지시서 본문과 별첨 부속 서면으로 구성되며 다음 사항을 명시하고 있다.

1) 과업지시서 본문의 기재사항

과업지시서 본문의 기재사항은 다음과 같다.

(1) 과업의 목적
(2) 과업기간
(3) 과업수행방법
(4) 용역의 대상
(5) 영역의 범위
(6) 과업의 내용
(7) 기술인력 확보 및 관리
(8) 안전 및 관리계획의 수립
(9) 안전사고 예방 및 점검
(10) 교육 및 훈련
(11) 보유장비 및 관리

(12) 비치문서
(13) 긴급조치 의무
(14) 업무보고
(15) 보안유지
(16) 용역비 청구
(17) 배상 및 감액
(18) 복장
(19) 금지사항
(20) 하도급의 제한
(21) 책임 한계
(22) 보험 가입
(23) 계약내용의 변경
(24) 계약의 해제, 해지직원의 복지
(25) 윤리강령의 이행
(26) 계약의 연장
(27) 직원의 복지
(28) 시설사용 및 복리 후생
(29) 용역의 품질
(30) 기타

2) 별첨 부속 서면

별첨 부속 서면의 기재사항은 다음과 같다.

(1) 건축시설물 및 건축설비 개요
(2) 업무분장의 범위
(3) 법정기술인력 선임
(4) 인력소요 현황
(5) 근무자 근무방침
(6) 용역 검사규정
(7) 용역 기성검사기준
(8) 용역수행평가표
(10) 항목별 정산기준

제3장 건물관리용역 수주방식과 절차

제3장 건물관리용역 수주방식과 절차 편은 용역수주의 방법과 절차에 대하여 이론 측면에서 접근함으로써 수주영업담당자로 하여금 수주방법의 지식을 숙지하도록 하여 용역수주활동을 지원하는 데 목표를 두고 있다.

건물자산관리용역의 수주방식은 제 I 편, 제1장 제11절에서 이미 설명한 바와 같이 대체로 다섯 가지 방식에 의하여 발주되고 수주가 이루어지고 있다. 이를 다시 요약하면, 첫째 입찰수주방식, 둘째 제안 및 협상 수주방식, 셋째 수의계약 수주방식, 넷째 재계약 수주방식, 다섯째 기획영업 수주방식 등 다섯 가지 수주방식으로 정리할 수 있다.

이 장에서는 6개의 절을 두고 건물자산운영관리용역 수주방식과 절차에 대하여 이론 측면에서 살펴보기로 한다.

제1절 건물관리용역 수주방식

1. 수주방식의 개념

수주방식이란 건물관리용역을 수주하기 위한 일정한 형식이나 방법을 말한다.

2. 수주방식의 종류

건물자산운영관리용역의 수주방식에는 전술한 바와 같이 입찰수주방식, 제안 및 협상 수주방식, 수의계약 수주방식, 재계약 수주방식, 기획영업 수주방식 등으로 분류할 수 있다.

제2절 입찰수주방식

1. 입찰수주방식의 개념

입찰(bidding or tender)의 사전적 의미는 일의 도급이나 물건의 매매 등의 계약체결에서 희망자에게 예정가격을 써내게 하는 일, 또는 그것을 써내는 일로 설명하고 있으며, 입찰수주방식은 입찰에 의하여 수주하는 방법이나 형식을 말한다.

조달청 용역입찰에 있어서 입찰의 개념은 관보, 전자매체, 게시판 등에 공고하여 일정한 자격을 가진 불특정 다수의 희망자를 경쟁 입찰에 참가하도록 한 후 그중에서 가장 유리한 조건을 제시한 자를 용역계약 당사자로 선정하는 방법으로 설명하고 있다.

대부분의 용역수주는 입찰에 의하여 수주되므로 수주영업담당자는 무엇보다 입찰의 개념부터 입찰 절차 및 투찰 절차 그리고 계약 실무에 이르기까지 철저한 이해와 숙지 및 실무를 기능적으로 익혀야 한다.

2. 입찰의 종류

입찰의 종류에는 투찰방법과 계약방법에 따라 다음과 같이 분류된다.

1) 투찰방법에 의한 입찰의 종류

투찰방법에 따라 다음과 같이 네 종류로 분류된다.

(1) 직접 입찰

직접입찰은 입찰 장소에 입찰자가 직접 참석하여 입찰을 하고 입찰과정을 집행하는 입찰방식을 말한다.

(2) 전자 입찰

전자입찰은 전자적 방법(인터넷)으로 입찰 희망업체가 입찰서를 제출하여 투찰하고 입찰집행관이 개찰하는 입찰방식을 말한다.

(3) 우편 입찰

우편 입찰은 입찰 희망업체들이 우편으로 입찰서를 제출하여 후일에 입찰결과를 집행하는 입찰방식을 말한다.

(4) 상시 입찰

상시 입찰은 입찰공고 후 입찰 희망업체들이 편리한 개찰 시간 전에 언제든지 상시 투찰할 수 있는 입찰방식을 말한다.

2) 계약방법에 의한 입찰의 종류

계약방법에 의한 입찰의 종류를 분류하면 다음과 같이 7종으로 분류된다.

(1) 일반경쟁 입찰

일정한 자격을 가진 불특정 다수의 입찰 희망자를 경쟁 입찰에 참가토록 한 후 그중에서 가장 유리한 조건을 제시한 자를 선정하는 입찰방식을 말한다.

(2) 제한경쟁 입찰

계약의 목적이나 성질, 규모 등에 비추어 필요한 경우, 입찰 자격을 실적(금액, 용도, 면적), 지역, 특수기술, 보유면허, 중소기업자 간 경쟁 지정물품 또는 용역(경비업, 청소업), 자본금, 회사설립기간 등의 일정한 제한기준에 따라 제한하여 입찰에 참가하도록 한 후 그중에서 가장 유리한 조건을 제시한 자를 선정하는 입찰방식을 말한다.

(3) 지명경쟁 입찰

지명입찰은 발주처가 기술력, 신용도 등이 적당하다고 인정되는 특정 다수의 경쟁참가자를 지명하여 그 지명된 경쟁참가자들에게 입찰 자격을 부여하여 참가하도록 한 후 그중에서 가장 유리한 조건을 제시한 자를 선정하는 입찰방식을 말한다.

(4) 총액 입찰

총액입찰은 입찰 시 입찰총액만 기재한 입찰서를 제출하는 입찰방식을 말한다.

(5) 내역입찰

내역입찰은 계약목적물에 대하여 안정적 용역수행을 가능하게 하기 위하여 배부한 내역서에 입찰자가 단가와 금액을 기재한 입찰금액 산출내역서를 입찰 시 입찰서와 함께 제출하는 입찰방식을 말한다.

(6) 2단계 경쟁 입찰

2단계 경쟁 입찰이란 규격(기술) 입찰을 먼저 실시한 후, 적격자로 선정된 업체들에 한하여 가격 입찰을 실시하는 입찰방식을 말한다. 다시 말하면, 2단계 경쟁 입찰이란 사전 제출한 업체별 기술제안서를 평가한 후 적격자에 한하여 가격 입찰을 실시하는 입찰방식을 말한다.

(7) 규격(기술) · 가격 분리 동시 입찰

규격(기술) · 가격 분리 동시입찰이란 규격(기술)입찰과 가격입찰을 동시에 실시하여 규격입찰 적격대상자의 가격을 개찰하는 입찰방식을 말한다.

다시 말하면, 이 방식은 업체별 제안서와 가격을 동시에 제출한 후 기술제안서를 먼저 평가하여 적격 대상자를 선정하고 이를 대상으로 가격을 개찰하는 입찰방식을 말한다.

3. 입찰 및 계약 절차와 진행과정

1) 입찰 및 계약 절차

입찰 및 계약 절차라 함은 입찰의 과정과 입찰을 통하여 낙찰이 되는 경우 계약체결의 전 과정을 말한다. 입찰 희망자가 입찰 자격을 얻어 입찰에 성공하는 경우, 계약을 체결하게 되는바 수주영업담당자는 입찰 절차와 계약 절차를 동시에 이해하고 숙지할 필요가 있다.

2) 입찰 및 계약 절차 진행과정

입찰 및 계약 절차 진행과정은 통상적으로 함께 진행되는 입찰 및 계약 절차로서 입찰과 계약의 절차 진행과정은 일반적으로 8단계의 과정 순으로 진행되며, 일반적으로 입찰공고→PQ심사→현장설명회→입찰참가 등록→입찰→개찰 및 낙찰→적격심사→계약체결 순으로 진행된다.

입찰 및 계약 절차 진행과정은 [그림 3-1]과 같다.

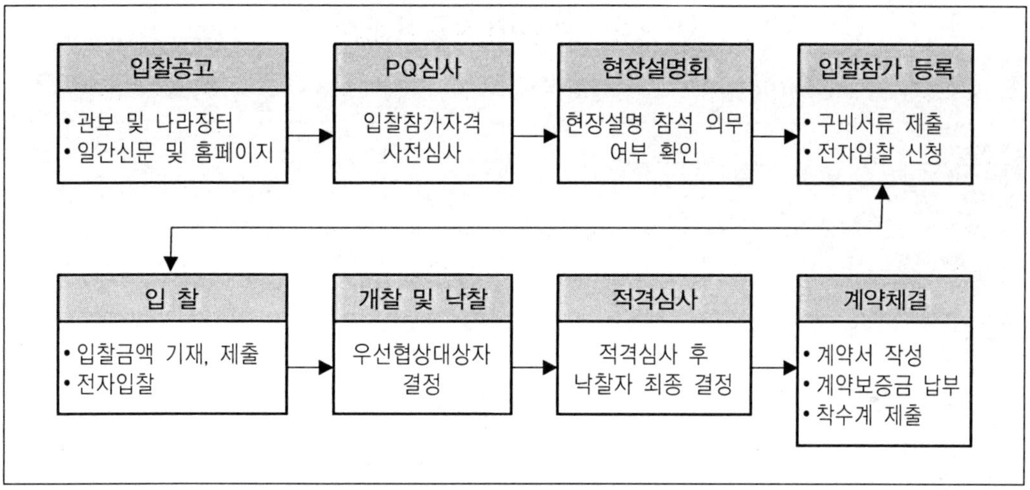

[그림 3-1] 입찰 및 계약 절차 진행과정

4. 입찰 및 계약 절차 진행단계별 주요 내용

1) 입찰공고

입찰공고과정은 일반적으로 입찰 및 계약 절차 진행상 최초로 시작되는 과정이다.

입찰공고(bidding announcement)란 입찰 및 계약 절차 중 최초로 시작하는 과정으로서 발주처가 발주하는 용역이나 물품구매 등의 입찰정보를 관보나 신문, 나라장터(g2b), 홈페이지 등을 통하여 입찰 희망자에게 널리 알리는 일을 말한다.

전자입찰 공고는 통상 공고일반정보와 투찰제한정보, 입찰참가수수료 및 입찰보증금 납부정보 그리고 입찰집행 및 진행정보들과 예정가격 결정 및 입찰금액정보와 기초금액 공개정보 등이 공고된다. 입찰공고 시 공고되는 공고내용은 다음과 같다.

(1) 공고일반정보

입찰공고 시 공고되는 공고일반의 명의로 공고되는 정보는 다음과 같으며 전자입찰 공고 사례는 〈표 3-1〉과 같다.

① 공고의 종류 및 게시 일시
② 입찰공고 번호 및 참조번호
③ 공고명(예 : 경기문화재단 시설관리운영용역)
④ 발주(공고)기관 및 실수요기관
⑤ 입찰방법 및 낙찰방식(예 : 전자입찰, 낙찰방법은 공고서 참조)

〈표 3-1〉 전자입찰 공고 사례(예)

[입찰집행 부가정보]

지명경쟁명단	실적경쟁명단	PQ심사결과	TP심사결과	과업설명참가확인

[공고일반]

공고종류	실공고	게시일시	2012/04/18 18:45
입찰공고번호	20120425095-00	참조번호	한은조달제2012-2호
공고명	한국은행 본부 및 직원공동숙소 청소·조경용역 (긴급공고) 본 공고는 지문인식 전자입찰제도가 적용되오니 미리 지문보안토큰에 지문정보를 등록하여야 합니다.		
발주(공고)기관	한국은행	실수요기관	한국은행
입찰방식	전자입찰	낙찰방법	공고서참조
계약방법	제한(총액)	국제입찰구분	국내
용역구분	일반용역	발주계획번호	512012B19003300015
입찰자격	공고서참조		

[입찰집행 및 진행정보]

집행관	김천선	입회관(담당자)	김천선
PQ심사신청서		PQ심사신청서 신청기한	
TP심사신청서		TP심사신청서 신청기한	
과업설명장소		과업설명일시	
입찰참가자격등록 마감일시	2012/04/21 18:00 조달청 입찰참가등록은 평일 09:00 ~18:00, 토요일 09:00 ~ 13:00, 공휴일은 업무처리불가 (단, 토요일은 본청,서울지방청만 업무처리가능함) 본 입찰에 참여하는 업체는 입찰참가자격등록 마감일시까지 나라장터에 경쟁입찰참가자격등록을 해야 합니다.		
공동수급협정서접수여부	방식: 공고서참조	공동수급협정서마감일시	마감: 공고서참조
입찰서게시일시	2012/04/19 10:00	입찰서마감일시	2012/04/23 17:00
보증서접수마감일시	2012/04/23 17:00 보증서 접수마감일시를 입력하지 않은 경우에는, 입찰서 접수마감일 전일 18시까지 제출이 가능합니다. (단, 입찰보증금지급각서로 대체하는 경우 보증금이 면제됩니다.)		
개찰(입찰)일시	2012/04/24 10:00	개찰장소	국가종합전자조달시스템(나라장터)
공고서	2012/04/20120425095-00_입찰공고문(게시용).hwp	과업지시서(규격서)	2012/04/20120425095-00_계약서 및 과업내용서(게시용).hwp
관련공고			
재입찰	재입찰 허용 (재입찰시 예비가격을 다시 생성하여 예정가격이 산정됩니다.)		

[입찰참가수수료 및 입찰보증금 납부 정보]

입찰참가수수료 납부	방식: 공고서참조	입찰참가수수료금액	
입찰보증금납부	방식: 불허	채권자명	한국은행

[투찰제한]

참가가능지역	
지사투찰허용여부	
업종제한	[위생관리용역업(1162)]업종을 등록한 업체 ※[]안의 사항이 두가지일 경우 동시에 등록한 업체를 의미합니다. ※업종명을 클릭시 관련 근거법령을 조회하실수 있습니다. ※아래는 제한된 업종에 대해 투찰가능한 허용업종 상황을 보여줍니다. 확인하시기 바랍니다. 투찰가능한업종 / 허용업종
과업설명 제한여부	공고서에 의함
공동수급체 구성원 지역제한여부	공고서에 의함

[예정가격 결정 및 입찰금액 정보]

예가방법	복수예가 : 4 (추첨예가)/15 (총예가)	추첨번호공개여부	공개안함
배정예산	1,616,580,000 원	추정가격	1,469,618,181 원

[기초금액공개] [공개시각:2012/04/18 18:56]

기초금액	비고1	비고2	상세보기
1,616,580,000 원	...	...	조회

[관련 링크]

과설참가	공동수급	수 수 료	투 찰
			지문투찰

⑥ 계약방법(예 : 제한, 총액) 및 국제입찰 구분(국내)
⑦ 용역 구분(일반용역)
⑧ 입찰 자격(공고서 참조)

(2) 투찰제한정보

전자입찰 공고 시 투찰제한정보로서 공고되는 정보는 다음과 같다.

① 참가가능지역
② 업종제한(건물(시설)관리용역(1260), 위생관리용역(1162), 시설경비용역(1164)으로 등록한 업체)
③ 과업설명 제한 여부(입찰 공고서에 의함)
④ 공동수급체 구성원(입찰 공고서에 의함)
⑤ 지역 제한 여부(입찰 공고서에 의함)

(3) 입찰참가수수료 및 입찰보증금 납부정보

전자입찰 공고 시 입찰참가수수료 및 입찰보증금 납부정보 명의로 공고되는 정보는 다음과 같다.

① 입찰참가수수료 납부방식
② 입찰참가수수료 금액
③ 입찰보증금 납부(방식, 불허)
④ 채권자명

(4) 입찰집행 및 진행정보

전자입찰 공고 시 입찰집행 및 진행정보 명의로 공고되는 정보는 다음과 같다.

① 집행관
② 입회관
③ 입회관(담당자) 전화번호
④ 입회관(담당자) 이메일
⑤ 입찰참가자격 등록마감 일시(본 입찰에 참여하기 위해서는 입찰참가자격 등록마감 일시까지 나라장터, 관할지방조달청(업체소재 지역)에 조달업체 이용자 등록을 완료해야 함)
⑥ 공동수급협정서 접수 여부(방식, 공동수급협정서 마감 일시)
⑦ 입찰서 개시 일시 및 입찰서 마감 일시
⑧ 개찰(입찰) 일시 및 개찰 장소

⑨ 공고서 및 과업지시서(규격서)
⑩ 관련공고
⑪ 재입찰

(5) 예정가격 결정 및 입찰금액정보

전자입찰 공고 시 예정가격 결정 및 입찰금액정보 명의로 공고되는 정보는 다음과 같다.

① 예가방법(복수예가 4(추첨 예가)/ 15(총 예가))
② 추첨번호 공개 여부(공개 안함)
③ 배정예산
④ 추정가격

(6) 기초금액 공개

전자입찰 공고 시 기초금액 공개 명의로 공고되는 정보는 다음과 같다.

① 입찰공고번호 및 개찰 일시
② 공고 명
③ 기초금액
④ 예비가격(기초금액을 기준으로 −2%에서 +2% 범위 내에서 작성됨)
④ 참고사항 1
⑤ 참고사항 2

(7) 입찰공고 숙지사항

입찰공고 시 수주영업담당자가 반드시 숙지해야 할 사항은 다음과 같다.

① 입찰방식 및 계약방법
② 기초금액 확인
③ 입찰참가 등록마감 일시
⑤ 입찰일시
⑥ 입찰참가 자격조건
- 지역 제한 여부
- 실적(면적, 금액) 제한 여부
- 자격면허 보유

⑦ 적격심사대상 여부
⑧ 적용 적격심사 규정

⑨ 낙찰자 결정방법(적격심사에 의한 낙찰자 결정)

⑩ 적격심사 적용 세부기준

• 조달청 일반용역 적격심사 세부기준([별표 2], 시설분야용역 5억 이상)

심사 분야	배점
이행실적	10점
경영상태(신용평가)	25점
신인도(가점)	+4.25점~−2.0점
근로조건 이행계획	5점
입찰가격	60점
합계	100점

⑪ 참고사항

• 최저가 입찰에 대한 심사 결과 종합평점이 85점 이상이어야 함.

• 적격심사 낙찰제일 경우, 추정가격 확인 및 심사기준에 맞도록 정확히 적용해야 하고 낙찰자 결정방법 확인 및 우리 회사의 적격심사 점수 계산을 통해서 낙찰이 가능한지 사전에 계산해봐야 한다.

2) PQ 심사

PQ(Pre-Qualification) 심사과정은 입찰공고 후 현장설명 실시 전에 필요한 경우에 한하여 이루어지는 입찰진행과정으로서 일정 수준 이상의 능력을 갖춘 자에게만 입찰 자격을 부여하는 제도를 말한다. 심사대상은 건설의 경우, 건설업자의 시공경험, 기술 능력, 경영상태 등을 심사하고, 용역의 경우에는 이행실적, 경영상태, 보유 기술인력 및 장비 등을 PQ를 통하여 심사하게 된다.

입찰참가자격 사전심사 절차는 입찰공고 후 현장설명 전에 필요한 경우에만 실시하는 특징이 있다. PQ 자료 및 시나리오 작성과 시현 요령에 대해서는 제Ⅲ편 건물자산운영관리실무 편에서 설명하기로 한다.

3) 현장설명회

현장설명회(site presentation)란 입찰 및 계약 절차 진행과정 상 세 번째의 과정으로서 입찰공고 내용을 현장에서 설명하고 확인해 주는 과정이라 할 수 있다.

공고 후 현장설명 전에 발주처가 제한적으로 입찰참가자를 초청할 필요가 있는 경우에는 입찰참가자격 사전심사(PQ : Pre-Qualification)를 실시하고 제출한 PQ를 사전에 심사하여 현장설명회 참가자를 결정하고 현장설명회에 참가를 통지하게 된다. 이때 초청받은 업체는 반드시 참가 여부를 발주처에 통지하고 통지한 내용대로 이행해야 한다.

현장설명의 진행 순서는 발주처마다 다소 상이하나 입찰공고를 기초로 발주 내용에 대한 발주기준과 과업지시서의 내용 설명 및 현장 안내를 병행하는 것이 일반적 현장설명회의 순서이다. 수주영업담당자는 현장설명회에 참석하는 경우 현장설명 내용을 반드시 기록하고 이해해야 하며, 이해가 되지 않는 경우에는 질문을 통하여 확인해야 한다. 또한 신축 건물인 경우, 현장 안내 시 시공사와 감리사 및 건축주와 동행하여 준공 펀치리스트를 중심으로 하자 여부와 문제점을 파악해야 하며, 시설물과 장비 및 설비 등에 대하여 면밀히 관찰하고 첨단 기기가 있는 경우에는 사용법이나 관리방법에 대하여 시공사를 통하여 반드시 확인하고 입찰 견적과 운영계획에 반영해야 한다.

4) 입찰참가 등록

입찰참가 등록(registration for bidding participation)이란 입찰 전에 소정의 입찰등록 서류를 갖추어 제출하고 발주처의 입찰공부에 입찰참가를 기록하는 것이나 전자적 방법으로 입찰을 신청하는 것을 말한다.

일반입찰의 경우 입찰참가 등록 서류는 다음과 같다.

가. 입찰참가신청서 1통(소정 양식)
나. 입찰참가자격을 증명하는 사본 1통(원본대조 필)
다. 인감신고서 1통
라. 기타 공고 또는 통지로 요구하는 서류

5) 입찰(투찰) 실행

입찰 자격을 득한 입찰자가 입찰참여 등록을 필하고 난 후 직접 입찰에 투찰하는 과정으로서 입찰 및 계약 절차 진행 절차 상 다섯 번째 진행되는 과정이다.

입찰(bidding)이란 입찰에 참가하도록 한 후 그중에서 가장 유리한 조건을 제시한 자를 계약 당사자로 선정하기 위하여 진행되는 투찰과정을 말한다. 입찰은 공개경쟁 매매과정에서 참가 상대방의 조건을 모르는 상태에서 최고가 또는 최저가를 제시하여 매매 당사자를 결정하는 방법이라 할 수 있다.

입찰방법은 일반입찰과 전자입찰 등 대체로 두 가지 방법으로 입찰하게 된다. 일반입찰은 입찰서에 입찰금액을 기재하여 제출하면 되나 전자입찰의 경우에 전자입찰의 방법에 따라 입찰해야 한다. 입찰과정은 입찰 및 계약 절차 중 다섯 번째 과정에 해당되는 입찰 절차이나 가장 중요한 것은 입찰 금액을 산정하여 입찰서를 작성하고 이를 투찰하는 데 있다. 따라서 수주영업담당자는 입찰금액 산정에 대하여 특별한 노하우를 가지고 있어야 한다.

(1) 일반입찰 진행과정

일반입찰은 다음의 과정 순으로 입찰(투찰)이 진행된다.

① 입찰참가자격을 득한 후 입찰등록을 필한다.
② 입찰관계법령 및 입찰공고유의서, 과업지시서 등 필요한 서류를 검토하고 반드시 숙지한다.
③ 입찰보증금 면제대상이 아닌 경우 입찰보증금을 납부한다.
④ 입찰에 관한 서류를 교부받아 검토한다.
⑤ 월 인당용역비를 산출한 후 입찰금액을 산정한다(월 인당용역비 견적금액 산출 툴 참조).
⑥ 입찰서를 작성한다.
⑦ 입찰서를 제출(투찰)한다.
⑧ 입찰 결과를 확인한다.
⑨ 적격심사를 받는다.
⑩ 최종 낙찰자로 통보를 받은 후 계약보증금을 납부하고 용역계약을 체결한다.

(2) 전자입찰 진행과정

전자입찰은 입찰 전에 다음 사항을 확인 및 조치하고 전자입찰 절차에 따라 입찰(투찰)한다. 전자입찰 진행 절차의 구체적인 내용은 후술하는 전자입찰실무 편에서 설명하기로 하고 전자입찰 시 사전 확인 및 조치해야 되는 주요 사항에 한정하여 개괄적으로 설명하기로 한다. 또한 전자입찰과 관련한 구체적인 내용은 이 책의 제Ⅱ편 건물자산운용관리용역 수주영업실무 중 제13장 전자입찰실무 편에서 다루기로 한다.

① 입찰공고문 내용 확인

입찰담당자는 입찰 전에 입찰공고문 상에 기재된 용역명, 용역기간, 입찰참가자격, 기초금액, 낙찰자 결정방법, 가격입찰서 제출기간, 개찰일시, 공동계약 및 공동수급체 구성원의 자격 제한 여부, 현장설명회 참석 필수 여부, 입찰보증금 등을 먼저 확인하여야 한다.

② 입찰참가자격 사전 확인

입찰담당자는 입찰방법이 제한경쟁 입찰인 경우에는 공고문 상의 입찰참가자격에 관한 사항을 면밀히 분석하여 충족 여부를 사전에 확인해 두어야 한다.

입찰참가자격의 제한을 두는 항목에는 관련 면허보유, 나라장터(g2b) 시스템 상 해당 업종코드로 입찰참가 등록, 수요기관에서 요구하는 실적의 충족, 본사 소재지, 자본금, 기업신용평가등급, 정부 · 지방자치단체 · 공공기관 등으로부터 부정당업체로 입찰참가자격 제한 여부 등의 항목이 있다. 입찰참가자격 제한 항목을 정리하면 다음의 〈표 3-2〉와 같다.

〈표 3-2〉 입찰참가자격 제한항목

입찰참가자격 제한항목	관련 내용
관련 면허 보유	경비업 허가증, 위생관리용역업신고필증
나라장터(g2b) 시스템 상 해당 업종코드 입찰참가 등록	- 건물(시설)관리용역(1260), - 위생관리용역업(1162), - 시설경비업(1164), 기타 등등
수요기관 요구 실적	- 해당 건물 용도(건축법시행령 제3조의4관련 별표 1)와 동일한 용도로 제한 - 건물 연면적 제한
본사 소재지	발주처의 입찰대상 건물 소재지 기준
자본금	발주처에서 입찰대상 용역의 규모가 크다고 판단한 경우
기업신용평가등급	회사채에 대한 신용평가등급 기준으로 신용평가회사에서 발행한 신용평가등급확인서 기준
중소기업 입찰참여	직접생산확인증명서(건축물청소업, 경비업) 및 중소기업확인서 발급을 필한 업체(중소기업제품 공공구매종합정보망(www.smpp.go.kr)에서 확인 가능)

③ 기초금액 및 낙찰자 결정방법 확인

발주처에서 제시한 기초금액은 입찰금액을 산출하는 중요한 기준이 되며, 일반적으로 기초금액은 추정가격에 부가가치세 10%를 더하여 산출된다.

예정가격은 발주처에서 기초금액을 기준으로 통상 ±2% 범위 내에서 복수예비 가격을 작성하여 입찰참가 전원이 추첨한 번호 중 가장 많이 선택된 4개의 예비가격을 산술평균한 금액으로 결정되며 산술평균금액은 나라장터에서 자동 계산된다.

최저가입찰자에 대한 심사결과 종합평점이 85점 이상이면 낙찰자로 결정된다.

④ 공동계약 및 공동수급체 구성원의 자격 제한 확인

발주처에서 계약의 목적 및 성질상 공동계약에 의하는 것이 부적절하다고 판단되어 이를 인정하지 않는 경우에는 입찰자는 단독으로 참여해야 하지만, 공동계약을 인정하는 경우에는 공동계약도 가능하다.

⑤ 입찰보증금 납부 또는 면제 확인

입찰담당자는 입찰보증금 납부 또는 면제 여부에 대하여 확인해야 한다.

입찰보증금을 납부해야 하는 경우에는 입찰금액의 100분의 5 이상에 해당하는 입찰보증금을 가격입찰서 제출 마감 전까지 현금 또는 서면보증서(입찰이행보증보험증권)를 지참하고 직접 발주처를 방문하여 납부 또는 제출하거나 나라장터를 통하여 전자보증서를 전송하여야 한다.

6) 개찰 및 낙찰

개찰이란 입찰 결과를 입찰집행관이 입찰자 전원의 면전에 공개적으로 확인하는 과정을 말한다. 일반입찰의 경우에는 계약담당공무원은 개봉된 입찰서를 확인하고 유효한 입찰서의 입찰금액과 예정가격을 대조하여 지체 없이 적격자를 낙찰자로 선정하여야 한다. 다만, 적격심사를 요하는 경우에는 추후에 낙찰자를 선정한다. 전자입찰의 경우에는 전자적 방법으로 복수 예비가격 및 예정가격 산정 결과와 입찰 결과 순위 결과 등을 확인하여 낙찰자를 선정한다. 계약담당공무원은 낙찰자를 결정하기 전에 입찰자의 입찰서, 법인등기부등본, 공동수급표준협정서 등을 확인하여 무효입찰에 해당 여부를 확인해야 한다.

7) 적격심사

적격심사(standard examination)란 입찰 결과 낙찰자로 선정된 자에 대하여 당해용역의 수행능력 평가나 경영상태 평가 그리고 입찰가격 평가 등의 적격심사 서류를 제출하게 하고 이를 계약담당공무원이 심사하여 적격 여부(적격통과 점수 이상)를 판단하는 과정을 말한다.

낙찰자가 용역계약을 체결하려면 반드시 적격심사에 응하여 적격통과 점수(조달청 전자입찰의 경우는 85점, 지방자치단체 전자입찰의 경우는 30억 이상 85점, 30억~10억의 경우에는 90점, 10 미만인 경우 95점) 이상을 취득하여야 한다. 다만, 계약담당공무원은 적격통과 점수에 미달된다고 판단되는 경우에는 해당 입찰자에게 적격심사 포기서를 제출하게 할 수 있다.

8) 용역계약의 체결

용역계약(service agreement conclusion)이라 함은 용역입찰 결과 낙찰자로 선정된 최종 낙찰자와 계약담당공무원 간에 계약서를 작성하고 기명날인(외국인의 경우 서명 날인)하여 계약의 효력을 발생하게 하는 법률행위를 말한다.

계약체결은 입찰 결과 발주처로부터 낙찰자로 선정되어 낙찰 통지를 받은 후 10일 이내에 소정의 용역계약 서식과 붙임 서류(용역표준계약서, 용역입찰유의서, 용역계약일반조건, 산출내역서, 과업지시서, 협상결과서 등 기타 관련 서류 각각 1부) 등에 의하여 계약을 체결하여야 하고 산출 내역서를 착수신고서 제출 시까지 계약담당공무원에게 제출하여야 하며 계약보증금을 계약체결 전에 납부하여야 한다.

계약담당공무원은 낙찰자가 정당한 이유 없이 낙찰 통지를 한 후 10일 이내에 낙찰자가 계약을 체결하지 아니한 경우에는 계약을 취소할 수 있다. 용역계약은 계약서를 작성하고 계약담당공무원과 낙찰자 간에 기명날인할 때 계약의 법적 효력이 발생한다.

제3절 제안 및 협상 수주방식

1. 제안 및 협상의 개념

제안(proposal)이라 함은 용역계약 희망자가 건물의 소유자, 기타 권한 있는 발주자에게 관리안을 제출하는 수주영업 행위를 말하고 협상(negotiation)이란 두 당사자 간에 용역계약 체결을 위한 수주영업방법이나 상담 등을 말한다.

용역의 수주는 조달청의 경우, 입찰방법에 의하여 대부분 이루어지는 것이 일반적이나 제안과 협상에 의하여 용역수주가 종종 이루어지기도 한다. 특히, 주요 민간 발주처의 경우에도 제안 및 협상에 의하여 용역계약 체결이 이루어지고 있으므로 용역수주영업담당자는 제안 및 협상 방법에 관하여 연구해 둘 필요가 있다.

2. 조달청 협상에 의한 용역수주

제안 및 협상 방법에 의한 용역수주에 관계되는 법령 내용을 살펴보면, 국가를 당사자로 하는 계약에 관한 법률에서 위임된 사항과 그 시행에 관하여 필요한 사항을 규정하고 있으며, 국가를 당사자로 하는 계약에 관한 법률 시행령 제 43조에 명문화되어 있다.

동법 시행령 제43조에 의하면, 각 중앙관서의 장 또는 계약담당공무원은 물품, 용역 구매에 있어서 계약이행의 전문성, 기술성, 긴급성, 공공시설물의 안전성 및 그 밖에 국가안보 목적 등의 이유로 필요하다고 인정되는 경우 다수의 공급자들로부터 제안서를 제출받아 평가한 후 협상 절차를 통하여 국가에 가장 유리하다고 인정되는 자와 계약을 체결할 수 있다고 규정하고 있다.

각 중앙관서의 장 또는 계약담당공무원이 제안 및 협상 방법에 의하여 계약을 체결하고자 하는 경우에는 다음 사항을 조치하고 시행해야 한다.

1) 입찰공고 시 협상에 의한 계약이라는 뜻을 명시해야 한다.
2) 각 중앙관서의 장 또는 계약담당공무원은 협상에 의하여 계약에 참가하고자 자는 자에게 제안요청서 등 필요한 서류를 교부하여야 한다. 다만, 제안요청서 및 필요한 서류를 지정정보처리장치에 게재함으로써 제안서 및 필요 서류 교부에 갈음할 수 있다.
3) 그 계약의 성질, 규모 등을 고려하여 필요하다고 인정되는 경우 제안요청서에 대하여 설명을 할 수 있다.

4) 제안요청서의 설명을 실시하는 경우에는 설명회에 참가한 자에 한하여 계약에 참가하게 할 수 있다.
5) 해당 계약을 체결하려는 자의 이행실적, 기술 능력, 사업수행계획, 재무상태, 입찰자격 등을 종합적으로 고려하여 기획재정부장관이 정하는 계약체결 기준에 따라 세부기준을 정하고 그 기준을 열람할 수 있도록 하여야 한다.
6) 제안서를 평가하는 경우에는 그중앙관서의 소속 공무원, 계약에 관한 학식과 경험이 풍부한 자로 구성된 제안서평가위원회를 설치하고 심의를 거쳐야 한다.

3. 민간 발주처 제안 및 협상에 의한 용역수주

민간 주요 발주처의 경우에도 발주 용역의 규모나 성격 및 기술성이나 전문성 등을 감안하여 제한적으로 4내지 5개사를 현장설명회에 초청하고 소정의 절차를 거쳐 가격, 경영상태, 이행실적, 기술 능력, 기술인력 등의 정보를 담은 제안서를 제출하게 한 후 평가에 자격이 있는 6~7명의 교수나 실무자를 중심으로 평가위원회를 구성한 후 PT를 실시하도록 조치하고 PT 현장에서 용역계약 희망자로 하여금 제안 내용을 개별적으로 브리핑하도록 하여 평가위원의 개별평가 점수를 합산 결과 1위와 2위 업체를 우선협상대상자로 선정하여 협상일정에 따라 협상을 개별적으로 실시하여 최종 선정된 자와 용역계약을 체결하게 되는 수주방법이다.

제4절 수의계약 수주방식

1. 수의계약의 개념

수의계약(private contract)이란 경쟁계약의 상대적 개념으로서 경쟁 입찰에 따르지 아니하고, 일방적으로 상대편을 골라서 맺는 계약을 말한다.

2. 조달청 수의계약

조달청의 경우에도 국가를 당사자로 하는 계약에 관한 법률 시행령 제26조에 따라 다음에 해당하는 경우에는 수의계약을 체결할 수 있다.

1) 경쟁에 부칠 여유가 없거나 계약의 목적을 달성하기 곤란하다고 판단되는 경우
2) 특정인의 기술이 필요하거나 해당 물품의 생산자가 1인 뿐인 경우
3) 중소기업진흥에 관한 법률에 따라 해당 제품을 구매하는 경우
4) 국가 유공자 또는 장애인 등에게 일자리나 보훈, 복지 서비스 등을 제공하기 위한 목적으로 설립된 해당 단체 등과 용역계약을 체결하는 경우
5) 이상의 경우 외에 계약의 목적, 성질 등에 비추어 경쟁에 따른 계약체결이 비효율적이라고 판단되는 경우

이상에 해당되어 수의계약이 체결되는 경우에도 계약담당공무원은 계약 전에 수의계약 대상자의 자격요건과 수의계약 대상물품의 직접 생산 여부를 확인해야 한다.

3. 민간 발주처 수의계약

주요 민간 발주기관의 경우에도 인맥이나 특별한 연고가 있는 경우와 필요한 경우 특정인만을 상대로 수의계약을 체결하는 경우가 종종 나타나고 있다.

특히 그룹에 소속된 자회사의 경우나 소속 그룹 발주기관의 경우에는 수의계약이 관행처럼 이루어지고 있다. 수의계약방법에 의한 용역수주는 인맥과 연고가 가장 중요한 변수가 되므로 수주영업담당자는 물론 소속회사는 인맥과 연고 구축에 최선을 다해야 한다.

제5절 재계약 수주방식

1. 재계약의 개념

재계약(re-contract)이라 함은 기존 용역계약의 종료 전에 용역의 위탁자와 수탁자 간에 합의에 의하여 종전 계약기간을 일정 기간 연장하는 법률행위를 말한다.

다시 말하면, 재계약(re-contract)이란 계약 당사자 간에 합의에 의하여 기존 계약의 조건과 가격으로 계약기간을 일정기간 연장하는 계약을 말한다.

2. 재계약 용역수주 성공조건

재계약에 의한 용역수주는 수주영업에 투입하는 비용이나 시간 및 노력 없이 이루어지

는 수주방법이므로 수주영업비용의 최소화, 매출 극대화에 매우 도움이 되는 수주방법이다. 재계약을 성공시키려면, 무엇보다 기존 현장의 관리가 매우 중요하며, 발주자와의 인간관계 유지가 무엇보다 중요하다. 뿐만 아니라, 재계약방법에 의하여 수주를 성공하려면, 현장관리종사자의 협력이 무엇보다 필요하다. 왜냐하면, 기존의 계약에 의하여 관리한 결과가 만족한 경우에만 재계약이 성사될 수 있기 때문이다.

제6절 기획수주영업 수주방식

1. 기획수주영업의 개념

기획의 사전적 의미는 일을 꾸미어 꾀함을 뜻하는 바 수주영업 측면의 기획수주는 특정 용역 대상에 대하여 장기적으로 수주전략을 수립하고 전략에 따라 처음에서부터 수주가 성사 될 때까지 계획적으로 접근하고 추진하는 이른바 장기적 · 전략적 · 의도적 수주행위나 과정을 말한다.

2. 기획수주영업의 성공조건

기획영업에 의한 용역수주를 성공하려면, 다음의 조치를 순차적으로 취해야 한다.

1) 용역수주대상 건축물의 설계 및 건축정보를 다양한 소스를 통하여 입수하고 분석한다.
2) 입수한 건축정보를 분석한 결과 경제성과 타당성이 있는 경우, 수주대상으로 확정한다.
3) 건축주와 담당자로부터 기타 수주 관련정보를 계속하여 수집하고 데이터베이스화한다.
4) 유망 고객으로 설정하고 방문 준비를 철저히 한 후 단계적으로 접근하여 인간관계를 먼저 구축한다.
5) 고객에게 건물운영관리에 필요한 정보나 자료를 제공한다.
6) 건축 완공시기가 도래하면 본격적으로 용역 제안과 협상을 동시에 전개한다.
7) 가급적 수의계약으로 유도하고 여의치 않는 경우에는 지명입찰 또는 제한입찰 방법으로 발주하도록 유도하여 우호적 관계에 있는 용역사와 함께 입찰에 참여한다.

제 II 편

건물관리용역 수주영업실무

제Ⅱ편 건물자산관리용역 수주영업실무 편은 전술한 제Ⅰ편 수주영업의 이론적 기초 편에 이어 수주영업의 개념지식과 방법지식 등과 연관성을 가지고 있는 수주영업 행동지식(수주영업 활동지식)을 소개함으로써 이 책을 통하여 학습하는 사람 모두가 이 책의 최종 목표인 '독립적 수주영업실무 수행'을 스스로 할 수 있도록 지원하고 있다.

제Ⅱ편 건물자산관리용역 수주영업실무 편에서는 10개의 장을 두고 수주영업 및 입찰의 준비, 수주영업 및 입찰정보 관리, 입찰 및 제안 대상 건물 조사, 견적금액과 입찰가 산정, 용역제안 및 프레젠테이션, 협상 및 설득, 견적금액과 입찰가 산정, 적격심사와 용역계약 체결, 현장 실사와 인수, 그리고 수주영업실무 중에서 가장 중요한 기획수주영업과 전자입찰 실무 등 수주영업실무 전반에 관하여 실무 측면에서 접근함으로써 수주영업담당자가 수주영업활동을 수행함에 있어서 반드시 숙지하고 수행하여야 할 수주영업실무의 종류와 내용들을 소개하고 있다.

다시 말하면, 제Ⅱ편은 수주영업담당자로 하여금 제Ⅰ편의 수주영업의 기초 이론을 이해하고 방법과 절차를 숙지한 후, 소속 용역회사의 수주목표와 계획과 전략 에 따라 수주영업활동을 스스로 수행하여 마침내 용역계약을 체결하는 데 필요한 수주영업행동지식(활동지식)에 관하여 사례 중심으로 접근하고 하고 있다.

제4장

수주영업 및 입찰의 준비

전술한 제Ⅰ편의 제1장과 제2장 및 제3장을 통하여 건물자산운영관리용역 수주영업의 이론을 소개하였다. 제Ⅱ편 제4장부터 제15장에 이르기까지 수주영업의 실제 업무를 구체적으로 안내하여 제Ⅰ편의 수주영업 이론을 바탕으로 제Ⅱ편의 수주영업실무를 수행할 수 있도록 구체적으로 접근하고자 한다. 수주영업에 종사하거나 입찰하고자 하는 용역회사는 수주영업과 입찰참가에 필요한 참가 자격의 확보와 입찰참여 필요조건의 준비가 수주목표 달성에 있어서 매우 중요한 요소임은 재론의 여지가 없다.

왜냐하면, 건물자산운영관리용역을 수주하여야 하는 수주영업담당자 개인은 물론, 소속 용역회사 또한 수주영입이나 입찰 등에 참여히고지 할 경우에는 법과 제도에서 요구하고 있는 법정자격과 조건 등을 구비하여야 하기 때문이다. 만일, 용역입찰에 참여하고자 하는 회사가 입찰 자격이나 조건 등을 미리미리 준비하고 확보하지 않거나 충족하지 않는 경우, 수주영업이나 입찰참여가 원천적으로 봉쇄당하기 때문이다. 뿐만 아니라, 수주영업에 임하는 용역회사가 일정한 법정자격이나 조건을 구비하지 못하고 있는 경우에는 수주영업은 효과적으로 수행할 수 없게 되고 입찰에도 참여할 수 없기 때문이다.

제4장 수주영업 및 입찰 준비 실무 편에서는 용역회사가 조달청 입찰이나 주요 민간 발주처의 입찰에 언제나 입찰에 참여할 수 있는 법정자격이나 조건 등을 점검하고 부족하거나 미비한 경우 이를 확보하고 개선하여 수주영업이나 입찰에 참여할 수 있도록 하기 위하여 필요한 조치나 이행 사항을 실무차원에서 고찰하고 있다.

이와 같은 이유로 제4장 수주영업 및 입찰준비 실무 편에서는 5개의 절을 두고 소속회사로 하여금 언제든지 입찰에 참여하는 데 필요한 법정자격과 필요조건들을 소개하고 있다.

입찰에 응찰하기 위해서 소속 용역회사는 우선 먼저 면허조건을 구비해야 하고, 조달청이 발주하는 시설물 청소용역과 경비용역의 경우, 중소기업의 자격을 갖추어야 하며, 조달청 입찰 시 신인도 가점 해당자의 조건을 확보하거나 경영상태, 신용평가등급 상위 점수를 확보해야 두어야 하며, 부당 입찰자의 지위를 면해야 할 뿐만 아니라, 국방부 입찰의 경우 보안 검열을 미리 받아 두어야 하며, 발주하는 용역과 규모나 성격이 유사한 용역이행실적의 확보 등 입찰참여를 희망하는 용역회사가 갖추어야 할 법적 자격과 필요조건은 허다하게 많이 존재하고 있다. 그러므로 수주영업담당자는 수주영업담당자로서 갖추어야 할 개인의 자격과 조건을 구비하는 것 외에 입찰에 응하는 용역회사의 입찰자격과 조건을 미리미리 점검하고 미비할 경우, 지체 없이 이를 확보하고 준비해 두어야 한다. 왜냐하면 입찰은 용역회사의 상호(firm name)로 이루어지기 때문이다.

제1절 수주영업의 준비

1. 수주영업 준비의 개념

수주영업 준비라 함은 용역수주를 위한 용역입찰에 참여하는 데 필요한 일정한 자격의 확보와 조건의 충족을 예비하는 과정이나 활동을 말한다.

2. 수주영업의 준비사항

수주영업을 시작하는 창업단계의 용역회사는 물론, 기 창업하여 수주영업을 수행하고 있는 용역업체도 수주영업과 입찰참여 자격과 조건을 점검하고 구비할 필요가 있다. 왜냐하면, 시설물관리용역의 수주영업이나 입찰의 경우 발주처가 요구하는 법정자격(면허)과 필요조건 충족 여부를 심사대상으로 설정하고 이를 입찰 집행에 반영하고 있기 때문이다. 그러므로 수주영업이나 입찰에 참여하고자 하는 용역회사는 수주영업과 입찰참여에 필요한 법정자격을 확보하고 필요조건을 반드시 구비하여야 한다.

일반용역에 해당하는 시설물 경비용역업이나 청소용역업 그리고 시설물관리용역업과 소독용역 업종 중 시설물 경비용역업은 관할 지방경찰청장의 허가를 득해야만 경비용역의 입찰에 참가할 수 있으며, 시설물 청소용역업과 소독용역업의 경우에는 해당 시·군·구에 신고함으로써 입찰 자격을 얻을 수 있다. 그러나 시설물관리용역업의 경우에는 특별히 행정관서의 허가나 신고 없이 입찰에 응할 수 있다.

입찰 자격이라 함은 입찰 행위를 할 수 있는 조건을 말하며, 필요조건은 입찰 행위나 건물관리용역 수주영업활동을 함에 있어 반드시 갖추어야 할 요소를 말한다. 다시 말하면, 필요조건이란 수주영업이나 입찰활동을 가능하게 하거나 입찰 또는 수주활동의 효과 발생에 반드시 갖추어야 할 요소를 말한다.

시설물관리용역 수주영업이나 입찰에 있어서, 입찰 자격이란 특정의 사람이나 법인에게 입찰행위를 할 수 있도록 법령에서 허락한 것을 의미하고, 필요조건은 입찰 또는 적격심사 등에 참여하려면, 일정한 요소를 갖춘 업체만이 입찰에 참여하게 하거나 적격심사를 받으려면 반드시 갖추어야 할 요소들을 말한다.

시설물관리용역(시설물관리용역, 경비용역, 청소용역, 소독용역) 입찰의 경우, 전술한 바와 같이 경비용역 입찰의 경우에만 경비용역업 면허가 필요하고 청소용역과 소독용역은 해당 시·군·구에 신고함으로써 입찰 자격이 주어진다. 그러나 시설물관리용역의 입찰의 경우에는 허가나 신고조차 없는 경우에도 입찰자의 필요조건을 충족하고 있는 경우이면 시설물관리용역 입찰이 가능하다. 경비용역업 허가 절차와 청소 및 소독 신고 절차와 방법은 제Ⅰ편 제1장 제3절에서 언급한 시설물관리용역업의 법정자격과 필요조건 설명과 같이 처리하면 법정자격이 확보된다.

제2절 입찰참여 준비

1. 입찰참여 준비의 개념

입찰참여 준비라 함은 입찰참여에 필요한 필요조건의 구비를 의미한다. 발주처가 입찰시 입찰참가 용역업체에게 입찰참여 조건으로 여러 가지 자격과 조건을 요구하고 있으므로 수주영업담당자는 물론, 입찰참여 용역업체에서는 용역입찰에 참여하기 위하여 요구되는 여러 가지 자격과 조건을 확보하거나 구비할 필요가 있다.

조달청의 경우, 입찰 제한 항목을 설정하고 제한 항목에 해당하는 업체는 입찰참여 기회를 원천적으로 박탈하고 있다. 그러므로 용역업체가 갖추어야 할 자격과 조건에는 관련 면허(경비업 허가증, 위생관리용역업 신고필증 등) 외에 다음의 필요조건을 구비하여야 한다.

2. 입찰참여 준비사항

입찰에 참여할 수 있는 구비조건인 필요조건은 다음과 같다.

1) 조달청 입찰참가 등록 및 주요 발주처 등록

입찰참가업체는 전자입찰의 경우, 나라장터(g2b) 시스템 상에 전자적 방법으로 등록하여야 하고, 현장입찰의 경우에는 소정의 입찰서를 활용하여 입찰서를 제출하여야 한다. 또한 공동입찰의 경우에는 입찰등록 시 무효 사유에 해당되지 않도록 조심하고 공동수급표준협정서를 제출하여야 한다.

뿐만 아니라, 시설물관리용역업의 경우는 '1260' 코드로, 위생관리용역업의 경우에는 '1162' 코드로, 시설경비업의 경우에는 '1164' 코드로 각각 나라장터 시스템에 미리 등록해 두어야 하고, 주요 민간 발주처에도 소정의 발주처의 절차와 양식에 따라 용역협력업체로 각각 등록해 두어야 한다.

2) 수요기관 요구 실적 충족

조달청이나 주요 민간 발주처의 경우 용역발주 시에 발주용역과 유사한 규모나 성격의 건물관리용역 이행실적을 요구하거나 건축법 시행령 제3조의4 관련 [별표 1]과 동일한 건물용도의 종합관리나 개별관리 이행실적을 요구하거나, 발주 건물관리용역과 동일 또는 그 이상의 건물 연면적에 해당하는 용역관리 이행실적을 요구하고 있는 관계로 수주영업실무 차원에서 수주영업담당자와 입찰업체는 수주영업의 시작이나 입찰 전에 이행실적 조건을 구비해 둘 필요가 있다.

현실적으로 시설물관리용역을 통하여 지속적 경영과 발전을 도모하는 데 필요한 시설관리용역 입찰에 참여하려면, 적어도 건물 연면적 33,000m²(약 10,000평)의 업무용 건물(빌딩)관리용역 이행실적을 보유하고 있는 것이 유리하다. 뿐만 아니라, 연면적 33,000m² 이상의 이행실적을 기준으로 대형 용역입찰 초청 여부가 결정되므로 업무용 건물 33,000m² 이상의 이행실적 조건의 구비는 용역회사의 필요조건 중 하나이다.

3) 기업신용평가 상위 등급 유지

발주처가 시설물관리용역을 발주 시에 일정한 신용평가등급 확인서를 요구하고 있으므로 이에 대한 구비가 필요하다. 조달청 발주 용역입찰의 경우, 신용평가등급에 의한 경영상태 평가기준은 입찰회사의 회사채에 의한 평가기준으로서 발주처가 요구하는 입찰참가용역업체의 신용평가등급은 신용평가회사에서 발행한 신용평가등급 확인서를 기준으로 한다.

회사채에 의한 신용평가등급은 AAA 등급에서 CCC+ 이하까지 총 12개 단계 등급이 있으며, 기업어음에 대한 신용평가등급의 경우에는 A1에서부터 C 이하까지 총 11개 단계 등급이 있다. 조달청 입찰의 경우에는 적어도 BBO 이상의 신용평가등급의 확보가 필요하다. 왜냐하면, 신용평가등급에 의한 입찰회사의 경영상태 평가기준의 평점이 BBO일 때, 배점한도별로 30점 일 때 29.2점, 25점일 때 24.2점, 10점일 때 9.2점 정도가 되기 때문이다.

4) 중소기업 직접 생산 확인서 확보

조달청이 발주하는 건축물 청소용역과 경비용역의 경우, 건축물청소업과 경비업의 직접생산 확인서를 받은 업체만 입찰에 참여하게 하고 있어, 이에 대한 대비도 필요하다. 다시 말하면, 이 분야(청소용역업체 및 경비용역업체) 중소기업의 발전을 정책적으로 지원하기 위하여 매출 300억 원 이상의 업체나 상시고용 300명 이상의 업체에 해당하는 대기업은 원칙적으로 입찰참여를 제한하고 있기 때문이다. 그러나 예외적으로 건물종합관리용역 입찰의 경우에는 시설물관리용역 분야 대기업도 입찰에 참여할 수 있다.

참고로, 직접 생산 확인서는 중소기업청 또는 중소기업청장으로부터 직접 생산 확인서 발급업무를 위임받은 중소기업중앙회 관할 지역본부로부터 발급을 받을 수 있다.

5) 회사 자본금 규모 상향 조정

발주처가 발주하는 용역의 규모가 크다고 판단하는 경우, 발주처는 입찰참여 용역회사의 자본금을 일정한 수준 이상으로 요구하고 있다. 참고로 우리나라 건물관리용역회사 중 10억 원 이상의 자본금을 재무제표상 보유하고 있는 용역업체는 서우 36개 용역업체에 불과하다.

용역회사로서 크게 성장하려면 회사 자본금은 최소한 10억 이상의 자본금 규모가 되어야 할 것으로 판단된다.

6) 본사 소재지

발주처의 입찰대상 건물 소재지를 기준으로 소재지 내에 본사를 두고 있는 용역업체만 입찰참여를 허용하고 있어 이에 대한 대비도 필요하다. 예컨대, 지방 발주처의 경우 해당 지방에 본사 주소를 두고 있는 용역회사만 입찰할 수 있게 하기 때문이다.

7) 입찰 관계법령의 숙지

입찰에 참여하고자 하는 자는 국가계약법 및 동법 시행령과 입찰유의서 등 입찰관계법령을 입찰 전에 반드시 숙지하여야 한다.

8) 입찰보증금의 납부

입찰보증금 납부 면제자를 제외한 입찰에 참여하고자 하는 모든 입찰자는 입찰참가 마감일까지 입찰금액의 100분의 5 이상의 입찰보증금을 국가계약법 시행령 제37조 제2항에 규정된 현금 또는 보증서 등으로 납부하여야 한다.

9) 공인인증서 발급

전자입찰에 참여하는 업체는 관련기관으로부터 공인인증서를 발급받아 두어야 한다.

제5장
수주정보의 리스팅과 DB 구축

수주정보의 리스팅과 DB(데이터베이스화) 구축 제하의 제5장은 제Ⅱ편 건물자산운영관리용역 수주영업실무 편의 두 번째로 소개하는 수주영업실무의 내용으로서 제5장 아래 5개의 절을 두고 수주영업정보에 해당되는 입찰정보, 발주처정보, 경쟁사정보 등의 수집과 등록(리스팅) 및 데이터베이스 구축에 관한 실제 업무를 소개하고 있다.

수주영업과정에서 아무리 수주영업과 입찰 준비가 완벽하게 준비되어 있다 하더라도 수주영업에 필요한 정보가 없거나 관리가 되지 않는다면, 수주영업의 진행도 수주목표 달성도 기약할 수 없게 된다. 따라서 수주영업에 필요한 수주영업정보의 리스팅(수집과 등록)과 DB 구축정보 자료 파일은 수주전쟁에 임하는 수주영업담당자에게는 필수 무기이자 총알이라 할 수 있다. 그러므로 수주영업담당자와 용역업체는 용역수주정보의 입수와 관리에 투자를 아끼지 말아야 한다.

수주정보의 수집은 공식적으로 관보나 나라장터(g2b) 또는 비드큐나 21라인 등 무료 또는 유료 입찰정보 사이트를 통하여 획득할 수 있으나, 최고경영자의 인맥이나 건축 관련단체 및 경제단체 등 다양한 정보 소스들로부터 용역수주정보 입수가 가능하다. 따라서 수주정보 소스 다변화를 통하여 입수된 자료와 정보는 일정한 방법으로 리스팅하고 데이터베이스화하여 수주영업에 활용해야 한다.

제1절 수주정보 DB의 개념과 DB 구축의 필요성

1. 수주정보 DB의 개념

시설물관리용역 수주정보의 리스팅(listing of order information for building management service)이라 함은 수주에 관계되는 첩보나 정보 등을 입수하고 이를 분석하여 유용한 수주정보만을 용역수주영업 목록에 등록하는 작업을 말한다. 한편 수주정보 DB(database for order information)라 함은 스스로 수주영업정보를 기술하는 기록의 모임을 말하는 것으로 컴퓨터에서 자료의 중복 등록을 피하기 위하여 특정 업무나 프로그램에 예속시키지 아니하고 다양한 업무에 여러 가지 형태로 이용할 수 있도록 설계된 정보자료의 파일을 말한다.

데이터베이스의 종류에는 개인 데이터베이스, 기업 데이터베이스, 공공 데이터베이스 등이 있다. 개인 데이터베이스(personal database)라 함은 마이크로컴퓨터 데이터베이스라고도 호칭되는 것으로 개인이 자신이 사용하기 위하여 마이크로컴퓨터에 통합하여 둔 파일들을 말한다. 이와 같은 개인 데이터베이스 형태는 원격통신을 통한 온라인 접근이 허용되지 않는 스탠드 얼론(stand-alone) 형태의 데이터베이스로서 자료는 하드디스크나 콤팩트디스크(CD)에 저장된다. 개인 데이터베이스는 시중에서 판매되고 있는 데이터베이스 관리 소프트웨어를 이용하여 이를 만들어 활용하면 된다. 수주영업담당자가 개인 데이터베이스를 스스로 구축하여 수주영업정보를 관리하는 경우, 매우 편리하게 수주영업정보를 활용할 수 있다.

기업 데이터베이스는 기업의 조직들이 정보나 자료들을 공유하기 위하여 자료나 기록들을 모아 놓은 파일을 말한다. 용역회사에서 기업 차원에서 수주영업정보나 자료 및 기록들을 기업 데이터베이스화하여 운영할 경우 효율적으로 수주영업을 추진하게 된다.

공공 데이터베이스는 데이터베이스를 불특정 다수가 유료 또는 무료로 이용할 수 있도록 한 데이터베이스를 말한다. 정부기관이나 공공기관에서 공공의 이익을 목적으로 제공하는 규모가 클 뿐 아니라 자료가 매우 방대한 특징을 가지고 있다. 공공 데이터베이스 중 규모가 가장 큰 데이터베이스에는 국회도서관 데이터베이스 시스템이 있다.

건물관리용역을 주로 수주영업하고 있는 용역회사가 리스팅하고 데이터베이스화하여야 할 시설물관리용역 수주정보에는 시설물관리용역 입찰정보와 발주처정보 및 경쟁사정보 그리고 기타 수주정보 등이 있다. 따라서 용역회사나 수주영업 담당당자는 수집된 수주영업정보들을 리스팅하고, 이를 다시 개인 또는 기업 데이터베이스로 구축하여 수주영업에 최대로 활용하여야 한다. 왜냐하면, 수주정보의 관리가 곧 용역계약의 단초가 되기 때문이다.

2. 수주정보 리스팅과 DB 구축의 필요성

수주영업정보의 리스팅과 DB 구축의 필요성은 다음과 같다.

첫째, 수집된 수주영업정보나 자료들을 관계자 모두가 공유할 수 있다.

수집된 수주정보를 데이터베이스화하는 경우 수주영업 관계자가 수주영업정보를 공유하여 적절히 활용할 수 있어 수주영업을 능률적으로 처리할 수 있게 된다. 따라서 정보의 공유화가 데이터베이스화의 최대 장점이자 데이터베이스 필요성의 근거가 된다.

둘째, 파일의 경제성을 확보할 수 있다.

데이터베이스는 자료의 중복을 피하고 저장 장소와 저장 장치 및 하드웨어 유지 등을 경제적 방법으로 처리할 수 있다. 그러므로 정보나 자료의 데이터베이스화는 필요하다.

셋째, 수주영업 목적으로 수집된 정보나 자료의 결점을 낮출 수 있다.

종전의 파일 시스템은 자료에 대해 여러 부서에서 유지 또는 보완 등을 수행하여 자료의 결점이 많았으나 수주영업정보나 자료 등을 데이터베이스화하는 경우, 자료나 정보의 결점을 획기적으로 낮출 수 있으므로 수주영업정보의 데이터베이스화는 필요하다.

넷째, 수주영업정보의 안전성을 확보할 수 있다.

데이터베이스를 사용하려면 반드시 패스워드(password)를 사용하여야 하기 때문에 특정 정보의 보안이 보장된다. 뿐만 아니라, 권한 있는 사람만이 수정 보완 또는 삭제할 수 있어 저장된 자료나 정보의 훼손을 방지할 수 있다. 그러므로 수주영업정보나 자료의 데이터베이스화가 필요하다.

다섯째, 업무를 효율적으로 처리할 수 있다. 예컨대, 데이터베이스화된 수주영업의 정보를 활용하는 경우 수주영업에 투입되는 시간, 비용, 노력의 양보다 산출되는 수주영업의 성과가 크게 산출될 수 있다. 그러므로 수주영업정보의 데이터베이스의 구축은 필요하다.

제2절 수주정보의 리스팅

시설물관리용역 수주정보는 정보의 종류와 정보 소스에 따라 다양한 방법으로 정보를 접수하고 정보의 소스에 따라 리스팅 방법을 달리해야 하며, 별도의 창에 리스팅하여 이를 손쉽게 활용할 수 있도록 하여야 한다. 수주영업정보나 입찰에 필요한 수주정보의 리스팅 방법은 다음과 같이 처리하면 된다.

1. 입찰정보 리스팅

용역입찰정보의 리스팅 방법은 공식 채널에 의한 수주정보 리스팅 방법과 비공식 채널에 의한 수주정보 리스팅 방법이 있다. 또한 수주정보는 정보 소스(information source)에 따라 리스팅 방법을 달리하여야 한다. 공식 채널은 관보나 조달청 나라장터(g2b)와 같이 공공성을 가지고 있는 기관에 의하여 공식적으로 발표되는 수주정보를 입수하고 등록하는 경우이고, 비공식 채널은 비공공성 단체나 기관에 의하여 비공식적으로 생산되는 용역발주정보에 관해 비공식적으로 발표한 수주정보를 비공식적으로 입수하고 등록하는 경우이다.

다시 말하면, 공식 채널에 의한 수주정보 리스팅 방법은 수주영업담당자가 관보나 나라장터(g2b)나 비드큐 또는 21라인 등을 통해 공식적으로 등록하고 정기적으로 순회 검색하는 경우 공식적으로 발표되는 용역수주정보를 입수하고 리스팅하는 방법이나 비공식 채널에 의한 수주정보의 리스팅 방법은 최고경영자나 중간경영자의 인맥을 통하여 입수되거나 최고경영자가 소속한 단체나 기관 등에 의하여 입수되는 수주정보를 리스팅하는 방법이다.

최고경영자에 의하여 입수되는 수주정보에는 용역계약과 바로 연결되는 수주정보가 허다하며 경우에 따라서는 첩보 수준의 정보가 있으나, 이를 추적하고 보완하는 경우 매우 유용한 수주정보로 활용할 수 있다. 뿐만 아니라, 또 하나의 비공식 채널에 의한 수주정보의 입수와 리스팅 방법에는 수주영업담당자가 건축 관련 기관이나 단체에 의하여 수주정보를 입수하거나 건축현장을 일일이 발로 뛰어 현장을 답사하고 관계자를 방문하고 면담하여 얻어진 수주정보를 리스팅하는 방법도 있다.

수집된 수주정보는 다음의 〈표 5-1〉과 같이 별도의 창에 리스팅하여 수주영업에 언제든지 활용할 수 있도록 하여야 하고, 변경된 정보는 입수 즉시 업데이트(update)시켜 최신 입찰정보를 유지하여야 한다.

〈표 5-1〉 입찰정보 리스팅

용역수주정보명 / 수주정보 데이터베이스 등록 번호	
정보 소스	
용역의 종류 및 대상과 발주 예상 금액	
발주처명 / 수요기관명 및 주소 / 전화번호 / 담당자명 / 담당자 전화번호 및 이메일 주소	
입찰공고 번호 / 공고일자 / 입찰참가 등록일 / 입찰보증금 납입일 / 현장설명회일 /입찰일 / 적격심사일자 / 낙찰일자 및 계약 예정일자	
기타 특기 사항	

2. 발주처정보 리스팅

시설물관리용역 수주정보를 생산하고 제공하는 발주처정보는 수주정보만큼이나 중요하다. 시설물관리용역 수주영업을 영위하는 용역회사는 물론 수주영업담당자 모두는 공공 용역발주기관이나 단체를 모르는 사람은 아무도 없다. 그러나 비공공 발주처를 모르는 수주영업담당자나 용역회사가 의외로 많이 있음을 볼 수 있다. 따라서 수주영업담당자와 용역입찰에 참여하고 있는 용역회사는 공공 발주처의 정보와 함께 비공공 발주처의 정보를 개발하여 리스팅하고 이를 적극적으로 활용하여야 한다.

왜냐하면, 공공 발주처보다 비공공 발주처의 수가 의외로 많으며 비공공 발주처가 발주하는 용역입찰금액이 공공 발주처의 발주용역 입찰금액보다 더욱 크기 때문이다. 발주처의 정보관리는 다음의 〈표 5-2〉와 같은 방법으로 별도의 창에 리스팅하고 업데이트시켜야 하며, 수록된 정보의 변동사항이 있는 경우에는 입수 즉시 업데이트시켜 최신 발주처정보를 유지하여야 한다.

〈표 5-2〉 발주처정보 리스팅

발주처 명 / 발주처정보 데이터베이스 등록 번호	
발주처의 성격	
대표자명	
담당부서 및 담당자명	
주소 및 우편번호	
대표 전화번호	
FAX 번호	
담당자 전화번호	
이메일주소	
발주용역의 내역	
발주방법	
고용 용역회사명	
발주차수 및 내역	
기타 특기 사항	

3. 경쟁사정보 리스팅

용역시장에서 경쟁관계에 있는 경쟁회사의 정보를 알고 있는 경우 수주영업이나 입찰에 있어 여러모로 유리하다. 그러므로 수주영업담당자는 다음의 〈표 5-3〉과 같은 요령으로 경쟁사의 정보와 동향을 살펴 수집된 정보를 별도의 창에 리스팅하고 데이터베이스화하여 수주영업과 입찰에 활용하도록 하여야 한다. 경쟁사정보에 변동사항이 발생하는 경우에는 전술한 바와 같이 업데이트시켜 최신 정보를 유지해 두어야 한다.

경쟁사정보는 다음의 〈표 5-3〉과 같이 리스팅하고 별도의 창에 데이터베이스화하여 활용함이 유리하다.

〈표 5-3〉 경쟁사정보 리스팅

경쟁사명	
대표자명	
주소 및 우편번호	
사업자등록번호	
업종 및 업태	
자본금	
본사 주소 / 전화번호 / FAX 번호 / 홈페이지 주소	
영업담당 부서명 / 수주영업담당자 성명 / 전화번호 /이메일 주소	
기업신용평가등급	
최근 5년간의 매출 현황	
전국 현장 분포 현황	
경쟁력	
직원의 수 / 조직도 및 업무 분장	
임원의 수와 인적 네트워크 및 주요 경력	
보유 법정자격(면허) 및 구비조건	
보유 특수 장비 및 설비	
입찰 결격사유 유무	
주요 거래처	
시장점유율	
매출액과 순이익률	
영업 전략	
영업의 장 · 단점	
기술지원조직	
고객 만족도 / 신뢰 수준	
가격 전략	
경쟁 서비스(경쟁 업종)	
경쟁사 최근 동향	

4. 기타 정보 리스팅

수주영업이나 입찰에는 직접적으로 필요한 수주정보도 있으나 간접적으로 수주영업이나 입찰에 영향을 미치는 기타 정보들도 산재해 있다. 예컨대, 타 용역업체가 관리 중에 있는 타 업체 현장에 문제가 발생하여 용역계약상 해지 사유가 발생한 정보나 공공기관이 사용할 신축 건물이 곧 준공된다는 신문 지상의 보도, 외국 자본에 의하여 A빌딩이 매각되었다는 정보 등이 기타 정보에 해당되며, 기타 정보 또한 수주영업에 의외로 도움이 되는 정보가 있을 수 있으므로 수주영업담당자는 이를 매우 중요하게 취급하고 리스팅 작업과 함께 특별히 데이터베이스화 할 수 있는 경우, 기타 정보 역시 데이터베이스화해 두어야 한다.

제3절 수주정보의 데이터베이스

1. 파일처리 시스템과 데이터베이스 시스템의 개념

컴퓨터 시스템이 출현하기 전에는 정보나 자료 처리방법으로 유일하게 수작업에 의한 정보 및 자료의 처리가 이루어 졌으나, 컴퓨터 시스템의 출현 이후 자연스럽게 특정 정보나 자료의 신속하고 능률적 처리를 위하여 파일처리 시스템이 고안되었다. 파일 시스템은 특정 업무 수행에 필요한 자료나 정보를 각각 다른 파일에 저장하여 정보처리를 하는 시스템으로 이를 파일 시스템이라 한다.

파일 시스템에는 프로그램 파일과 자료 파일의 종류가 있으며, 파일조직에는 순차 파일조직과 직접 파일조직 그리고 색인 순차 파일조직 등이 있다.

파일 시스템은 수작업보다 매우 빠르고 능률적이나 자료처리에 있어서 각 부서별로 자료를 처리함으로써 자료가 중복 처리되고, 자료의 호환성이 떨어지며, 방대한 자료 양을 처리하는 데 문제점이 노출되는 등 파일처리 시스템의 한계를 노정하여 마침내 데이터베이스 시스템(DBMS)이 고안되어 자료처리 시 정보를 신속하고 능률적으로 처리하게 되었다.

데이터베이스 시스템은 하나의 조직이 모든 부서의 정보에 대한 요구를 충족하도록 하기 위하여 구조화시킨 자료들의 집합을 의미하며, 정보를 생산하는 데 파일처리 시스템보다 탁월한 성능을 보여주고 있다. 다시 말하면, 데이터베이스란 스스로를 기술하는 통합된 레코드의 모임 또는 모음으로서 자료의 중복을 피하게 하고 업무의 효율성과 융통성을 크게 증대시켜주는 장점이 있다.

데이터베이스의 종류에는 개인 데이터베이스, 기업 데이터베이스, 공공 데이터베이스 등 세 종류의 데이터베이스가 있으며, 데이터베이스 시스템 구축방법에는 계층형 DBMS, 네트워크형 DBMS 그리고 관계형 DBMS 등이 있다.

파일처리 시스템과 데이터베이스 시스템의 사용상의 특징은 파일 시스템을 사용하려면 저장된 파일을 찾아가지만, 데이터베이스의 경우에는 DBMS(Database Management System)을 찾아가면 된다.

통신과 결합된 데이터베이스는 수주영업의 자료처리와 정보 생산에 지대한 공헌을 하게 될 것으로 판단되는바, 수주영업담당자는 이를 적극적으로 구축하여 견적서 작성이나 제안서 작성 등에 적극 활용함이 매우 유용할 것으로 생각된다.

2. 데이터베이스 시스템 구축방법

데이터베이스 시스템 구축방법에는 전술한 바와 같이 계층형 DBMS 구축방법, 네트워크형 DBMS 방법, 관계형 DBMS 방법 등 세 가지 구축방법이 있다. 이를 설명하면, 다음과 같다.

1) 계층형 데이터베이스 처리 시스템 구축

계층형 DBMS의 구축방법은 상위 계층 레코드가 하위 계층 레코드를 거느리는 형태로 필드나 레코드가 배열되게 구축하면 된다. 예컨대, 부(父)레코드는 자(子)레코드를 거느리는 형태로 배열하여 구축한다. 따라서 부 레코드 밑에 여러 개의 자 레코드를 아래로 배열하여 구축하면 된다. 자의 정보를 찾으려면 부의 레코드에서부터 자 레코드를 찾을 때까지 찾아가야 하는 다소 복잡한 데이터베이스 시스템이다. 수주영업정보가 수주영업조직 전체에 활용되는 경우 즉, 일대다(一對多) 관계의 상황에 이용하기 적합한 시스템이다.

이의 장점에는 효율성이 높으며, 비교적 단순하여 배우기 편리하고 활용하기 쉬우며, 일 대 다 상황에 이용의 편리성의 장점이 있으나, 다양한 응용 변화에 대처하기 어려운 점이 있고, 자료의 저장에 중복성이 있으며, 자료의 삭제와 삽입이 복잡하고, 유연성이 매우 경직되어 있으며, 다대다(多對多) 관계를 표현하기 매우 어려운 단점도 있다.

2) 네트워크형 데이터베이스 시스템 구축

네트워크형 DBMS는 계층형 DBMS와 매우 흡사한 시스템이나 차이점은 하부 각 자(子)

레코드가 하나 이상의 부(父) 레코드를 가질 수 있다는 점이다. 그러므로 자 레코드는 여러 개의 부 레코드와 연관될 수 있다는 점의 특징을 가지고 있다. 이 시스템의 단점으로는 구조가 사전에 미리 정해져야 하고, 레코드 간에 서로 연결되는 숫자에 제한이 있을 수 있다는 점이며, 장점으로는 계층형 DBMS보다 유연성이 높다는 점이다.

3) 관계형 데이터베이스 시스템 구축

관계형 데이터베이스 시스템은 지금까지 가장 널리 사용되는 시스템으로서 1970년 E.F.Codd 박사가 고안한 것으로 매우 유연성이 높은 데이터베이스 모델이다.

시스템 구축방법은 관계를 나타내는 테이블에 자료를 저장하여야 하며, 열은 속성을 나타내는 필드를 나타내고, 행은 레코드를 나타내도록 설계하면 된다.

3. 효과적 데이터베이스의 활용 방안

데이터베이스는 수주정보와 자료를 저장하고 활용해야 하는 수주영업담당자에게는 매우 유용한 도구라 할 수 있다. 수주영업담당자로서 기업 데이터베이스 활용도 매우 유용하나 수주영업을 위해서는 기업 데이터베이스 구축과 함께 개인 데이터베이스 시스템도 동시에 구축하여 활용하는 것이 유용하다. 왜냐하면, 수주영업담당자는 수주현장에서 자료의 검색이나 정보를 활용하여야 하기 때문이다.

개인 데이터베이스를 구축하려면 다음 사항을 유념하여야 한다.

1) 개인형 데이터베이스 구축은 마이크로컴퓨터나 Access 또는 dBASE를 활용한다.
2) 데이터베이스는 관계형 데이터베이스 시스템(DBMS)으로 설계한다.
3) 개인형 데이터베이스 구축 시 다음 사항을 적극 고려하여야 한다.
   (1) 보조기억장치는 시디롬 급으로 한다.
   (2) 파일명을 지정해 둔다.
   (3) 자료의 입력과 수정 작업을 수시로 한다.
   (4) 자료를 정의하고 자료사전을 이용한다.
   (5) 라벨 생성 및 질의어를 만들어 두어야 한다.

제6장

현장설명과 현장조사 실무

조달청의 경우를 제외한 공공 발주처나 민간 발주처의 경우, 입찰공고 후 지정 기일에 현장설명회를 개최하고 발주하는 용역의 개요와 입찰유의사항, 용역의 범위와 용역 종사자의 조건, 입찰방법, 조달품의 규격, 기타 주의사항을 전달하고 의문사항에 대한 질문과 답변을 거치고 난 후 곧바로 현장 투어(site tour)를 실시하여 입찰 참고자료나 현장을 보여주게 된다.

현장설명회에 참석하는 수주영업담당자는 현장설명회에서 배포하고 설명하는 내용을 일일이 메모하고 의문사항은 반드시 질문하여 입찰 준비에 만전을 기해야 한다. 특히 건물종합관리용역 입찰예정자로서 현장 투어에 참여하는 경우, 특수 장비나 설비의 유무, 이에 관한 작동방법과 절차, 위험시설물의 유무, 건물 바닥재의 종류, 화장실의 수와 소모용품의 종류 및 재질, 보안 게이트의 수와 보안시설과 설비, 주차시설 등 건축시설물과 건축설비 및 건축대지 상하 토목시설물과 기타 부대시설물에 대하여 일정한 리스트를 중심으로 꼼꼼히 확인하여야 한다.

왜냐하면, 현장설명과 현장조사에서 얻어진 자료나 정보가 입찰서와 견적서 작성에 매우 긴요하게 활용되기 때문이다. 다시 말하면, 입찰을 위한 견적서를 작성하기 위해서는 반드시 건물현장을 조사하여 얻어진 견적자료를 확보하지 않으면 안 되기 때문이다.

현장조사는 낙찰 후에 실시하는 현장실사와는 성격적으로 차이가 있다. 현장조사는 입찰을 위한 견적서 작성을 위하여 실시되는 경우이나, 현장실사는 낙찰 다음 단계인 용역계약을 체결한 후에 현장인수팀을 구성하여 현장을 인수하고 운영관리계획의 수립과 현장운영을 시작하기 위하여 실시하는 것이기 때문이다.

제6장 현장설명과 현장조사 편은 3개의 절을 두고 현장설명의 개념과 목적, 현장조사의 대상과 성격, 현장조사방법과 현장조사자료의 활용 등을 설명할 예정이다.

제1절
현장설명의 개념과 목적

1. 현장설명의 개념

현장설명이란 발주처가 건설공사나 용역발주의 경우, 발주 공사 또는 용역의 개요와 입찰방법, 일반조건과 특수조건, 기타 입찰에 필요한 정보를 제공하기 위하여 발주처가 입찰 희망자에게 입찰에 필요한 정보나 자료 제공을 하기 위한 입찰 준비 모임을 말한다. 조달청의 경우 발주하는 입찰대상이 건설공사의 경우에는 발주 공사의 성격이나 규모에 따라 입찰공고 후 해당 입찰서 마감일 전 일정한 기일 내에 현장설명을 할 수 있도록 규정하고 300억 이상의 공사의 경우에는 반드시 현장설명을 실시하도록 규정하고 있다(국가계약법 제14조의 2). 그러나 용역의 경우에는 국가계약법에 명문규정이 없어 현장설명을 생략하고 있는 실정에 있다.

민간 주요 용역발주처의 경우, 입찰 전에 현장설명회 개최와 함께 현장 투어를 실시하여 입찰에 필요한 정보나 자료를 제공하고 있다. 조달청 전자입찰의 경우, 현장설명계획이 공고 시 발표되는 경우에는 입찰자는 반드시 나라장터에 전자적 방법으로 입찰공고번호, 입찰공고명, 설명회 장소, 설명회 일시, 설명회 장소 등과 사업자등록번호, 업체명, 대표자 성명, 참가자 기술자격, 참가자 직책, 참가자명 등을 입력하여 현설 참가를 신청하고 참가하여야 하며, 부득이 참가하지 못할 경우에는 신청사항을 삭제 또는 수정하여 참가신청을 취소하여야 한다.

2. 현장설명의 목적

현장설명의 실시목적은 입찰 예정자에게 입찰에 필요한 최소한의 정보를 제공하여 실수 없이 입찰에 응할 수 있도록 지원하는 데 있다. 그러므로 입찰 희망자는 현장설명회에 반드시 참여하여 발주처가 개최하는 현장설명자로부터 입찰에 필요한 정보나 자료를 입수하고 의문사항을 개별적으로 확인해 두어야 한다. 현장설명 시 배포되는 현설 자료와 입찰유의서, 기타 자료들을 빠짐없이 수집하고 분석하여 입찰서 및 견적서 작성에 반드시 참고하여야 한다.

현설 후에 실시되는 현장 투어에도 관심을 가지고 입찰대상 분야에 해당하는 시설물과 설비 및 바닥 마감재의 종류, 면적, 보안 게이트의 수나 남녀화장실 수 등도 파악하여야 한다.

제2절 현장조사의 대상과 성격

1. 현장조사의 대상

현설 후에 실시되는 현장 투어는 현장조사 성격의 관찰활동으로서 입찰 준비를 위한 사전 확인 작업의 하나이다. 현장조사의 대상은 입찰 용역의 성격과 업종에 따라 다소 달라질 수 있으며, 신축 건물과 기존 건물에 따라서도 현장조사의 대상이 다소 달라질 수 있다. 종합관리용역의 경우에는 건축시설물, 건축대지 상하의 토목시설물, 건축설비, 기타 부대시설 등을 포괄적으로 살펴보아야 하며, 용역비에 영향을 미치는 부분을 집중적으로 살펴보아야 한다.

1) 시설물 경비용역의 조사대상

시설물 경비용역의 경우, 현장조사대상은 용역대상 건물의 규모와 성격, 용도, 입주업체의 업종에 따라 조사대상은 다소 달라질 수 있다. 그러나 다음에 열거하는 사항은 반드시 조사하여야 한다.

건물 상주 인원, 출입 차량의 수와 주차시설의 문제점, 보안 시스템과 게이트 수, 기존 건물의 경우 현재 경비와 주차관리 배치인력의 수, 위험물 관리 상태, 경비 근무자 교대 시스템, 경비원 종사자의 급료 수준, 경비관리 서비스 수준 및 상태, 순찰 동선 및 방법, 경비 장비와 경비물품의 종류와 소모량, 경비용품의 지급 여부, 경비원의 대기실 상태, 경비원 복장 및 휴대품, 경비용역기간, 기존 건물의 경우에는 용역사 등을 조사하여 견적에 반영하여야 한다. 신축 건물의 경우에도 유사 사례를 유추하여 조사에 포함시켜 견적에 반영하여야 한다.

2) 환경미화용역 조사대상

환경미화용역의 경우에는 건물의 연면적과 바닥면적의 합계 면적, 바닥재의 종류와 바닥재별 면적, 청소 범위와 면적(특히 전용면적의 청소범위 여부 확인), 청소방법, 청소 장비, 청소인력의 수, 청소관리 서비스 수준 및 상태, 화장실의 수와 위치, 화장실 비치 품목의 종류와 품질, 카펫의 면적과 종류, 석재의 종류와 면적, 유리 면적과 종류, 철재 면적과 종류, 도장 마감 면적, 특수 청소의 주기와 사용 장비 및 약품, 청소 소모품의 지급 여부, 쓰레기 수거장의 상태, 청소원의 대기실 상태, 청소원의 복장, 청소원의 급료 수준,

청소용역 계약기간, 기존 건물의 경우에는 용역사 등을 면밀히 확인하여 견적에 반영하여야 한다.

3) 시설관리용역 조사대상

시설관리용역의 경우에는 시설관리용역의 범위, 정비 및 보수의 범위와 책임, 기술인력의 종류와 수, 보수용·소모성 자재의 지급 여부, 주간 근무자와 야간 근무자의 수, 설비관리의 난이도, 주요 기기 및 설비의 종류별 물리적 내용연수, 건축물의 준공연도, 설비별 사용 에너지 현황, 법정 점검 책임, 각종 보험 부보의 책임, 시설관리 종사자의 사무실 상태, 종합상황실 유무, 시설관리 서비스 수준과 상태, 시설관리 통합관리 시스템 유무, 시설관리자 배치의 수, 시설관리자 기술자별 급료 수준, 요구기술 수준, 시설관리용역 계약기간, 기존 건물의 경우에는 용역사 등을 면밀히 조사하여 견적에 반영하여야 한다. 특히, 인력에 관해서는 인수할 것을 전제로 인원의 수와 급료 수준을 관심을 가지고 조사하여 견적에 반영하여야 한다.

2. 현장조사의 성격

현장조사는 입찰 준비의 일환으로 작성되는 견적서 작성에 필요한 정보와 자료를 입수하기 위하여 실시하는 사전 조사활동이므로 낙찰 후에 현장관리를 착수하기 위하여 현장인수팀이 실시하는 사후 현장실사와는 큰 차이가 있다. 현장실사는 현장을 인수하기 전에 업무의 범위를 상호 확인하고 용역대상물에 대한 하자 유무나 문제점을 발견하여 그 해결방안을 공동으로 모색하기 위하여 사후에 실시하는 확인 성격의 조사라는 점에서 사전에 이루어지는 현장조사와는 성격 측면에서 우선 다르며, 조사대상 역시 큰 차이가 있다.

제3절 현장조사방법과 현장정보와 자료의 활용

1. 현장조사방법

현장조사방법에는 육안조사방법과 탐문조사방법 및 면접조사방법 등이 있다.

육안조사방법은 현장설명이 종료하고 곧 바로 이어지는 현장 투어 시에 투어 과정에서 업종에 따라 조사할 목록을 토대로 눈으로 살펴 조사하는 방법을 말한다.

이 방법은 투어 과정에서 눈으로 볼 수 있는 유체물이나 시설물의 작동 상태와 관리 서비스 수준 및 상태 등은 확인할 수 있으나, 보이지 않은 부분은 조사할 수 없는 한계를 가지고 있다. 뿐만 아니라, 인원수나 급료 수준 등을 조사하기란 육안조사방법으론 불가능하다.

탐문조사방법은 현장조사 건물과 관계되는 건물 안의 사람이나 건물 밖의 사람을 대상으로 탐문하여 정보나 자료를 조사하는 방법이다. 예컨대, 급료 수준이나 용역사 등은 탐문조사방법에 의하는 경우 쉽게 조사할 수 있다. 육안조사방법과 탐문조사방법을 통하여 필요한 정보나 자료를 입수하지 못하는 경우에는 현재 발주대상 건물에 종사하고 있는 근무자를 근무 장소 밖에서 만나 면담함으로써 필요한 재료와 정보를 조사하는 방법을 말한다. 면접조사방법은 비밀정보나 육안조사방법 또는 탐문조사방법으로 알 수 없었던 자료나 정보를 얻을 수 있는 장점이 있다.

2. 현장정보와 자료의 활용

현장설명회에 참석해 보면 수주영업에 종사하는 수주영업담당자가 현장설명과 현장 투어를 지극히 형식적으로 대처하는 모습을 종종 볼 수 있다. 이는 수주영업 종사자로서 바람직하지 못한 태도로서 시정하여야 할 수주영업담당자의 자세라 생각된다. 왜냐하면, 현장설명과 현장 투어에서 발주처에서 설명하는 입찰정보나 현장정보 등은 입찰 및 견적에 필요한 자료와 정보들이므로 충분히 그리고 정확히 조사하여 파악하여야 하기 때문이다. 또한 현장설명과 현장 투어에서 얻어진 정보나 자료는 곧 바로 견적서 작성과 입찰자료로 활용되기 때문에 현장설명회와 현장 투어에 진지한 자세로 임하여 필요한 자료와 정보를 확보하여야 한다.

만일, 필요한 자료와 정보를 현장설명회와 현장 투어에서 확보하지 못하는 경우, 견적금액 산정 시 오류를 범할 수 있으며, 오류에 의하여 작성된 견적금액으로 낙찰되는 경우에는 회사에 손실이 발생할 수 있다. 그러므로 수주영업담당자나 종사자는 현장설명회와 현장 투어에 진지한 자세로 임하여 필요한 정보와 자료를 확보하여 견적금액 산정과 입찰서 작성에 이를 적극 활용하여야 한다.

제 7 장

관리용역의 제안과 프레젠테이션 실무

수주영업실무는 수주영업의 단계별 업무 프로세스 관점에서 고찰하면 수주영업 및 입찰준비 실무과정, 수주정보의 리스팅과 데이터베이스화 실무과정, 다음으로 관리용역의 제안과 프레젠테이션 실무로 곧바로 이어진다.

용역발주를 처리하는 공공 발주처나 민간 발주처의 경우 입찰을 통하여 용역계약을 체결하는 관행이 일반적이나, 경우에 따라서는 기획수주영업에 의하여 또는 발주처의 요청에 의하여 관리용역 제안서를 제출하고 PT(presentation)을 경유한 후 협상(negotiation)에 의하여 용역계약을 체결하는 경우가 있다. 따라서 수주영업담당자는 수주영업을 수행하면서 종종 만나는 관리용역의 제안과 프레젠테이션 및 협상의 경우를 대비하여 이 분야의 실무를 익혀 둘 필요가 있다. 제7장에서는 3개의 절을 두고 관리용역 제안의 개념과 실무수행방법 및 프레젠테이션 기법을 실무 차원에서 소개하고 있다.

제 1 절 관리용역의 제안

1. 제안과 제안서의 개념

관리용역의 제안(proposals)은 구두로 하는 경우도 있으나 일반적으로 제안서를 통하여 제안하는 경우가 일반적이다. 구두로 관리용역을 제안하는 것을 구두제안이라 하고 제안서를 통하여 관리용역을 제안하는 경우를 문서 제안이라 한다. 시설물관리용역의 제안은 주로 문서제안방식인 제안서를 통하여 이루어지므로 수주영업담당자는 제안 수단의 하나인 제안서 작성을 능률적으로 처리할 수 있어야 한다.

제안서(letter of proposal)라 함은 고려, 토의, 채택하여 주도록 제안자가 상대방에게 제안의사를 명기한 서면을 의미하며, 제안서의 구성은 통상 공문과 첨부물로 구성되어 있다.

또한 제안서의 의미는 재화 또는 용역을 제공하는 사람이나 기업이 재화 또는 용역을 의뢰한 발주자에게 재화 또는 용역을 수주받을 경우 어떻게 수행하고 책임질 것인가에 대하여 포괄적으로 기술한 문서라 할 수 있다. 뿐만 아니라 제안서란 용역이나 재화를 납품할 사람이나 기업의 수행능력, 수행방법, 소요비용, 경영상태, 보유 전문인력 및 장비, 책임과 의무, 업무처리방법, 보고 등을 포괄적으로 정리한 문서라 할 수 있다.

2. 제안의 형식

용역을 수주받기 위하여 제출하는 제안에는 정형된 형식은 없으나 수주영업 관행상 사용되는 제안서의 형식에는 자유제안형식과 요청에 의한 지정제안형식 등 두 종류의 형식이 있다. 실무적으로는 제출용 제안서(용역금액 포함)와 PT용 제안서로 분류할 수 있다.

자유제안형식의 제안서는 기획수주영업 과정에서수주영업담당자가 수주대상 건물의 관리용역 수주정보를 입수하고 이를 면밀히 분석하고 타당성을 검토해 본 결과 경제성이 있다고 판단되는 경우 수주영업담당자 스스로의 의사결정에 의하여 작성, 제출되는 제안형식을 말하고, 요청에 의한 지정제안형식은 발주처의 요청하는 형식에 맞추어 작성, 제출되는 제안형식을 말한다. 또한 전자의 경우 일정한 형식(form)은 없으나 요청 지정제안 형식은 발주처가 제안을 요청할 때 일정한 목차와 내용으로 제안하도록 제안자에게 요청하고 있어 이에 따라 작성, 제출하는 제안서를 말한다.

자유제안형식의 제안서와 지정제안형식 제안서의 목차는 대체로 다음의 〈표 7-1〉 및 〈표 7-2〉와 같다.

〈표 7-1〉 자유제안형식의 제안서(예)

1. 회사 소개
2. 제안 개요(핵심 제안사항)
3. 인력 및 장비 운영계획
4. 공종별 과업수행계획
5. 교육계획
6. 안전관리계획
7. 업무보고계획
8. 차별화 방안
9. 용역비 산출 내역

〈표 7-2〉 지정제안형식의 제안서(예)

1. 과업내용 이해도
   1) 사업의 목표 및 수행계획
   2) 예상문제점 대처방안 및 개선대책
2. 사업수행계획
   1) 세부시행계획
   2) 안전사고 예방 및 사고 발생 시 조치계획
   3) 용역수행 및 용역 종사자의 복지, 교육계획
   4) 인력동원 및 확보계획(인력 결원 시 대책)
   5) 관리전담팀 구성 및 운영계획
3. 인력관리
   1) 이직 대비 예비인력 보유계획
   2) 투입인력 배치계획 및 인건비 집행계획
   3) 노사관리 운영계획
4. 용역비 산출내역

3. 제안서의 작성원칙과 요령

제안서의 작성원칙이라 함은 작성자가 제안서를 작성함에 있어서 반드시 지켜야 할 근본 법칙을 말한다. 제안서는 제안자가 상대방에게 제안 내용대로 채택하거나 설득하여 수용해 주도록 요청하는 문서이므로 상대방으로 하여금 이해하기 쉽고 간결하고 구체적이고 보편성이 있으며, 현실성이 있는 내용으로 구성되어야 한다. 그러므로 용역 제안서는 다음의 원칙에 따라 작성되어야 한다.

1) 제안서의 작성 원칙

제안서 작성에 있어서 반드시 적용되어야 하는 원칙에는 보편타당성의 원칙, 현실성의 원칙, 구체성의 원칙, 용이성의 원칙 등이 있다. 이를 구체적으로 설명하면 나음과 같나.

(1) 보편타당성의 원칙

제안서의 작성에는 보편타당성의 원칙이 적용되어야 한다. 보편타당성이라 함은 어떤 경우에도 두루 통용되고 적용되는 성질을 의미한다. 따라서 제안서 작성에 있어서 보편타당성의 원칙은 제안서 작성 시 명기되는 내용이 발주 용역의 수행방법이나 기술 및 인력과 재무 능력 등 어떠한 경우에도 통용되고 적용할 수 있는 내용이어야 한다는 원칙을 말한다.

다시 말하면, 제안하는 내용이 발주 용역의 관리에 적용할 수 없거나 통용할 수 없는 내용을 가지고 제안해서는 안 되며 반드시 보편적으로 인정되고 적용할 수 있는 내용으로 제안하여야 한다는 원칙을 말한다.

(2) 현실성의 원칙

현실성이라 함은 실제로 일어 날 수 있거나 현실에 있을 수 있는 가능성을 말한다. 제안서의 작성에 있어서 현실성의 원칙이라 함은 제안하는 용역관리의 방법이나 기술이 실제 적용할 수 있는 기술이고 방법이어야 하며 현실적으로 실행할 수 있는 내용으로 현실성 있게 제안서를 작성하여야 한다는 원칙을 말한다.

(3) 구체성의 원칙

구체성이라 함은 추상성의 상대적 개념으로서 구체적인 성격이나 구상성을 말하며, 사물이 실제로 뚜렷한 모양이나 형태를 갖추고 있는 성질을 의미한다. 제안서 작성에 있어서 구체성의 원칙이라 함은 구체적인 내용으로 제안서를 작성하여야 한다는 원칙을 말한다.

(4) 용이성의 원칙

용이성이라 함은 어렵지 아니하고 쉬운 성질을 말한다. 제안서의 작성에 있어서 용이성의 원칙이라 함은 작성되는 내용이 아무나 쉽게 이해할 수 있는 내용으로 작성되어야 한다는 원칙을 말한다.

2) 제안서의 작성 요령

제안서의 작성목적이 제안서를 읽거나 듣는 상대방이 제안서를 통하여 가장 빠른 시간 내에 제안자의 의사와 일치되게 하여야 하므로 제안서는 상대방 설득과 의사결정에 매우 중요한 도구가 된다. 그러므로 제안서 작성은 다음과 같은 제안서 작성 요령을 참작하여 작성함이 현명하다.

(1) 제안서는 상대방의 요구사항과 의도를 읽고 니즈를 파악하여 솔루션 중심으로 작성한다.
(2) 제안서는 상대방의 상황과 수준을 고려하여 작성한다.
(3) 제안서의 구조는 단순하되 논리적으로 작성한다.
(4) 다양한 컬러를 사용하여 깨끗하고 산뜻하게 작성한다.
(5) 검증되지 않은 내용과 전문적 내용이나 용어 등은 배제하고 쉬운 문장과 내용으로 작성한다.
(6) 오자나 탈자 없이 정확하게 작성한다.
(7) 한번 작성된 내용은 재검토하고 수정, 보완한다.

4. 제안서의 작성과정

제안서는 제안서 작성 원칙과 요령을 참고하고 제안서 작성의 단계별 작성과정을 참작하여 작성함이 현명하다. 제안서의 작성과정은 다음과 같다.

① 발주처의 제안서 제안요청형식 유무 확인
② 제안서 기본 방향 설정
③ 작성계획 및 일정 수립
④ 제안 참고정보 및 첨부자료 준비
⑤ 제안방식 및 제안형식 구상
⑥ 제안서 작성 및 편집
⑦ 검토 및 제출

1) 발주처의 제안서 제안요청형식 유무 확인

제안서의 형식에는 전술한 바와 같이 자유제안형식의 제안서와 발주처 요청에 의한 지정제안형식의 제안서 등 두 종류의 제안형식들이 존재하므로, 작성자는 작성 전에 반드시 제안서 형식, 특히 발주처 요청에 의한 제안서인지를 확인하여야 한다. 왜냐하면, 발주처가 제안을 요청해 올 때 일정한 목차와 내용으로 제안해 주기를 바라고 있기 때문이다.

그러나 요청이 없는 경우, 자유형식 제안서의 작성에 있어서도 발주처의 입장에서 무엇을 원하고 있는지, 어떤 조건을 확인하고 싶어하는지를 면밀히 검토하고 조사하여 이를 반영하여 제안서를 작성하여야 한다.

2) 제안서 기본 방향 설정

발주처나 발주담당자 등에게 제안서의 형식 유무를 확인한 후 상대방의 의도나 요구 및 니즈 중심으로 제안서 작성의 기본 방향을 설정하여야 한다. 제안서 작성의 기본 방향은 근본적으로 제안서의 의도가 향하여 나아가는 목표를 말하므로, 상대방의 의도나 요구사항 및 니즈 해결에 도움이 되어 상대방으로 하여금 제안자의 제안을 채택하여 주도록 작성 방향을 설정한 후 작성하여야 한다.

3) 작성계획 및 일정 수립

제안서의 작성 전에 작성계획을 수립하고 일정을 세워 작성에 착수한다. 작성팀을 구성하고 업무를 분담하여 작성업무를 효율적으로 진행하여야 한다.

계획을 세워 작성 작업을 수행하는 것이 매우 효율적이다. 따라서 제안서 작성계획과 일정을 정확하게 수립한 후 작성하고 검토하여 제출하도록 하여야 한다.

4) 제안 참고정보 및 첨부자료 수집

제안서 작성 참고정보는 발주처의 제안요청서(RFP : Request For Proposal)와 과업지시서를 기본으로 하여 작성하되 종전에 유사 입찰이나 제안서로 제출하였던 자료들을 부분별로 발췌하여 편집하여 작성한다. 수집되는 자료에는 검정되지 않은 정보나 자료는 사용하지 않는다.

5) 제안방식 및 제안형식 구상

제안서의 유일한 목적은 상대방으로 하여금 제안자의 제안을 받아 의사결정을 하게 하거나 선택하여 주도록 하는 데 있다. 그러므로 제안하는 방식과 형식에 대하여 고민해 볼 필요가 있다. 제안방식은 통상 구두제안방식과 서면제안방식으로 분류되며, 이 중 서면제안방식이 일반적으로 통용되는 제안방식이다. 그러므로 용역관리를 제안하는 용역사는 서면제안방식으로 제안하는 것이 현명하다.

제안형식은 가로책자와 세로책자로 하는 형식이 있으며 세로책자형식으로 제안서를 작성함이 유리하다. 특히, 제안서 작성을 구상할 때 제안자가 상대방의 입장에서 구상하여 작성함이 현명하다.

6) 제안서 작성 및 편집

제안의 형식과 구상이 다 된 경우, 제출용 제안서는 30페이지 범위 내에서 작성 제출하고 PT용 제안서는 20페이지 범위 내에서 작성하되 5도 이상의 다양한 컬러를 이용하여 보기 좋게 시각적으로 편집하여 제안서를 완성한다.

7) 검토 및 제출

완성된 제안서는 반드시 다수의 수주영업 관계자가 참석한 가운데 내용과 형식 및 오·탈자 점검 등을 실시하고, 최종 제안서를 확정한 후 제출하여야 한다. 완성된 제안서를 제출할 때 언제, 누가, 어느 장소에서, 몇 부를 제출하는 것이 유리한지를 면밀히 분석한 후 제출하고 설명이나 프레젠테이션이 필요한 경우 설명 또는 PT를 실시하여야 한다.

5. 제안서 작성의 선행 조건

제안서 작성자가 제안서의 작성 전에 반드시 이행하여야 할 사항을 제안서 작성 선행 조건이라 한다. 제안서 작성의 선행 조건은 대체로 다음과 같다.

첫째, 발주처의 의도와 요구사항 및 니즈를 먼저 조사하고 파악한다.
둘째, 제안서의 컨셉과 기본 방향을 설정한다.
셋째, 제안서의 작성계획 및 일정을 수립한다.
넷째, 제안서 작성에 필요한 정보나 자료를 수집하고 분석한다.
다섯째, 제안서의 제안방식과 형식 및 목차의 순서와 내용을 확정한다.

6. 제안서의 목차 및 내용

제안서 작성의 자료 및 정보 등이 조사되고 나면 제안서의 목차 순서를 정하고 수록할 내용을 검토하여야 한다. 제안서의 목차와 내용은 용역의 범주와 종류, 발주자의 의도나 목적, 제출자의 제안서 컨셉이나 기본 방향에 따라 다르게 설정될 수 있으며, 내용 역시 다소 다르게 수록될 수 있음을 유의할 필요가 있다. 그러나 발주처에서 미리 요구한 제안서의 목차나 제안서 형식이 없는 경우 시설물관리나 운영관리 용역 제안서에 수록되는 내용은 대체로 다음과 같다.

1) 회사 현황
2) 제안 개요(중점 제안사항)
3) 인력운영계획
4) 세부 공종별 운영관리계획
5) 교육계획
6) 장비투입계획
7) 차별화 관리방안
8) 용역비 산출 내역
9) 안전관리 및 비상관리 계획
10) 환경관리계획
11) 보고 체계 및 기록관리

7. 제안서의 요건

제안서가 갖추어야 할 조건을 제안서 요건이라 하는 바 이를 설명하면 다음과 같다.

1) 매력적인 도입부
2) 서문에 중점 제안사항, 본문에 제안의 배경과 논리적 논거, 결론에 제안의 당위성 부각
3) 자연스런 논리 흐름 및 확실한 표현과 앞, 뒤 연결성
4) 제안의 내용 및 규모에 부합하는 볼륨
5) 세련된 레이아웃
6) 구성의 밸런스
7) 고객의 입장과 사정 및 니즈 등에 기반을 둔 제안
8) 이해하기 쉬운 내용 및 동의하고 싶은 자료
9) 충분한 설명과 설명된 내용의 신뢰성

8. 제안서 작성 사례

조달청 또는 공공기관 발주처나 주요 민간 발주처에서 발주하는 일반용역에 수주를 목적으로 작성하는 제안서에는 제출용과 발표용(PT용도) 으로 작성되며 용도에 따라 발표용은 제안 용역금액이 생략되는 특징이 있다. 주요 건물자산운영관리용역업체에서 작성하고 제출 또는 발표한 종합 자산관리 용역 제안서의 사례 중 참고용으로 제안서 작성 사례를 소개하면 다음과 같다.

1) A사, 종합 자산관리 용역 제안서 작성 사례

(1) 제안업체 일반

① 일반 현황
② 주요 사업 내용 및 실적

(2) 관리운영

① 대상건물 현황분석
② 관리조직 및 업무분장
③ 제안업무의 범위
④ 시설 · 경비 · 청소 용역이행계획
⑤ 에너지 절감방안

(3) 임대운영

① 공실해소 및 인상계획

② 임차인 관리
③ 수익구조 개선계획

(4) 품질관리

① 품질점검 및 관리방안 제시
② 비상시 대처방안 제시

2) B사, 종합 자산관리 제안서 작성 사례

(1) 회사 소개

① 일반 현황
② 기술인력 보유 현황

(2) 물건개요 및 시장분석

① 건물명
② 건축개요
③ 지역 분석

(3) 건물별 실사 현황

건축/ 방재/ 기계/ 전기/ 방재/ 승강기

(4) 관리운영계획

① 업무조직
② 투입인력
③ 업무범위
④ 에너지 절감계획
⑤ 부속시설 운영방안

(5) 임대운영계획

① 임대여건 분석
- 임대시장 동향
- 임대시장 현황
- 개별물건 특성 분석

② 공실해소 방안

- 임대 마케팅 프로세스
- 전략 수립
- 임대 마케팅 세부영업 강화

③ 임차인 관리

(6) 수지계획

① 수지구조 개선 전략
② 수지구조 개선 세부방안
③ 0000년도 예산계획

(7) 품질관리

① 내부 고객 만족 관리
② 안전사고관리
③ 협력업체 관리
④ 공사관리
⑤ 품질관리 시스템

3) C사, 종합 자산관리용역 제안서 작성 사례

(1) 제안업체 일반

① 일반 현황
② 조직 및 인원
③ 주요 사업내용 및 실적

(2) 관리운영

① 대상건물 현황분석
② 제안업무의 범위
③ 관리조직 및 업무분장
④ 시설, 경비, 청소 용역 이행계획
⑤ 에너지 절감방안
⑥ 부속시설 운영방안
⑦ Value-Up 방안

(3) 임대운영

① 임대여건 및 적정임대가 검토
② 공실해소 및 인상계획
③ 목표 임대율
④ 임차인관리
⑤ 수익구조 개선계획

(4) 수지계획

① 연간예산계획
② 지출관리
③ 수지관리계획

(5) 품질관리

① 품질점검
② 관리방안

제2절 제안사항 프레젠테이션

1. 프레젠테이션의 개념

프레젠테이션이라 함은 거래의 상대방에게 제품이나 서비스의 판매 또는 계약을 체결하기 위하여 판매 또는 계약의 목적물이나 사용법 또는 서비스 제공방법에 대하여 소개하고 설명하는 발표 행위나 그 과정을 통칭하여 프레젠테이션이라 한다. 건물관리용역(서비스) 수주영업 사이드에서는 프레젠테이션을 통상 PT라 부르고 있다.

프레젠테이션의 목적은 거래 상대방 또는 거래의 상대방을 위하여 제품이나 서비스 평가를 담당하는 평가위원들을 설득하여 자사 제품이나 용역을 구매하게 의사결정을 하도록 하는 데 있다. 그러므로 수주영업담당자는 성공적인 구매를 위하여 프레젠테이션이 효과적으로 이루어지도록 최선을 다하여야 한다.

PT는 수주영업담당자가 직접 실시하는 경우도 있으나 수주목적을 성공적으로 달성하기 위하여 회사 내에 잘 훈련된 PT 담당자가 대신하는 경우도 있으나, 이와 같은 경우에도 수주영업담당자 중심으로 분석하고 준비하여 PT가 실시되도록 하여야 한다.

2. 효과적 프레젠테이션 방법

PT가 효과적으로 이루어지기 위해서는 사전 분석과 준비 및 연습이 필요하며 적절한 도구와 시나리오 및 보조자료를 충분히 준비하고 활용하여야 한다. 사전 예행연습을 수차례 실시하여 PT 현장에서의 실수를 방지하여야 한다. 프레젠테이션을 성공적으로 실시하려면 다음 사항을 충분히 숙지하고 PT를 준비하여 실전에 임해야 한다.

1) 수주영업담당자와 소속 용역회사는 PT의 중요성을 충분히 크게 인식하여야 한다.

수주영업의 일환으로 이루어지는 PT는 수주영업활동의 결과인 용역계약의 체결 전에 실시하는 제안 내용에 대한 평가에서 타사보다 유리한 평가 점수를 확보하여 마침내 용역계약을 체결하는 데 목적이 있으므로 수주영업담당자는 물론, PT에 참여하는 용역회사는 PT야말로 용역계약 직전의 마지막 전투임을 크게 인식하고 그 중요성을 가슴 깊이 명심하여 진지한 자세로 PT에 임해야 한다. 저자가 종종 발주처의 의뢰로 PT 평가에 참여해 보면, 일부 회사의 경우에는 PT의 중요성을 크게 느끼지 못하여 매우 형식적으로 준비 없이 대응하는 사례를 보았으나, 그 와는 반대로 일부 용역회사의 경우에는 PT의 중요성을 크게 인식한 나머지 용역회사의 대표나 임원이 직접 PT를 실시하고 용역계약 체결을 위한 설득과 설득의 열정을 보이는 사례를 자주 목격하였다. PT 평가자 입장에서 볼 때, PT의 중요성을 크게 인식하고 최선을 다하여 PT를 준비하여 실시하는 용역회사에게 높은 평점을 주게 됨이 인지상정임을 수주영업담당자는 인식할 필요가 있다.

2) 상대방의 니즈와 이슈를 파악하여 PT 제안서와 시나리오에 반영한다.

PT 실시 전에 PT의 중요성을 인식하고 발주처의 PT를 통하여 요구하고 있는 거래처의 니즈와 PT 이슈를 사전에 파악함으로써 이를 PT 제안서와 시나리오에 반영해야 한다.

3) PT의 목적과 상대방 및 장소 등을 분석하여 PT 시나리오에 반영해 두어야 한다.

입찰을 희망하는 수주영업담당자와 소속 용역회사는 PT 실시 전에 시나리오 작성 시 PT를 실시하는 목적과 PT에 참석하는 참가자의 범위와 수준과 성격 및 그들이 얻고자 하는 정보나 자료 등을 미리 조사하고 분석하여야 하며, PT를 실시하는 장소의 환경과 여건 및 PT 보조시설 유무 등을 면밀히 조사하고 분석하여 PT 예행연습이나 시나리오 작성에 반영해야 한다.

4) PT용 제안서와 시나리오를 타사와 차별되게 작성하고 PT를 실시하여야 한다.

PT를 통하여 발표하고 설명할 제안서의 내용을 시나리오로 변형 편집하여 작성하되 타 사의 것과 차별되게 작성하고 차별된 방법으로 PT를 실시하여야 한다. 제출용 제안서는 약 30페이지 내외로 작성하여 제출하고 PT용 제안서는 20페이지 전·후로 작성하고 시나리오는 발주처가 정한 PT 시간대에 맞추되 발주처의 PT 시간 계획이 별도 없는 경우

15분 이내에 시작과 본문 설명 및 종료할 수 있도록 작성하되 파워포인트 방식으로 작성하고 PT할 수 있도록 하여야 하며, 5도 이상의 컬러를 사용하여 시각적으로 한눈에 들어올 수 있도록 작성하되 사용하는 개인 노트북의 창에 저장하고 수주영업용 USB에 동시 저장하여 만일의 상황에 대비해 두어야 한다. PT용 제안서와 시나리오는 위의 설명과 다음 사항을 고려하여 작성한다.

(1) 제출용 제안서는 30페이지 전 · 후로 작성하되 PT용 제안서는 20페이지 범위 내에서 작성하고 시나리오는 특별히 정한 기준이 없는 경우 15분용으로 작성하되, 제출용과 PT용 제안서 내용과 시나리오 내용을 반드시 동일한 내용을 유지하여야한다.
(2) 5도 이상의 색상을 이용하여 시각적으로 편집한다.
(3) 제출하는 제안서는 보고서 형식으로 작성하되 시나리오는 프로젝트나 노트북, 컴퓨터 등을 이용하여 파워포인트로 PT할 수 있도록 작성한다.
(4) 청중의 동기 부여, 지식수준, 관심 사항, 눈높이 등을 분석하여 청중의 수준에 맞게 작성한다.
(5) 주제와 내용이 일치되게 작성한다.
(6) 슬라이드 제목과 내용이 일치되도록 작성한다.
(7) 논리적으로 구성한다.
(8) 지식전달보다는 의사결정에 필요한 정보전달 중심으로 작성한다.
(9) 시각적 자료를 이용하여 작성한다.
(10) 시간에 맞게 작성한다.
(11) 쉬운 용어로 간결하고 간단명료하게 작성한다.
(12) 오 · 탈자 없이 작성하고 전과 후가 일치하도록 작성한다.

5) 적절한 PT 도구를 준비하고 사용법을 미리 익혀 둔다.

PT를 실시하는 장소에 따라 PT를 위한 시설이나 장비 및 도구가 완벽하게 준비된 장소도 있으나 경우에 따라서는 PT 설비가 매우 미비한 장소에서 PT하는 경우도 예상할 수 있으므로 만일의 경우를 대비하여 자체 장비나 도구로 언제든지 PT할 수 있도록 사전에 준비해 둘 필요가 있다. 경우에 따라서는 프로젝터나 노트북, 컴퓨터 등을 작동하고 사용할 경우가 있으므로 이에 대비하여 장비나 기기의 사용법도 숙지해 두는 것이 현명하다.

6) PT 시나리오는 PT 담당자가 직접 작성하고 이를 중심으로 수차례 반복적으로 예행연습을 실시한다.

PT는 다음 사항을 고려하여 실시한다.

(1) PT 전체 내용을 충분히 숙지하여 자신감을 가지고 자연스럽게 PT에 임한다.
(2) 유머러스하게 시작하고 진지하게 종료한다.

(3) PT 시작과 종료 사이에 평가자들로 하여금 먼저 PT 내용에 주목하게 하고, 흥미를 느끼게 하며, 관심을 갖도록 하고 확신을 심어 주어 마침내 PT 발표자의 의도대로 결심하도록 PT해야 한다.

(4) 분명한 발음과 음색 및 적당한 말의 속도와 높낮이 유지, 밝은 표정, 자연스런 동작, 단정한 복장, 효과적인 몸짓, 언어를 사용하여 PT를 실시하여야 한다.

(5) PT 발표자와 보조자 간의 호흡과 동작을 일치시켜야 한다.

(6) PT를 통하여 발주처가 받을 유익을 분명하게 전달한다.

(7) PT를 통하여 이행실적, 경영상태, 기술 능력, 위기상황 대처 능력, 안전관리와 환경관리 능력과 기술 및 노하우, 서비스 인력관리, 자산관리 능력 외에 입찰 용역회사의 셀링 포인트와 메리트 등을 상대방에 강력하게 각인되게 하고 타사와의 차이점을 비교하여 부각시킨다.

(8) PT를 통하여 선택할 수밖에 없는 합리적 이유(실질적 이유)와 심리적 이유(감성적 이유)를 제공한다.

(9) 눈에 보이는 유익과 장점 및 특징과 눈에 보이지 않은 미래가치를 제공하여 욕구와 필요를 충족되게 하여 동기가 부여되도록 PT 한다.

(10) 고객의 의식구조는 고통회피형(70%)과 즐거움추구형(30%)으로 조사되고 있으므로 낙찰되는 경우, 서비스(용역) 제공과정에서 발주자의 고통을 피할 수 있음에 포커스를 맞추어 PT한다.

(11) 평가자의 얼굴과 태도를 통하여 분석형, 추진형, 온화형, 표현형 등 행동 유형을 식별하고 행동 유형에 맞게 PT한다.

(12) PT를 통하여 구매자(발주처)로 하여금 다음과 같은 패턴으로 변화를 유도한다.

① 신념을 변화시키다.

② 감정이나 느낌을 바꾼다.

③ 제공하는 서비스(용역)의 가치에 대하여 재평가하게 한다.

(13) PT를 통하여 제공하려는 서비스(용역)에 대하여 욕구 의식을 갖게 한다. → 정보를 탐색하게 한다. → 정보를 평가하게 한다. → 구매를 결정하게 한다. 순으로 발전되도록 유도한다.

(14) 서비스 정보 평가기준은 서비스의 특징, 장점, 이득, 품질, 편리성과 안전성, 투자가치가격), 이미지 등에 있으므로 서비스 정보를 평가기준에 맞추어 PT한다.

(15) PT를 통하여 고객의 건물관리문제에 고통보다 즐거움을 제공하는 솔루션을 제공한다.

(16) PT자는 PT를 통하여 건물관리 서비스(용역)를 팔기보다 가치를 팔아야 한다.

(17) PT자는 PT를 듣고 있는 평가자 중 영향력이 가장 큰 리더(평가위원장) 중심으로 PT한다.

(18) 제공하는 서비스(용역)를 장점, 차이점 유익 순으로 PT한다.

(19) 시나리오대로 PT하되 중간에 질문이 있는 경우에는 순발력을 발휘하여 예상 질문이라 하고 즉시 질문에 응답하고 답변의 만족 여부를 확인하여야 한다. 답변이 어렵거나 곤란한 경우에는 서면으로 대체하거나 대기 중인 상위 직급자를 소개하여 답변하게 한다.

(20) '최고', '최신', '첨단' 등의 용어를 사용하여 평가자의 호기심을 자극하고 '확실함', '자신함', '문제없음' 등의 용어를 사용하여 평가자의 의구심이나 경계심을 해소하도록 PT해야 한다.

(21) 주도적으로 PT해야 한다.

(22) PT를 통하여 제시하는 서비스(용역)의 목표가 구체적이고 측정 가능하며, 달성 가능하고, 현실적임을 증명하여야 한다.

(23) PT자는 권위와 신뢰로 무장하고 PT해야 한다.

(24) PT 중에 평가자의 표정이나 태도 및 자세 등의 반응을 보아 부정적 느낌이 있는 경우, 즉시 연습한대로 피드백을 시도한다.

(25) 평가지식 전달을 가급적 피하고 신뢰성 있는 데이터, 자료, 통계, 권위자의 분석 등을 인용하여 사실 위주로 PT한다.

(26) PT자는 최악의 상태를 대비하여 철저한 사전 준비를 하여야 한다.

(27) 제공하는 서비스(용역)를 설명할 때 다음 사항을 우선 고려하여 PT한다.

① 솔루션을 제안한다.
② 상대방 니즈를 충족한다.
③ 구매자의 판단이나 의사결정에 필요한 정보를 알기 쉽게 제공한다.
④ 경쟁사를 염두에 두고 설명한다.
⑤ 예상 질문에 대비한다.
⑥ 목소리 높낮이를 조절한다.
⑦ 적절한 몸동작을 함께한다.
⑧ 흥미 있게, 즐겁게, 적극적으로, 자신감 있게 설명한다.
⑨ 명확하게, 쉽게, 분명하고 간단하게 설명한다.
⑩ 고객이 필요로 하는 정보만 제공한다.
⑪ 고객 이익을 암시한다.
⑫ 고객을 참여 시킨다.
⑬ 믿음을 심어 준다.
⑭ 일반사항에서 복잡한 사항 순으로 설명한다.
⑮ 고객의 관점에서 설명한다.
⑯ 반복적으로 설명한다.

⑰ 너무 아는 체하거나 잘난 체하지 않는다.

7) 예행 연습과정에서 나타나는 문제점, 실수, 내용상의 흠결 등은 수정, 보완하고 최종 제안서와 시나리오를 완성한다.

제안서와 시나리오가 완성되면, 다시 검토하여 오타나 탈자 등을 바로 잡고 문맥의 전·후가 일치되지 않거나 표현상에 잘못이 있는 경우 이를 수정, 보완하여 최종본을 평가자 인원수보다 다소 많게 제작하여 평가일에 대비한다.

8) PT 당일 한 시간 전에 PT 현장에 도착하여 PT 준비사항을 점검하고 조치한다.

PT 당일에는 교통사정이나 기타 사항을 고려하여 한 시간 전에 현장에 도착하여 PT 장내의 시설과 설비를 점검하고 미비한 경우 이를 발주처에 부탁하여 이용에 불편이 없도록 조치한다.

9) PT차례가 오면 PT 자료의 배포와 동시에 자기소개 접근법으로 오프닝 멘트를 한다.

시작 30초 안에 PT 성패를 좌우하는 분위기가 조성된다. PT 담당자는 첫인상을 좋게 하기 위하여 복장을 단정히 하고 PT에 임해야 한다. 왜냐하면, 복장은 자기 소개장이기 때문이다. 30초 내에 자기 회사와 PT 담당자를 인상 깊게 소개한다.

10) 시작 30초 내에 우호적 관계를 설정하고 10분 안에 제공하는 용역(서비스)의 장점과 유익을 타사 용역(서비스)과 비교하여 자사가 제공하는 용역의 우수성을 충분히 설명해야 하며, 종료 30초 안에 클로징 멘트를 통하여 PT 핵심을 강조하고 경청에 감사하며 우호적으로 종결한다.

제8장

견적금액 산정과 입찰가 산출 실무

제8장 견적금액 산정과 입찰가 산출 실무는 수주영업실무 중 핵심 실무라 할 수 있다.

견적금액의 산정은 입찰가 산출에 기초를 제공하거나 낙찰의 경우 계약서류 제출 시 반드시 제출해야 하는 용역비 산출내역서의 근간이 되므로 입찰과 관련하여 매우 중요한 의미를 갖는다. 또한 견적금액을 기초로 산출되는 입찰가는 낙찰 여부를 결정짓는 바로미터가 되므로 입찰가 산출이야말로 수주영업실무 중 가장 중요한 핵심 중의 핵심 실무라 할 수 있다.

시설물관리용역 수주영업과정에서 제한입찰에 초청받았거나 또는 제안을 통하여 입찰참여 기회를 얻었거나, 아니면 일반경쟁 입찰참여의 기회를 얻은 모든 시설물관리용역업체는 입찰 전 과정에서 입찰자가 작성하는 견적금액에 기초하여 작성된 입찰가에 의하여 낙찰자로 결정되고 적격 판단을 받게 되며, 적격으로 판단받은 용역업체를 계약상대자로 결정하여 마침내 용역계약을 체결하게 된다. 그러므로 입찰가야말로 입찰 성공 여부를 결정짓는 척도라 할 수 있으며, 수주영업업무 중 가장 중요한 수주영업실무라 할 수 있다.

이 장에서는 4개의 절을 두고 수주영업의 핵심 업무인 견적금액 산정과 입찰가 산출 실무에 관하여 실무차원에서 접근해 보기로 한다.

제1절

견적금액의 개념과 산정방법

1. 견적금액의 개념

견적금액(bidding price estimation)이란 입찰자가 입찰에 성공하는 경우, 발주자가 발주하는 용역의 수행을 이 금액으로 책임지고 수행할 것을 입찰자가 약속하는 금액으로서 입찰 성공 시 용역계약서에 계약금액으로 명기되는 금액을 말한다. 견적금액의 산정은 책임과 의무를 수반하는 것이므로 비용 항목을 일일이 점검하고 확인한 후에 작성해야 하며, 한번 작성하여 투찰한 이 후에는 수정이 불가하다. 또한 견적금액의 산정은 용역수행에 투입되는 직접인건비와 간접인건비 및 직간접운영비와 기업이윤 등을 고려하여 작성하여야 하고, 입찰 성공 확률을 참작하여 작성하여야 한다.

견적금액의 산정방법은 월간 용역비 산출 툴(도구)을 활용하여 해당 용역수행에 투입되는 제비용(직접인건비와 간접인건비 및 직간접운영비와 기업이윤)을 포함한 월간 용역비를 먼저 산출하고 이를 바탕으로 적격심사 세부기준 등에 의한 낙찰하한율 등을 참고하여 계산한 후 최종적으로 입찰금액을 산정하여 투찰하여야 한다.

2. 견적금액의 산정방법

월간 용역비라 함은 용역을 수주하는 경우 용역수행 종사자들의 월별로 투입하는 직접인건비와 간접인건비의 합계와 직간접운영비 및 기업이윤을 합한 금액을 말한다.

월간 용역비 견적금액 산정은 〈표 8-1〉의 용역비 산정 모형을 활용하여 산정하는 경우 효율적으로 산출할 수 있다. 다만, 월간 용역비는 입찰업체의 규모나 직간접운영비 및 기업이윤의 산정률에 따라 다소 가감될 수 있음을 참고하기 바란다.

제2절 입찰가 산출방식과 산출방법

1. 입찰가 산출의 기초

입찰가는 견적금액을 기초로 산출하게 되나 조달청의 전자입찰방식과 공공발주처 입찰방식 그리고 기타 민간 발주처 최저가 입찰방식에 따라 입찰가 산출의 방식도 각각 다르다.

입찰금액 산정의 기초라 함은 입찰금액을 산정하는 데 기반이 되는 자료나 방법 등을 말한다. 입찰금액을 산정하려면 입찰가격 산정의 기초가 되는 월간 용역비 산출자료와 입찰금액 산정 필수 요소 및 입찰금액 산정관련 전문용어의 이해가 필수적이다. 견적 산출 툴에 의한 월간 용역비의 견적 산정 모형은 〈표 8-1〉과 같으며 입찰금액 산정 기본요소는 다음과 같다.

〈표 8-1〉 건물종합관리용역 견적금액 산정 모형(예)

2012년 기준			시설관리			미화관리			보안관리		계
			소장	주임	기사	팀장	반장	미화원	조장	대원	
			명	명	명	명	명	명	명	명	명
월 급여 총액		2012년 기준									
1 직접인건비	기본급여	급여지급기준									
	제 수당	자격수당 외									
	자격, 기타 수당										
	심야수당	근로기준법									
	연차수당	근로기준법									
	퇴직적립금	급여총액/12월									
	소계										
2 간접인건비	건강보험료	평균임금×2.90%									
	연금보험료	평균임금×4.50%									
	산재보험료	평균임금×2.00%									
	고용보험료	평균임금×1.40%									
	장기요양보험	건강보험×6.55%									
	임금채권부담금	평균임금×0.08%									
	피복/장구류	150,000 /인.연									
	감가상각비	25,000,000/48개월									
	청소 용품비	4,500,000/월									
	소모자재	1,500,000/월									
	사무실운영비	300,000/월									
	소계										
3	합계	(1 + 2)									
4	직간접운영비	(3)×3.0%									
5	기업이윤	(3 + 4)×2.0%									
6	공급단가	(3 + 4 + 5)									
7	월간금액 (VAT별도)	(6)×인원									
8	연간금액 (VAT별도)	(7)×12개월									

2. 입찰가 산출방식

1) 조달청 전자입찰 입찰가 산정방식

입찰금액 산정 시 필수적으로 계산해야 하는 입찰금액 산정 요소에는 사정률과 투찰률 및 낙찰(투찰)하한율 등이 있다.

(1) 사정률에 의한 입찰가격 산정방식

사정률이란 입찰 전 발표된 기초금액을 기준으로 예정가격을 예측할 수 있는 비율을 의미하며 예정가격을 기초금액으로 나눈 백분율(%)을 말한다. 발주처에서는 예정가격을 발표하지 않으므로 기초금액에 사정률을 곱하여 예정가격을 추정하게 되므로 입찰금액을 산출함에 있어 사정률 분석은 대단히 중요하다고 할 수 있다. 즉, 사정률은 (예정가격÷기초금액)×100%을 의미한다.

사정률에 의한 입찰가 산정방식은 다음의 〈표 8-2〉와 같다.

〈표 8-2〉 사정률에 의한 입찰가 산정방식

입찰금액 = 기초금액 × 사정률(%) × 낙찰하한율(%)

(2) 투찰률 계산방식

투찰률은 낙찰자 선정기준으로서 적격심사 입찰가격 평가 점수에 대입하여 산출한다. 다시 말하면, 투찰률은 입찰가격을 예정가격으로 나눈 비율(%)로서 예정가격 대비 입찰금액의 차이를 말한다. 투찰률은 낙찰자 선정기준으로 활용된다. 투찰률 계산방법은 다음의 〈표 8-3〉과 같다.

〈표 8-3〉 투찰률 계산방식

투찰률(%) = (입찰금액 ÷ 예정가격) × 100

(3) 낙찰(투찰) 하한율 계산방식

낙찰하한율은 업체가 낙찰받기 위하여 입찰할 수 있는 최소한의 투찰률로서 발주처의 추정가격이나 업종에 따라 적격심사 세부기준에 의하여 낙찰하한율은 달라질 수 있다. 즉, 업체의 이행실적이나 경영상태(신용평가등급) 등의 평점에 따라 낙찰하한율이 달라지게 되므로 입찰 전 업체별 점수 확인이 반드시 필요하다.

따라서 적격심사 세부기준에 따른 낙찰하한율 계산방법과 평가 요소에서 만점을 받지 못할 때의 낙찰하한율 계산방법 등 두 가지 방법으로 낙찰하한율을 계산해 보아야 한다.

① 조달청 적격심사 세부기준에 따른 낙찰하한율 계산방법

적격심사 세부기준에 따른 낙찰하한율 계산은 조달청 일반용역 적격심사 세부기준의 경우 제10조(낙찰자 결정) 제1항에 의가하여 최저가 입찰자에 대한 심사 결과 종합 평점이 85점 이상이면 낙찰자로 결정되는데, 입찰 희망 업체는 입찰 전 반드시 적격심사 항목 및 배점한도를 확인하고 예상 평점을 추정한 후 입찰가격 평점산식에 추정한 평점을 대입하여 낙찰하한율을 계산해야 한다.

조달청 일반용역 적격심사 세부기준과 평가방법 및 낙찰하한율 계산방식은 〈표 8-4〉와 같다.

〈표 8-4〉 조달청 일반용역 적격심사 세부기준에 따른 낙찰하한율 계산방법

추정가격 5억 원 이상인 시설물관리용역의 적격심사 만점 시(이행실적 10점, 경영상태 25점, 근로조건 이행계획의 적정성 5점을 얻어 총 평점이 40점일 때) 입찰가격 평점 45점을 얻어 종합 평점 85점 이상이 되기 위한 낙찰하한율 계산의 경우

① 입찰가격 평점 $= \text{배점한도} - 60 \times \left| \left(\frac{88}{100} - \frac{\text{입찰가격}}{\text{예정가격}} \right) \times 100 \right|$

② $45 = 60 - 60 \times |88 - \text{낙찰하한율}|$

③ $60 \times |88 - \text{낙찰하한율}| = 60 - 45$

④ $|88 - \text{낙찰하한율}| = (60 - 45) \div 60$

⑤ $(88 - \text{낙찰하한율}) = 0.25$

⑥ $88 - 0.25 = \text{낙찰하한율}$

⑦ $87.75 = \text{낙찰하한율}$

⑧ $\text{낙찰하한율} = 87.745\%$

② 평가 요소에서 만점을 받지 못할 때의 낙찰하한율 계산방법

이 계산방법은 입찰 전 업체가 평가 요소에 대한 자기 평점을 계산한 결과 적격심사 점수가 부족한 경우의 낙찰하한율 계산방법으로 점수가 부족할수록 입찰가격 점수는 높아지고, 낙찰하한율도 높아져서 입찰가격이 올라가며, 입찰가격이 올라가면 가격입찰에서 낙찰예정자 순위가 후순위로 밀리게 되는 경향을 보인다. 평가 요소에서 만점을 받지 못할 때의 낙찰하한율 계산방법은 〈표 8-5〉와 같다.

〈표 8-5〉 평가 요소 만점 미달 시 낙찰하한율 계산방법

이행실적 9점, 경영상태 25점, 근로조건 이행계획의 적정성 5점을 얻어 총 평점이 39점일 때, 입찰가격 평점 46점을 얻어 종합 평점 85점 이상이 되기 위한 낙찰하한율 계산의 경우

① 입찰가격 평점 = 배점한도$-60\times\left|\left(\frac{88}{100}-\frac{\text{입찰가격}}{\text{예정가격}}\right)\times 100\right|$

② $46=60-60\times|88-\text{낙찰하한율}|$

③ $60\times|88-\text{낙찰하한율}|=60-46$

④ $|88-\text{낙찰하한율}|=(60-46)\div 60$

⑤ $(88-\text{낙찰하한율})=0.233$

⑥ $88-0.233=\text{낙찰하한율}$

⑦ $87.767=\text{낙찰하한율}$

⑧ 낙찰하한율$=87.765$(소수점 다섯째 자리 반올림)

3. 입찰가 산출방법

1) 입찰금액 산정 용어의 정의

입찰금액 산정을 하기 위해서는 입찰금액 산정 필수 요소 외에 입찰금액 산정 기초 용어의 이해가 필수적이다. 입찰금액 산정에 필요한 기초 용어에는 다음의 용어들이 있다.

(1) 예정가격

예정가격이란 입찰 또는 계약체결 전에 낙찰자 및 계약금액의 결정기준으로 삼기 위하여 미리 작성 비치해 두는 가액으로서 국가계약법 제8조에 의하여 작성된 금액을 말한다. 또한 예정가격은 낙찰자(계약자) 선정기준이 되는 금액을 말한다. 예정가격은 단일예가의 경우에는 미리 결정되나 복수 예가의 경우에는 입찰 종료 후에 결정되며, 예정금액과는 완전히 다른 금액이라 할 수 있다. 따라서 예정가격은 개찰 시에 발표되므로 입찰 전에 도저히 알 수 없는 금액이다.

용역입찰에서 활용되는 예정가격은 일반적으로 복수예가방식으로 산정하고 있으므로 발주처는 15개의 예비가격을 작성하고 이를 입찰자로 하여금 입찰 시에 추첨하도록 하여 최다 추첨된 4개의 복수예비가격을 산술평균하여 예정가격을 결정한다. 이와 같이 결정된 예정가격은 낙찰자(계약자) 선정기준으로 활용된다.

(2) 추정가격

추정가격이라 함은 물품, 공사, 용역 등의 조달계약을 체결함에 있어서 국가계약법 제4

조의 규정에 따라 국제입찰 여부를 판단하는 기준으로 삼기 위하여 예정가격이 결정되기 전에 산정된 가격을 말한다.

(3) 추정금액

국가계약법 시행령 제2조 제1호에 의한 추정가격에 부가가치세법에 따른 부가가치세와 관급재료로 공급된 부분의 가격을 합한 금액을 말한다.

(4) 기초금액

기초금액이란 조달청에서 조사한 당해용역의 용역금액을 말하며, 입찰공고 시 발표하거나 입찰공고 후 발표하기도 한다. 기초금액은 예정가격 예측 시 기준 금액이 되며 복수예비가격 작성의 기초 금액이나 적격심사의 이행실적 평가 시 기준 금액으로 활용되는 금액이다.

(5) 복수예비가격

입찰에 있어서 예정가격의 누설에 따른 잡음을 피하기 위하여 예정가격을 산정하기 위한 금액을 말하며 기초금액을 기준으로 작성되고 예정가격 산정에 활용된다. 결정방법은 기초금액을 기준으로 발주처에서 정한 일정 범위 내에서 임의로 추출한 15개의 가격이 복수예비가격이 되며, 복수예비가격 중 추첨에 의해 빈도가 높은 4개의 예비가격을 산술평균하여 예정가격으로 결정한다.

2) 입찰금액 산출방법

입찰금액의 산출방법은 다음의 〈표 8-6〉과 같은 산식으로 산정하면 된다.

〈표 8-6〉 입찰금액 산정방법

입찰금액 = 예정가격 × 낙찰하한율
= 추첨 결과 다빈도 복수예비가격 4개 산술평균 가격 × 낙찰하한율
= 기초금액 × 사정률 × 낙찰하한율

입찰금액 산정 시 참고할 사항은 예정가격은 개찰 전까지는 알 수 없으므로 예측하여 투찰해야 하고 예측한 예정가격이 개찰 결과와 차이가 적거나 일치하는 경우 낙찰에 유리해지며, 예정가격 초과 시에는 순위에서 탈락하거나 개찰 시에 입찰가격에서 예정가격을 나눈 것(투찰률)이 낙찰하한율에 미달되는 경우에는 역시 낙찰하한선 미달을 원인으로 순위에서 탈락함을 유의하여야 한다.

제9장

용역입찰과 협상 실무

건물자산관리용역 수주영업에 있어서 가장 중요한 목표는 용역계약 체결에 있으나, 이를 위한 핵심 업무는 입찰이라 할 수 있다. 따라서 입찰은 수주영업의 가장 중요한 목표 달성의 성패를 좌우하는 키라 할 수 있다.

입찰의 방식을 대별하면 전술한 바와 같이 현장입찰과 전자입찰로 분류되며, 입찰방식에 따라 구두제안방법이 다소 상이하므로 실무적으로 살펴보아야 한다. 전자입찰의 경우에는 입찰 종료 후 낙찰자의 지위를 가지는 경우에는 적격심사과정을 거쳐 계약 상대자가 되어 일정한 서면의 제출과 계약이행보증금을 납부하는 경우 계약체결로 이어지나, 현장입찰의 경우에는 입찰 후 우선협상의 대상이 되는 경우 발주처와 협상단계(네고단계)를 거쳐 계약 상대자로 결정되므로 협상 또한 수주영업에 있어서 중요한 기술이자 수주영업실무라 할 수 있다.

이 장에서는 수주영업의 핵심 업무인 입찰과 입찰 후 전개되는 협상에 관하여 실무 차원에서 접근해 보기로 한다.

제1절 용역입찰 실무

1. 입찰의 개념

입찰이라 함은 일의 도급이나 물건의 매매계약 체결에 있어서 희망자에게 낙찰 희망 예정가격을 써내게 하는 일이나 그것을 써내는 행위를 말한다.

입찰의 개념에 관해서는 제 I 편 제1장 제11절에서 의미 설명하였으므로 이를 참고하기 바란다.

2. 입찰의 절차

입찰 절차란 입찰 진행 순서를 의미하며 현장입찰과 전자입찰의 절차와 방법이 매우 상이함은 제Ⅰ편 제3장 제1절에서 전술한 바와 같으므로 참고하기 바란다.

3. 입찰참가신청

입찰참가신청을 하지 아니한 자는 입찰에 참가할 수 없다. 따라서 수주영업담당자는 입찰 전에 반드시 입찰참가신청을 하여야 한다.

입찰참가신청서 제출 시 대리인을 지정한 경우에는 그 대리인이 입찰에 참가할 수 있다. 대리인의 자격은 입찰참가자가 법인인 경우 당해 법인의 소속 임·직원에 한하며, 임·직원에 대한 확인은 위임장, 재직증명서, 사원증 등에 의하여 대리인의 자격을 증명할 수 있다.

4. 입찰서 작성

입찰에 참여하기 위해서는 선행 조건의 충족과 입찰서를 작성하고 이를 입찰공고 시 지정한 장소와 명시한 투찰방법으로 직접 제출하거나 전자적 방법으로 투찰하여야 한다. 조달청 전자입찰의 경우 입찰등록을 하고, 현장입찰의 경우에는 입찰신청을 하여야 한다. 입찰등록과 입찰신청서를 제출한 후 소정의 입찰보증금을 현금 또는 자기앞 수표나 상장증권 그리고 보증보험증권, 기타 계약법 시행령 제37조 제4항 각 목에 해당하는 기관이 보증하는 보증서로 납부하여야 한다. 다만, 발주처에 따라 지급확약서를 제출함으로써 입찰보증금 납부를 면제하기도 하며, 지급확약서는 입찰보증금 납부 확약 내용이 명기된 입찰참가신청서로 갈음한다.

입찰서의 작성방법은 소정의 입찰서 서식에 의하여 작성하여야 하며, 입찰금액은 총액을 표기하여야 한다. 입찰자는 입찰서에 기명날인을 함에 있어 입찰자의 성명(법인의 경우 대표이사 성명)을 기재하고 입찰참가신청서 제출 시 신고한 인감으로 날인하여야 한다.

입찰서의 기재사항 중 말소 정정할 곳이 있는 경우에는 입찰에 사용하는 인감으로 날인하여야 한다. 입찰서는 입찰공고 또는 입찰통지서 등에 별도로 규정한 경우를 제외하고는 한글로 작성하여야 하고 입찰금액의 통화는 원화로 하여야 한다. 입찰서의 금액 표시는 한글 또는 한자로 표시하여야 하며, 아라비아 숫자를 병기할 수 있다. 전산 서식에 의한 입찰의 경우에는 지정된 표기방법으로 기재하여야 한다.

현장입찰의 경우 발주처가 제공하는 입찰관련 서류는 다음과 같다.

1) 입찰공고문 또는 입찰참가통지서
2) 용역입찰유의서
3) 입찰참가신청서(소정양식)
4) 입찰서(소정양식)
5) 용역표준계약서(소정양식)
6) 용역계약일반조건
7) 용역계약특수조건
8) 과업내용서
9) 기타 참고사항을 기재한 서류

현장입찰의 경우 입찰자가 제출하여야 할 입찰서류는 다음과 같다.

1) 입찰참가신청서(소정양식)
2) 입찰서(산출내역서 포함, 봉함 날인하여 제출) 1부
3) 사업자등록증 사본(원본대조필) 1부
4) 법인등기부등본 1부(법인의 경우)
5) 인감증명서 1부
6) 사용인감계 1부
7) 사용 인감
8) 위임장 및 재직증명서 각 1부(입찰 대리인의 경우에 한함)
9) 입찰이행보증보험증권 1부
10) 기타 증빙서류 및 공고문에서 정한 서류

참고로 입찰시 제출하여야 할 서류 중 소정의 양식인 입찰참가신청서의 양식과 기재사항은 〈표 9-1〉, 입찰서 양식과 기재사항은 〈표 9-2〉 및 이외의 용역표준계약서의 양식과 기재사항은 〈표 9-3〉과 같다.

〈표 9-1〉 입찰참가신청서 양식과 기재사항

<table>
<tr><td colspan="4">입찰참가신청서

※ 아래 사항 중 해당되는 경우에만 기재하시기 바랍니다.</td><td>처리기간
즉시</td></tr>
<tr><td rowspan="3">신청인</td><td>상호 또는 법인명칭</td><td></td><td>법인등록번호</td><td></td></tr>
<tr><td>주소</td><td></td><td>전화번호</td><td></td></tr>
<tr><td>대표자</td><td></td><td>주민등록번호</td><td></td></tr>
<tr><td rowspan="2">입찰개요</td><td>입찰공고(지명)번호</td><td>제 호</td><td>입찰일자</td><td>. . .</td></tr>
<tr><td>입찰건명</td><td colspan="3"></td></tr>
<tr><td rowspan="2">입찰보증금</td><td>납부</td><td colspan="3">· 보증금율 : %
· 보증액 : 금 원정(₩)
· 보증금납부방법 :</td></tr>
<tr><td>납부면제및지급확약</td><td colspan="3">· 사유 :
· 본인은 낙찰 후 계약 미체결시 귀부(처 · 청)에 낙찰금액에 해당하는 소정의 입찰보증금을 현금으로 납부할 것을 확약합니다.</td></tr>
<tr><td>대리인 · 사용인감</td><td colspan="2">본 입찰에 관한 일체의 권한을 다음의 자에게 위임합니다.
성명 주민등록번호</td><td colspan="2">본 입찰에 사용할 인감을 다음과 같이 신고합니다.
사용 인감 (인)</td></tr>
<tr><td colspan="5">본인은 위의 번호로 공고(지명통지)한 귀부(처 · 청)의 일반(제한 · 지명)경쟁 입찰에 참가하고자 정부에서 정한 공사(물품구매 · 기술용역)입찰유의서 및 입찰공고사항을 모두 승낙하고 별첨서류를 첨부하여 입찰참가신청을 합니다.

붙임서류 : 1. 입찰참가자격을 증명하는 서류 사본 1통
2. 인감증명서 1통
3. 기타 공고로써 정한 서류

. . .

신청인 (인)

귀하</td></tr>
<tr><td colspan="5">세입세출 외 현금출납공무원 성명 : ㉢
유가증권취급공무원 성명 : ㉢</td></tr>
</table>

〈표 9-2〉 입찰서 양식과 기재사항

<table>
<tr><td colspan="5">입 찰 서</td></tr>
<tr><td rowspan="4">입찰내용</td><td>공고번호</td><td>제 호</td><td>입찰일자</td><td>. . .</td></tr>
<tr><td>건명</td><td colspan="3"></td></tr>
<tr><td>금액</td><td colspan="3">금 원정(₩)</td></tr>
<tr><td>준공(납품)연월일</td><td colspan="3"></td></tr>
<tr><td rowspan="3">입찰자</td><td>상호 또는 법인명칭</td><td></td><td>법인등록번호</td><td></td></tr>
<tr><td>주소</td><td></td><td>전화번호</td><td></td></tr>
<tr><td>대표자</td><td></td><td>수민등록번호</td><td></td></tr>
<tr><td colspan="5">본인은 「국가를 당사자로 하는 계약에 관한 법률 시행규칙」에 의한 공사(물품구매 · 기술용역)입찰유의서에 따라 응찰하여 이 입찰이 귀 기관에 의하여 수락되면 공사(물품구매 · 기술용역)계약일반조건 · 계약특수조건 · 설계서(물품규격서) 및 현장설명사항에 따라 위의 입찰금액으로 준공(납품 · 용역수행)기한 내에 공사(물품 · 용역)를 완성(제조 · 납품)할 것을 확약하며 입찰서를 제출합니다.
붙임 : 산출내역서 1부

. . .

입찰자 (인)

귀하</td></tr>
</table>

〈표 9-3〉 용역표준계약서 양식과 기재사항

<table>
<tr><td colspan="2" rowspan="2">용역표준계약서</td><td>계약번호 제 - 호</td></tr>
<tr><td>공고번호 제 - 호</td></tr>
<tr><td rowspan="7">계약서</td><td>발 주 처</td><td></td></tr>
<tr><td rowspan="3">계 약 대 상 자</td><td>법인명 : 사업자등록번호:</td></tr>
<tr><td>대표자 : 전 화 번 호:</td></tr>
<tr><td>주 소 :</td></tr>
<tr><td rowspan="3">연 대 보 증 인</td><td>법인명 : 사업자등록번호:</td></tr>
<tr><td>대표자 : 전 화 번 호:</td></tr>
<tr><td>주 소 :</td></tr>
<tr><td rowspan="8">계약내용</td><td>용 역 명</td><td></td></tr>
<tr><td>계 약 금 액</td><td>금 원정(₩), 부가가치세 포함</td></tr>
<tr><td>총용역부기금액</td><td>금 원정(₩), 부가가치세 포함</td></tr>
<tr><td>계 약 보 증 금</td><td>(계약금액의 100분의 10)</td></tr>
<tr><td>지 체 상 금 률</td><td>1000분의 2.5</td></tr>
<tr><td>계 약 기 간</td><td>~</td></tr>
<tr><td>위 치</td><td></td></tr>
<tr><td>기 타 사 항</td><td>입찰시 공시 및 제출 제안요청서, 과업지시서, 협상결과서 등 계약포함</td></tr>
<tr><td colspan="3">과 계약상대자는 상호 대등한 입장에서 붙임의 계약문서에 의하여 위 용역에 대한 도급계약을 체결하고 신의에 따라 성실히 계약상 의무를 이행할 것을 확약하며, 이 계약의 증거로서 계약서를 작성하여 당사자가 기명날인한 후 각각 1통씩 보관한다.
붙임서류 : 1. 용역입찰유의서 및 용역계약일반조건 각 1부.
2. 산출내역서 1부.
3. 과업지시서 1부.
4. 협상결과서 등 기타관련서류 각1부. 끝.

년 월 일

발주처 (인)
계약상대자
법 인 명 :
대 표 자 : (인)
연대보증인
법 인 명 :
대 표 자 : (인)</td></tr>
</table>

<table>
<tr><td colspan="3">용 역 내 역 서</td></tr>
<tr><td>용역명</td><td>규격 · 단위 또는 세부사항</td><td>금 액</td></tr>
<tr><td></td><td>산출내역서 및 용역계약조건 참조</td><td>금 원정(₩), VAT 포함</td></tr>
<tr><td></td><td>이 하 여 백</td><td></td></tr>
</table>

5. 입찰서 제출

입찰서는 봉함 날인하여 1인 1통만 제출하여야 한다. 우편에 의한 입찰서 제출은 입찰서 제출마감일까지 발주기관에 도착한 것에 한하여 효력이 있으며, 우송 중의 분실이나 훼손 또는 지연에 대하여는 발주기관이 책임지지 않는다. 그러므로 수주영업담당자는 입찰서 송부에 대하여 충분한 시간을 가지고 철저하게 밀봉하여 빠른 등기우편으로 송부하여야 한다.

계약담당공무원은 우편에 의하여 도착한 입찰서는 입찰서 봉투에 접수일시를 기재하고 개찰 시까지 개봉하지 아니하고 보관하여야 한다.

제출한 입찰서는 교환, 변경, 취소할 수 없다. 그러나 개찰현장에서 입찰자가 입찰의 취소 의사를 표시하고 발주기관이 이를 인정한 경우에는 취소할 수 있다.

6. 경쟁 입찰의 성립

입찰의 형식이 경쟁 입찰의 경우에는 2인 이상의 입찰자가 입찰에 참여한 경우에는 유효한 입찰로서 성립된다. 그러나 입찰자가 2인에 미달되는 경우에는 자동적으로 유찰되어 입찰의 효력이 발생되지 않는다.

7. 입찰의 무효

입찰서를 제출하였다 하더라도 모든 입찰이 유효하게 성립되지 않는다. 왜냐하면, 입찰서류 또는 입찰과정에서 무효의 원인과 사유가 존재할 수 있기 때문이다. 조달청이 발주하는 입찰의 경우, 다음 사항의 각 호에 해당되는 경우에는 무효로 하고 있음을 입찰유의서를 통하여 명시하고 있다.

1) 입찰자가 직접 입찰하지 않거나 법인의 경우 대표자가 직접 입찰하지 않는 경우와 대리인 또는 대리권이 없는 자가 입찰한 경우
2) 동일 용역입찰에 타인이 대리인을 겸하거나 2인 이상을 대리한 입찰
3) 입찰서의 입찰금액 등 입찰서 중요 부분이 불분명하거나 정정한 후 정정 날인을 누락한 입찰
4) 담합하거나 타인의 입찰참가를 방해 또는 관계공무원의 공무집행을 방해한 자의 입찰
5) 입찰자의 기명날인이 없는 입찰, 입찰자의 성명을 기재하지 아니하고 대리인 성명 또는 회사명을 기재한 경우 및 입찰시 신고한 인감과 다른 인감으로 날인한 입찰

6) 입찰서에 기재한 중요 부분에 착오가 있음을 이유로 개찰현장에서 입찰자가 입찰의 취소 의사를 표시한 것으로서 계약담당공무원이 이를 인정한 입찰
7) 소정의 입찰서를 사용하지 않거나 입찰서의 금액을 아라비아 숫자로만 기재한 입찰 또는 전산서식에 의한 입찰서를 훼손하거나 전산표기방법과 상이하게 작성, 기재하여 전산 처리가 되지 아니한 입찰
8) 공동계약의 공동수급체 구성원이 동일 입찰 건에 대하여 공동수급체를 중복적으로 결성하여 참여한 입찰, 입찰등록시 공동수급표준협정서를 제출하지 아니한 입찰, 공동수급체 구성원이 5인을 초과하거나 구성원별 계약참여 최소지분율이 10% 미만으로 공동수급체를 구성한 입찰.

8. 입찰의 연기

발주기관은 다음 사항에 해당되는 경우 입찰 기일을 연기할 수 있다.

1) 설명요구사항이 중대하여 연기가 불가피하다고 판단되는 경우
2) 기타 불가피한 사유로 지정된 일시에 입찰 또는 개찰을 실시하지 못한 경우

이상의 사유에 해당되는 경우에는 전술한 바와 같이 입찰기일을 연기할 수 있으나 반드시 연기사유와 일시를 당초 방법과 동일한 방법으로 공고 또는 통지하여야 한다.

9. 재입찰 및 재공고 입찰

경쟁 입찰에 있어서 2인 이상의 유효한 입찰자가 없거나 낙찰자가 없는 경우에는 같은 장소에서 다시 입찰에 붙일 수 있다. 이 경우 입찰자는 입찰자 또는 입찰 횟수에 제한을 받지 아니한다. 입찰자나 낙찰자가 없는 경우 또는 낙찰자가 계약을 체결하지 아니할 경우에는 재공고 입찰에 붙일 수 있다.

10. 낙찰자 결정

계약담당공무원은 개봉된 입찰서를 확인하고 유효한 입찰서의 입찰금액과 예정가격을 대조하여 지체 없이 적격자를 낙찰자로 선정하여야 한다. 그러나 이행실적, 경영상태 등의 심사(적격심사)를 통해 낙찰자를 결정하기 위하여 장시간이 소요되는 경우에는 낙찰자 선정을 유예할 수 있다. 계약담당공무원은 낙찰자를 선정하기 전에 입찰자의 입찰서, 법인등기부등본, 공동수급표준협정서 등을 검토하여 당해 낙찰예정자의 입찰이 무효 입찰에 해당되는지의 여부를 확인하여야 한다.

동일 가격으로 입찰한 자가 2인 이상일 때는 이행 능력 심사결과 최고점을 받은 입찰자를 낙찰자로 결정하고 이행 능력 심사 점수가 동일한 경우에는 추첨에 의하여 낙찰자를 결정한다.

제2절 용역계약 협상 실무

1. 협상의 개념

조달청 전자입찰의 경우에는 입찰자가 낙찰자로 결정되면, 소정의 적격심사를 거쳐 계약상대자로 선정되어 용역계약을 체결할 수 있으나, 일반입찰이나 현장입찰의 경우 또는 제안하고 PT를 요구하는 경우에는 일반적으로 네고나 협상의 기회를 자동적으로 가지게 되며(조달청의 경우에도 협상에 의한 계약의 경우에도 협상과정을 거치게 됨), 협상을 통하여 계약상대자가 될 수 있다. 그러므로 수주영업담당자는 협상에 대하여 연구해 둘 필요가 있다.

협상(negotiation)이라 함은 이해관계가 있는 복수 이상의 국가나 단체 또는 개인이 이해 조정을 위하여 벌이는 회담이나 상담을 말한다. 다시 말하면, 협상이란 합의에 도달하기 위하여 장애물을 극복하는 과정이라 할 수 있으며, 둘 또는 그 이상의 당사자 상호간에 협의에 의하여 어떤 목적에 부합되는 결정이나 합의에 이르는 거래과정이라 할 수 있다.

협상의 핵심 목표는 협상에 참여하는 협상 당사자 각각의 목표 달성을 위하여 상대방에게 의사표시를 통하여 설득하고 조정하는 과정이므로 설득과 커뮤니케이션이 협상의 중요한 도구가 된다. 이하 절에서 협상의 대상과 목표, 협상의 준비 그리고 협상의 도구 등에 대하여 실무 차원에서 접근해 보기로 한다.

2. 협상의 주요 대상

시설물관리용역 수주영업과정에서 만나는 협상의 종류에는 조달청 협상에 의한 용역계약, 제안 및 협상에 의한 계약, 수의계약 체결 전의 협상 등이 주로 수주영업과정에서 만나는 협상의 종류이다. 수주영업과정에서 만나는 협상의 주요 대상에는 주로 가격, 품질, 용역인력의 수 등이 있다. 협상의 주요 대상 중 가장 빈번하게 만나는 주요 대상에는 단연 용역가격이 주된 대상이 된다.

3. 협상의 사전 준비와 전략

협상을 성공적으로 마무리하려면, 협상 전에 협상에 관한 사전 준비를 철저히 하고 이를 바탕으로 전략을 수립하여 협상 테이블에 앉아야 한다.

1) 협상사전 준비

협상에 성공하려면, 다음과 같은 협상의 사전 준비가 필요하다.

(1) 협상목표를 설정한다.
(2) 협상 최대와 최소 양보의 데드라인과 마지노선을 설정한다.
(3) 주제와 의제를 파악한다.
(4) 상대방의 입장을 이해하고 목표를 파악한다.
(5) 상대방의 정보를 최대로 수집하고 분석한다.
(5) 양보의 목록을 작성한다.
(6) 최종 기한을 정한다.
(7) 예행연습을 미리 해 둔다.
(8) 회사의 최종 협상 방침과 지침을 수령한다.

2) 협상 전략

수주영업담당자는 협상에 성공하려면 협상 사전 준비 사항을 토대로 다음의 내용을 중심으로 협상계획을 수립하고 주도면밀하게 추진하여야 한다.

(1) 협상목표는 무엇인가?
(2) 무엇을 얻고자 협상하는가?
(3) 상대방이 1차 제안을 반대하는 경우, 대안은 무엇인가?
(4) 제안한 견적에 대하여 상대방이 불만을 가지는 경우, 만족하게 하는 방법은 무엇인가?
(5) 언제, 어디서 협상할 것인가?
(6) 협상에 참여할 사람은 누구누구인가?
(7) 협상당사자 모두의 윈-윈 방안은 무엇인가?
(8) 상대방에게 어떤 압박 카드를 준비하고 있는가?
(9) 어떤 것을 양보하고 어느 선에서 최종 포기를 선언할 것인가?

3) 협상자의 자질과 태도

협상에 성공하려면 협상가의 자질을 갖추고 태도를 견지한 능력 있는 협상가가 협상 테이블에 앉아야 한다.

왜냐하면, 협상은 연습 게임이 아니라, 반드시 승리해야 하는 전쟁이기 때문이다. 협상에서 승리하려면 협상가는 다음의 협상가의 자질을 보유하고 태도를 견지한 가운데 협상에 임하여야 한다.

(1) 협상의식

협상가가 갖추어야 할 자질에는 협상의식의 자질이 가장 중요한 자질이라 할 수 있다. 왜냐하면, 협상의식은 입찰을 성사시키기 위하여 자신의 의사를 분명하고 정확하게 표현하고 문제점이나 장애물에 정면으로 대응하여 승리하고자 하는 마음가짐이기 때문이다. 또한 협상의식을 가진 협상자는 협상과정에서 부정적인 말을 삼갈 뿐만 아니라 화를 내거나 감정을 제어하고 조정하며, 부드럽게 거절하고 효과적인 질문을 할 줄 알기 때문이다. 따라서 수주영업담당자는 협상에 임함에 있어 협상의식을 갖도록 노력하여야 한다.

(2) 경청 능력

경청이란 상대방에 일방적으로 말하기보다 오히려 상대방의 말을 잘 들어주는 태도를 말한다. 예컨대, 30%만 말하고 상대방 말을 70% 들어주는 태도를 말한다. 경청은 귀로 듣고 보디랭귀지로 응답하며, 비언어적 메시지를 보내어 잘 듣고 있음의 신호를 보내며, 상대방의 말을 방해하지 아니하고 적극적으로 들어야 함을 말한다. 그러므로 수주영업담당자가 협상 테이블에 앉는 경우, 상대방의 말을 잘 듣고 설득하는 것이 협상에 성공하는 비결임을 명심하여야 한다. 협상가가 경청의 능력을 가지는 경우, 다음의 유익이 있다.

① 상대방을 읽을 수 있다.
② 상대방의 니즈를 파악할 수 있다.
③ 상대방의 의도를 파악하고 무엇에 압박받고 있는지 알 수 있다.
④ 상대방으로부터 호감을 얻을 수 있으며, 긍정적 반응을 얻을 수 있다.
⑤ 마음에 여유가 생겨 장애를 극복하는 대안이나 아이디어, 방법 등을 찾을 수 있다.
⑥ 협상목표 달성에 긍정적 신호를 얻을 수 있다.

(3) 유연성

협상에서 유연성이라 함은 상대방에게 부드럽게 대하고 연하게 반응하는 협상자의 마음가짐을 말한다. 협상가가 유연성을 갖지 못하는 경우 협상이 결렬되거나 중단될 개연성이 항상 존재한다. 그러므로 협상에 임하는 자는 항상 유연성을 가지고 협상에 임하여야 협상에 성공할 수 있다. 왜냐하면, 협상가가 유연성을 가지는 경우에는 상대방 역시 유연성을 가지게 되어 상대방의 협상목표나 대안, 전략 등이 부드럽게 노출될 수 있으며, 협상자 또한 항상 여유를 가지고 가정을 세워 대안을 찾아 제시할 수 있게 된다.

(4) 인내심

수주영업을 함에 있어서 수주영업담당자가 발주처와 협상을 하는 경우 고도의 인내심을 발휘하여야 한다. 왜냐하면, 협상 자체가 상대방의 인내심을 시험하는 무대이고 인내심이 강한 자에게 협상의 승리를 안겨주기 때문이다. 인내(patience)란 끈기와 참을성을 뜻하는 말로 고통이나 불쾌, 불행, 늦어짐 등에 불평하지 아니하고 냉정히 참고 견디는 덕을 의미한다.

협상은 현실적으로 어려움이 연속되는 현장이므로 인내심을 요구하고 있게 마련이다. 그러므로 수주영업담당자는 협상에 임할 때 고도의 인내심을 가져야 한다.

(5) 높은 열망

협상 시 수주영업담당자나 협상가는 회사가 공급하고자 하는 용역(서비스)에 대한 가치를 인식하고 상대방에 공급할 때 상대방이 유익을 얻을 수 있다는 확신을 가지고 협상에 임하여야 한다. 일반적으로 수주영업담당자는 발주처에 비하여 우월적 지위에 있지 않으며, 오히려 열위적 지위에서 있으므로 높은 열망으로 무장하지 않으면 협상에서 승리할 수 없다. 그러므로 수주영업담당자는 협상에 임할 때 협상에 반드시 승리하여야 한다는 높은 열망으로 무장하고 협상에 임하여야 한다.

(6) 평정심

협상에 임하는 수주영업담당자는 협상 시작에서부터 종료 시점에 이르기까지 평정심을 견지하여야 한다. 왜냐하면, 협상가가 평정심을 잃어버린 경우, 협상 진행에 필요한 바람직한 의사결정이나 선택을 할 수 없기 때문이다. 협상에 있어서 평정심(calmness of mind)이라 함은 협상가가 지녀야 하는 평온한 마음 상태를 말하는 것으로 협상 승리의 요인으로 작용하게 된다.

(7) 거절 능력

협상과정에서 거절은 불가피하게 등장하게 되어 이를 슬기롭게 처리하지 않는 경우, 문제가 발생하게 된다. 거절은 부드럽게 상대방의 마음을 다치지 않은 범위 내에서 하여야 하며, 거절을 하기 위하여 상대방의 말을 충분히 듣고 반복하며 질문하여 상대방의 의도를 충분히 파악하고 난 후 거절의 의사표시를 하고 이를 조용히 설득하여 상대방이 이해하도록 하여야 한다.

(8) 문제해결 능력

협상은 상대방에게 일방적 양보를 강요하게 되며, 거절과 거절이 계속 이어지는 이해조정의 장이기 때문에 문제가 계속 등장하게 마련이다. 유능한 협상가는 문제해결의 대안 제시와 해결방안을 그 때 그 때 제시하여 양보와 거절의 문제를 조정하여 마침내 모두가 협상에 만족할 수 있도록 하여야 한다.

(9) 협상가 태도

협상에 임하는 협상가는 성실성과 자신감을 가지고 상대방의 의견에 공감하면서 상대방에게 신뢰를 줄 수 있어야 하며, 우호적 분위를 조성할 줄 아는 협상가 태도를 처음부터 끝까지 견지하여야 한다.

4. 협상의 도구

협상을 추진하려면 협상의 도구가 필요하다. 협상의 도구라 함은 협상의 목표를 달성하기 위하여 사용해야 할 협상의 수단을 의미한다. 협상의 주된 도구에는 설득과 커뮤니케이션 등이 있다. 수주영업담당사가 수주영업과정에서 실무적으로 이해하고 사용해야 할 협상의 도구인 설득과 커뮤니케이션을 실무 측면에서 살펴보기로 한다.

1) 설득

(1) 설득의 개념

설득(persuasion)의 사전적 의미는 잘 설명하여 상대방을 납득시키거나 이해시킴을 말한다. 또한 설득이란 커뮤니케이션 기술을 이용하여 상대방의 생각, 신념, 태도나 가치관을 자신이 의도하는 방향과 일치하도록 변화를 일으키는 수단을 말한다. 다시 말하면, 설득은 다른 생각이나 신념, 가치관이나 태도를 가지고 있는 사람을 같은 방향으로 변화시키거나 같은 생각을 가지는 경우에도 더욱 같은 생각을 더 가지도록 변화하게 하는 힘을 말한다.

건물자산운영관리용역 수주영업과정에서 발주처나 계약 상대방 또는 계약담당공무원을 이해시키거나 납득시켜야 하는 이른바 설득을 통하여 제출한 제안 내용이나 제시한 입찰가가 타당한 것임을 증명하여야 하는 업무를 종종 수행할 때가 있다. 그러므로 수주영업담당자는 효과적인 협상에 의한 용역계약을 위하여 설득에 관한 이론과 실무를 함께 연구해 둘 필요가 있다.

설득의 개념은 커뮤니케이션과 함께 협상의 중요한 도구로 사용되므로 설득 그 자체에 의미가 있는 것이 아니라 협상을 지원하는 도구로서 그 가치가 있음을 유념하여야 한다. 따라서 협상과 설득 및 커뮤니케이션 3요소는 상호 밀접한 관계를 가지고 있으며, 상호 작용할 뿐만 아니라 상호 협력하고 조화하는 경우 협상력을 크게 높일 수 있다.

(2) 설득의 중요성

설득은 협상을 좌우할 뿐만 아니라 용역계약에 절대적으로 영향을 미치므로 수주영업 과정에 있어서도 매우 중요한 의미를 지니고 있다. 왜냐하면, 수주영업과정에서 가망 고객을 개발하거나 고객만남, 고객 니즈 파악, 대안이나 솔루션 제시, 거절 극복, 용역계약 체결, 계약 사후관리 등 과정에서 과정으로 넘어갈 때마다 설득 고정이 반드시 접목되어 처리됨으로써 설득 없는 비즈니스는 상상할 수 없으며, 설득 없이는 비즈니스가 성사될 수 없다. 그러므로 수주영업과정에서도 설득의 중요성을 아무리 강조해도 지나치지 않는다.

수주영업 전 과정을 통하여 만나는 내부 고객이나 외부 고객 모두에게 해당되는 다양한 이슈나 문제에 대하여 다양한 설득이 접목되어야 하므로 수주영업사원 모두에게 설득력 강화가 필요하다.

(3) 설득 기법

수주영업을 위하여 발주처 관계자를 설득하여야 하나, 설득의 상대방인 피설득자는 설득을 당하지 않기 위하여 스스로 정신적으로 무장하고 있을 뿐만 아니라, 오히려 설득하려는 자를 설득하여 자기주장이나 의견대로 관철하고자 의욕하고 있기 때문에 수주영업 과정에서 종종 만나는 발주처 관계자를 설득하기란 말과 같이 쉽지 아니하다.

그러나 수주영업담당자는 협상과정에서 상대방을 설득하여 제시한 견적금액이나 조건들을 고수하여 제안한 안대로 계약을 체결하여야 함으로 상대방 설득이 매우 중요하다.

상대방 설득을 효과적으로 이루기 위해서는 설득 기법을 활용할 필요가 있다. 협상과정에서 수주영업담당자가 유용하게 활용할 수 있는 설득 기법을 소개하면 다음과 같다.

① 아리스토텔레스 식 설득 기법으로 상대방을 설득한다.

2,500년 전 수사학의 아버지라 추앙받았던 아리스토텔레스는 상대방 설득의 3요소 이론을 제시하고 이에 따라 설득하는 것이 현명하다고 주장하였다.

아리스토텔레스는 설득 3 요소로서 에토스, 파토스, 로고스를 주장하였는바, 이를 소개하면 다음과 같다.

첫째, 신뢰성과 윤리성 및 인격, 인품을 나타내는 에토스(ethos)
둘째, 설득의 상대방인 피 설득자의 감성을 나타내는 파토스(pathos)
셋째, 논리적 논거나 근거를 나타내는 로고스(logos)

아리스토텔레스의 상대방 설득 이론에 의하면, 우선 먼저 에토스에 따라 설득자가 상대방에게 신뢰를 보이고 모범을 보여야 하며, 파토스에 따라 상대방의 입장과 요구사항을 이해하여야 하고, 그 다음에 로고스에 따라 상대방을 논리적 논거를 가지고 상대방을 이해시켜야 한다고 주장하였다.

2,500년 전의 설득이론이지만 매우 가치 있는 설득 이론으로 평가되고 있는 바 수주영업 종사자 모두가 유용하게 활용할 수 있는 설득 이론이라 인식된다.

② 상대방을 설득하려면 우선 먼저 제공하는 용역과 소속회사에 대하여 공부하라.

수주영업담당자가 설득을 통하여 수주영업에 성공하려면, 제공하려고 하는 건물자산운영관리용역에 대하여 용역(서비스)의 특징이나 장점, 유익, 용역생산기술, 스페시피케이션, 문제해결 솔루션, 환경, 안전관리방법이나 비상관리방안, 소요비용 등에 대하여 누구보다 잘 파악하고 있어야 하며 회사에 관해서도 이해하고 있어야 한다.

설득하고자 하는 자는 설득의 상대방에게 설득할 내용을 충분히 파악하고 장점과 단점, 강점과 약점 등을 이해하여 설득할 준비를 사전에 한 후 상대방 설득에 임하여야 한다. 설득을 의욕하는 사람이 설득 내용을 파악하지 아니하고 설득 상대방을 설득하고자 하는 행동은 마치 총알 없이 전쟁터에 나가는 군인과 다를 바 없으며, 설득하는 데 필요한 자료를 준비하지 아니하고 설득 장소에 임하는 것은 오히려 설득당하고자 협상 장소(설득 장소)에 임하는 것과 아무런 차이가 없다. 결론적으로 설득자는 학습이나 연구를 통하여 제공하는 서비스(용역)의 지식과 회사의 지식을 모두 갖추고 설득에 임해야 한다.

③ 시장정보와 경쟁사정보를 확보하라.

수주영업과정에서 처리해야 하는 설득을 성공적으로 처리하기 위해서는 용역시장의 정보와 경쟁사의 핵심 포인트, 경쟁력, 가격정책, 장점, 시장점유율 등을 연구하여 관련 정보를 확보하고 있어야 한다.

④ 설득 상대방의 성격과 니즈를 파악하라.

설득의 상대방은 어떤 특징의 성격의 소유자(온화형, 추진형, 표현형, 분석형의 사람)인지, 설득의 상대방은 무엇을 원하고 있는지, 상대방의 니즈를 해결하는 방안이나 해법은 무엇이 있는지, 설득 장소는 어떤 곳이며, 설득 장소의 환경은 어떤지 등에 대하여 사전조사와 연구를 거친 후에 설득 장소에 임하는 것이 설득에 크게 도움이 된다. 왜냐하면, 상대를 알고 싸우는 싸움은 백전백승하기 때문이다. 또한 상대방의 성격을 파악하고 설득 장소에 임하는 것은 상대방의 성격에 따라 적합한 언어를 사용하여야 설득에 결정적으로 도움이 되기 때문이다.

설득의 상대방은 사람이고 사람은 성격이 각양각색이라 상대방의 성격에 따라 기호가 다르며 좋아하는 말과 싫어하는 언어가 있어 이에 대한 연구가 필요하다. 성격을 중심으로 사람을 분류하면, 추진형의 사람, 표현형의 사람, 온화형의 사람 그리고 분석형의 사람 등 대체로 네 가지 성격의 사람으로 분류할 수 있다. 수주영업담당자가 수주를 위하여 상대방을 설득하는 경우 사람의 성격에 따라 사용하는 언어나 말, 행동 등을 달리해야 설득에 도움이 되므로 수주영업담당자는 설득대상인 사람의 성격에 대하여 연구해 둘 필요가 있다.

추진형의 사람인 경우, 설득을 위하여 사용하는 말이나 대화에 사용하는 언어나 문장은 결과에 초점을 맞추어 요령 있고 정확하게 분명히 말해야 하며, 최종 결과를 중심으로 명확하게 말하고 표현하여야 설득에 도움이 된다.

그러나 추진형인 상대방에게 추상적으로 이야기하거나, 변명을 늘어놓거나, 장황한 설명이나 비전문적 용어 사용 또는 두서없는 행동을 하는 경우, 오히려 설득을 방해하여 설득에 도움 되지 않게 된다.

표현형인 상대방에게는 미래 지향적인 언어 사용, 큰 그림, 특별계획, 창조적 언어 구사를 매우 좋아하나, 너무 자세하거나 지루한 언어 구사, 비인격적 무시, 이야기에 대한 무관심 등을 굉장히 싫어하므로 대화를 통하여 상대방을 설득하고자 하는 경우, 이를 고려하여야 한다.

온화형인 상대방은 열린 마음으로 유연하게 귀 기울여 들어주어야 하고 정직한 마음으로 진지하고 지속적으로 들어주어야 하고 개인 대화방식으로 대화하는 것이 설득에 도움이 되며 반대로 강제적으로 밀어붙이거나 급속한 변화를 위하여 너무 강제하거나 또는 너무 사업 중심으로 대화하거나 너무 재촉하거나 모욕적인 언어 구사, 냉랭한 분위기 속에서 독주하는 태도로 대화하는 것을 굉장히 싫어하는 성격이므로 설득 시 대화자는 이를 고려하여야 한다.

끝으로, 분석형인 상대방에게는 데이터와 논리로 접근해야 하며, 비즈니스 중심으로 정확하고 명확하게 대화하여야 하며, 사실 중심으로 자세하고 꼼꼼하게 기록하면서 대화는 것이 설득에 도움이 된다. 그러나 반대로 시간을 낭비하는 대화를 지속하거나, 지름길로 안내하여 성급하게 결론을 유도하거나 즉시 결정하거나 즉각 반응을 보이거나 우충좌돌하거나 비조직적 언어를 구사하거나 성급하게 말하거나 행동하는 경우, 설득에 전혀 도움이 되지 않음을 유의할 필요가 있다.

⑤ 사람의 구매심리 흐름단계를 따라 상대방을 설득하라.

사람은 상품이나 서비스를 구매할 때, 일반적으로 다음과 같은 구매심리 흐름단계를 따라 구매의 필요성을 자각하고, 구매대상의 정보를 탐색하며, 수집된 구매정보를 분석하여, 구매를 결정하고, 구매행동을 하며, 구매행동 후 구매행동에 대한 평가를 실시하여 만족 또는 후회하기도 한다. 사람의 일반적 구매심리의 흐름단계는 다음과 같이 다섯 단계로 진행된다.

가. 1단계 — 필요성의 자각 단계

필요성 자각 단계는 사람이 상품이나 서비스의 필요성 여부를 판단하는 최초 구매심리 흐름의 첫 단계로서 심리적 욕구를 인식하는 단계이다. 이 단계는 구매 결정의 최초 단계로서 합리적 이유와 심리적 이유를 대비하여 갈등하고 고민하게 된다. 이 단계에서 수주영업담당자가 제안한 건물자산운영관리가 용역에 의하여 운영관리 되는 경우 경제적 이익과 안전성 및 노무관리와 인력관리 측면에서 직영관리보다 여러 가지 합리적 이익이 있음을 이해하도록 설득하고 이를 납득하도록 해야 한다. 합리적 이유란 실질적 이유를 말하는 것으로서 제안한 건물자산운영관리용역의 필요성과 선택할 때 눈으로 볼 수 있는 유익이 많음을 보여줘야 한다. 심리적 이유란 감성적 이유를 말하는 것으로서 발주자나 계약담당공무원이 용역을 결정하였을 때 감성적 만족이나 불만족 등을 느끼는 이유를 말한다. 또한 사람은 구매를 시작할 때 이성적 이유와 감성적 이유가 서로 충돌하거나 갈등을 조장하여 어느 것이 우세한가에 따라 구매의사를 결정하거나 선택하게 된다.

가장 중요한 것은 구매자(발주처)가 구매의 필요성에 대하여 합리적 이유와 감성적 이유 모두를 발견할 때, 구매결정(용역계약)이 신속히 이루어진다는 점이다. 따라서 수주영업담당자가 상대방을 설득하고자 할 때 용역의 필요성에 내하여 합리적 이유와 심리적 이유를 충분히 설명하여 발주처로 하여금 필요성을 자각하는 욕구 인식에 도달하도록 필요한 정보를 설명과 함께 제공하여 설득해야 한다.

나. 2단계 — 정보탐색 단계

정보탐색 단계는 사람의 구매심리 흐름의 두 번째 단계로서 구매가치를 추구하는 단계이다. 구매자나 발주처가 제품이나 서비스를 구매 또는 용역을 결정할 때 제품이나 용역의 가치를 탐색하는 단계이다. 이 단계를 만나는 수주영업담당자는 상대방을 설득할 때 용역의 가치를 상대방이 확실하게 이해할 수 있는 자료나 정보를 충분히 제공하여야 하며, 또한 이를 설명하고 보여주어 상대방이 납득하도록 해야 한다. 만일 수주영업담당자가 이때 제공하고자 하는 용역의 가격만 합리적 가격이라 주장하면서 상대방이 구매의 필요성 분석이나 판단에 필요한 구매대상의 정보나 용역의 가치정보나 자료를 충분히 제공하지 못하여 상대방이 용역의 가치를 이해하지 못하는 경우에는 설득의 효과를 얻을 수 없게 된다. 따라서 수주영업담당자는 구매심리 흐름 2단계에 접함을 느낄 때 상대방에게 구매대상의 정보나 자료를 충분히 제공하여 구매정보를 탐색하도록 도와주어야 설득에 도움이 된다.

다. 3단계 — 정보평가 단계

구매심리 흐름 세 번째 단계는 발주처가 수집된 구매정보를 구매가치 측면에서 평가하여 구매 여부를 심도 있게 고민하는 단계이다. 이때 수주영업담당자는 제안한 용역에 관하여 타사가 제공할 용역과 차별성이 무엇인지, 경쟁력이 있는지, 가격과 가치를 설명하여 미래 발주처가 얻을 이익이 무엇인지 등에 대하여 설명하여 수집된 구매정보(설득자가 제공한 구매정보)를 긍정적으로 평가하도록 설득해야 한다.

라. 4단계 — 구매결정 단계

구매결정 단계는 제안한 용역의 구매의 가치를 수집된 구매정보를 중심으로 평가하여 긍정적으로 판단되는 경우, 발주처는 소정의 내부 의사결정 시스템에 따라 구매의사를 결정하고 구매행동 준비를 하게 되는 단계이다. 이 단계는 이미 설득 작업이 종료되어 설득의 효력이 발생하였으므로 더 이상 설득 노력을 할 필요는 없으나 다만, 후일을 위하여 수주영업담당자는 거래의 상대방과 인간관계를 유지하고 계약 상대방으로부터의 선정 통보를 인내심을 가지고 기다려야 한다.

마. 5단계 — 구매 후 평가 단계

구매 계약을 체결하고 현장 인수인계가 종료되어 구매한 서비스를 평가하여 구매 결정이 만족한 구매인지, 아니면 불만족스런 구매였는지를 사후 평가하고 사후 평가 결과 문제점이나 개선사항이 있는 경우, 문제점의 해결 또는 개선하고자 노력하는 단계이다.

이때 수주영업담당자는 발주처가 제시한 문제점이나 개선점에 대하여 지체 없이 해결 또는 개선하여 신뢰를 쌓아 후일 수주영업과 연결하는 지혜가 필요하다.

⑥ 합리적 이유와 타당한 논리로 상대방을 설득하라.

상대방을 설득함에 있어 실질적이고 합리적 이유와 타당한 논리로 설득하는 경우, 설득의 성공률을 높일 수 있다. 그러나 비합리적 이유(비현실적 이유)나 타당성이 없는 억지 주장으로 설득하는 경우, 설득의 효과가 나타나지 아니하고 오히려 상대방에게 불신감을 심어주어 부정적 효과가 발생하게 될 수 있다.

⑦ 가격보다 미래가치로 설득하라.

일부 발주처의 경우 부찰제 입찰 제도를 고수하는 발주처도 있으나 대부분의 경우에는 최저가 입찰 제도를 통하여 낙찰자를 선정하고 계약 상대방을 선정하고 있어 용역의 입찰에 있어서도 최저금액이 대세가 되어 주로 입찰금액이 협상의 대상이 되어 협상하면 가격협상으로 인식할 정도로 가격문제가 협상의 키워드가 되고 있다.

그러나 수주영업과정에서 만나는 협상 중에 설득해야 할 가격문제가 대두되는 경우 가격으로 해결할 수 없는 건물자산의 미래가치를 증거와 데이터로 제시하면서 통계적 기법으로 처리된 자료를 통하여 설명하는 경우, 상대방 설득은 의외로 쉽게 이루어 질 수 있다.

⑧ AIDA원리로 설득하라.

상대방 설득은 단 한 번에 이루어질 수도 있으나, 상대방으로 하여금 설득대상에 대하여 단계적이고도 점진적으로 접근하여 마침내 이해하고 납득하도록 하는 것이 현명하다. 상대방 설득의 응용기법에는 AIDA기법이 있다. AIDA기법은 구매자를 거래 상품에 주목(attention)하게 하고, 관심(interest)을 유도하며, 욕망(desire)을 불러일으켜, 행동(action)하게 즉 구매하게 하라는 이론으로서 구매 설득 기법으로 널리 알려진 기법이나 수주영업에 있어서도 이를 응용하여 설득 기법으로 활용할 수 있다.

AIDA기법의 내용은 다음과 같다.

- 주목하게 하라.
  → 제안한 용역에 관하여 장점과 강점을 설명하여 우선 먼저 주목하도록 설명한다.
- 관심 있게 하라.
  → 상대방이 주목하면 다음 단계로 관심을 갖도록 한다.
- 욕망을 느끼게 하라.
  → 상대방이 관심을 가지게 되면 구매 욕망을 갖도록 한다.
- 결심하고 행동하게 하라.
  → 상대방이 구매 욕망을 가지게 되면, 즉시 구매 행동으로 이어지도록 한다.

2) 커뮤니케이션

(1) 커뮤니케이션의 개념

커뮤니케이션(소통) 역시 협상의 도구로서 의의를 지니고 있다.

커뮤니케이션(communication)이라 함은 한 사람이 가지고 있는 정보를 다른 사람에게 전달하여 그 의미를 상호 공유하는 과정을 말하며, 한 사람의 내심의 의사가 상대방에게 투영되어 상대방이 전달자의 내심의 의사와 일치되는 과정을 의미한다.

커뮤니케이션은 수주영업과정에 있어서 경영을 지원할 뿐만 아니라, 거래 상대방의 설득을 지원하고 설득은 협상을 지원하여 종국적으로 수주영업을 도와 수주목표를 달성하게 하는 수단이 된다.

(2) 커뮤니케이션의 성립요소

커뮤니케이션이 성립하려면 다음의 요소가 존재하여야 한다.

① 전달자와 수신자가 존재해야 한다.
② 전달할 정보가 있어야 하고 실제로 메시지가 전달되어야 한다.
③ 정보전달 채널이 있어야 한다.
④ 수신자의 피드백이 있어야 한다.

(3) 커뮤니케이션의 종류

커뮤니케이션은 대인적 커뮤니케이션과 조직 커뮤니케이션으로 대별된다.

① 대인적 커뮤니케이션

대인적 커뮤니케이션의 요소에는 커뮤니케이션의 채널과 비언어적 커뮤니케이션, 설득과 영향력 및 청취기술 등이 있다. 대인적 커뮤니케이션의 채널에는 대면적 대화, 전화, e-메일, 인터넷, 메모, 편지 등 다양한 채널이 있으나, 전화나 e-메일, 인터넷 등은 전달 속도는 빠르나 대면적 대화와 같이 현장감은 없는 단점이 있다. 그러나 편지와 메모 등은 수신자에 집중되는 경향이 있으나 기록된 정보전달에 한정되기 때문에 피드백에 한계가 있다.

그러므로 수주영업담당자는 수주영업업무의 종류와 성격에 따라 채널 선택을 신중히 하여야 한다. 대인적 커뮤니케이션의 요소인 비언어적 커뮤니케이션은 얼굴 표정, 몸짓, 손짓, 눈짓, 자세나 태도, 뉘앙스나 분위기, 고개 끄덕임 등 비언어적 수단을 통하여 메시지를 전달하는 것을 의미하며, 청취기술과 함께 정보전달에 매우 중요한 기능을 담당하고 있다.

왜냐하면, 대인적 커뮤니케이션에서는 언어와 음성 및 얼굴 표정을 통하여 정보가 전달되고 피드백 되기 때문이다.

연구조사보고에 의하면, 언어적 표현인 음성의 영향력은 단지 7%로 나타나고 있으나, 비언어적 표현인 음성의 영향력은 무려 38%, 얼굴 표정의 영향력은 55%로 보고되고 있어, 언어적 커뮤니케이션보다 비언어적 커뮤니케이션이 대인적 커뮤니케이션에서 영향력이 매우 높게 나타남을 알 수 있다.

대인적 커뮤니케이션의 또 하나의 요소인 청취기술 역시 커뮤니케이션에 있어서 매우 중요한 기능을 담당하고 있다. 왜냐하면, 청취기술은 전달자와 수신자를 직접 연결하고 있기 때문이다.

수주영업사원이 수주영업을 수행하는 과정에서 상대방과 커뮤니케이션을 할 때, 일방적으로 말하기보다 듣기(청취)를 잘하는 것이 효과적임을 유념해야 한다. 다시 말하면, 상대방과 설득이나 협상을 진행할 때, 커뮤니케이션이 매개수단이 되며 이를 위한 커뮤니케이션이 이루어지려면 말하기 30%, 듣기 70%로 상호 조화되어야 하기 때문이다.

② 조직 커뮤니케이션

조직 커뮤니케이션이란 회사조직 내부 구성 간에 정보가 교환되는 과정을 말한다. 조직 커뮤니케이션은 공식 여부에 따라 공식 커뮤니케이션과 비공식 커뮤니케이션으로 분류되며, 방향에 따라 상향적 커뮤니케이션, 하향적 커뮤니케이션, 수평적 커뮤니케이션 등으로 분류된다. 수주영업을 성공적으로 수행하기 위해서는 공식적 커뮤니케이션과 비공식적 커뮤니케이션 모두 잘 수행하여야 하며, 상향적 · 하향적 · 수평적 커뮤니케이션에도 숙달되어야 한다.

(4) 커뮤니케이션의 소음 및 방해 요인과 대책

설득과 협상과정에서 상대방을 설득하여 성공적인 협상 결과를 도출하기 위하여 정보를 전달하고 수신자로부터 나타나는 반응 즉, 피드백을 살펴보면, 전달한 메시지의 의미와 내용을 해석하지 못하여 다른 반응을 보일 때가 종종 있다. 왜냐하면, 전달자와 수신자 사이에 커뮤니케이션 소음과 방해 요인이 발생하기 때문이다.

커뮤니케이션 소음이라 함은 전달자가 전달하고자 하는 생각이나 정보를 일정한 부호로 바꾸어 수신자에 전달하고 수신자는 전달받은 정보의 부호를 해석하여 이해하게 되는 과정에서 전달자와 수신자 사이에 지식수준, 문화적 배경, 생활환경, 성장 배경, 사회적 지위 등에 의하여 전달받은 메시지 부호를 다르게 해석하여 생기는 해석상의 오류를 의미하고, 방해 요인 중 개인적 방해 요인은 개인차, 채널선택의 오류, 미디어 선택의 잘못, 말이나 언어 의미상의 잘못 해석, 언어와 비언어상의 불일치 등이 있으며, 조직적 방해 요인에는 공식적 채널 부족, 지위의 차이, 부서 간 목표의 차이, 본사와 지사 간 거리 등을 들 수 있다.

이를 해결하는 대책으로는 교육, 토론, 적극적 경청, 상대방 이해, 배회관리의 활용, 공식 · 비공식 채널 활용, 다양한 채널 개발 등을 들 수 있다.

제10장

적격심사와 계약체결 실무

조달청 입찰에 있어서 적격심사대상 입찰이 아닌 경우에는 개찰 후 최종 낙찰자로 결정되어 곧 바로 계약체결이 이루어지나, 적격심사대상 입찰인 경우의 입찰과 계약 절차를 살펴보면 개찰과 계약체결 중간에 적격심사과정이 있어, 개찰 결과 입찰가가 예정가격 이하 낙찰하한율 이상 최저가에 해당되는 입찰자에게 적격심사대상자 통보를 하게 되고, 통보받은 입찰참가자는 발주처의 요청에 의하여 7일 이내에 적격심사 서류를 제출하면 제출받은 발주처는 7일 이내에 절대평가방법으로 적격심사를 실시하여 최저 입찰자로서 적격통과점수 이상인자에게 적격심사 결과를 통보함으로써 적격 낙찰자로 결정하고 계약체결을 하게 된다. 적격심사 결과 보완서류가 필요한 경우에는 1회에 한하여 조달청의 경우에는 3일 이내, 지자체의 경우에는 7일 이내에 보완서류를 제출하도록 예외적 규정을 두고 있다.

적격심사는 적격 낙찰 여부를 결정할 뿐만 아니라, 용역계약 체결의 선행조건이 되므로 적격심사와 계약체결 실무는 수주영업담당자에게는 입찰서 작성 실무와 함께 가장 중요한 수주영업실무라 할 수 있다.

이 장에서는 수주영업과정에서 수주영업담당자가 담당해야 할 적격심사와 계약에 대하여 실무 차원에서 살펴보고자 한다.

제1절 적격심사 실무

1. 적격심사의 개념

적격심사라 함은 발주처가 입찰자가 참여한 입찰에 대하여 개찰 결과, 낙찰예정자인 우선 협상 대상자 또는 적격심사대상자로 결정되는 경우, 적격 여부를 심사하여 적격 낙찰자로 선정하는 평가과정을 말한다.

2. 적격심사의 세부 절차

발주처가 입찰공고 시 적격심사대상 입찰로 공고하는 경우, 입찰참가자는 적격심사 세부 절차에 따라 입찰과 적격심사 및 계약체결을 추진하여야 한다.

그러므로 수주영업담당자는 적격심사 세부 절차에 대하여 숙지하고 있어야 한다. 적격심사 세부 절차는 다음과 같다.

적격심사 세부기준 검토 → 입찰공고 → 세부 심사기준 등의 열람 → 입찰 실시 → 적격심사대상자 통보 → 적격심사 서류 제출 → 적격심사 → 적격심사 결과 통보 → 적격 낙찰자 선정 → 계약체결

3. 적격심사의 기준

적격심사대상 업체를 심사하기 위하여 조달청이나 서울특별시 등 지방자치단체는 일반용역 적격심사 세부기준을 공고를 통하여 제정하고, 이에 따라 시설분야용역 적격심사를 실시하고 있다. 따라서 수주영업담당자는 일반용역 적격심사 세부기준에 대하여 수주영업 실무차원에서 숙지할 필요가 있다. 조달청 일반용역 적격심사 세부기준을 중심으로 실무차원에서 숙지해야 할 내용과 서식을 정리하여 소개하면 다음과 같다.

조달청 일반용역 적격심사 세부기준의 제정목적은 조달청이 공고형식으로 정한 일반용역 적격심사 세부기준을 조달청에서 집행하는 일반용역 입찰의 낙찰자 결정에 적용할 적격심사 세부기준을 세워 이를 적격심사의 기준으로 활용하는 데 있다.

4. 적격심사 제출 서류

입찰자가 적격심사대상이 되는 경우 발주처로부터 7일 또는 15일 이내에 다음 서류를 제출하도록 통지하는바 수주영업담당자는 지체 없이 이를 준비하여 발주처에 제출하고 보완 요청이 있는 경우 7일 이내에 다시 보완 서류들을 제출하여야 한다.

일반용역 적격심사를 위하여 제출해야 할 서류의 종류는 조달청 적격심사 세부기준 별지 제5호 제출서류 목록표와 같으며 업무의 참고를 위하여 소개하면 다음의 〈표 10-1〉과 같다.

적격심사 서류 작성에 참고 되게 하기 위하여 적격심사신청서와 함께 제출해야 하는 적격심사 자기평가 및 심사표와 일반용역 이행실적 증명서, 근로조건 이행확약서 등의 양식과 기재사항을 소개하면 다음의 〈표 10-2〉, 〈표 10-3〉, 〈표 10-4〉, 〈표 10-5〉와 같다.

〈표 10-1〉 적격심사 제출서류 목록표

심사 분야	연번	내 용	발행기관(확인기관)	비고(서식)
총 괄	1 2	- 적격심사신청서 - 적격심사 자기평가 및 심사표	신청자 신청자	별지 제1호 별지 제2호
이행실적	3	- 일반용역 이행실적 증명서	납품기관(수요기관), 조달청 또는 관련협회	별지 제3호
경영상태	4	- 신용평가등급 확인서	해당 신용정보업자	제출생략
근로조건 이행계획	5	- 근로조건 이행확약서	신청자	별지 제4호
기술능력	6 7 8	- 기술인력 평가 관계 증빙자료 - 기술인증 평가 관계 증빙자료 - 장비보유 평가 관계 증빙자료	관계기관 관계기관 관계기관	
신인도	9	- 신인도 평가 관계 증빙자료	관계기관	
결격사유	10	- 부도 · 파산 · 해산 · 폐업 · 영업정지 등의 상태인 경우 또는 부도 등의 우려가 있는 경우 등 재무위험 내용	관계기관	

〈표 10-2〉 적격심사신청서 양식과 기재사항

적격심사신청서

○ 구매관리번호 :

○ 심사대상용역명 :

○ 수 요 기 관 :

○ 입 찰 일 시 :

위 건 일반용역 입찰의 적격심사와 관련하여 적격심사 자기평가 및 심사표와 제 증빙자료를 신의 성실의 원칙에 입각하여 붙임과 같이 작성 제출하며, 만일 제출한 서류가 허위 또는 부정한 방법으로 작성된 사실이 확인될 경우에는 적격심사기준(회계예규) 및 「국가를 당사자로 하는 계약에 관한법령」 등에 따라 처리하여도 아무런 이의를 제기하지 않겠음을 확약합니다.

200 . . .

심사대상입찰자 주 소 :

회 사 명 :

대 표 자 : (인) 또는 (서명)

붙임 1. 적격심사 자기평가 및 심사표 1부

2. 일반용역 이행실적 증명서 1부

4. 근로조건 이행확약서(시설분야용역인 경우) 1부

5. 기타 첨부서류(신인도 평가관련 증빙자료 등)

조달청장 귀하

접 수 증

1. 구매관리번호 : 3. 수요기관 :

2. 용 역 명 : 4. 제 출 자 :

위 건 용역입찰 적격심사신청서 및 관련서류를 접수하였음을 확인합니다.

200 . . .

조 달 청 장 (인)

〈표 10-3〉 적격심사 자기평가 및 심사표 양식과 기재사항

적격심사 자기평가 및 심사표

1. 심사대상용역

관리번호	
입찰일시	
용 역 명	
용역기간	
수요기관	
입찰금액	
예정가격	
제출기한	

2. 심사대상입찰자

회 사 명	(전화)
대 표 자	
업종구분	학술연구( ), 시설관리( ), 청소( ), 경비( ), 정보통신( ), 폐기물( ), 기타( )

3. 회사를 대표하는 연락책임자 인적사항

소 속	
직 위	
성 명	
전화번호	(FAX)

4. 종합평가

(단위 : 점)

구 분			배점한도	자기평점	심사평점
당해용역 수행능력	이행실적	당해용역			
		유사용역			
	경영상태	신용평가등급			
	기술능력	기술인력			
		기술인증			
		장비보유			
	신 인 도				
	소 계				
입찰 가격					
합 계					
결격 사유					
총평 정점			100		

〈표 10-4〉 일반용역 이행실적 증명서 양식과 기재사항

일반용역 이행실적 증명서

<table>
<tr><td rowspan="5">신 청 인</td><td>업체명(상호)</td><td colspan="3"></td><td colspan="2">대 표 자</td><td colspan="2"></td></tr>
<tr><td>영업소재지</td><td colspan="3"></td><td colspan="2">전 화 번 호</td><td colspan="2"></td></tr>
<tr><td>사업자번호</td><td colspan="3"></td><td colspan="2">조달청등록번호</td><td colspan="2"></td></tr>
<tr><td>증명서용도</td><td colspan="3">일반용역 적격심사신청용</td><td colspan="2">제 출 처</td><td colspan="2">조 달 청</td></tr>
<tr><td>용역범위 및 기준
(면적, 금액 등)</td><td colspan="7"></td></tr>
<tr><td rowspan="6">용역이행
실적내용</td><td>용 역 명</td><td colspan="3"></td><td colspan="2">구 분</td><td colspan="2">학술( ), 정보통신( )
청소( ), 시설관리( )
경비( ), 폐기물처리( ),
기타분야( ),</td></tr>
<tr><td>용역개요</td><td colspan="7"></td></tr>
<tr><td colspan="3">계 약 내 용</td><td colspan="3">이행실적내용</td><td rowspan="3">비고</td></tr>
<tr><td rowspan="2">계약번호
(계약일자)</td><td rowspan="2">계약일자</td><td rowspan="2">계약금액
또는
계약면적</td><td rowspan="2">이행기간</td><td colspan="2">이행실적(금액또는면적)</td></tr>
<tr><td>비율</td><td>실적</td></tr>
<tr><td></td><td></td><td></td><td></td><td></td><td></td><td></td></tr>
<tr><td rowspan="4">증 명 서
발급기관</td><td colspan="8">위 사실을 증명함

년 월 일</td></tr>
<tr><td colspan="8">기 관 명 : (인) (전화:)</td></tr>
<tr><td colspan="8">주 소 : (FAX :)</td></tr>
<tr><td colspan="4">발급부서 :</td><td colspan="4">담당자:</td></tr>
<tr><td colspan="9">註)
① 민간거래실적은 세금계산서, 계약서 등 증빙자료를 첨부하여야 합니다.
② 용역이행실적은 입찰공고 시에 제시한 용역범위 및 기준(면적, 금액 등) 등이 조건에 부합되는 실적에 한하며, 공동계약으로 이행하였을 경우 비율과 이행실적을 기재하여야 합니다.
④ 이행실적 란은 기재 후 투명 접착테이프를 붙여 증명을 받아야 합니다.</td></tr>
</table>

〈표 10-5〉 근로조건 이행확약서 양식과 기재사항

근로조건 이행확약서

- 입찰공고번호 :
- 용역건명 :

1. 인건비는 조달청 일반용역 적격심사 세부기준 [별표 2-2]의 기준에 따라 "예정가격 산정 시 적용한 노임에 낙찰률을 곱한 수준 이상의 임금"을 지급하겠습니다. : 예 ( )
: 아니요 ( )

2. 「근로기준법」 등 아래의 관련법규를 준수하겠습니다. : 예 ( )
: 아니요 ( )

① 퇴직금, 의료보험, 국민연금, 산재보험, 고용보험은 관계법령이 정한 금액을 별도 책정하여 지급하겠습니다.

② 포괄적인 재하청을 하지 않겠습니다.

③ 「근로기준법(제107조 내지 제114조)」 및 「최저임금법(제28조)」를 준수하겠습니다.

★ 예정가격 산정 시 적용한 노임 : (기본급+제수당+상여금+퇴직충당금)의 인건비 합계액×예정가격결정비율(사정률)

(회사명)은 본용역을 수행함에 있어 위에 언급한 내용대로 계약을 성실히 이행할 것이며, 만일 이를 이행하지 않을 경우 부정당업자로 입찰참가자격제한조치 등 불이익 처분을 받더라도 하등의 이의를 제기하지 아니할 것을 확약하고 근로조건 이행확약서를 제출합니다.

년 월 일

주 소 :
회 사 명 :
(공동구성원 모두기재) 대 표 자 : (인)

5. 시설분야용역 적격심사 항목 및 배점한도와 심사 분야 평가방법

1) 시설분야용역 적격심사 항목 및 배점한도

낙찰자를 결정하기 위하여 실시하는 적격심사는 네 가지 심사 분야에 대하여 배점 한도 범위 내에서 심사하며, 85점 이상의 점수가 되어야 적격으로 평가하고 적격자와 계약을 체결하게 된다. 즉, 시설분야용역 적격심사 항목은 당해용역 수행능력(이행실적, 경영상태, 신인도), 근로조건 이행계획의 적정성, 입찰가격 등을 합산하여 100점으로 하고, 결격사유 즉 재무위험이 있을 때, 추정가격 5억 원 이상과 5억 원 이하 모두 −20점으로 평가하도록 하여 최종 합계 점수가 85점 이상일 때 적격으로 판단하여 계약을 체결하게 된다.

시설분야용역 적격심사 항목 및 배점한도는 다음의 〈표 10-6〉과 같다.

2) 당해용역 수행능력 평가방법

당해용역 수행능력의 적격 판단은 다음과 같이 세 가지 심사 분야(이행실적 분야, 경영상태 분야, 신인도 분야)를 심사하여 추정가격 5억 원 이상의 경우 35점, 추정가격 5억 원 미만의 경우에는 25점을 만점으로 배정하고 있다.

당해용역 수행능력의 세 가지 심사 분야의 평가방법은 다음과 같다.

(1) 이행실적 배점한도 및 세부내역과 평가방법

당해용역 수행능력 분야 세 가지 심사 분야 중 하나의 심사 분야인 이행실적 평가는 당해용역 규모 대비 최근 3년간 동등 이상의 용역 및 유사용역 이행실적을 중심으로 심사하되 추정가격 5억 원 이상의 경우에만 10점을 배점하고 있다. 이행실적 평가는 조달청 일반용역 적격심사 세부기준 [별표 2-1] 이행실적 배점한도 세부내역을 기초로 평가하며, 평점의 합계는 배점의 한도를 초과하지 못한다. 다만, 이행실적은 3개월 이상 계속 수행한 실적에 한하여 인정하며, 아파트 및 주상복합 건물의 청소용역 실적은 인정하지 않는다.

이행실적의 배점한도 및 세부내역은 다음의 〈표 10-7〉과 같다.

〈표 10-6〉 시설분야용역 적격심사 항목 및 배점한도

(단위 : 점)

구 분	심사 분야	심 사 항 목	배점한도	
			추정가격 5억 원 이상	추정가격 5억 원 미만
Ⅰ.해당 용역 수행 능력	1.이행실적	해당 용역 규모 대비 최근 3년간 동등 이상 용역 및 유사용역 이행실적비율	10	-
	2.경영상태	신용평가등급	25	25
	3.신인도		+4.25~△2.0	+4.25~△2.0
	계		35	25
Ⅱ.근로조건 이행계획의 적정성		예정가격 산정 시 적용한 노임에 낙찰률을 곱한 수준 이상의 임금지급, 퇴직금 및 4대사회보험료 등 법정부담금 지급, 포괄적인 재하청 금지, 근로기준법 및 최저임금법 준수 여부	5	5
Ⅲ. 입찰가격		※ 입찰가격 평점산식 참조	60	70
합 계			100	100
Ⅳ.결격사유	해당 용역 수행 능력 결격 여부	부도·파산·해산·폐업·영업정지 등의 상태인 경우 또는 부도 등의 우려가 있어 해당 계약이행이 어렵다고 판단되는 경우(다만, 법정관리·화의인가 결정 등 법원의 정상화 판결을 받은 경우 제외)	△20	△20

① 입찰가격 평점산식

○ $평점(점) = 배점한도 - 60 \times \left|\left(\frac{88}{100} - \frac{입찰가격}{예정가격} \times 100\right)\right|$

(다만, 입찰가격이 예정가격 이하로서 예정가격의 88.25% 이상인 경우에는 입찰가격이 예정가격의 88.25%인 경우의 점수로 평가)

- | | 는 절대값 표시임.
- 입찰가격을 예정가격으로 나눈 결과 소수점 이하의 숫자가 있는 경우에는 소수점 다섯째자리에서 반올림함.
- 최저평점은 2점으로 함.

② 이행실적 평가는 [별표 2-1]의 평가기준에 의하여 평가하며, 평점의 합계는 배점한도를 초과하지 못한다. 다만, 이행실적은 3개월 이상 계속 수행한 실적에 한하여 인정하며, 아파트 및 주상복합건물의 청소용역실적은 인정하지 아니함.

③ 경영상태 평가는 [별표 6]의 평가기준에 의하여 평가한다.

④ 신인도 평가는 [별표 7]의 평가기준에 의하여 평가한다.

⑤ 근로조건 이행계획의 적정성 평가는 [별표 2-2] 근로조건 이행계획의 적정성 평가기준에 의하여 평가한다.

〈표 10-7〉 이행실적 배점한도 세부내역

<table>
<tr><th colspan="2" rowspan="2">심 사 항 목</th><th rowspan="2">평 가 등 급</th><th colspan="2">평 점</th><th rowspan="2">비 고</th></tr>
<tr><th>추정가격 5억 원 이상</th><th>추정가격 5억 원 미만</th></tr>
<tr><td rowspan="2">해당 용역 규모 대비 최근 3년간 용역이행실적비율[금액기준(다만, 청소용역은 금액 또는 면적기준)]</td><td>가. 동등 이상 용역</td><td>A. 100% 이상
B. 70% 이상~100% 미만
C. 40% 이상~70% 미만
D. 10% 이상~40% 미만</td><td>10
9
8
7</td><td>-</td><td>계약목적용역과 동일한 분야거나 그 이상의 분야가 포함된 용역이행실적</td></tr>
<tr><td>나. 유사 용역</td><td>A. 100% 이상
B. 70% 이상~100% 미만
C. 40% 이상~70% 미만
D. 10% 이상~40% 미만</td><td>3
2
1
0.5</td><td>-</td><td>계약목적용역과 관련 1개 이상의 분야가 미포함된 용역이행실적</td></tr>
</table>

(2) 경영상태 평가기준과 평가방법

당해용역 수행능력 세 가지 심사 분야의 하나인 경영상태 평가는 다음의 평가기준에 의하여 평가한다.

① 신용정보의 이용 및 보호에 관한 법률 제4조 제4항 제1호 또는 제4호의1의 업무를 영위하는 신용정보업자가 심사기준일 이전에 평가한 유효기간 내에 있는 회사채, 기업어음, 기업신용평가등급을 기준으로 조달청 신용평가등급 조회 시스템 또는 중소기업제품 공공구매정보망에 따라 조회된 신용평가등급으로 평가하되 가장 최근의 신용평가등급으로 평가한다.

경영상태 평가는 적격심사 세부기준 [별표 6]에 의하여 평가하고 배점 한도를 30점, 25점, 10점 등으로 세 등분하여 해당 배점의 한도 범위 내에서 AAA에서부터 CCC+에 걸쳐 경영상태 평가기준표에 명시한 배점 범위 내에서 평가한다.

② 신용평가등급확인서가 확인되지 않는 경우에는 최저등급으로 평가하며, 유효기간 만료일이 입찰공고일인 경우에는 유효한 것으로 평가한다.

③ 합병한 업체에 대하여는 합병 후 새로운 신용평가등급으로 심사하여야 하며, 합병 후에 새로운 신용평가등급이 없는 경우에는 합병대상 업체 중 가장 낮은 신용평가등급을 받은 업체의 신용평가등급으로 심사하여야 한다.

신용평가등급에 의한 경영상태 평가기준은 다음의 〈표 10-8〉과 같다.

〈표 10-8〉 신용평가등급에 의한 경영상태 평가기준

회사채에 대한 신용평가등급	기업어음에대한 신용평가등급	기업신용평가 등급	평 점(점) 배점한도별		
			30점	25점	10점
AAA AA+, AA0, AA− A+ A0 A−	A1 A2+ A20 A2−	AAA (회사채에 대한 신용평가등급 AAA에 준하는 등급) AA+, AA0, AA− (회사채에 대한 신용평가등급 AA+, AA0, AA−에 준하는 등급) A+ (회사채에 대한 신용평가등급 A+에 준하는 등급) A0 (회사채에 대한 신용평가등급 A0에 준하는 등급) A− (회사채에 대한 신용평가등급 A−에 준하는 등급)	30	25	10
BBB+	A3+	BBB+ (회사채에 대한 신용평가등급 BBB+에 준하는 등급)	29.8	24.8	9.8
BBB0	A30	BBB0 (회사채에 대한 신용평가등급 BBB0에 준하는 등급)	29.6	24.6	9.6
BBB−	A3−	BBB− (회사채에 대한 신용평가등급 BBB−에 준하는 등급)	29.4	24.4	9.4
BB+, BB0	B+	BB+, BB0 (회사채에 대한 신용평가등급 BB+, BB0에 준하는 등급)	29.2	24.2	9.2
BB−	B0	BB− (회사채에 대한 신용평가등급 BB−에 준하는 등급)	29.0	24.0	9.0
B+, B0, B−	B−	B+, B0, B− (회사채에 대한 신용평가등급 B+, B0, B−에 준하는 등급)	28.8	23.8	8.8
CCC+ 이하	C 이하	CCC+ 이하 (회사채에 대한 신용평가등급 CCC+에 준하는 등급)	25.0	20.0	7.0

(3) 신인도 평가기준과 평가방법

당해용역 수행능력 세 가지 심사 분야 중 하나인 신인도 평가는 조달청 시설 분야 적격심사 세부기준 [별표 7]의 평가기준에 의하여 평가한다.

신인도 평가기준과 평가방법은 다음의 〈표 10-9〉와 같다.

〈표 10-9〉 신인도 평가기준과 평가방법

가. 신인도 평가기준(공통)

평가기준	점수
A. 여성기업지원 및 여성고용촉진	
(1) 여성기업 : 「여성기업 지원에 관한 법률」 및 같은 법 시행령에서 정한 기업으로서 중소기업청장(위임받은 자를 포함)에 의해 확인서를 발급받은 여성기업으로서 그 존속기간에 따라	
· 3년 이상	0.5
· 3년 미만	0.25
(2) 여성고용 우수기업(시설분야용역은 제외)	
(가) 최근 3개월 평균 여성고용률이 10% 이상이면서 최근 3개월 평균 여성종업원이 10인 이상인 기업	1.0
(나) 최근 3개월 평균 여성고용률이 5% 이상이면서 최근 3개월 평균 여성종업원이 5인 이상인 기업	0.5
(3) 고용노동부장관에 의해 남녀고용평등 우수기업으로 지정받은 자	0.5
B. 「가족친화 사회환경의 조성촉진에 관한 법률」 제15조에 따른 가족친화 인증을 받은 기업	0.5
C. 장애인기업지원 및 장애인 고용촉진	
(1) 장애인기업 : 「장애인기업활동 촉진법」에서 정한 기업으로서, 중소기업청장(위임받은 자를 포함)에 의해 확인된 경우 인정	1.5
(2) 장애인고용 우수기업	
(가) 최근 3개월 평균 장애인 고용률이 3% 이상이면서 최근 3개월 평균 장애인 종업원이 6인 이상인 기업	1.5
(나) 최근 3개월 평균 장애인 고용률이 1.5% 이상이면서 최근 3개월 평균 장애인 종업원이 3인 이상인 기업	1.0
D. 신규채용 우수기업(시설분야용역 및 폐기물처리용역은 제외)	
- 전년도 6개월간 평균고용인원 대비 해당 연도 최근 6개월간 평균고용인원 증가율이 기업 규모에 따라 정해진 증가율 이상인 기업	
· 대기업 : 6% 이상인 기업	3.0
5% 이상인 기업	2.0
4% 이상인 기업	1.0
· 중기업 : 7% 이상인 기업	3.0
6% 이상인 기업	2.0
4% 이상인 기업	1.0

심 사 항 목	평점(점)
· 소기업 및 소상공인 : 10% 이상인 기업 8% 이상인 기업 4% 이상인 기업	3.0 2.0 1.0
E. 공동수급체 구성 (1) 소기업 또는 소상공인과 공동수급체(10% 이상 20% 미만)를 구성하는 경우 (2) 소기업 또는 소상공인과 공동수급체(20% 이상)를 구성하는 경우 (3) 지역업체와 공동수급체(10% 이상 20% 미만)를 구성하는 경우 (4) 지역업체와 공동수급체(20% 이상)를 구성하는 경우	 0.5 1.0 0.5 1.0
F. 고용노동부장관으로부터 '노사문화 우수기업'으로 선정된 업체	0.5
G. 「품질경영 및 공산품안전관리법」 제6조의 규정에 의하여 지식경제부장관이 품질경영우수기업 또는 서비스품질우수기업으로 인증한 업체	0.5
H. 중소기업청장(또는 위임받은 자)에 의해 혁신형(기술혁신형, 경영혁신형) 중소기업으로 지정받은 자	0.5
아. 〈삭 제〉	-
자. 〈삭 제〉	-
I. 「사회적기업육성법」 제7조에 따른 고용노동부장관의 인증을 받은 기업	1.5
J. 공정거래위원장이 지정한 하도급거래 모범업체	0.5
K. 최근 6개월 이내에 조달청과의 계약이행과정에서 지체상금 부과를 받은 자로서 지체상금이 발생한 계약(단가계약의 경우 납품요구)의 종결 용역(물품)대금 대비 지체상금 부과율에 따라 (1) 10% 이상 (2) 8% 이상 ~ 10% 미만 (3) 6% 이상 ~ 8% 미만 (4) 4% 이상 ~ 6% 미만 (5) 2% 이상 ~ 4% 미만 (6) 2% 미만	 △2.00 △1.75 △1.50 △1.00 △0.50 △0.25
L. 부적정처리가능성(폐기물처리용역에 한함) (1) 최근 2년 내 사업장폐기물을 버리거나 매립하여 벌금형 이상을 받은 자나 행정처분을 받은 자(폐기물관리법 제8조 위반) (2) 최근 2년 내 폐기물관리법령 규정에 의한 영업정지 3월 이상 또는 5천만 원 이상 과징금처분을 받은 자 (3) 최근 1년 내 폐기물관리법령 규정에 의한 영업정지 1월 이상 또는 2천만 원 이상 과징금 처분을 받은 자	 △3.0 △2.0 △1.0
M. 최근 2년 이내에 공정거래위원장으로부터 하도급 상습범위반자 또는 불공정거래행위 위반자로 통보받은 자	△2.0

심 사 항 목	평점(점)
N. 최근 2년 이내에 부정당업자 제재를 받은 자로서 부정당업자로 제재기간 종료일이 입찰공고일로부터 2년 이내에 포함된 전체 부정당업자 제재건의 총 제재기간에 따라	
(1) 총 제재기간이 2년 이상인 경우	△2.0
(2) 총 제재기간이 1년 이상 ~ 2년 미만인 경우	△1.5
(3) 총 제재기간이 6월 이상 ~ 1년 미만인 경우	△1.0
(4) 총 제재기간이 6월 미만인 경우	△0.5

나. 신인도 평가방법

① 국제입찰의 경우에는 "L, M, N"항의 평가에 한하여 적용한다.

② 신인도 심사항목 중 중소기업 · 소상공인, 여성기업, 장애인기업, 혁신형(기술 · 경영) 중소기업은 「중소기업제품 공공구매 종합정보망」에 등재된 자료로 평가한다.

③ 신인도 심사항목별 평가는 아래 각 항목을 제외하고는 중복하여 평가할 수 있다.

가. "A(여성기업지원 및 여성고용촉진)"내의 각 항목이 중복되는 경우에는 그중 높은 평점 한 가지만 평가한다. 다만, 여성기업 대하여는 중소기업청장(위임받은 자를 포함)에 의해 확인서를 발급받은 여성기업으로서 그 존속기간을 확인할 수 있는 확인서 일체를 제출하여야 한다.

나. "C(장애인기업지원 및 장애인고용촉진)"내의 각 항목이 중복되는 경우에는 그중 높은 평점 한 가지만 평가한다.

다. 동일인물이 "A(여성고용)", "C(장애인고용)", "D(신규채용)"의 평가에 중복되는 경우에는 그중 높은 평점 한 가지만 평가한다.

④ "A"의 (2) 및 "C"의 (2)의 여성 및 장애인고용 우수기업에 대한 평가는 입찰공고일 전월을 기준으로 하여 여성고용사실 또는 장애인 고용사실을 증명할 수 있는 서류(국민건강보험법에 의한 국민건강보험, 국민연금법에 의한 국민연금에 가입한 증빙서류)에서 나오는 "여성종업원수(여성이 대표인 경우는 대표를 포함하여 산정) 및 여성종업원비율 또는 장애인종업원수(장애인이 대표인 경우는 대표를 포함하여 산정) 및 장애인종업원비율" 자료로서 최근 3개월간의 평균자료를 제출받아 평가한다.

(적용례) 12월 입찰공고건의 경우,

구분	9월	10월	11월
월별 여성(장애인)고용인원 (해당 월 고용하고 있는 인원이며 신규고용인원이 아님)	8	11	15
월별 총 고용인원	100	104	102

* 최근 3개월 평균 여성(장애인) 고용률

$=[(8+11+15)/(100+104+102)]=(34/306)=0.1111=11.11\%$

** 최근 3개월 평균 여성(장애인) 고용인원 $=[8+11+15]/3=11.33333333\cdots\cdots=12$명

⑤ "D"항의 신규채용 우수기업에 대한 평가는 다음 각 목에 따름

가. 해당 연도 입찰공고일 전월 기산 평가기간에 해당하는 고용사실을 증명할 수 있는 서류(국민건강보험법에 의한 국민건강보험, 국민연금법에 의한 국민연금에 가입한 증빙서류)에 따라 평가한다.

나. 해당 연도 최근 6개월간 평균고용인원은 입찰공고일 전월 기산 최근 6개월간의 고용인원을 합산하여 평균하고, 직전 연도 6개월간 평균고용인원은 해당 연도 고용인원 산출 시작시점부터 그 직전 연도 동기간의 고용인원을 합산하여 평균한다.

다. 해당 연도 입찰공고일 전월까지의 신규고용인원 증가율은 해당 연도 최근 6개월간 평균고용인원을 직전 연도 동기간 평균고용인원으로 나누어 계산한다.

라. 〈삭제〉

(적용례) '10년 6월 입찰공고 건의 경우

〈직전 연도 6개월간 평균고용인원〉

'08.12	'09.1	'09.2	'09.3	'09.4	'09.5
100	100	100	100	102	101

〈해당 연도 최근 6개월간 평균고용인원〉

'09.12	'10.1	'10.2	'10.3	'10.4	'10.5
103	104	103	104	104	105

* 직전 연도 6개월간 평균고용인원 = 해당 연도 고용인원 산출 시작시점부터 그 직전 연도의 동기간 고용인원의 평균 =(100+100+100+100+102+101)/6=100.5=101명

** 해당 연도 최근 6개월간 평균고용인원 = 입찰공고일 전월 기산 최근 6개월간 고용인원의 평균 =(103+104+103+104+104+105)/6=103.83333……=104명

*** 해당 연도 입찰공고일 전월까지의 신규고용인원 증가율
=104/101=1.02970297……=2.9703%

⑥ "A(여성고용)", "C(장애인고용)", "D(신규채용)" 항의 평가에서 고용인원 계산결과의 소수점 처리는 소수 첫째 자리에서 올림을 하고, 고용비율 계산결과 소수점 처리는 소수점 다섯째 자리에서 반올림한다.

⑦ "A(여성고용)", "C(장애인고용)"항의 평가에서 최근 3개월의 자료가 없는 경우에는 평가에서 제외한다. 다만, "D(신규채용)"항의 평가에서 해당 입찰공고일 전월부터 기산하여 1년6개월 미만인 신설기업의 경우에는 총고용 인원(대표자 포함)이 6인 이상인 경우 1.5점, 3~5인인 경우 1점으로 평가한다.

⑧ "E"항의 평가는 공동계약방식의 입찰로 입찰공고한 경우에 평가하되 다음 각 목에 따른다.

가. 소기업 · 소상공인과 공동수급체 구성평가는 적격심사대상자가 소기업 · 소상공인(『중소기업제품 공공구매종합정보망』에 등재된 경우 평가)과 공동수급체를 구성(10% 이상)한 경우에 평가한다. 다만, 소기업 · 소상공인이 단독으로 입찰에 참가한 경우 최고등급을 부여한다.

나. 지역업체는 용역수행현장(납품현장) 소재지 기준으로 공동수급체 구성원 내에 특별시 · 광역시 · 도에 본사를 둔 업체를 말한다. 다만, 지역업체가 단독으로 입찰에 참가한 경우 최고등급을 부여한다.

다. 공동수급체 구성평가는 중복하여 평가할 수 있으며, 단가계약(제3자 단가계약 포함)의 경우와 용역수행현장이 3개소 이상인 총액계약의 경우 및 지역제한경쟁 입찰의 경우에는 『지역업체 공동수급체 구성가점』 적용을 제외한다.

라. 공동수급체 구성평가에 대하여는 본문 제8조제1항제3호의 규정에 따른 신인도 평가시 구성원별 출자비율 또는 분담비율을 적용하지 아니하며, 공동수급체에 해당 평점을 부여한다.

⑨ "A"의 (3), "B", "F" 내지 "J"항의 평가는 주무부(처 · 청)등의 장(위임한 경우 포함)이 확인한 자료를 제출하여야 하며, 유효기간 이내인 것에 한하여 평가한다. 다만, 유효기간이 정해지지 아니한 경우에는 입찰공고일 전일부터 기산하여 최근 2년 이내에 인증 또는 선정, 지정된 것에 한하여 평가한다.

⑩ "G"항의 평가는 해당 기업 전체 또는 본사(사업부문별 인증인 경우에는 해당 용역수행에 직접 관련된 분야의 전체 또는 본사의 해당 분야)에 대한 인증인 경우에 한하며 개별사업장 또는 해당 용역수행에 직접 관련되지 아니한 분야에 대한 인증인 경우는 평가하지 아니한다. 다만, 동일 기업에 대하여 품질경영우수기업 및 서비스품질우수기업을 각각 인증한 경우에는 그중 1건에 대하여만 인정한다.

⑪ "K"항의 평가는 다음 각 호에 따른다.

가. 용역(물품)대금 지급(종결)일자를 기준으로 입찰공고일로부터 최근 6개월 이내에 지체상금을 부과받은 자인 경우에 감점하며,

나. 지체상금 부과율은 지체상금이 발생된 계약(단가계약의 경우 납품요구)의 종결 용역(물품)대금 대비 지체상금 부과액의 비율로 산정한다.

(적용례) 최근 6개월 이내 3건의 지급(종결)건이 있을 경우

계약번호 (납품요구번호)	계약(납품요구) 종결용역(물품)대	지체상금	지체발생계약 (납품요구) 종결용역(물품)대	지체상금 부과액	지체상금부과율 (비고)
A	7,000,000	350,000	7,000,000	350,000	"A"는 분할납품
	3,000,000	0	0	0	
B	20,000,000	0	0	0	
C	15,000,000	420,000	15,000,000	420,000	
계			22,000,000	770,000	3.5%

* 지체상금 부과율 = 지체상금 부과액/지체발생 계약(납품요구)종결용역(물품)대
= 770,000/22,000,000 = 0.035 = 3.5%

⑫ "M"심사항목의 불공정거래에 따른 평가

가. 최근 2년 이내에 공정거래위원회로부터 불공정 하도급거래 상습법위반 사업자 또는 불공정거래행위 위반자로 선정된 자

⑬ "N"심사항목의 부정당업자 제재기간에 따른 총제재기간의 평가

가. 부정당업자 제재받은 자에 대하여는 부정당업자 제재기간 종료일이 입찰공고일로부터 2년 이내에 포함된 전체 부정당업자 제재 건의 총제재기간에 따라 해당 배점으로 평가한다. 이 경우 총제재기간은 제재받은 기간의 종료일이 입찰공고일로부터 2년 이내에 있는 부정당업자 제재 건의 전체기간을 합산한다.

(적용례) 입찰공고일이 '10년 10월 9일인 입찰 건에 대하여 해당 적격심사대상자가 '07년 11월20일부터 12개월간 부정당업자 제재를 받고, '09년 5월 20일부터 3개월간 부정당업자 제재를 받은 경우 부정당업자 제재기간 종료일이 입찰공고일로부터 2년 이내에 2건이 존재하므로 전체 제재기간을 합산하여 총제재기간은 15개월, 평점은 −1.5점으로 평가한다.

3) 근로조건 이행계획의 적정성 평가기준과 평가방법

시설분야용역 적격심사 평가항목 중 하나인 근로조건 이행계획의 적정성 평가는 적격심사 세부기준 [별표 2-2] 근로조건 이행계획의 적정성 평가기준에 기초하여 평가방법에 따라 평가한다. 근로조건 이행계획의 적정성 평가기준과 평가방법은 다음의 〈표 10-10〉과 같다.

〈표 10-10〉 근로조건 이행계획의 적정성 평가기준과 평가방법

가. 평가기준

심사항목	평가점수(배점한도)		비 고
	제출 시	미제출 시	
1. 예정가격 산정 시 적용한 노임에 낙찰률을 곱한 수준 이상의 임금을 지급한다는 "근로조건 이행확약서" 제출 2. 근로기준법 등 관련법규 준수 여부 ① 퇴직금, 4대 사회보험료 등 법정부담금을 지급한다는 "근로조건 이행확약서" 제출 ② 포괄적인 재하청을 하지 않겠다는 "근로조건 이행확약서" 제출 ③ 근로기준법 및 최저 임금법을 위반하지 않겠다는 "근로조건 이행 확약서" 제출	5	0	
계	5	0	

나. 평가방법

① "예정가격 산정 시 적용한 노임"은 청소 · 경비용역의 경우는 해당 연도 중소기업협동조합중앙회에서 발표하는 제조부분 시중노임단가(보통인부, 작업반장 등)에 과업지시서상의 해당 인원, 근로기간을 곱하여 계산하되, 「근로기준법」에서 정하고 있는 제수당, 상여금, 퇴직충당금의 합계액으로 하고, 시설물관리용역의 경우에는 해당 직종의 시중노임단가 또는 (사)한국건축물유지관리협회의 해당 연도 건축물유지관리비 표준단가표상의 관리소장, 분야별 책임자, 기능사, 기능사보의 기본료에 과업지시서상의 해당 인원, 근로기간을 곱하여 계산한다.

예시) 예정가격 산정 시 적용한 노임 = 인건비(기본급+제수당+상여금 +퇴직충당금)×예정가격결정비율(사정률)

② "퇴직금, 4대 사회보험료"는 근로자퇴직급여보장법 등에 의한 퇴직금과 국민연금법, 국민건강보험법, 고용보험법, 산업재해보상보험법 등 각각의 관계법령에서 규정한 법정부담금인 의료보험, 국민연금, 산재보험, 고용보험을 의미한다.

③ 근로기준법 및 최저임금법을 위반하지 않겠다는 "근로조건 이행 확약서"는 근로기준법 제107조 내지 제114조와 최저임금법 제28조의 벌칙조항을 위반하지 아니하고 동 법규를 성실히 준수한다는 확약을 말한다.

4) 입찰가격 평점산식과 평가방법

(1) 평점산식

시설분야용역 적격심사에 있어서 가장 중요한 심사항목인 입찰가격의 배점은 추정가격 5억 원 이상인 경우 60점, 추정가격 5억 원 미만인 경우에는 무려 70점을 배점하여 당해용역 수행능력과 근로조건 이행계획의 적정성 심사 배점과 합산하여 100점을 만점으로 85점 이상의 경우에 적격업체로 평가되어 곧바로 계약으로 연결되므로 입찰가격의 평가는 적격심사에 있어서 가장 중요한 평가항목이다.

입찰가격의 평점산식과 평가방법은 다음과 같다.

① 입찰가격 평점산식

$$\text{평점(점)} = \text{배점한도} - 60 \times \left| \left(\frac{88}{100} - \frac{\text{입찰가격}}{\text{예정가격}} \right) \times 100 \right|$$

② 평가방법

입찰가격 평점은 입찰가격 평점산식에 따라 평가하여야 한다.

- 입찰가격이 예정가격 이하로서 예정가격의 88.25% 이상인 경우에는 입찰가격이 예정가격의 88.25%인 경우의 점수로 평가한다.
- | |는 절대 값을 표시한 것이며, 입찰가격을 예정가격으로 나눈 결과 소수점 이하의 숫자가 있는 경우에는 다섯째 자리에서 반올림한다.
- 최저 평점은 2점으로 한다.

5) 결격사유 평가방법

- 적격심사를 신청한 업체가 재무위험 즉, 부도, 파산의 우려가 있어 당해 계약 이행이 어렵다고 판단되는 경우에는 추정가격 5억 원 이상과 5억 원 미만의 구분에 관계없이 −20점으로 평가한다.
- 그러나 법정관리, 화의인가 결정 등 정상화 판결을 받은 경우는 제외한다.

6. 적격심사 유의사항

적격심사 서류를 제출해야 할 입찰자가 정당한 이유 없이 적격심사에 필요한 서류를 제출하지 않거나, 서류 제출 후 낙찰자 결정전에 심사를 포기할 경우, 부정당업체로 제재를 받아 일정기간 입찰에 참가할 수 없게 되며, 입찰참가 시에도 신인도 부문에서 점수가 감점되므로 수주영업담당자는 이 점을 유의해야 한다.

실제로 지방자치단체에서는 1개월 이상 6개월 미만의 입찰참가 제한을 하고 있으며, 조달청과 국가기관에서는 3개월 동안 입찰참가를 제한하고 있음을 수주영업담당자는 유의하여야 한다.

제2절 계약체결 실무

1. 계약의 개념

계약의 법률적 의미는 법률상 사법적 효과 발생을 목적으로 두 사람 이상의 합의에 따라 성립하는 법률행위를 말한다. 이 책에서 말하는 계약은 용역계약으로서 사법적 효과 발생을 목적으로 계약 당사자 간에 일방은 건물의 사용과 수익활동에 필요한 노무(용역)를 제공하기로 약정하고 상대방은 노무(용역) 제공에 대한 대가(용역비)를 지급하기로 합의함으로써 성립하는 법률행위를 말한다.

용역계약의 관계법에는 이 책 제Ⅰ편 제1장에서 이미 설명한 바와 같이 국가를 당사자로 하는 계약에 관한 법률(국가계약법)과 동법 시행령 및 동법 시행규칙과 지방자치단체를 당사자로 하는 계약에 관한 법률과 동법 시행령 및 동법 시행규칙(지방자치단체계약법) 등이 있으며, 관련 규정에는 입찰유의서와 회계예규인 용역계약 일반조건과 용역계약 특수조건 등이 있다.

본 절에서 실무 차원의 계약체결 실무는 국가계약법을 중심으로 입찰유의서 그리고 일반용역 일반조건과 특수조건의 내용을 중심으로 접근하여 계약체결 실무능력을 배양하고자 한다.

2. 계약서의 작성과 계약의 체결

전술한 국가계약법과 관련 규정을 토대로 용역계약서의 작성과 계약체결에 관하여 실무 중심으로 검토하여 수주영업담당자가 숙지하고 실천하여야 할 실무 내용을 소개하면 다음과 같다.

1) 계약의 원칙

국가계약법 제5조에서 계약은 상호 대등한 입장에서 당사자의 합의에 따라 체결되어야 하며, 당사자는 계약의 내용을 신의성실의 원칙에 따라 성실히 이행하도록 규정하고 있다. 이를 위하여 대부분의 발주처는 계약체결 시 일정한 계약보증금을 계약 전에 납부하도록 하도록 제도화하고 있다.

국가계약법 시행규칙 제4조에서도 계약당사자는 계약상 이익을 부당하게 제한하는 특약 또는 조건을 정할 수 없도록 규정하고 있다.

2) 계약방법

국가에서 시행하는 계약은 일반경쟁에 부쳐야 하며, 계약의 목적, 성질, 규모 등을 고려하여 필요하다고 인정될 경우에는 대통령령이 정하는 바에 의하여 참가자의 자격을 제한하거나 참가자를 지명하여 경쟁에 부치거나 수의계약을 체결할 수 있다.

경쟁에 부치는 경우에도 계약이행의 난이도, 이행실적, 기술 능력, 재무상태, 사회적 신인도 및 계약이행의 성실도 등 계약수행능력평가에 필요한 사전심사 기준, 사전심사 절차 등 그 밖에 대통령령으로 정하는 바에 따라 입찰참가자격을 사전심사하고 적격자만을 입찰에 참가하게 할 수 있다.

국가계약법에서 계약방법으로 말하는 경쟁은 입찰방법이나 입찰방법에 준하는 경매의 방법을 의미하며, 경쟁 입찰의 성립은 2인 이상의 유효한 입찰로 성립됨을 유의하여야 한다.

3) 계약의 체결

계약의 체결은 입찰 후 적격심사를 요하지 아니하는 경우에는 곧 바로 계약체결이 이루어지나, 적격심사를 거쳐 적격 낙찰자로 결정되는 경우에는 적격심사 후 적격으로 최종 판단될 때 비로소 계약체결이 이루어진다.

낙찰자가 발주처와 계약을 체결하려면 국가계약법에서 규정하고 있는 계약보증금 관련 조항에 따라 소정의 계약보증금을 납부하고 국가 각 중앙관서의 장과 계약담당공무원이 기획재정부령에 의하여 제정된 용역표준계약서를 작성하고 계약 당사자가 기명날인함으로 계약체결이 이루어진다. 용역계약서에는 계약담당공무원이 기명날인해야 함은 물론이다. 다만, 외국과의 계약서에는 서명으로 기명날인을 갈음할 수 있다. 그러나 3천만 원 이하인 계약이나 경매에 의한 계약 그리고 전기, 수도, 가스 등 장기공급계약은 계약체결을 생략할 수 있다.

낙찰자는 발주기관으로부터 낙찰 통지를 받은 후 10일 이내에 소정의 서식(용역표준계약에 의하여 계약을 체결하여야 하고 그 낙찰금액에 의한 산출내역서를 착수신고서 제출시까지 제출하여야 한다.

발주기관과 계약을 체결하고자 하는 자는 관계법령에 의하여 필요한 관계서류를 계약담당공무원에게 제출하여야 한다. 계약담당공무원은 낙찰자가 정당한 이유 없이 계약을 체결하지 아니하는 때에는 계약을 취소할 수 있다.

계약담당공무원이 작성하는 계약문서로서 효력을 가지는 계약문서는 다음의 〈표 10-11〉과 같다.

〈표 10-11〉 용역계약문서의 종류

① 용역표준계약서 ② 입찰유의서 ③ 용역계약일반조건 ④ 용역계약특수조건 ⑤ 과업내용서(과업지시서) ⑥ 산출내역서 ⑦ 계약당사자 간에 행한 통지문서

관계법령에 의한 용역표준계약서의 양식은 전술한 〈표 9-3〉과 같으며, 계약체결을 위하여 제출할 계약서류의 종류는 다음의 〈표 10-12〉와 같다.

〈표 10-12〉 제출계약서류의 종류

① 사업자등록증 ② 법인 인감증명서 ③ 계약이행보증 보험증권 ④ 과업지시서 ⑤ 산출내역서 ⑥ 협상결과서 ⑦ 입찰공시 및 제안서 ⑧ 연대보증인 관계서류 ⑨ 기타 관련서류

제11장
현장실사와 현장인수 실무

계약체결이 완료되면, 착수신고서를 제출하고 용역계약과 과업지시서에 따라 현장을 인수하고 관리용역을 제공하게 된다. 현장의 인수는 인수할 현장의 실사를 거처 인수하게 되므로 인수전에 반드시 일정한 기준에 의하여 현장을 실사하고 문제점이나 하자 및 개선점이 있는 경우에는 이를 건물주 또는 발주기관에 신고하여 문제나 하자 및 개선사항에 대하여 사전적 조치를 취하여야 한다. 만일 현장실사과정이 생략되거나 현장실사과정에서 발견한 문제점이나 개선사항 및 하자에 대한 사전적 조치 없이 현장을 인수하는 경우에는 문제점이나 하자 및 개선사항으로 인하여 용역계약자가 전적으로 책임져야 하므로 막대한 경제적 손실이 발생할 수 있으며, 분쟁이 발생할 수 있기 때문이다.

특히, 신축 건물관리현장의 경우에는 하자나 문제점 및 개선사항이 많이 있을 수 있어 완공 3개월 전부더 현장에 임시 현장사무소 개설하고, 현장실사를 시공사와 감리 및 수요자(인수기관 또는 관리주체)와 함께 현장실사 체크리스트(후술)를 작성하여 이를 토대로 하자 유무와 문제점을 일일이 확인하여야 하며, 커미셔닝과 TAB을 공동으로 실시하고 펀치리스트 및 개선리스트를 작성하여야 하며, 이를 건축주나 발주기관에 보고하여 건물주나 발주처로 하여금 하자나 문제점 및 개선사항을 처리하게 하여 용역계약자의 관리책임을 면하도록 조치하여야 한다.

계약체결 후 실시하는 현장실사는 입찰 전에 현장설명회와 함께 실시하는 현장조사와는 성격상 큰 차이가 있으며, 조사대상과 실사대상에도 엄청난 차이가 있음을 유의해야 한다. 수주영업담당자가 수주영업을 추진하여 용역 계약을 체결하고 나면, 일반적으로 용역회사의 현장지원팀이나 기술지원부서에서 현장실사를 담당하고 있으나, 유능한 수주영업담당자는 수주영업의 시작에서부터 종료 시까지 반드시 개입하고 처리할 수 있어야 하므로 현장조사와 현장실사 및 현장인수 업무에도 참여하여야 한다.

이 장에서는 수주영업담당자가 용역수주영업의 결과, 용역계약을 체결하고 관리용역을 제공하기 위하여 거쳐야 하는 현장실사와 현장인수 업무에 대하여 실무 차원에서 접근해 보고자 한다.

제1절 현장실사 실무

1. 현장실사의 개념

현장실사라 함은 현장의 현황을 실제로 검사하고 조사함을 의미한다. 현장실사는 계약 후에 현장인수를 위하여 실시하는 검사와 조사이므로 현장설명회와 함께 실시하는 현장 답사나 현장 투어와는 성격상 큰 차이가 있다. 또한 현장실사는 계약한 용역의 범위(건물종합관리, 개별용역관리)에 따라 실사의 범위와 대상이 크게 달라질 수 있음을 유의하여야 한다.

2. 현장실사의 목적

현장실사의 목적은 용역계약에 의하여 인수할 현장 현황을 점검, 조사하여 문제점이나 하자 유무를 조사하여 인수대상 건물의 현황을 정확히 파악하고 실사과정에서 발견한 현장의 시설상의 하자나 문제점을 건축주 또는 관리주체에게 실사보고서를 통하여 보고하고 이를 개선하도록 조치하여 현장인수 이후 운영관리과정에서 하자나 문제점 및 개선사항으로 인하여 발생할 수 있는 시행착오나 인적·물적 손실을 미연에 방지하고 현장운영관리활동을 조기에 착수하고 정착화 및 안정화시켜 건물 사용자의 건물 사용 수익에 필요한 양질의 건물관리 서비스를 적절히 제공하는 데 있다.

3. 현장실사의 대상과 실사 체크리스트

현장실사의 대상은 용역의 범주에 따라 크게 달라질 수 있을 뿐만 아니라, 신축 건물의 경우와 기존 건물의 경우에도 실사의 성격과 대상이 달라질 수 있다.

용역의 범주에 따라 실시되는 현장의 실사대상은 일반적으로 건물종합관리 실사대상과 개별 용역관리 실사대상으로 분류되며 그 내용은 다음과 같다.

1) 건물종합관리용역 실사대상과 체크리스트

건물종합관리용역의 경우 실사대상은 공통 실사대상을 포함하여 시설관리 대상, 환경미화관리 대상, 경비보안관리(주차관리 포함) 대상 모두를 포괄하여 실시하며, 건물종합관리용역을 위한 실사 후에는 건물 종합실사보고서를 작성하여 보고하여야 한다.

(1) 공통 실사대상과 체크리스트

공통 실사대상은 건물종합관리를 포함하여 시설관리, 경비보안관리, 환경미화관리 등 개별용역관리의 경우에도 필수적으로 실시하여야 할 공통 실사대상이다. 왜냐하면, 공통 실사대상(건축개요)의 실사를 통하여 구체적인 관리용역의 대상이 파악되고 이에 대한 관리용역계획을 수립할 수 있기 때문이다. 건축개요는 행정공부나 등기공부 및 준공도면을 참조하면 필요한 정보를 조사할 수 있다.

공통 실사대상(건축개요) 실사 체크리스트는 다음의 〈표 11-1〉과 같다.

〈표 11-1〉 공통 실사대상과 체크리스트

실사대상	실사내용
건물명	
소재지(공부상 주소)	
건물주	
준공일자	
용 도	
지역지구	
대지면적	
건축면적	
연면적	
조경면적	
건폐율	
용적률	
구 조	
층 수	지상 층/ 지하 층
건물높이	
외·내부마감재	
주차 대수	법정주차 대 / 계획주차 대 / 장애우 주차 대
승강기 대수	
오수 정화시설	접촉 폭기 방법(인용)
기타 시설물	

2) 개별용역관리용역 실사대상과 실사 체크리스트

(1) 시설물관리용역 실사대상과 실사 체크리스트

시설관리용역을 위한 실사대상에는 전술한 공통 실사대상을 포함하여 건축물, 기계설비, 전기설비, 방재설비, 승강설비, 중앙감시 제어설비, 기타 설비 등이 있다.

공통 실사대상을 제외한 시설관리대상을 소개하면 다음과 같으며, 구체적인 시설관리 실사항목은 후술하는 시설관리 실사 체크리스트를 참조하기 바란다.

① 공통 실사대상(건축개요)

② 시설물관리용역 실사대상

시설물관리용역 실사대상은 다음과 같다.

가. 건축물

가) 외장

- 지붕 및 옥상
- 외벽 등

나) 내장

- 배수로 및 트랩
- 창호 및 개구부
- 바닥
- 벽체
- 천장

나. 기계설비

- 보일러
- 냉동기
- 흡수식 냉동기
- 열교환기
- 배관 및 배관 부속품
- 약품주입장치

다. 전기설비

- 수변전설비
- 배전설비
- 부하설비
- 예비발전설비
- UPS 장치
- 피뢰침 및 접지선

라. 방재설비

- 소화기
- 소화설비
- 각종 경보설비
- 피난설비
- 방화 및 배연설비
- 비상콘센트 설비
- 소방용수
- 비상전원설비

마. 승강설비

- 엘리베이터
- 에스컬레이터
- 덤웨이터

바. 중앙감시 제어설비

- 감시제어반
- 무정전전원장치

사. 기타 설비

- 전동 셔터
- 자동도어
- 곤돌라
- 카리프트
- 블라인드 커튼 등

③ 시설물관리용역 실사 체크리스트

시설관리 실사 체크리스트는 건축물 실사 체크리스트, 기계설비 실사 체크리스트, 전기설비 실사 체크리스트, 방재설비 실사 체크리스트, 승강설비 실사 체크리스트, 중앙감시설비 실사 체크리스트, 기타설비 실사 체크리스트로 나누어지며, 실사는 해당 실사 체크리스트에 따라 실사하면 된다.

가. 건축물 실사 체크리스트

건축물 실사 체크리스트는 다음과 같다.

실사대상	실사항목	실사결과			결함사항 처리결과
		양호	미흡	결함	
(지붕, 옥상) · 아스팔트 방수	-건축기준법에 정해진 특수 건축물 정기검사(건축물 전반의 주요 부분)				
	-누수의 유무(콘크리트의 갈라짐, 들뜸, 손상, 배수로 몰탈 들뜸, 도장의 벗겨짐, 탈기통의 손상 등)				
· 시드 방수(노출)	-벗겨짐, 손상, 코킹 부위, 누수의 유무, 배수로 주변, 도장의 변형				
· 금속판 지붕	-철판의 변형, 부식, 도장 등의 열화, 취부상태의 양부(볼트의 부식, 풀림 등), 누수의 유무				
· 출입구 및 철물류	-철물류의 부착 상태, 변형, 도장면의 흠집, 방청, 녹물에 의한 오염 등				
(외벽 등) · 콘크리트. PC,ALC 패널	-점검, 균열, 실링재의 열화, 누수, 패널 취부 상태				

실사대상	실사항목	실사결과			결함사항 처리결과
		양호	미흡	결함	
· 몰탈 도장	-갈라짐의 상태, 누수, 들뜸(요소를 타진 조사)				
· 타일 종류	-백화 현상, 균열, 들뜸, 탈락				
· 새시, 유리	-문고리, 유리 균열, 새시면의 상태, 새시 주변의 실링재 상태 -개폐 상태, 철물류의 상태, 유리 고정재의 상태				
· 커튼 월	-전면 점검(취부 상태 포함) -실링재의 상태(벗겨짐, 균열), 알루미늄의 변색, 스테인리스의 오염				
· 발코니, 차양, 외부 계단(콘크리트 등) 철제 간판, 피난용 해치	-외벽 점검 시 종합 점검 -균열, 실링재의 들뜸, 누수, 도장의 흠집, 방청, 녹물에 의한 오염				
(바닥) · 콘크리트 바닥에 도장 마감	-균열, 부스러짐, 들뜸(칸막이 콘크리트의 경우는 바닥과 기둥, 벽의 접합부, 침하의 유무)				
· 비닐 바닥, 타일 바닥, OA Floor	-들뜸, 오염, 손상, 바닥 접착 상태, 융착부 갈라짐				
· 타일	-흠집, 오염, 균열, 탈락, 쪼개짐, 마모				
· 카펫, 융단	-오염, 변색, 주름, 마모				
· 바닥점검구, 배수로트랩	-변형, 탈락, 방청, 마감재의 손상, 들뜸, 오염, 주름 발생				
(벽체) · 몰탈 도장, 금속 성형판	-균열, 들뜸(부분 타진 조사), 흠집				
· 보드류마감, 합판류마감	-균열, 변형, 흠집, 못자국				
· 도장마감	-흠집, 들뜸, 오염, 변색				
· 종이벽지, 비닐벽지	-들뜸, 곰팡이, 오염, 손상, 변색				
· 타일마감	-부스러짐, 들뜸, 균열 등				
(천장)	-오염, 처짐, 흠집, 점검구, 커텐 박스, 블라인드 박스 상태				
(건구) · 방화문, 배연댐퍼, 배연수직벽, 배연구셔터, 도어	-개폐 상태, 나사 풀림, 오염, 방청, 도장의 열화, 찌그러짐				
· 목재, 건구류	-개폐 상태, 나사 풀림, 흠집, 들뜸, 도장의 오염				

나. 기계설비 실사 체크리스트

기계설비 실사 체크리스트는 다음과 같다.

실사대상	실사항목	실사결과			결함사항 처리결과
		양호	미흡	결함	
· 보일러 · 버너 · 연료 · 배관 부속 장치 · 연도, 연동 · 보일러 급수 펌프	-자동제어장치 정비, 기능 확인 -배연 측정 -성능 검사 전 점검, 청소, 정비 -성능 검사 -안전변, 감압변, 수변계 압력계의 정비, 기능 확인 -외관 점검(손상, 부식, 로 내 벽돌) -덕트 내 슬러지 점검 -버너 점검 -펌프 점검 정비				
(냉동기) · 왕복동 · 터보 · 스크루 · 부속장치	-압력계의 검사 각 지시값의 교정 -자동제어장치의 정비, 기능 확인 -보안장치의 기능 확인 -응축기의 튜브 청소 -증발기의 튜브 청소 -기밀성 시험 -절연저항 측정				
(흡수식 냉동기)	-각 계기의 지시값의 교정 -보안장치의 기능 확인 -자동제어장치의 정비, 기능 확인 -기밀성의 시험 -배연 측정 -용역 샘플링 분석 -펌프 분해 점검(추기, 용액, 냉매) -절연저항의 측정 -다이어프램 밸브의 정비 -튜브 청소(냉수계, 냉가수계)				
(열교환기)	-외부 점검(배관의 파손, 부식 등) -내부 도장 -성능 검사				
(배관 및 배관 부속품)	-냉난방 절환 -외관 점검(파손, 누설, 부식 등) -밸브의 작동, 기능 확인				
(약품 주입 장치)	-				

<table>
<tr><th rowspan="2">실사대상</th><th rowspan="2">실사항목</th><th colspan="3">실사결과</th><th rowspan="2">결함사항
처리결과</th></tr>
<tr><th>양호</th><th>미흡</th><th>결함</th></tr>
<tr><td>(공기조화설비 및 부속장치)
· 공기조화기
· 패키지형
· 공기세정장치
· 가습장치
· F.C.U
· 전기집진기
· 에어필터</td><td>-계절별 절체 점검(전반)
-자동제어장치의 정비, 기능 점검
-취출구 환기구의 청소
-드레인판의 청소, 정비
-기내외의 청소, 댐퍼의 점검 청소
-기내 방청 제거 및 도장
-송풍기 날개 청소
-외관 점검
-팬코일 오염 청소
-절연저항 측정
-배수 등의 막힘 청소
-가습 장치의 점검, 정비
: 관련법이 정한 실내 공기환경의 측정</td><td></td><td></td><td></td><td></td></tr>
<tr><td>(공조부속설비)
· 냉각탑
· 냉온수 펌프
· 냉각수 펌프</td><td>-냉각탑의 청소 및 냉각수 교환
-스트레너 청소
-송풍기의 정비
-냉수, 온수 교환
-V-벨트의 점검, 조정, 교환
-냉각수관 약품 세정, 수질 조장
-절연저항의 측정
-그랜드패킹(gland packing) 교환</td><td></td><td></td><td></td><td></td></tr>
<tr><td>(송풍기, 배풍기 및 부속장치)
· 송풍기
· 배풍기
· 부속장치</td><td>-베어링 그리스(grease)의 교환
-V-벨트의 점검, 조정, 교환
-팬 날개 및 케이스 청소
-절연저항의 측정</td><td></td><td></td><td></td><td></td></tr>
<tr><td>(풍도 및 부속장치)</td><td>-덕트의 파손 및 공기 유출 점검
-환기용 덕트의 점검 및 댐퍼 기능 점검
-주방용 덕트의 점검 및 댐퍼 기능 점검
-환기용 덕트의 청소
-주방용 덕트, 후드의 청소
-취출구, 환기구의 청소</td><td></td><td></td><td></td><td></td></tr>
</table>

다. 전기설비 실사 체크리스트

<table>
<tr><th rowspan="2">실사대상</th><th rowspan="2">실사항목</th><th colspan="3">실사결과</th><th rowspan="2">결함사항
처리결과</th></tr>
<tr><th>양호</th><th>미흡</th><th>결함</th></tr>
<tr><td>(수변전설비)
· 단로기
· 차단기
· 변압기
· 전력콘텐서
· 피뢰기
· 계기용 변성기
· 배전용 변압기</td><td rowspan="2">-절연저항, 접지저항 측정
-보호계전기의 작동시험(동작특성시험 등)
-외관점검(변색, 과열, 손상, 풀림, 부식, 오손 등 점검)
-단자 조임
-청소, 손질
-절연유의 내압시험, 산화값 측정
-변압기, 차단기의 점검
-계기 교정, 시퀀스 시험</td><td></td><td></td><td></td><td></td></tr>
<tr><td>(배전설비)
· 배전반
· 간선, 부스덕트
· 분전반</td><td></td><td></td><td></td><td></td></tr>
<tr><td>(부하설비)
· 전동기
· 제어반, 조작반
· 조명설비
· 콘센트</td><td>-절연저항 점검
-외관점검(변색, 과열, 손상, 풀림, 부식, 오손 등 점검)
-단자 조임
-청소, 손질</td><td></td><td></td><td></td><td></td></tr>
<tr><td>(예비발전설비)
· 원동기
· 발진기
· 발전기반</td><td>-주요 부분의 개방 점검, 윤활 유량, 유질의 검사
-외관점검(기관, 압축기, 배기관, 안전변, 경보장치, 과열, 풀림 등 점검)
-시운전에 의한 기능, 성능 확인
-인터로크 테스트
-절연저항 측정
-외관점검(변색, 과열, 손상, 풀림, 부식, 오손 등 점검)
-단자 조임
-청소, 손질</td><td></td><td></td><td></td><td></td></tr>
<tr><td>(UPS 장치)
· 충전장치
· 축전지</td><td>-균등 전압 및 셀전압, 충전압의 측정
-전해액의 비중, 온도 측정
-외관점검(본체 오염, 패킹 등의 열화, 전해액의 누설, 전극판의 변형, 충진재 변형 등 점검)
-청소, 손질
-절연저항의 측정</td><td></td><td></td><td></td><td></td></tr>
</table>

라. 방재설비 실사 체크리스트

실사대상	실사항목	실사결과			결함사항 처리결과
		양호	미흡	결함	
(소화기)	소방법에서 규정한 정기 점검 -외관 점검 -기능 점검				
(소화설비) · 옥내 소화전 설비 · 옥외 소화전 설비 · 스프링클러 설비 · 연결 살수 설비 · 연결 송수관	소방법에서 규정한 정기 점검 -외관 점검 -기능 점검 -종합 점검				
(각종 경보 설비) · 자동 화재 탐지 설비 · 비상 경보 설비 · 누전 화재 경보기 · 가스 누설 경보 설비	소방법에서 규정한 정기 점검 -외관 점검 -기능 점검 -종합 점검				
(피난 설비) · 피난기구 · 유도등 · 유도 표식	소방법에서 규정한 정기 점검 -외관 점검 -기능 점검 -종합 점검				
(방화, 배연 설비) · 방화문 · 방화 댐퍼 · 배연기 · 배연창	소방법에서 규정한 정기 점검 -외관 점검 -기능 점검 -종합 점검				
(비상콘센트 설비)	소방법에서 규정한 정기 점검 -외관 점검 -기능 점검				
(소방 용수)	소방법에서 규정한 정기 점검 -외관 점검 -기능 점검				
(비상전원 설비) · 자가발전기 · 축전지설비 · 비상전원 전용 수전설비	소방법에서 규정한 정기 점검 -외관 점검 -기능 점검 -종합 점검				

마. 승강설비 실사 체크리스트

승강설비 실사 체크리스트는 다음과 같다.

실사대상	실사항목	실사결과			결함사항 처리결과
		양호	미흡	결함	
(엘리베이터) (에스컬레이터) (덤웨이터)	※ 메이커 및 법령 기준 우선 적용 -관련법에서 정한 정기 점검				

바. 중앙 감시제어설비 실사 체크리스트

실사대상	실사항목	실사결과			결함사항 처리결과
		양호	미흡	결함	
(감시제어반) · 보호 계전기 · 감시반 · 교환기반 · 보조 계전기반 · 중계 단자반 · 고장 표시반 등 (원격 감시제어반) · 그래픽패널 포함 · 컴퓨터 설비 · 교환기반	-컴퓨터, 프린터 및 주변 기기의 정기점검 -각종 패널 내외 점검(오손, 손상, 풀림, 과열, 변색 등) -각 기능의 작동 점검 -절연저항 점검 -접지저항 점검				
(무정전 전원 장치) · UPS	-전기설비의 UPS 장치에 준한다.				

(2) 환경미화관리용역 실사대상과 실사 체크리스트

환경미화 용역계약을 체결한 용역업자는 현장인수를 위하여 공통 실사대상을 포함하여 다음의 환경미화용역 실사대상에 대하여 실사하고 실사보고서를 작성하여 문제점이나 눌리적으로 하자가 있는 경우에는 이를 건축주에게 보고하고 개선하도록 하여 용역대상 인수 후 인적·물적 손실을 예방하여야 한다. 환경미화관리 용도 실사대상인 공통 실사대상과 환경미화 실사대상은 다음과 같으며 구체적인 실사는 환경미화용역 실사 체크리스트를 활용하여 실사하면 된다.

① 공통 실사대상(건축개요)

② 환경미화 실사대상

환경미화 실사대상은 다음과 같다.

가. 청소 구역

- 출입현관과 로비공동구역
- 복도
- 계단
- 화장실
- 엘리베이터(승객용, 화물용, 비상용)
- 에스컬레이터
- 사무실
- 담장 안 보행도로
- 주차장
- 녹화영역(정원)
- 배수구
- 쓰레기 처리장
- 승 · 하차장
- 옥상
- 외부 건물 정면 및 차양 막
- 기타 청소 구역

나. 환경미화원 대기실 실태

다. 청소도구, 장비, 약품 자재관리실태 및 지급 시간 및 방법

라. 교육실태

마. 출퇴근 시간 및 작업시간과 휴식시간

바. 환경미화원의 수 및 배치 현황

사. 기타 환경미화 관련사항

③ 환경미화관리용역 실사 체크리스트

환경미화관리 실사 체크리스트는 다음과 같다.

실사대상	실사항목	실사결과			결함사항 처리결과
		양호	미흡	결함	
출입현관과 로비공동구역	-출입문/문틀/도어클로저 -바닥/타일/가장자리 -벽면/칸막이 -천장/에어컨/조명등/환풍기 -유리/창문 -스위치/신호기 -소화기 -옥내화단/화분/장식품 -우편함				
복도	-출입문/문틀/도어클로저 -바닥/타일/가장자리 -벽면/칸막이 -천장/에어컨/조명등 -유리/창문 -스위치/신호기				

실사대상	실사항목	실사결과			결함사항 처리결과
		양호	미흡	결함	
복도	-소화기 -옥내화단/화분/장식품				
계단	-출입문/문틀/도어클로저 -바닥 -벽면 -천장 -발 디딤판/계단 뒷면 -난간 -스위치/신호기				
화장실	-출입문/문틀/도어 -바닥(발판 포함)/타일/가장자리 -칸막이/벽면 -천장/에어컨 -유리패널/창문 -거울 -비품/부착물 -스위치/전원구/신호기 -세면기/경대상단 -소변기/수세식 변기 -물비누 공급기 -화장지 공급기 -쓰레기통/위생용 쓰레기통(숙녀 화장실) -기저귀 교환대				
엘리베이터(승객용)	-외부 도어 -내부 도어 -거울 -엘리베이터 벽면 -누름 스위치 패널 -엘리베이터 바닥 로비 -엘리베이터 선반과 조명등 -승강기 발판				
에스컬레이터. 평면에스컬레이터, 이동용 컨베이어	-유리 -손잡이 난간 -구조물 -상승장치 -디딤판				
사무실	-출입문/문틀/도어클로저 -바닥/가장자리/타일 -벽면/칸막이 -천장/에어컨/조명등 -모서리 -유리/창문 -스위치 -소화기 -휴지통				

실사대상	실사항목	실사결과			결함사항 처리결과
		양호	미흡	결함	
담장 안 보행도로	-금속설비부착물 -바닥/타일/가장자리 -쓰레기통 -손잡이레일				
주차장	-도어 -벽면 -천장 -환기구 -배수구 -신호기 -소화기 -쓰레기통 -주차장치 -배관				
녹화(정원) 영역	-부속물 -신호기 -화단				
배수구	-맨홀 망 -수로(홈통)				
쓰레기장	-도어 -벽 -천장 -셔터문 -바닥 -쓰레기통				
승·하차장	-바닥 -벽 -천장 -도어 -셔터문 -난간				
옥상	-옥상바닥 -빗물 배수구 -수로(홈통)				
외부건물 정면, 차양막	-벽면 -유리표면				

(3) 경비보안관리용역 실사대상과 실사 체크리스트

경비보안 실사대상에는 공통 실사대상을 포함하여 다음과 같은 실사대상이 있다. 경비보안관리방식인 인적 경비와 기계경비방식에 따라 다소 실사대상에 차이가 있으나, 여기서는 인적 경비를 중심으로 실사대상을 설명하고자 한다.

① 공통 실사대상(건축개요)

② 경비보안관리 용역 실사대상 및 체크리스트

경비보안관리 용역 실사대상과 체크리스트는 다음과 같다.

실사대상	실사내용
경비대상물별 용도 및 규모	
구조물의 형태	
방범시설의 유무 (CCTV, 경비 시스템, 보안등, 보안경 등)	
주요 시설 및 장비 유무	
위험물 저장소 및 특수 경비 요구시설 유무	
주변 환경과 교통편	
시간대별 이용 실태	
입주자 및 종업원의 현황	
방문객의 출입 및 관리 실태	
주·야간 경비 구축 실태	
사내 비상 연락망	
외부 관계기관 비상 연락 체계	
시설관리조직의 각 부문별 책임자 인적사항	
출입 게이트의 수와 위치	
보유 경비장비	
마스터키 관리 현황 및 방법	
관계기관 협조방법(경찰서, 소방서 등)	
비상사태관리 근무방침	
순찰노선 및 절차와 방법	
주차관리 지침	
방문객 출입관리 절차 및 방법	
물품의 반·출입관리 절차 및 방법	
긴급보고 요령 및 절차	
경비원의 교대 시간 및 근무시간	
경비 시스템의 유형 및 위치	
경비 위험요소 및 경비 취약지역	
경비업무보고 체계 및 경비문서의 종류와 관리방법	
주요 출입동선	
주차장 출입동선	
건물 위험 취약지역	
순찰코스	
안전위험지역	
출입구 개폐시간	
주차사고 예상지역	
기타 안전 저해 환경 및 요소	

4. 현장실사방법

실사방법은 다음의 실사방법에 따라 실사한다.

1) 건축주와 실사범위를 정하고 실사일정(실사스케줄)을 합의한 후 실사체크리스트를 확정한다.
2) 건축주 또는 건축주의 대리인과 함께 준공도면의 성격을 가지고 있는 건축도면, 기계도면, 전기도면, 설비 이력관리대장, 실사 체크리스트에 따라 공동으로 실사한다.
3) 실사방법은 건축물이나 건축설비 등과 같이 시설물에 대해서는 1차적으로 육안검사를 통하여 실시하고 성능이나 기능에 결함이 발견되는 경우에는 기구나 기계를 활용하여 2차적 정밀검사를 실시한다. 서류 실사는 체크리스트에 따라 점검하고 인수한다.
4) 공통 실사대상인 건축개요 조사는 등기공부와 지적공부를 열람하여 조사한다.
5) 커미셔닝과 TAB가 필요한 경우에는 건축주와 함께 커미셔닝과 TAB를 실시한다.
6) 실사 펀치리스트와 개선리스트를 준비하고 결함이 발견되는 경우 이를 펀치리스트에 따라 작성된 개선리스트에 기록하여 건축주에게 제출하고 결함을 확인시켜 개선하도록 조치한다.
7) 실사가 종료하면, 지체 없이 실사보고서 4부를 작성하고 1부는 건축주에게 제출하고, 1부는 본사보고용으로 제출하여야 하며, 1부는 현장인수팀(소장)에 전달하여 인수에 차질이 없도록 조치하여야 하며 나머지 1부는 계약 사후관리용으로 수주영업팀 또는 기술지원팀이 보관한다.
8) 실사보고서는 실사 내용 및 인수 서면(도면 포함)과 촬영한 사진을 첨부하여 작성한다.
9) 실사에 사용하였던 각종 준공도면과 설비이력 관리대장, 각종 준공 서면 및 기기사용 매뉴얼과 실험성적서 등을 인수받아 실사보고서에 기록하여야 한다.
10) 최종 보고서가 완료되면 실사에 참여하였던 작성자의 직위와 성명을 기록하고 서명 날인한다.

제2절 현장인수 실무

1. 현장인수와 인계의 개념

용역계약이 체결되고 나면 회사의 형편이나 조직 및 업무분장에 따라 수주영업담당자 또는 기술지원팀이나 현장인수팀에서 현장인수에 착수하여야 한다. 현장인수는 현장인수팀을 구성하고 인수계획과 인수 체크리스트를 준비하여 현장인수에 임하는 것이 가장 바람직하다. 다만 현장인수는 인수하는 회사의 형편이나 여건에 따라 현장인수팀이 달라질 수 있다.

현장인수대상은 관리대상 건물의 구성 요소인 건축물, 건축대지, 건축설비, 기타 부대시설과 인계 용역회사 소속 인적 자원 인수 그리고 준공도면, 사용 및 정비 매뉴얼, 각종 실험성적 관련 서류, 설비 이력관리대장 등 각종 서류 그리고 보험 증서 등 건물관리용역에 필요한 포괄적 인수를 하여야 한다. 왜냐하면, 인수 시 개별적으로 인수하는 경우에는 건물관리를 동시에 체계적으로 착수할 수 없기 때문이다.

현장인계라 함은 건물주로부터 관리용역을 목적으로 소유하고 있는 유형적 건물과 관리권 및 관리에 필요한 도면, 매뉴얼 등 일체의 서면과 경우에 따라 현장관리 인적자원을 포괄적으로 인수자에게 인도하는 것을 말하고 인수란 인계의 상대적 개념으로서 용역의 목적물과 이에 부수되는 관리권 및 관리에 필요한 서면과 인적 자원을 포괄적으로 인도받는 것을 말한다.

기존 건물의 인수인계는 반드시 건물주와 용역업자 간에 이루어져야 하고 인수인계서에 양 당사자가 서명 날인하여야 한다. 그러나 신축 건물의 경우, 인수인계는 건물주와 시공사 및 용역회사 등 3자 간에 이루어져야 하고 반드시 인수인계서에 3자 모두 서명 날인하여야 유효하다.

기존 건물의 경우에는 오관(五官)에 의한 검사와 기능 및 성능 테스트 수준에서 실시하면 되나 신축 건물의 경우에는 오관에 의한 검사 외에 기능과 성능 검사를 위한 커미셔닝(시운전)과 테스팅, 조정, 바란싱 등 TAB를 실시하여야 하며 반드시 펀치리스트를 작성하고 결함이나 하자 또는 문제점을 리스팅하여 건축주로 하여금 인계인수 전에 보수하거나 정비 또는 개선한 후 인수인계하도록 조치하여야 한다.

2. 현장 인수인계 절차와 대상

용역계약 이후 실시되는 현장 인수인계는 건축주와 용역회사 간에 합의한 인수인계 절차에 따라 이루어지며, 기존 건물의 인수인계와 신축 건물의 인수인계는 다소 상이하므로 분리하여 이해하는 것이 현명하다.

1) 기존 건물관리현장의 인계인수 절차와 대상

기존 건물관리현장이라 함은 종전의 용역계약에 의하여 기존의 용역회사가 용역목적물을 관리하여 왔던 용역목적물을 계약기간의 종료로 건물주나 신 계약자에게 인계하는 건물관리현장을 말한다. 기존 건물관리현장의 인계인수의 특징은 용역목적물 외에 기존

관리의 기록물과 현재 진행 중에 있는 관리업무 및 이를 담당하고 있는 인력(기존 용역회사 소속 관리종사자 전부 또는 일부)을 포함하여 인계하고 인수하는 특징이 있다.

기존 건물관리현장의 인계인수 절차는 다음과 같다.

(1) 현장 인수인계 절차

① 건축주와 용역계약자 당사자 간에 인수인계 절차를 수립하고 인수인계 일정표와 인수인계대상 목록표를 작성한다.

② 인수인계 목록표를 토대로 인수인계 대상물을 일일이 확인하고 존재 여부와 상태 이상 유무를 확인한 후 기록한다.

③ 확인과정에서 발견한 이상 현상(하자, 결함, 고장, 수량 부족 등 개선사항)에 대하여 책임 한계를 정하고 정해진 책임에 기초하여 보수, 정비, 개선, 보완한다.

④ 용역계약서상의 업무 범위와 과업지시서 내용을 검토하고 문제가 있는 경우 이를 확인한다.

⑤ 인수 및 인계서를 작성하고 인수인계 목록표를 첨부하여 인계인수 당사자가 기명날인한다.

(2) 현장 인수인계 대상

기존 건물관리현장의 인계인수의 대상에는 특별한 경우를 제외하면 대체로 다음과 같다.

① 건축물

주된 용역관리 목적물로서 이에는 건축시설물, 건축대지, 건축설비, 기타 부대시설 등이 인계인수의 대상이 된다.

② 각종 서면

각종 준공도면과 관리문서 및 일지와 대장, 각종 기록물, 사용설명서, 매뉴얼, 관리관련 대내·외 공문, 부보한 보험 중 유효한 각종 보험증서, 법정선임 현황자료, 각종 필증, 각종 허가증, 검사 확인서, 각종 신고서 등의 서면이 인계인수의 대상이 된다.

③ 관리인력

상황에 따라서는 기존 관리현장에 근무하던 관리인력의 전부 또는 일부가 인계인수의 대상이 될 수 있으며, 협력업체 및 유관기관의 담당자가 인계인수의 대상이 된다.

④ 회계자료

관리비와 연체관리비, 거래처 미불금, 에너지 사용료와 공과금 지급 현황 등이 회계자료로서 인계인수의 대상이 된다.

⑤ 관리사무소 등 관리시설

관리를 위한 관리사무소 등 관리시설 등이 인계인수의 대상이 된다.

⑥ 진행 중의 업무

종전의 건물관리용역업체에 의해 진행 중의 작업이나 업무가 인계인수의 대상이 된다.

⑦ 관리 방침과 지침

용역계약 당시 시달된 계약서와 과업지시서 외에 관리방침과 관리지침이 인계인수의 대상이 된다.

⑧ 원료, 재료, 자재, 공구, 장비, 사용 중의 에너지, 부품 등

원료나 자재, 기타 부품 등이 인계인수의 대상이 된다.

⑨ 마스터키 등

마스터키, 전용키, 공공키 및 키 박스와 분출대장 등을 일괄 인수하여야 한다.

2) 신축 건물관리현장의 인계인수

(1) 인계인수의 개요

신축 건물관리현장은 기존 건물관리현장과는 달리 관리 시스템을 처음부터 구축해야 하고 완공 직전에 인수하여야 하기 때문에 인수대상도 다양할 뿐만 아니라, 매우 복삽한 인수과정을 거쳐야 한다.

따라서 현장인수에 참여하는 인수 실무자는 기존 건물관리현장의 인수 때와는 달리 현장인수팀과 함께 인수에 착수하여야 하며, 건물관리 출발을 위한 건물 현황 파악에 중점을 두고 인계인수계획을 건축주와 시공사(전문공사 하청업자 포함) 및 감리사와 공동으로 협의하여 수립하고, 인계인수 스케줄과 인계인수 목록표 및 펀치리스트와 개선리스트를 마련한 후 완공 3개월 전부터 필요한 경우 커미셔닝과 TAB를 실시하여 섬섬을 병행하여 시설별로 인수하여야 하며, 문제나 개선사항 및 하자가 발견되는 경우에는 건축주로 하여금 개선 또는 하자 보수하도록 조치하여야 한다.

인수현장에 관리사무소를 개설하고 단계적으로 인수인력을 투입하여 인수하고 완공 즉시 운영관리업무를 개시하고 건물의 기능과 성능을 정상화하고 유지하여 입주자의 건물 사용 수익에 필요한 건물관리 서비스를 적절히 생산하고 제공하여야 한다.

(2) 신축 건물관리현장 인계인수의 대상

신축 건물관리현장의 인계인수의 대상은 기존 건물관리 현장과는 달리 인계인수 대상이 다소 단일한 것이 특징이다. 신축 건물관리현장의 인계인수의 대상은 다음과 같다.

① 건축물

용역관리의 주된 대상물로서 이에는 건축시설물, 건축설비, 건축대지 및 기타 부대시설이 포함된다. 건축물 인계인수는 후술하는 건축물 인수 체크리스트에 따라 인계인수하여야 한다.

② 건축 인허가 등 인수인계 대상 각종 서면

신축 건물관리현장의 인수인계의 경우에는 준공에 필요한 각종 도면이나 필증, 검사서, 보험 증서, 보증서 등이 매우 중요한 인계인수의 대상이 된다. 각종 서면 목록은 인허가 서류목록, 기기 시험성적서 서류 목록, 장비 매뉴얼 목록 등으로 분류하여 인수인계하여야 한다. 건축 인허가 등 인수인계 대상 각종서면 목록은 다음의 〈표 11-2〉와 같다.

〈표 11-2〉 건축 인허가 등 인수인계 대상 각종 서면 목록

가. 인허가 서류 목록

구분	서류명	주무관청	수량	인계자	인수자	비고
전 기	1. 전기 공작물 사용 개시 신고 필증	안전공사				
	2. 전력 수급 계약서	한국전력				
	3. 전력 공급 동의서	한국전력				
	4. 자가용 전기 공작물 공사계획서	각 구청				
	5. 공청 TV 설치 시공 확인서	–				
	6. 승강기 설치 확인서	승강기관리원				
	7. 국내 교환 설비 준공 검사 통보서	통신사업자				
	8. 절연 및 절연저항 측정 기록표	–				
	9. 방화관리자 선임 필증	소 방 서				
	10. 전기안전관리자 선임 필증	각 구청				
	11. 하론 충전 검사 확인서	소방업체				
설 비	1. 검사대상 기기 검사증	에너지공단				
	2. 검사대상 기기 조정자 선임 필증	에너지공단				
	3. 배출 시설 설치 허가증(수질)	각 구청				
	4. 배출 시설 설치 허가증(대기)	각 구청				
	5. 상수도 통수 확인서	수도사업소				
	6. 도시가스 안전 검사 필증	가스안전공사				
	7. 위험물 제조소 설치 허가증	소 방 서				
	8. 압력 용기 구조 용접 검사증	에너지관리공단				
	9. 고압가스 저장소 허가증	각 구청				
	10. 고압가스 안전 검사 필증	각 구청				
	11. 액화 석유 가스 사용 신고 필증	각 구청				
	12. 가스 사고 배상 책임 보험 증권	각 구청				
	13. 정화조 설치 허가	각 구청				
	14. 소방 시설 검사 필증	소 방 서				
	15. 소방 시설 완공 검사 필증	소 방 서				
	16. 위험물 취급자 신고 필증	각 구청				

구분	서류명	주무관청	수량	인계자	인수자	비고
설 비	17. 고압가스 취급자 신고 필증 18. 공중위생 시설 신고 필증 19. 일반폐기물 다량 배출자 신고서 20. 위탁업체 지정서	각 구청 각 구청 각 구청 각 구청				
건 축	1. 주차장 설치신고필증 2. 교통 영향 평가 승인서 3. 진입 도로 점용 허가증 4. 예술 조형물 관리대장 5. 하수도 준공 필증 6. 정화조 준공 신고서 및 관리 카드 7. 방염 시험 성적서 8. 한국산업표준 표시 허가증 사본 (건열재, 시멘트) 9. 건축물 임시 사용 승인서 10. 준공 신고서 11. 준공 검사 필증 12. 소방 시설 완공 검사 필증 13. 건축 허가서	각 구청 각 시도 각 구청 각 구청 각 구청 각 구청 방재협회 중소기업청 각 시도 각 구청 각 구청 소 방 서 각 구청				

나. 기기 시험 성적서 서류 목록

구분	서류명	주무관청	수량	인계자	인수자	비고
전 기	1. 주차단기 시험 성적서 2. MOF 시험 성적서 3. 케이블헤드 시험 성적서 4. P.T 시험 성적서 5. C.T 시험 성적서 6. L.A 시험 성적서 7. A.T.S 시험 성적서 8. U.P.S 시험 성적서 9. G.C.B, V.C.B 시험 성적서 10. 특고 변압기 시험 성적서 11. 저압 변압기 시험 성적서 12. 보호 계전기류 시험 성적서 13. 특고 및 고압 케이블 시험 성적서 14. 발전기 시험 가동 테스트 리스트 15. 발전기 엔진 부분 시험 성적서 16. 발전기 면장 17. 승강기 시험 가동 테스트 리스트 18. 배터리 보증서(정류기, UPS) 19. 각종 소방 설비 형식 승인서 20. 한국산업표준 표시 허가(승인)증 외	한국전기공업 한국전력공사 한국전력공업 한국전기연구 한국전기연구 한국전기공업 한국전기공업 한국전기공업 한국전기공업 전기안전공사 전기안전공사 한국전기연구 한국전기전자 한국전기공업 한국전기공업 – – – – –				

다. 장비 매뉴얼 서류

- 기계설비

구 분		승인서	시방서	시험성적서	카탈로그	매뉴얼	인계자	인수자
보 일 러								
냉온수기								
냉 각 탑								
공조기기	AHU FAN FCU PAC 항온항습기							
탱 크	급 탕 고가수조 팽 창 오 일							
펌 프								
수처리기								
위생기구								
일반배관설비								
덕트설비								
자동제어설비								
소화설비	스프링클러 소화전 가스소화설비 배연설비							
도시가스설비								
주차설비								
오수·정수처리설비								
폐수처리설비								
승강기 설비	승강기 카리프트 타워파킹							
필 터								

- 전기설비

구 분		승인서	시방서	시험성적서	카탈로그	매뉴얼	인계자	인수자
LBS								
비상발전기								
큐비클	고 압 저 압							
변압기	특고압 고 압							
축전지								
분전반	전 등 전 열							
접지설비								
피뢰설비								
일반배관설비								
M.C.C								
자동제어								
방재설비	자탐설비 유 도 등 수동발신기 비상방송							
교환기								
무선호출								
전관방송								
공청설비								
CCTV								
CATV								
비상등								
외 등	가로등 조경등 투광등							
약전설비								

- 건축시설물관리

구 분		승인서	시방서	시험성적서	카탈로그	매뉴얼	인계자	인수자
외장재								
내장재	천 장 벽 바 닥							
창 호	유 리 하드웨어 도 어 방화문 자동문							
방화셔터								
타 일								
도 장								
레 일								
핸드레일								
도어로크								
조경식재								
실제조경								
보온재, 단열재								
보도블록								

라. 도면서류 목록

구분	도면명	규격			수량	인수자	인계자	비고
		A1	A2	A3				
건 축	1. 건축 평면도 2. 건축 재료 마감표 3. 건축 천장도 4. 건축 구조도 5. 조경 설계도 6. 하수 관로도 7. 기 타							

구분	도면명	규격			수량	인수자	인계자	비고
		A1	A2	A3				
설 비	1. 공조 덕트 도면 2. 냉난방 배관 도면 3. 위생 배관 도면 4. 소화 설비 도면 5. 유틸리티 배관 도면 6. 주방 설비 도면 7. 정화조 도면 8. 폐수 처리 설비 도면 9. 도시가스 설비 도면 10. 자동 제어 설비 도면 11. 기 타							
전 기	1. 수변전 설비 도면 2. 약전 도면 3. M.C.C 도면 4. 전열 도면 5. 전등 도면 6. 접지 도면 7. 방송 도면 8. 소방 설비 도면 ① 소화 설비 ② 자동 화재 탐지 설비 ③ 방재 건축 평면도 9. 자동 제어 도면 10. 분전반 결선도 11. 기계실 동력 12. 기 타							

(자료출처 : 시설관리 서비스 KS S 1004 인용)

③ 관리사무소 등 관리시설

신축 건물관리현장의 인수 시에는 관리사무실과 경비보안관리자 사무실 및 환경미화관리사 휴게실 등 관리시설을 인수하여야 한다.

④ 관리 방침과 지침

신축 건물관리현장의 인수 경우에도 계약 당시 체결한 계약서와 함께 과업지시서를 인수하였으나, 완공 건축물을 인수하는 시점에는 관리방침과 관리지침을 건물주로부터 인수하여야 한다.

⑤ 잉여자재, 자료, 원료, 에너지, 공구, 부품 등

신축 건물관리현장 인수 시에는 완공 후의 보수나 정비를 위한 잉여자재, 부품, 원료 등을 건축물과 함께 인수하여야 한다.

⑥ 마스터키 등

신축 건물관리현장을 인수하는 경우 마스터키와 전용키 그리고 공용키의 인수는 필수적 인수업무이다. 키 인수 시에는 용도별, 동별, 층·호실별, 번호 순서별로 분류하고 키 관리대장을 만들어 인수함이 현명하다. 키 인수 시에는 키 도면, 키 박스 배열, 기타 관련사항을 일일이 점검한 후에 인수하고 인수 즉시 키 박스를 제작하여 키 전체를 일괄보관하고 키 관리 책임자를 지명하고 키 분출 대장을 비치하여 특별관리하여야 한다.

(3) 인수 및 인계 절차

신축 건물관리현장의 인수 및 인계 절차는 다음과 같다.

① 건축주와 시공사(전문건설 하청업자 포함) 및 감리사 그리고 관리사 등 4개 팀이 1조가 되어 인계 및 인수팀을 구성하고, 4개 팀의 협의에 의하여 인계 및 인수 스케줄을 확정하여야 하며, 인수인계 목록표를 작성하고 펀치리스트와 체크리스트 및 개선리스트를 준비한다.

② 4개 팀 1조가 공동으로 시설별로 다음과 같이 인계인수를 진행한다.

- 인계 및 인수 준비
- 인계 및 인수 교육
- 시설 및 장비 커미셔닝(시운전) 실시
- TAB(종합테스트 실시) 실시
- 인계인수 보고서(펀치리스트 및 개선리스트 포함) 작성 및 건축주 보고
- 건축주와 시공사 공동으로 펀치리스트 및 개선리스트 개선 보완 조치

③ 인계인수서 작성 및 서명날인

인계 및 인수서에는 인계인수 목적물의 표시(주소 및 건물명), 설비명과 세부 설비명, 수량, 상태, 문제점 등을 표시하고 체크리스트와 개선리스트 및 매뉴얼과 사용설명서 등을 첨부하여야 하며, 시공사, 감리사, 건축주, 관리사 등의 회사명과 전화번호 및 주소와 인계인수팀의 책임자 성명과 직책 등을 기록하고 인계인수 날짜를 필히 명기해야 한다.

④ 인수인계가 완료되면 인수인계서에 서명날인하고 1부씩 보관한다.

제12장
기획수주영업 실무

우리나라 건물자산관리용역시장에서 시설관리용역, 청소용역, 경비용역 등 일반관리용역 거래금액을 연구자료(최걸성, 상업용 건물관리제도의 평가와 개선에 관한 연구, 2011, p48.)를 통하여 살펴보면 시설관리용역 3조 원, 청소용역 3.5조 원, 경비용역 2조 원, 소독용역업 1,000억 원 등 국내 시장 규모는 연간 8조 6,000억 원으로 추정되고 있다.

이 중에서 공공 발주기관과 주요 민간 발주기관이 발주하고 입찰에 의하여 수주되는 일반관리용역(시설관리용역, 청소용역(소독용역 포함), 경비용역)의 거래금액과 민간 건물주나 민간관리주체를 상대로 추진되는 기획수주영업에 의하여 용역계약이 이루어지는 일반관리용억 거래금액을 수평 비교해 보면 대체로 반반의 비율로 나타나고 있음을 추정해 볼 수 있다.

그러므로 국내 건물자산관리용역시장에서 기획영업에 의한 수주방법과 입찰에 의한 수주방법이 건물자산관리용역 수주의 양대 산맥을 형성하고 있음을 알 수 있다.

기획수주영업이란 용어는 학문적 용어는 아니지만 건물관리용역시장에서 일반적으로 통용되는 용역수주영업상의 용어로서 건물관리용역시장에서 입찰과 함께 수주영업의 대종을 이루고 있음은 전술한 바와 같다. 따라서 수주영업담당자는 입찰실무와 함께 기획수주영업 실무에 관하여 연구해 둘 필요가 있다. 그러나 유감스럽게도 아직까지 기획수주영업에 관한 정리된 이론이 없으며, 수주영업의 기법이 보편화되고 있지 않아 기획수주영업을 효율적으로 설명하고 실무적으로 활용하기란 말과 같이 쉬운 작업은 아니다.

그러나 현실적으로 대형 시설관리용역업체를 중심으로 기획수주영업이 활발히 추진되고 있으며, 이를 통하여 기업 신장과 매출목표 달성에 크게 기여하고 있음을 볼 수 있다.

저자는 이에 착안하여 현실적으로 크게 활용되고 있는 기획수주영업에 관하여 이론을 정립하고 이를 통하여 기획수주영업 실무를 가이드하고자 한다.

제1절 기획수주영업의 기초개념

1. 기획수주영업의 개념

기획수주영업의 키워드인 기획(planning)의 사전적 의미는 일을 계획하거나 일을 꾸미어 꾀함을 의미한다. 따라서 시설관리용역시장에서 말하는 기획수주영업이란 일반관리용역의 수주를 꾀하여 기업의 영리를 목적으로 계획적으로 추진하는 경제활동을 말한다.

일반관리용역을 전문적으로 수행하는 용역업체는 용역수주 자체가 기업경영의 토대이고 기초가 되므로 모든 용역업체에서는 용역수주에 기업경영의 사활을 걸고 최선의 영업활동을 전개하고 있다.

국내 용역업체의 수주활동의 동향을 살펴보면, 대형업체에 해당하는 A군의 용역업체들은 전자입찰과 기획수주영업을 동시에 전문적으로 추진하고 있으나, 중소기업으로 평가되는 B군 업체와 C군 업체에서는 다소 예외는 있으나, 전자입찰에 기업의 명운을 걸고 전자입찰 중심의 수주영업을 수행하고 있음을 볼 수 있다. 전자입찰의 경우에는 수십 용역업체 또는 수백의 용역업체들이 동시 입찰참가로 경쟁이 너무나 치열하고 낙찰 확률이 매우 희박하여 전자입찰에 의한 용역수주 성공은 하늘의 별을 따는 것만큼이나 어려운 작업이 아닐 수 없다.

그러므로 전자입찰에 의존한 수주영업만으로는 기업의 발전과 경영의 정상화를 보장할 수 없음이 일반적 상식이 되고 있다. 이런 이유로 정부당국의 중소기업 보호 정책에도 불구하고 중소 용역업체의 발전과 경영정상화의 속도가 점차 늦어지고 있다.

왜냐하면, 용역업체가 발전하고 성장하려면 이를 뒷받침하는 용역수주물량의 확보와 이를 통한 수익 창출이 전제되어야 하기 때문이다. 기획수주영업을 이론적으로 정확히 이해하고 그 실무를 바람직하게 수행하여 수주 실적을 얻으려면 기획수주영업의 개념부터 정확히 이해하고 다음에서 설명하는 기획수주영업의 특성 및 기획수주영업활동의 행동지식을 함께 숙지함이 매우 바람직하다.

2. 기획수주영업의 특성

기획에 의한 수주영업은 전자입찰 수주방법과는 달리 다음과 같은 특성을 지니고 있으므로 기획수주영업 종사자는 기획수주영업의 특성을 먼저 이해하고 수주활동에 임하여야 한다. 기획수주영업의 특성은 대체로 다음과 같다.

1) 정보의 미공개성과 정보 개발의 곤란성

기획수주영업을 위한 발주정보는 대부분 미공개 상태로 있어, 수주정보를 개발하거나 입수하기란 말과 같이 쉬운 작업은 아니다. 왜냐하면, 기획수주영업의 정보는 미공개성과 개발의 곤란성을 동시에 지니고 있기 때문이다.

공공 발주처의 전자입찰 용역발주정보는 일반적으로 불특정 다수에게 공개한 용역발주정보이므로 수주영업담당자의 특별한 노력 없이도 정보제공 사이트나 정보 소스로부터 단순한 전자적 방법으로 손쉽게 얻을 수 있다.

그러나 기획수주영업의 정보는 일부 예외가 있으나 원칙적으로 불특정 다수에게 공개되지 않은 미공개 상태의 발주정보들이다. 그러므로 용역발주정보를 입수하기 위해서는 발주자를 직접 찾아가거나 인맥의 동원 등 각종 정보 소스를 개발하여 특별한 노력을 접목할 때, 비로소 용역발주정보를 얻을 수 있다. 그러므로 기획수주영업의 정보는 미공개성의 특성과 발주정보 개발 곤란성의 특성이 있다.

2) 기획수주영업 결과의 개발성과 창조성

기획수주영업의 결과인 용역계약은 대부분 수주영업담당자의 특별한 노력에 의하여 만들어지거나 개발 노력에 의하여 창조되는 특성이 있다.

예컨대, 건물관리 발주계획이 전혀 없는 발주자를 설득하여 관리용역을 발주하게 하거나, 제안에 의하여 수익성 건물을 신축하여 관리용역을 발주 후 이어지는 용역계약의 체결은 전적으로 기획수주영업활동에 의한 발주정보의 개발과 창조 노력의 결과물이라 할 수 있다. 따라서 기획수주영업 정보의 입수와 그 결과로 이어지는 용역계약의 체결은 수주영업담당자의 정보 개발 의지와 용역계약 창조 노력에 전적으로 의존하는 특성을 가지고 있다. 그러므로 기획수주영업의 결과 얻어지는 발주정보의 입수와 용역계약의 체결은 개발과 창조의 특성을 모두 지니고 있다.

3) 장기성과 제한성

기획에 의한 수주영업은 시작에서부터 종료되는 영업기간이 장기간이 소요되는 특성이 있으며, 기획수주영업에 참여하는 용역업체의 기업가치와 능력 및 재정상태에 따라 기획수주영업의 참여나 실적이 다르게 나타나는 특성을 지니고 있다.

왜냐하면, 기획수주영업은 건물의 착공 전 기획단계나 설계단계에서부터 완공 직전까지 기획에 의하여 계획적으로 수주영업활동이 계속되어야 하기 때문에 단기간의 수주영업 노력에 의하여 기획수주영업의 성공은 기대할 수 없다. 뿐만 아니라, 기획수주영업에 참여하는 용역업체가 기업의 브랜드 가치가 낮거나 기술 능력이 없는 중소기업의 경우에는 기획수주영업의 참여에 일정 부분 제한을 받게 된다. 왜냐하면, 기획수주는 장기간이 소요될 뿐만 아니라 막대한 비용이 투자되어야 하기 때문이다.

그러나 재무 능력과 브랜드 가치 및 기술 능력이 있는 대기업의 경우에는 기획수주영업 참여에 특별한 제한 없이 참여할 수 있을 뿐만 아니라 오히려 기획수주영업을 통하여 매출목표 달성에 크게 도움을 받게 된다. 왜냐하면, 대기업의 기획수주영업은 장기성과 제한성의 문제를 자체 능력으로 극복할 수 있기 때문이다.

4) 기업의 가치와 능력의 영향성

기획수주영업은 미래의 관리용역발주정보를 개발하고 창조하여 발주처로 하여금 기획수주영업을 수행하는 용역업체를 신뢰하게 하거나 인정하게 하여 관리용역 수주에 성공하게 하는 데 목적이 있다. 이 경우 발주처는 기획수주영업을 수행하는 용역업체의 기업 브랜드 가치와 이미지 및 기술 능력과 이행실적 그리고 경영상태를 평가하고 문제가 없는 경우 비로소 용역계약을 체결하게 된다. 그러므로 용역업체의 기업 브랜드 가치와 이미지가 좋아야 하고 이행실적과 기술 능력 및 경영상태가 긍정적으로 평가받아야 한다. 왜냐하면, 기업의 브랜드 가치와 이미지 및 경영상태, 이행실적, 기술 능력 등이 용역계약 체결에 크게 영향을 미치기 때문이다.

따라서 기획수주영업을 활발하게 수행하더라도 기업 브랜드 가치가 낮거나 기업 이미지가 좋게 평가되지 않는 경우 및 경영상태, 기술 능력 그리고 이행실적의 평가에 합격점을 받지 못하는 경우에는 용역계약 체결에 성공할 수 없게 된다. 이와 같은 이유로 기획수주영업에 있어서 기업의 브랜드 가치와 이미지 및 기업의 능력이 용역계약 체결에 결정적으로 영향을 미치는 특성으로 인하여 기업가치가 낮거나 능력 등을 평가받지 못하는 중소기업의 경우 기획수주영업에 일정 부분 제한을 받게 된다.

5) 인간관계 의존성

기획수주영업은 전자입찰과는 달리 거래처를 적극적으로 개척하고 유망고객을 발굴하여야 하며 발주처의 관계자를 만나야 하므로 인간관계 구축이 매우 중요하다.

왜냐하면, 수주영업의 결과는 발주 관계자에 의해 이루어지고 기획수주영업은 발주처의 관계자들과의 인간관계에 따라 수주의 결과가 좌우되고, 의존하는 인간관계가 수주 성패에 결정적으로 작용하기 때문이다. 따라서 기획수주영업담당자는 기획수주영업에 성공하기 위해서는 수주정보의 개발과 동시에 발주처 관계자와 의존할 수 있는 인간관계의 구축이 바람직하게 이루어지도록 최선을 다하여야 한다. 바람직한 의존성 인간관계의 구축은 후술하는 관계자 접근법 즉, 거래처담당자나 의사결정권자 접근방법을 참고하기 바란다.

제2절 기획수주영업의 대상과 전략

1. 기획수주영업 대상과 전략의 개념

기획수주영업활동의 대상이라 함은 기획수주영업활동의 목표나 목적물을 말한다. 기획수주영업활동은 일반입찰이나 전자입찰에 의한 수주영업활동이 아닌 수주대상이 건물관리용역시장에 노출되어 있거나 일반적으로 공개된 대상이 아니기 때문에 수주영업담당자가 스스로 수주영업활동의 목표나 목적물을 개발하거나 수주영업활동의 결과를 창출하여야 하는 특성을 가지고 있다. 그러므로 전자입찰의 경우와 같이 입찰 사이트만을 검색하여 입찰정보를 입수하는 것과 큰 차이가 있다.

2. 기획수주영업 대상별 수주영업 전략

기획수주영업활동의 대상은 전술한 바와 같이 노출되어 있거나 일반적으로 공개된 수주대상이 아니기 때문에 수주영업담당자가 스스로 기획수주영업활동의 결과로 관리용역을 개발하거나 발주처로 하여금 건물관리용역의 발주 기회를 만들어 발주하게 할 때, 비로소 만나 볼 수 있는 수주대상들이다. 또한 기획수주영업의 대상들은 전자입찰의 대상과 다른 특성을 가지고 있으므로 별도의 전략을 수립하고 구사하여야 한다. 기획수주영업활동의 대상과 수주전략은 대체로 다음과 같다.

1) 기획 또는 설계 및 시공 중의 대형 건축물

기획 또는 설계 및 시공 중의 건축물이 기획수수영업활동의 주된 대상이 된다. 이에는 기획 중의 대형 건축물, 설계 중의 대형 건축물과 시공 중의 대형 건축물이 모두 포함된다. 기회 중의 건축물이라 함은 건물의 신축을 구상하고 계획하고 있는 단계의 건축물을 의미하고, 설계 중의 건축물이라 함은 건축 공사를 실시하기 위하여 공사비, 재료, 구조 따위의 계획을 세워 일정한 도면에 명시하는 중의 건축물을 의미하고, 시공 중의 건축물이라 함은 건축 공사를 시행하고 있는 상태의 건축물을 말한다.

이상의 건축물 중에서 기획수주영업활동의 대상으로 가장 좋은 대상은 기획 중의 건축물이라 할 수 있으나 이를 개발하고 수주정보를 입수하여 수주하기란 가장 어려운 대상이라 판단된다. 왜냐하면, 이상과 같은 세 가지 건축물의 유형 중 가장 만나기가 어려운 대상이기 때문이다. 이를 극복하기 위해서는 기획수주영업과 관계되는 유력한 사람과 인맥 형성이 무엇보다 중요하고 신문, 방송, 인터넷 등의 매스미디어 매체를 습관적으로 접해야 하고 학교나 동창회, 종교 등의 모임에 빠짐없이 참석하는 등 활발한 사회생활을 영위하여야 도움이 된다. 뿐만 아니라, 정보가 입수되는 즉시 이를 확인하고 유망 정보로 판단되는 경우 지체 없이 수주정보 리스팅과 수주정보 DB를 구축한 후 관계자를 방문하여 인간관계 구축을 시작하면서 상대방의 니즈를 탐색하여 여러 가지 방법과 모양으로 충족하도록 계속 팔로 업(follow-up)해야 한다.

기획수주영업활동의 수주대상으로서 가장 중요한 기획 또는 설계 및 시공 중의 건축물은 수주 확률이 가장 높은 대상이므로 처음 단계(기획 · 설계 단계)에서부터 중간 단계인 시공단계, 그리고 마지막 단계인 시공 및 완공 단계에 이르기까지 단계별로 수주영업활동의 강도를 높여가면서 계속하여 접촉하고 인내하여 인간관계를 강화해 나가야 수주에 성공할 수 있다. 이런 관점에서 볼 때 기획수주영업은 아무나, 누구나 할 수 없는 고도의 전문적 영업활동이라 할 수 있다.

2) 건물주 직영운영관리 중의 대형 건축물

국내 소재 대형 건축물 중 국유 또는 공공기관 소유 건축물과 대기업 소유 건축물 대부분은 입찰에 의하여 용역관리되고 있으나, 대기업 소유 건축물이나 개인 또는 단체 소유 대형 건축물 중에는 일부의 경우이긴 하나 소유주체가 관리주체를 겸하여 직영관리되고 있는 대형 건축물이 다소 존재하고 있다. 이와 같은 건축물을 직영운영관리 중의 건축물이라 하고 기획수주영업활동의 대상이 된다.

국내 대형 건축물 중 직영관리 되고 있는 건축물은 현재까지는 소유주체의 사정과 입장에 의하여 운영관리 되고 있으나 수주영업담당자가 직영운영관리의 문제점을 합리적으로 분석하고 그 대안으로 용역관리의 장점을 제안서를 통하여 설득하는 경우 의외로 쉽게 수주할 수 있다. 이를 위하여 국내 시 · 도별 직영관리 상태의 대형 건축물 현황을 리스팅하고 데이터베이스화하여 두고 공격적으로 마케팅을 실시하여 수주에 성공하도록 하여야 한다.

3) 소유주체의 운영관리(PM)와 관리주체의 종합관리(FM) 2중 관리구조 대형 건축물

운영(임대관리 중심의 시설관리)과 시설관리를 하나의 소유주체와 또 하나의 관리주체에 의하여 운영관리 되고 있는 2중 운영관리구조의 대형 건축물은 기획수주영업활동의 대상이 된다. 왜냐하면, 운영과 관리가 소유주체와 관리주체에 의하여 운영관리 되는 관리구조는 소유주체가 중심이 되는 관리구조이기 때문이다. 2중구조의 운영관리현장에는 건축물의 소유주체가 현장운영관리조직 전체를 장악하고 지휘하고 있기 때문에 건물 소유주와 협상과 설득이 접목될 수 있어 기획에 의한 수주영업이 가능해 지기 때문이다. 수주영업담당자는 국내 대형 건축물 중 2중 관리구조를 가지고 있는 현장을 리스팅하고 데이터베이스화하여 두고 계획적으로 관계자를 접촉하고 인간관계를 구축하여 필요한 정보를 입수하고 분석하여 케이스 바이 케이스(case by case)로 적절히 대응하여 수주활동을 강화해 나가야 함이 현명하다.

4) 매각 또는 매입 중의 대형 건축물

매각 또는 매입 중의 대형 건축물 역시 매우 중요한 기획수주영업의 대상이 된다. 왜냐하면, 매각 또는 매입 중의 건축물은 소유주체가 조만간 변경되어 종전에 체결한 용역계약이 무효화될 수 있기 때문이며, 소유권을 새로 확보한 소유자는 일반적으로 본인의 의사와 선택에 의하여 본인이 매입한 건축물에 대하여 운영관리 시스템을 새롭게 구축하기를 원하기 때문이다. 매입 또는 매각 중의 대형 건축물의 정보는 매우 은밀하게 유통되므로 이를 입수하고 수주정보로 활용하기란 매우 어려운 일이나 매입자의 정보를 은밀한 루트를 통하여 신속히 입수하고 적절하게 대응하는 경우 수주영업에 성공할 수 있다.

5) 대형 국책 이벤트 행사용 건축물

박람회장이나 국제대회장과 같이 국가 차원의 행사가 기획되고 있는 경우 대형 국책 이벤트 행사용 건축물이 기획수주영업의 대상이 될 수 있다. 대형 국책 이벤트 행사용 건물은 신축 건물이나 기존 건물을 활용하는 경우도 있으나, 조직위원회가 결성되고 결성된 조직위원회가 운영관리의 전권을 행사하므로 자연스럽게 기획수주영업활동의 목적물이 된다.

신문 또는 방송 매체에서 국가 차원의 행사정보를 접하는 순간 수주영업담당자는 지체 없이 수주목표로 삼아 수주활동을 계획적으로 전개하여야 한다. 우선 정보 입수 후 조직위원회의 위원장과 집행부서담당자를 파악하고 인맥을 총동원하여 인적 접촉을 시도하고 인간관계를 구축하여야 한다. 제출할 제안서를 별도 제작하고 사적으로 접촉하거나 공적으로 접근하여 수시로 관련정보를 입수하고 분석하여 이에 적절히 대응하여야 한다. 국가 차원의 행사장 관리용역은 일반적으로 입찰에 붙여 낙찰에 의한 용역계약이 이루어지는 것이 상식이므로 입찰일자, 입찰조건 등 입찰 상세정보와 입찰 프로세스를 파악하고 입찰에 대비하여야 한다.

6) 분양 직전의 대형 복합 건축물

분양 중의 건축물이 기획수주영업의 대상이 될 수 있다. 분양 중의 복합 건축물이라 함은 주거용도와 상업용도 및 업무용도 등 두 가지 이상의 용도를 가진 건축물이 하나의 건축물로 존재하는 건축물을 말한다. 수주대상으로 바람직한 복합 건축물이란 주상복합 건물을 제외한 숙박, 업무, 판매시설 등 두 가지 이상의 용도를 가진 건축물이 하나의 건물로 존재하고 있는 대형 건축물을 말한다. 여기서 대형 건축물이라 함은 연건평 2만평 이상의 건축물을 말하며, 수주영업과 관련하여 유의할 점은 복합 건축물 역시 복합 건물에 해당되는 건축물임이 분명하나 기획수주영업 대상으로는 다소 흠결이 있기 때문에 이를 제외하는 것이 바람직하다는 점이다.

복합 건축물은 분양이 완료되기 전까지는 사업 시행사나 시공사가 잠정적으로 관리행위를 하게 되나, 분양의 종료 직전이나 종료가 되고나면 집합건물의 소유 및 관리에 관한 법률에 의하여 구분소유자 전원으로 관리단이 구성되고 관리규약이 만들어지며, 관리단을 대표하는 관리인(통상 회장이라 칭함)이 선임되어 상설 집행기관으로 기능하게 된다. 이때 수주영업담당자는 관리인을 신속히 파악하고 접촉하여 수주활동을 적극적으로 전개하되 부적절한 요구나 제시하는 조건을 슬기롭게 대처하여야 한다.

7) 용역계약 만료 직전의 민간 소유 대형 건축물

민간의 개인 또는 단체나 기업이 소유하고 용역업체에 의하여 운영관리 되고 있는 건축물로서 용역계약 만료 직전의 대형 건축물은 기획수주영업활동의 대상이 된다. 수주영업담당자는 이 분야의 용역수주를 성공적으로 달성하기 위해서는 전국에 산재하고 있는 대형 건축물로서 용역에 의하여 관리되고 있는 대형 건축물에 대하여 전수를 리스팅하고 데이터베이스화하여 총성 없는 수주 전쟁을 시작하여야 한다.

시설물관리용역시장에서 수주영업이란 경쟁업체간의 전쟁을 의미하는바 관리 중의 현장을 유지하지 못하고 입찰이나 수의계약 등에 의하여 타 업체에게 빼앗기는 경우, 경영상의 타격을 자동적으로 입게 되며, 심한 경우에는 도산과 연결되는 수도 있게 된다. 전수조사한 대형 건축물을 입찰대상과 기획수주대상으로 분류하고 분류 유형에 따라 수주준비를 철저히 하여 적절히 대응하여야 수주에 성공할 수 있다.

제3절 기획수주영업담당자 특별조건

1. 특별조건의 개념

조건의 사전적 개념은 어떤 사물이 성립하거나 발생하는 데 갖추어야 할 요소를 말하고 기획수주영업에서 특별조건이라 함은 기획수주영업담당자가 기획수주영업을 수행하는 데 있어서 반드시 갖추어야 할 수주영업상의 특별 요소를 말한다. 기획수주영업은 전술한 바와 같이 당초에 없었던 발주정보나 기회를 개발하고 창출하여 수주에 성공하여야 하는 것이므로 매우 어려운 작업이고 활동이며 면식이 전혀 없는 사람과 의미 있는 인간관계를 구축하고 상대방을 설득하여 기획한 대로 수주에 성공한다는 것은 말과 같이 쉬운 것은 절대 아니다.

그러므로 수주영업담당자는 이상과 같은 문제를 스스로 극복하고 난제를 돌파하여 수주문제를 해결하여야 한다. 따라서 수주영업담당자는 일반 전자입찰담당자의 필요조건과 요구 능력 및 요구자질 외에 기획수주영업담당자의 특별조건을 가지고 기획수주영업에 임할 필요가 있다.

2. 기획수주영업담당자 특별조건의 내용

기획수주영업은 전술한 바와 같이 시간적으로 매우 긴 장시간이 소요될 뿐만 아니라 일반적으로 노출되지 않은 발주정보를 발로 뛰어 개발하고 찾아내거나 발주 기회를 스스로 만들어 내야 하는 등 남 다른 의지와 특수한 능력을 필요로 하고 있다.

기획수주영업의 성공을 위하여 기획수주영업담당자가 반드시 갖추어야 할 특별조건은 다음과 같다.

첫째, 수주의 사명감과 책임감을 가져야 한다.

수주영업담당자는 건물관리용역의 수주 전쟁에서 반드시 승리해야 한나는 사명감과 기필코 목표를 달성하여야 한다는 책임감으로 무장하고 수주 전쟁에 임하여야 한다. 왜냐하면, 정신적으로 수주의 사명감이 없거나 수주목표 달성에 대한 책임감이 없는 경우에는 수주 전쟁에서 승리할 수 없을 뿐만 아니라 살아남을 수도 없게 되기 때문이다. 특히 기획수주영업은 전자입찰과는 달리 수주영업담당자가 발주정보를 스스로 찾아내야 하고 무(無)의 수주정보나 발주 기회로부터 유(有)의 수주정보나 발주 기회를 창출해야 하기 때문에 수주의 사명감과 책임감은 기획수주영업에 있어서 매우 중요한 필요조건이라 할 수 있다.

여기서 사명감(sense of duty)이라 함은 수주영업 종사자에게 맡겨진 임무를 수행하려는 기개나 책임감을 말하고, 책임감(sense of responsibility)이란 수주영업담당자가 맡아서 해야 할 임무나 의무인 수주영업담당자의 책임을 중히 여기는 마음을 의미한다.

둘째, 고도의 인내심으로 무장해야 한다.

기획수주영업을 담당하는 수주영업 종사자는 고도의 인내심의 소유자여야 한다. 왜냐하면, 기획에 의한 수주는 하나같이 장시간이 소요되는 지적 영업활동이므로 인내심 없이는 수주활동을 영위할 수 없다. 그러므로 기획수주활동에 참여하는 수주 종사자 모두는 고도의 인내심으로 무장하여야 기획수주영업에 성공할 수 있다.

인내심(patient)이라 함은 어려움을 참고 장애를 극복하여 목표를 기필코 달성하고자 적극적으로 노력하려는 마음을 말한다. 수주영업은 말도 많고 탈도 많은 거래 상대방을 설득하여 상대방이 만족할 때 비로소 얻어지는 산물이므로 접촉과정과 설득과정 및 계약체결과정 등에서 수주영업담당자는 고도의 인내심을 발휘하여 상대방으로부터 주어지는 어려움을 참고 장애를 극복하여 상대방을 만족하도록 해야 한다. 기획수주영업에 있어서 고도의 인내는 곧 수주 성공의 어머니임을 수주영업 종사자 모두는 한시도 잊지 말아야 한다.

셋째, 정보수집 능력과 분석 및 정보처리 능력이 있어야 한다.

수주영업사원이나 종사자 모두에게 또 하나의 필요조건에는 정보수집 능력과 분석 및 정보처리 능력 조건이 요구된다. 기획수주영업 정보의 수집이 아무리 발로 뛰어 찾아내어야 하고 개발 및 창출하여야 할 성질의 것이라 할지라도 온라인 정보 소스와 오프라인 정보 소스 모두를 활용하여야 하고 매체와 인맥을 총동원하여야 하기 때문에 수주영업담당자는 디지털식 정보수집 능력과 아날로그식 정보수집 능력 모두 갖출 필요가 있다. 또한 수집된 수주정보를 분석하고 이를 데이터베이스화하여 수주영업활동에 효율적으로 활용할 수 있는 정보처리 능력도 함께 겸비하는 것이 매우 필요하다.

여기서 말하는 정보수집 능력(ability of information collection)이라 함은 수주정보를 수집할 수 있는 기술이나 힘을 말하고, 정보처리 능력(ability of information process)이란 접수 또는 수집된 정보를 컴퓨터를 이용하여 전자적 방법으로 처리하여 데이터베이스화하고 이를 수주영업에 활용할 수 있도록 하는 일련의 전자적 정보처리기술이나 힘을 말한다.

넷째, 설득 능력과 협상기술이 있어야 한다.

기획수주영업의 시작과 종료 사이에는 설득과 협상의 과정이 언제나 존재하고 있다. 따라서 수주영업담당자는 이에 대비하여 설득 능력과 협상기술을 반드시 갖추어야 한다.

설득 능력(powers of persuasion)이라 함은 커뮤니케이션 기술을 이용하여 잘 설명하고 상대방을 납득시켜 상대방의 생각이나 신념 및 태도나 가치관을 본인이 의도하는 방향과 일치하거나 변화를 시키는 힘을 말하고, 협상기술(skill of negotiation)이란 두 당사자 또는 그 이상의 당사자 간에 관계되는 일을 조정하고 원만한 관계 수립 또는 성취하기 위한 외교적 방법이나 협의 또는 회담을 정확하고 능률적으로 처리하는 솜씨이자 당사자 간에 협의에 의하여 어떤 목적에 부합하는 결정에 도달하는 거래과정을 정확하고 능률적으로 처리하는 솜씨를 의미한다. 수주영업 중에서 유독 기획에 의한 수주영업은 거래 상대방에게 자사에 의한 용역관리의 장점과 강점을 잘 설명하고 납득시켜야 수주의 기회를 얻게 되며, 수주기회를 얻은 후에 협상을 통하여 수주를 성취하여야 하기 때문에 기획수주영업담당자 모두는 설득과 협상의 전문가가 되어야 함은 재론의 여지가 없다.

다섯째, 전국적 수주정보망을 구축하고 수주영업 활동반경은 전국적이어야 한다.
기획수주영업담당자는 특정 정보망이나 지역정보망만으로는 기회수주영업을 성공적으로 수행하여 수주영업목표를 달성할 수 없다. 왜냐하면, 기획수주영업담당자가 몸담고 있는 회사의 연간 수주목표가 매년 과도하게 상향 조정되기 때문이다. 그러므로 전국적 수주정보망을 구축하고 수주활동 행동반경을 전국적으로 확대하여야 한다.

여섯째, 인간관계 구축과 유지 및 발전 능력이 있어야 한다.
기획수주영업은 시작에서부터 끝까지 사람을 만나야 하고 인간관계를 구축하여 사람으로부터 협조와 협력을 받아야 수주영업이 성공할 수 있다. 뿐만 아니라, 구축된 인간관계를 우호적으로 유지하고 발전하도록 노력해야 한다. 따라서 기획수주영업담당자는 사람을 좋아하고 사교적이어야 하며 인간관계 구축과 유지 및 발전에 남다른 능력을 가져야 기획수주영업에 성공할 수 있다.

일곱째, 기획수주영업의 노하우 확보와 경험을 충분히 쌓아야 한다.
기획수주영업을 성공적으로 이끌려면 기획수주영업의 전문성을 가진 기획수주영업전문가가 되어야 하고 실패의 경험을 통하여 수주 경험을 충분히 쌓아야 한다.
그러므로 기획수주영업 분야에 성공하려면 아마추어 수준을 벗어나야 하고 전문성과 경험을 충분히 쌓아야 한다. 따라서 용역회사는 수주영업을 운영할 때 기획수주영업에 노하우를 가지고 있으면서 경험을 충분히 쌓은 베테랑급 수주영업담당전문가를 기획수주영업에 전담하도록 조치하는 것이 현명하다.

제4절 기획수주영업의 프로세스와 단계별 업무

1. 기획수주영업 프로세스의 개념

기획수주영업 프로세스라 함은 기획수주영업의 추진과정이나 흐름을 의미한다. 일반입찰이나 전자입찰의 경우에는 비교적 일정한 입찰 및 계약 절차가 마련되어 단계별 업무와 다음 진행되는 업무에 손쉽게 대응이 가능하나 기획수주영업의 경우에는 수주정보를 얻거나 수주 기회를 스스로 개발 또는 창출하여야 하고 변수가 자주 등장하게 되므로 이에 대응하기가 쉽지 않은 특성이 있다. 그러므로 기획수주영업담당자는 기획수주영업의 변수와 진행과정에 따라 요구되는 기획수주영업업무를 적절히 수행하여야 한다.

2. 기획수주영업의 프로세스 단계와 단계별 업무

기획수주영업의 추진과정은 모든 기획수주영업에 일정하게 적용되는 프로세스 단계는 없으나, 기획수주영업현장에서 관찰 결과 기획수주영업의 과정과 흐름의 단계는 다음과 같이 10단계로 나타나고 있으며, 단계별 기획수주업무는 다음과 같음을 알 수 있다.

참고로 유의할 점은 진행과정에서 돌발적 변수가 자주 등장하고 구축된 인간관계에 문제가 생겨 수주영업활동이 조기에 중단될 수 있다는 점과 진행과정의 대부분을 생략한 채 용역수주계약이 성사될 수도 있다는 점이다. 따라서 기획수주영업담당자는 다음에 기술하는 기획수주영업의 과정을 참고하여 기획수주활동에 유익한 방향으로 응용하여 보기 바란다.

1) 기획수주영업의 목표 설정과 계획 및 전략 수립

기획수주영업은 기획수주영업의 목표를 설정하고 세워진 목표에 따라 기획수주영업 계획 및 전략 수립으로부터 출발한다. 용역업체에서는 사정에 따라 전자입찰 중심으로 연간 수주목표를 달성할 계획을 세우거나 기획수주영업에 의하여 수주목표 달성계획을 세우는 경향이 있으나 용역업체가 지속적으로 연간 상향 조정된 수주목표를 달성하려면 기획수주영업 중심의 전자입찰 병행 수주영업 전략 구도가 바람직하다.

왜냐하면, 전자입찰의 경우에는 발주용역 입찰 건마다 수십, 수백의 용역업체가 동시에 입찰에 참여하여 경쟁이 너무나 치열하고 낙찰 확률이 너무 낮을 뿐만 아니라, 용역수주에 실패 가능성이 너무 높아 전자입찰 참여만으로는 연간 수주목표 달성이 쉽지 않기 때문이다. 그러므로 용역업체에서 연간 수주목표를 설정할 때 반드시 기획수주영업과 전자입찰 병행 수주영업 구도의 전략을 수립하고 기획수주영업에 전력을 다하는 것이 수주목표 달성에 유익할 것으로 판단된다.

2) 기획수주영업의 정보수집 및 분석

기획수주영업의 목표 설정과 계획 및 전략이 수립되고 나면 기획수주용 수주영업정보를 전국적으로 수집하고 이에 대한 수주정보 가치를 분석하는 작업이 곧바로 이어져 수주대상 여부를 식별하여야 한다.

수주정보 수집과정에서 유의할 점은 진실성이나 신뢰성이 없는 사람으로부터 일정한 조건으로 제공되는 수주정보는 수집과 분석 과정에서 제외하여야 한다는 점이다.

우리나라 건물관리용역시장에는 진실성이나 신뢰성 없는 사람으로부터 제공되는 수주정보가 넘쳐 나고 있으며 정보제공의 대가로 일정한 금전을 요구하는 사례가 자주 나타나고 있어 자칫 문제가 될 수 있으므로 수주영업담당자 모두는 이런 성격의 수주정보를 만나는 순간 경계심을 가지는 것이 현명하다.

3) 방문 준비 및 첫 만남

수주정보 수집과 분석 과정을 통하여 수주정보로서 가치가 있다고 판단되는 경우 유망고객으로 분류하고 방문 준비와 동시에 지체 없이 만남의 기회를 가져야 한다. 이 단계에서 방문의 준비는 방문자(수주영업담당자)에게 자신감을 부여하고 만남의 여유를 가지게 되며, 나아가 호의적 분위기에서 프로다운 면모를 보여주게 만든다.

방문 준비해야 할 사항은 방문의 목적과 목표를 정하고, 고객에 대한 정보 사전 확인, 방문자 또는 방문자 소속회사 소개자료 준비, 관계 증진을 위한 유익한 자료나 정보 준비, 제공할 서비스에 대한 설명자료와 정보 준비, 재방문 스케줄 등을 미리 준비하여야 한다.

발주처담당자 방문계획 및 준비에 따라 사전 약속에 의하여 만남이 이루어지면 방문자의 복장을 단정히 하고 안정감과 자신감을 가지고 우호적 분위를 조성한 고객 중심의 화제를 시작으로 대화 분위기를 만든 후 자기소개와 회사소개 및 제공할 서비스(관리용역)의 개요와 강점과 장점 중심으로 짧고 간단하며 알아듣기 쉽게 설명하고 예의를 갖추어 상대방의 대화를 경청하여야 한다.

첫 만남에서 수주정보나 담당자 인적 자료 등을 모두 얻고자 하는 경우에는 상대방에게 피로감을 주게 되므로 다음 만남의 약속을 얻어내고 다음 만남을 통하여 수주정보나 인적 자료 입수를 기대하는 것이 현명하다. 만남의 과성에서 더욱 중요한 것은 유망고객 여부를 확인하는 일과 용역수주 발주계획 여부를 확인하는 일 및 수주에 어떤 문제나 장애 요인이 있는지를 질문을 통하여 확인하고 문제나 장애 요인에 대한 솔루션을 제시하는 일이다.

만남의 과정에서 더더욱 중요한 것은 방문자(방문자 회사)가 매우 신뢰가 가며, 능력 있는 회사라는 점과 유익을 줄 수 있는 회사라는 점을 반드시 각인시켜야 한다는 점이다.

4) 유망고객 분류 및 인간관계 구축

첫 만남이 이루어지면 첫 만남을 통하여 얻어진 정보나 자료 및 느낌과 상대방의 반응과 태도를 분석하여 유망고객 여부를 분류하고 유망고객으로 분류되는 경우 여러 가지 방법과 경로를 통하여 인간관계를 구축하여 정기적 방문을 준비하고 대비하여야 한다.

5) 정기적 만남과 필요정보 및 자료 제공

상대방이 유망고객으로 분류되고 인간관계가 구축되면 수시 또는 정기적 방문을 통하여 상대방의 의사결정과 선택에 필요한 자료나 정보를 적절히 제공하여 용역발주에 부합하는 의사결정과 제공하고자 하는 관리용역을 선택하도록 하여야 한다. 뿐만 아니라 발주방법, 관리 시스템 구축, 관리기술 등 필요한 자료와 정보를 제공하여 의사결정과 선택에 도움을 줘야 한다.

6) 지속적 상황별 대응

정기적 만남을 통하여 수주영업의 강도와 속도를 높여 나가는 동안 타 경쟁업체의 등장과 타처로부터 영향력의 행사로 인하여 진행 중의 수주영업활동에 문제나 변수가 나타날 수 있게 되는 경우, 수주영업담당자는 상황별로 적절한 대응을 지속적으로 실시하여 장애를 극복하고 문제를 해결하여 종전과 같은 발주자 태도와 우호적 인간관계가 복원되고 유지되도록 하여야 한다.

7) 제안 및 발주 의사결정과 선택 유도

지속적 상황 대응으로 관계가 복원되고 나면 지체 없이 관리용역을 제안하고 발주 의사를 유도하여 관리용역발주에 대한 결심과 의사결정 및 선택을 확실하게 하도록 하여야 한다.

8) 입찰참여 우월적 지위 확보

제안과 의사결정 유도를 통하여 발주가 결정되고 나면 기획수주영업담당자 소속 용역업체가 기획수주영업활동의 결과 만들어진 용역입찰에 있어서 가장 유리하게 입찰 또는 협상에 참여할 수 있는 지위 즉, 우월적 지위를 확보하여야 한다.

9) 입찰 또는 협상 우선참여 및 용역계약 체결

발주 용역 입찰 또는 협상에 있어서 타 경쟁회사보다 우월적 지위가 확보되면, 입찰 또는 협상에 유리하게 참여하여 용역계약 체결을 지체 없이 추진하고 매듭지어야 한다.

10) 고객 사후관리

용역계약 체결 후 지속적 고객 사후관리가 필요하다. 왜냐하면, 현재 고객이 미래 고객으로 보장될 수 없기 때문이다. 정기적 방문과 방문과정에서 문제점이나 애로사항을 확인하고 이에 대한 개선 또는 해결을 지체 없이 처리하여 상대방으로 하여금 믿음과 신뢰를 지속으로 유지하여 만족하도록 하여야 한다.

제13장
전자입찰 실무

전자입찰 수주방법은 기획수주영업방법과 함께 관리용역수주방법으로서 양대 산맥을 이루는 매우 중요한 건물자산운영관리용역 수주방법이라 할 수 있다. 그러나 전자입찰은 국가를 당사자로 하는 계약에 관한 법률, 입찰 유의서, 계약일반조건 등에 의하여 전자적 방법으로 발주되고 낙찰되며 적격심사와 계약체결 절차를 경유하여 마침내 용역계약이 이루어지므로 그 절차가 매우 복잡하고 사전 준비사항과 자격요건을 갖추어야 하는 등 조건이 까다로울 뿐만 아니라, 수주영업담당자가 이해하고 숙지할 사항이 많아 아무나 누구나 담당할 수 없는 단점이 있다. 따라서 수주영업담당자는 관계법과 제도 및 기준 등을 이해하고 숙지하여야 하며 전자입찰에 관한 경험을 충분히 쌓아야 하는 등 수주영업담당자가 갖추어야 할 사항이 너무 많다.

이 장에서는 6개의 절을 두고 전자입찰의 이론과 방법 및 절차에 대하여 설명하고 그 실무를 소개하고자 한다.

제1절 전자입찰의 기초개념

1. 전자입찰의 개념

전자입찰은 전자적 방법(인터넷)으로 입찰 희망업체가 입찰서를 제출하여 투찰하고 입찰집행관이 개찰하는 입찰방식을 말한다. 즉, 입찰자가 직접 입찰현장에 방문하여 입찰서류를 제출할 필요 없이 특정 장소에서 온라인상으로 조달청 및 공공 발주처 등의 홈페이지에 게시된 입찰공고건을 검색하고 입찰에 참여하고자 하는 공고 건에 대해 전자적 방법으로 당해 입찰에 참여하는 입찰방식을 의미한다.

입찰의 법적 효력과 보안성을 확보하기 위해 지문 인식(조달청의 경우에만 해당)이나 공인인증서를 이용하며, 입찰공고에서부터 입찰, 개찰, 적격대상자 선정, 최종 낙찰자 선정에 이르기까지 전 과정을 온라인상에서 확인하면서 해당 업무가 진행된다.

참고로 우리나라는 2000년 11월 조달청이 용역, 물품, 공사 등의 구매 조달을 위해 전자입찰 제도를 처음 도입하였으며, 현재 각급 정부기관과 지방자치단체 및 기타 공공기관, 민간 대기업에서 전자입찰방식을 채택하여 사용하고 있다.

2. 전자입찰의 장점

현장입찰과 달리 전자입찰은 다음과 같은 장점을 가지고 있다.

첫째, 입찰업무의 개방화로 공정성과 투명성이 보장된다.

전자입찰은 공인인증을 기반으로 한 개방형 시스템으로 발주처의 대외 공신력이 높아지고 발주처 입찰담당관과 입찰자 간에 대면 접촉을 원천적으로 차단함으로써 입찰업무의 투명성을 제고할 수 있다.

둘째, 온라인을 통한 입찰업무 처리로 업무의 효율성과 생산성이 증대된다.

입찰담당관은 입찰업무 진행 상황에 대한 모니터링으로 효율적인 업무 진행이 가능하며 불필요한 수작업 지양으로 업무 절차를 혁신적으로 개선함으로써 문서관리의 전자적 처리로 효율성을 확보하고 입찰간 발생하는 부대비용을 절감할 수 있다.

셋째, 무작위방식의 예정가격 결정으로 당해 입찰에 대한 민원을 예방할 수 있다.

현장입찰의 경우 발주처에서 집행한 개찰 결과에 대해 종종 입찰자들의 불신이 발생하지만 전자입찰의 경우는 입찰 진행과정이 전자적 방식에 의해 원스톱(one-stop)으로 처리되고 입찰자가 실시간으로 검색이 가능하기 때문에 입찰에 대한 의구심을 표출할 여지가 없다. 왜냐하면, 예정가격은 낙찰자를 결정짓는 중요한 기준이 되는데 예정가격의 산정시 발주처가 무작위로 추출한 15개의 복수예비가격 중에서 입찰자 전원이 2개씩 추첨한 번호 중 가장 많이 선택된 4개의 예비가격을 산술평균한 금액으로 결정짓기 때문에 낙찰자 선정 이후 입찰에 대한 민원이 발생할 수 없기 때문이다.

넷째, 입찰참여자의 발주처 내방 횟수를 감소시켜 입찰참여 용역회사는 입찰에 소요되는 비용과 시간을 절약할 수 있다.

발주처가 전자입찰방식으로 입찰을 진행하는 경우 현장설명회를 생략하는 경우가 일반적이고 전자적 방법으로 투찰하기 때문에 발주처에 직접 방문할 필요가 없다. 또한 개찰 후 적격심사대상자에 한해 발주처에 적격심사 서류 일체를 제출하기 때문에 입찰에 소요되는 복사비(종이비용 포함), 출장비, 관련 행정서류 유상발급비 등을 절감할 수 있다.

제2절 전자입찰 진행 절차

전자적 방법으로 입찰하는 경우, 전자입찰 전에 용역업체 등록, 공인인증서 발급, 입찰참가신청, 입찰보증금 납부 등 사전 조치 및 확인을 한 후 다음의 전자입찰 절차에 따라 입찰해야 한다. 전자입찰의 절차는 다음의 순으로 진행된다.

① 나라장터 시스템 로그인→② 해당 용역 입찰공고 확인→③ 입찰 상세정보 확인 및 투찰→④ 용역입찰(개찰) 결과 확인→⑤ 낙찰자 결정→⑥ 적격심사→⑦ 계약체결

나라장터(g2b)를 사례로 전자입찰 진행 절차의 구체적인 방법과 내용에 대해 설명하면 다음과 같다.

1. 나라장터 시스템 로그인

나라장터는 공인인증서 불법 대여를 통한 불법 전자입찰을 차단할 목적으로 지문인식 전자입찰이 도입되어 실시되고 있다.

지문인식 전자입찰은 2010년 4월 1일 조달청 집행(중앙조달) 시설공사 입찰 시 처음 도입되어 2010년 5월 15일부터는 조달청 집행 물품, 용역입찰 시 확대 적용 실시하고, 2010년 7월 1일 부터는 기관 자체 집행(자체조달) 물품, 용역, 시설공사 입찰에도 적용 실시하고 있다.

입찰자가 조달청 고객지원센터를 방문하여 신원 확인 후 지문보안토큰에 입찰자의 지문을 등록하면 가격입찰서 제출 시 저장된 지문정보와 현재 입찰자의 지문을 확인하여 일치하는 경우에만 입찰서 제출을 허용한다.

참고로 전자입찰을 하기 위해서는 사전에 공인인증서(나라장터는 지문보안토큰)를 발급받은 후 나라장터나 발주처 자체 전자입찰 시스템에 의하여 입찰참가등록을 해야 한다.

자체 전자입찰 시스템을 운영하는 주요 발주처는 다음과 같다.

① 나라장터(g2b.co.kr)
② 한국전력공사(srm.kepco.net)
③ 한국철도공사(ebid.korail.com)
④ 한국도로공사(ebid.ex.co.kr)
⑤ 한국가스공사(bid.kogas.or.kr)
⑥ 한국수자원공사(ebid.kwater.or.kr)
⑦ 한국토지주택공사(ebid.lh.or.kr)
⑧ 한국수력원자력(ebiz.khnp.co.kr)
⑨ 인천국제공항(ebid.airport.kr)
⑩ 국방전자조달(d2b.go.kr)
⑪ 한국마사회(ebid.kra.co.kr)
⑫ 한국철도시설공단(ebid.krnetwork.or.kr)

아래 왼쪽 그림의 나라장터 시스템 초기 화면에서 로그인을 클릭하면 오른쪽 그림과 같이 인증서 로그인 화면창이 나타난다. 다음으로 바이오 보안토큰을 클릭하고 지문인식에 의한 로그인을 하면 된다.

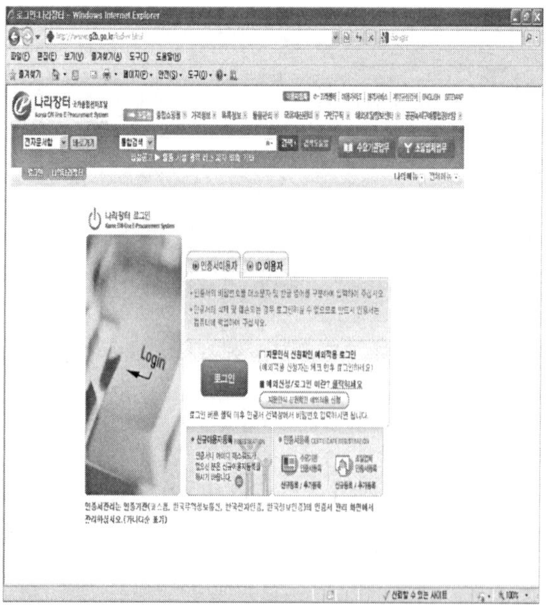

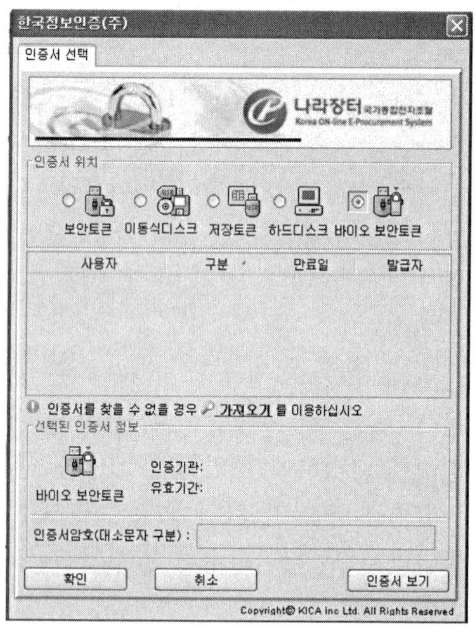

2. 해당 용역 입찰공고 확인

나라장터 시스템을 로그인하면 아래의 그림과 같이 용역 입찰공고 리스트가 정렬되어 생성되며, 리스트 중에서 건축시설물관리용역 입찰공고를 확인한다.

3. 입찰 상세정보 확인 및 투찰

공고된 입찰명을 클릭하면 아래의 그림과 같이 입찰 상세정보를 확인할 수 있다.

용역업체의 전자입찰담당자는 입찰가격을 산출하기 위한 사전단계로 입찰공고상의 상세정보를 반드시 확인하고 숙지한 후 입찰에 임해야 한다.

전자입찰담당자가 입찰 전에 반드시 확인해야 하는 사항에는 입찰공고문 내용, 입찰참가자격사항, 기초금액 및 낙찰자 결정방법, 공동계약을 인정하는 경우의 공동수급체 구성원의 자격제한사항, 입찰보증금 납부 또는 면제 여부 등이 있으며, 투찰 전 관련 조치가 이루어져야 한다. 좀 더 세부적인 내용은 전술한 제3장 건물자산운영관리용역 수주방식과 절차 편의 전자입찰 진행과정 내용을 살펴보기 바란다.

[입찰집행 부가정보]

지명경쟁명단	실적경쟁명단	PQ심사결과	TP심사결과	과업설명참가확인

[공고일반]

공고종류	실공고	게시일시	2012/04/18 18:45
입찰공고번호	20120425095-00	참조번호	한은조달제2012-2호
공고명	한국은행 본부 및 직원공동숙소 청소·조경용역 (긴급공고) 본 공고는 지문인식 전자입찰제도가 적용되오니 미리 지문보안토큰에 지문정보를 등록하여야 합니다.		
발주(공고)기관	한국은행	실수요기관	한국은행
입찰방식	전자입찰	낙찰방법	공고서참조
계약방법	제한(총액)	국제입찰구분	국내
용역구분	일반용역	발주계획번호	512012B19003300015
입찰자격	공고서참조		

[입찰집행 및 진행정보]

집행관	김천선	입회관(담당자)	김천선
PQ심사신청서		PQ심사신청서 신청기한	
TP심사신청서		TP심사신청서 신청기한	
과업설명장소		과업설명일시	
입찰참가자격등록 마감일시	2012/04/21 18:00 조달청 입찰참가등록은 평일 09:00 ~18:00, 토요일 09:00 ~ 13:00, 공휴일은 업무처리불가 (단, 토요일은 본청,서울지방청만 업무처리가능함) 본 입찰에 참여하는 업체는 입찰참가자격등록 마감일시까지 나라장터에 경쟁입찰참가자격등록을 해야 합니다.		
공동수급협정서접수여부	방식: 공고서참조	공동수급협정서마감일시	마감: 공고서참조
입찰서게시일시	2012/04/19 10:00	입찰서마감일시	2012/04/23 17:00
보증서접수마감일시	2012/04/23 17:00 보증서 접수마감일시를 입력하지 않은 경우에는, 입찰서 접수마감일 전일 18시까지 제출이 가능합니다. (단, 입찰보증금지급각서로 대체하는 경우 보증금이 면제됩니다.)		
개찰(입찰)일시	2012/04/24 10:00	개찰장소	국가종합전자조달시스템(나라장터)
공고서	2012/04/20120425095-00_입찰공고문(게시용).hwp	과업지시서(규격서)	2012/04/20120425095-00_계약서 및 과업내용서(게시용).hwp
관련공고			
재입찰	재입찰 허용 (재입찰시 예비가격를 다시 생성하여 예정가격이 산정됩니다.)		

[입찰참가수수료 및 입찰보증금 납부 정보]

입찰참가수수료 납부	방식: 공고서참조	입찰참가수수료금액	
입찰보증금납부	방식: 불허	채권자명	한국은행

[투찰제한]

참가가능지역	
지사투찰허용여부	
업종제한	[위생관리용역업(1162)]업종을 등록한 업체 ※[]안의 사항이 두가지일 경우 동시에 등록한 업체를 의미합니다. ※업종명을 클릭시 관련 근거법령을 조회하실수 있습니다. ※아래는 제한된 업종에 대해 투찰가능한 허용업종 상황을 보여줍니다. 확인하시기 바랍니다. 투찰가능한업종 | 허용업종
과업설명 제한여부	공고서에 의함
공동수급체 구성원 지역제한여부	공고서에 의함

[예정가격 결정 및 입찰금액 정보]

예가방법	복수예가 : 4 (추첨예가)/15 (총예가)	추첨번호공개여부	공개안함
배정예산	1,616,580,000 원	추정가격	1,469,618,181 원

[기초금액공개] [공개시각:2012/04/18 18:56]

기초금액	비고1	비고2	상세보기
1,616,580,000 원	...	...	조회

[관련 링크]

과설참가	공동수급	수 수 료	투 찰
			지문투찰

위의 그림 중 '기초금액공개'에서 '상세보기 조회'를 클릭하면 아래와 같이 기초금액 및 예비가격 범위에 대한 추가적인 정보를 확인할 수 있다. 참고로 발주처별로 예가(예비가격)의 범위가 상이하므로 반드시 확인 절차가 필요하다.

※ 입찰공고번호 **20120425095-00** 호 **한국은행 본부 및 직원공동숙소 청소·조경용역** 용역 입찰의 기초금액은 다음과 같습니다.

입찰공고번호	20120425095 - 00	개 찰 일 시	2012/04/24 10:00
공 고 명	한국은행 본부 및 직원공동숙소 청소·조경용역		
참 조 번 호	한은조달제2012-2호		
발주(공고)기관	한국은행		
수 요 기 관	한국은행		
기 초 금 액	**1,616,580,000 (일십육억일천육백오십팔만원) 원**		
예비가격	기초금액 기준으로 **± 2 % 범위** 내에서 작성됩니다.		
참 고 사 항 1			
참 고 사 항 2			

기초금액을 토대로 입찰금액을 산출한 후 위이 임찰 상세정보 그림에서 '관련 링크'의 '지문투찰'을 클릭하여 입찰금액을 입력하고 입찰서를 전송하면 투찰이 완료된다.

4. 용역입찰(개찰) 결과 확인

입찰에 참여한 자는 입찰이 마감된 후 아래의 그림과 같이 그 개찰 결과를 확인할 수 있다.

1) 복수 예비가격 및 예정가격 산정결과 확인

• 용역개찰결과 상세조회

* 개찰결과는 입찰서 제출결과를 보여주는 것으로서 입찰참가자격, 적격심사 결과에 따라 최종낙찰자는 별도로 결정됩니다.
* 적격심사 대상업체는 적격심사신청서를 지정된 기일내에 반드시 제출하시기 바랍니다.

입찰공고번호	20120425095-00	참조번호	한은조달제2012-2호
공고명	한국은행 본부 및 직원공동숙소 청소·조경용역		
발주(공고)기관	한국은행	실수요기관	한국은행
집행관	김천선		
개찰일시	2012/04/24 13:41	복수예비가 및 예정가격	보기
적격심사결과			
유의사항	1. 아래 비고의 「적격점수미달」 항목은 시공경험 및 경영상태 등 수행능력평가는 배점한도를 적용하고 자재및인력조달가격의적정성평가 예상점수를 합산한 평가결과입니다. 2. 사전판정 과정에서 부적격 처리된 업체의 투찰금액과 투찰률은 표시되지 않습니다. 판정관련 문의는 해당 공고의 입찰집행관에게 문의하시기 바랍니다.		

입찰공고번호	20120425095-00		
입찰분류	0	재입찰번호	0
공고명	한국은행 본부 및 직원공동숙소 청소·조경용역		
참조번호	한은조달제2012-2호	개찰일시	2012/04/24 13:41
실수요기관	한국은행	발주(공고)기관	한국은행
계약방법	제한(총액)	입찰집행관	김천선

구분	금액	추첨횟수	구분	금액	추첨횟수
추첨가격 1	1,615,416,100	3	추첨가격 2	1,637,256,100	1
추첨가격 3	1,588,597,100	1	추첨가격 4	1,622,545,200	1
추첨가격 5	1,631,129,300	4	추첨가격 6	1,604,003,100	0
추첨가격 7	1,635,332,400	0	추첨가격 8	1,606,104,600	0
추첨가격 9	1,642,590,800	1	추첨가격 10	1,627,265,600	1
추첨가격 11	1,594,788,600	0	추첨가격 12	1,586,721,800	0
추첨가격 13	1,599,541,300	0	추첨가격 14	1,611,520,200	1
추첨가격 15	1,645,161,200	1			

예정가격	1,618,099,650	기초금액	1,616,580,000

2) 입찰가격 순위 결과 확인

[개찰 순위] [참여업체수 : 30]

순위	사업자등록번호	상호명	대표자명	입찰금액(원)	투찰률(%)	추첨번호	투찰일시	비고
1				1,421,985,800	87.879	02 10	2012/04/23 11:17:51	
2				1,422,590,400	87.917	01 05	2012/04/23 14:41:38	
3				1,423,362,000	87.965	05 04	2012/04/23 09:35:50	
4				1,423,546,000	87.976	01 03	2012/04/23 13:27:57	
5				1,427,936,400	88.247	01 14	2012/04/23 08:32:50	
6				1,428,397,400	88.276	05 15	2012/04/23 14:30:11	
								시공실적미만
								시공실적미만
				1,413,946,700	87.383	09 05	2012/04/23 16:09:37	낙찰하한선 미달
								서류미제출
								서류미제출
								서류미제출
								서류미제출
								서류미제출
								서류미제출
								서류미제출
								서류미제출
								서류미제출
								서류미제출
								서류미제출
								서류미제출

5. 낙찰자 결정

낙찰자는 예정가격 이하로서 최저가격으로 입찰한 자의 순으로 그 계약이행 능력을 심사하여 결정한다.

여기서 말하는 최저가격은 제한적 최저가격을 의미하며, 예정가격에 낙찰하한율을 곱한 금액 이상으로 투찰한 금액을 의미한다. 즉, 예정가격 이하의 최저가격으로 투찰했다 하더라도 투찰금액이 예정가격에 낙찰하한율을 곱한 금액의 미만일 때에는 낙찰하한선 미달로 탈락하게 된다.

예정가격은 기초금액을 기준으로 ±2% 범위 내에서 발주처에서 무작위로 복수예비가격 15개를 작성, 입찰참가자 전원이 2개씩 추첨한 번호 중 가장 많이 선택된 4개의 예비가격을 산술평균한 금액으로 결정한다.

6. 적격심사

적격심사대상자는 개찰일로부터 7일 이내에 개별 통보되며, 유선연락 및 공문으로 통보받은 날로부터 발주처에서 지정한 소정 기일 내에 조달청 일반용역 적격심사 세부기준에서 정하는 바에 따라 적격심사 관련서류를 발주처에 직접 방문하여 제출하여야 한다.

7. 용역계약 체결

적격심사를 통해 최종 낙찰자로 선정이 되면 발주처와 용역계약을 체결하게 되는데, 오프라인과 온라인 두 가지 방식 중 택일해서 진행이 된다. 오프라인은 계약서 지면에 기명날인하는 것을 의미하며, 통상적으로 전자입찰인 경우 온라인으로 계약이 체결되는데 즉, 나라장터(g2b) 시스템 상에서 전자계약을 체결하게 된다.

전자계약 진행 순서는 '낙찰자로 선정된 업체는 발주처로부터 용역계약서 초안 수신 → 발주처 계약부서에서 송신한 용역계약서 초안을 접수하여 계약에 대한 검토결과를 작성하여 발주처 계약담당자에게 용역계약응답서 제출 → 발주처 계약부서에서 송신한 용역계약체결통보서 수신 → 계약 완료'와 같다.

제3절 전자입찰가의 산정

1. 전자입찰가 산정의 개념

전자입찰가는 경쟁 입찰에서 입찰자가 발주처에 전자방식으로 제시하는 용역수주 희망가격을 의미한다. 일반적으로 입찰자는 발주처에서 입찰공고한 기초금액을 기본으로 하여 입찰가격을 산정하게 된다.

2. 전자입찰가 산정방법

1) 전자입찰가 산정을 위한 용어의 이해

전자입찰가 산정을 위해 관련용어의 의미를 정확히 이해하는 것은 매우 중요한 과정이며, 자세한 내용은 전술한 제8장 견적금액 산정과 입찰가 산출 실무 편의 입찰금액 산출방법의 내용을 참고하기 바란다. 특히 기초금액, 복수예비가격, 예정가격, 사정률, 낙찰하한율 등의 용어적 이해는 필수적으로 요구되는 사항이며, 용역업체의 입찰담당자는 항상 발주처의 입찰공고를 통해 전자입찰가 산정을 위한 정보 요소를 파악해 두어야 한다.

2) 전자입찰가 산정방법

전자입찰가 산정을 위해 우선적으로 실시해야 할 사항은 당해 입찰용역의 기초금액을 파악하는 것이다. 기초금액은 입찰가격 산정을 위한 핵심 키 역할을 하므로 용역업체의 입찰담당자는 발주처의 입찰공고 발표 시 제일 먼저 확인을 해야 한다.

기초금액을 확인 후 다음으로 실시해야 할 것은 예비가격의 변동 폭의 범위를 파악하는 것이다. 예비가격의 변동 범위는 기초금액을 기준으로 조달청의 경우 ±2%, 지방자치단체는 ±3%이며, 이외의 발주처는 서로 다른 양상을 보이고 있으므로 반드시 확인을 요하는 사항이라 하겠다.

조달청은 15개의 복수예비가격을 기초금액 기준 ±2% 범위 내에서 골고루 분포시키는 방식을 적용하고, 지방자치단체는 15개의 복수예비가격에 대해 기초금액을 기준으로 ±3% 범위 내에서 분포시키되 기초금액보다 낮은 금액 8개, 반대로 높은 금액 7개를 각각 임의로 추출한다.

다음으로 발주처는 15개의 예비가격을 입찰자 전원으로 하여금 입찰 시에 2개씩 번호를 추첨하도록 하여 최다 추첨된 4개의 복수예비가격을 산술평균하여 예정가격을 결정한다.

입찰 희망 업체는 입찰 전 예상 예정가격을 산출하기 위해서 많은 분석과 함께 노력을 기울인다. 입찰자가 예정가격을 사전에 안다는 것은 입찰에서 백전백승을 의미하는 것이기 때문에 그만큼 근접한 예정가격을 산정하기 위해 많은 공을 들인다.

이때 입찰자는 추정이긴 하나 예정가격을 산정하기 위하여 발주처에서 제시한 예비가격 변동 범위를 가지고 사정률을 계산하게 된다. 즉, 조달청의 경우 기초금액 기준 예비가격의 변동 범위가 ±2%이므로 업체가 정할 수 있는 사정률의 범위는 최고 102%에서 최저 98%가 된다.

전자입찰담당자는 주먹구구식으로 사정률을 산출하는 것이 아니라 발주처의 해당 발주용역에 대하여 과거의 사정률 데이터를 분석하거나 용역업체별로 나름의 방식대로 사정률을 추정한다.

이렇게 추정된 사정률을 기초금액에 곱하여 예정가격을 산출하고 다음으로 낙찰하한율을 곱하여 최종적으로 전자입찰가를 산정하게 된다.

전자입찰의 경우는 총액입찰로서 전자적 방식으로 입찰서를 제출 시 산출내역을 첨부하지 않으므로, 견적금액을 산출한다거나 업체별로 용역비 산출 툴로 용역수행을 할 수 있는 최소한의 금액을 추정할 필요가 없다.

이상의 내용을 토대로 전자입찰가 산정을 위한 단계별 내용을 정리하면 다음과 같다.

① 기초금액 및 예비가격 변동 범위 확인 → ② 사정률 추정 → ③ 예상 예정가격 산출 → ④ 낙찰하한율 확인 → ⑤ 전자입찰가 최종 산정

제4절 전자입찰의 투찰 및 개찰

1. 전자입찰의 투찰

투찰이란 발주처에서 입찰공고한 당해용역에 대해 업체가 희망하는 입찰가격을 써서 제출하는 행위를 말한다.

전자입찰의 투찰이란 입찰가를 산정한 후 전자적 방법으로 발주처의 입찰담당관에게 송부하는 것을 의미한다.

2. 전자입찰의 개찰

개찰이란 발주처에서 당해용역 입찰에 대한 그 집행 결과와 낙찰자를 공식적으로 공개하는 것을 말한다. 즉, 개찰을 통하여 투찰 전에는 비공개인 정보가 비로소 공개된다는 것을 의미한다. 또한 입찰관련 모든 결말의 상태를 개찰 결과라고 일컫는다.

일반적으로 전자입찰의 개찰 결과로 인하여 입찰자가 취득할 수 있는 정보에는 발주처에서 산정한 15개의 복수예비가격, 입찰자 전원에 의해 최다 추첨된 4개의 복수예비가격, 예정가격 등의 가격정보와 입찰자의 순위와 입찰금액, 투찰률 그리고 입찰자가 추첨한 2개의 예비가격 번호 등의 입찰자정보가 있다.

전자입찰담당자는 개찰 결과 만족스러운 성과를 얻지는 못했을지라도 후일 동일 발주처의 동일 용역입찰에 대비하기 위하여 개찰 결과에 대한 분석과 함께 관련자료를 데이터베이스화해야 한다.

개찰 결과 1순위로 선정된 업체는 이후 적격심사 여부에 따라서 최종 낙찰자 여부가 결정되므로 1순위 업체는 엄연한 의미에서는 확정되지 않은 낙찰자이므로 낙찰예정자로 인식을 해야 옳을 것이다.

제5절 전자입찰 적격심사

적격심사의 개념 및 실무에 적용되는 일반적 내용은 제10장 적격심사와 계약체결 실무편의 적격심사 실무 관련내용을 참고하기 바란다. 다만, 본 절에서는 조달청 나라장터 시스템에 의한 전자입찰의 개찰 결과 1순위로 선정되어 낙찰예정자의 지위를 가질 때 준비하고 조치해야 하는 업무 내용을 위주로 설명하고자 한다.

또한 지방자치단체 및 기타 공공 발주처의 적격심사기준이 조달청 적격심사기준과 다소 상이하나 조달청 적격심사시준을 준용하여 학습한다면 실무에 적용이 가능하리라 판단된다.

1. 적격심사대상의 선정

전자입찰 결과 낙찰예정자로 결정되면 전자입찰담당자는 지체 없이 적격심사 항목 및 배점 기준을 토대로 자기 평점을 산출하여 적격통과 점수인 종합평점 85점 이상이 되는

지 판단해야 한다. 만약 적격심사 통과가 가능하다고 판단되는 경우에는 발주처의 계약담당공무원과 유선연락을 한 후 적격심사 서면 준비와 관련한 유의사항을 재차 확인하고 회사 팩스로 적격심사대상자 통보 공문을 받은 후 정해진 기일 내에 관련 서류 일체를 빠짐없이 꼼꼼히 준비하여 제출할 수 있어야 한다.

반면에 적격통과 점수에 미달된다고 판단되는 경우에는 미련 없이 계약담당공무원에게 적격심사 포기각서(자체 양식)를 팩스로 제출한다.

2. 당해용역 수행능력 심사

1) 이행실적

이행실적 평가는 용역계약서상의 계약일자에 관계없이 용역 이행이 완료된 시점, 즉 용역계약기간이 종료된 시점이 당해 전자입찰 공고일 기준 최근 3년 이내로서 입찰공고상에 명시된 계약목적물과 동등 이상 및 유사용역을 이행한 금액 또는 면적으로 합산하여 평가하되 발주처의 입찰공고 상에 이행실적 적용기간을 달리 정한 경우에는 그 내용에 따라 평가한다.

조달청 일반용역 적격심사 세부기준 [별표 2-1] 이행실적 배점한도 세부내역을 기초로 이행실적 평가를 하며, 추정가격 5억 원 이상 용역입찰의 경우에만 적용된다.

적격심사대상 업체가 이행실적 평가에서 10점 만점을 얻기 위해서는 최근 3년 이내 당해 계약목적용역과 동일한 분야이거나 그 이상의 분야가 포함된 용역이행실적 합계금액(부가가치세 10% 포함)이 입찰공고 상의 기초금액(추정가격+부가가치세 10% 포함) 대비 100% 이상이 되어야 한다.

전자입찰에 참여하는 우리나라 상위 건축시설물관리용역회사 100대 기업의 대부분이 당해용역 수행능력을 만점으로 채우고 입찰에 임하기 때문에 상대적으로 수행능력 평가점수가 부족한 경우 개찰 결과 1순위가 되더라도 여러 가지 여건상 적격심사를 통과하기란 확률적으로 매우 희박하다.

적격심사대상 업체는 이행실적을 증명하기 위하여 해당 발주기관으로부터 용역이행실적증명서를 발급받아야 한다. 특히 공공기관 용역이행실적이 아닌 민간거래실적인 경우 용역계약서 사본(원본대조필), 세금계산서 사본(원본대조필) 등의 증빙자료를 첨부해야 한다. 또한 동일 건축물 용도에 한해 이행실적을 인정하는 경우 정부민원포털 민원24(www.minwon.go.kr)에서 건축물대장을 무료로 발급받아 첨부해야만 적격심사 시 실적 인정을 받을 수 있다.

2) 경영상태

적격심사 항목 중 당해용역 수행능력(이행실적, 경영상태, 신인도) 평가에서 가장 큰 배점을 차지하는 것이 바로 경영상태에 대한 평가이다. 경영상태 평가기준은 신용정보업자가 발행한 등급유효기간 내에 있는 용역업체의 기업신용평가 등급 확인서로 심사한다.

참고로 조달청과 업무협약을 체결한 신용정보업체에는 나이스 디앤비, 서울 신용평가정보, 한국기업데이터, 한국기업평가, 한국신용평가, 한국 신용평가정보, 한신정 평가 등이 있다.

현재 우리나라에 건축물시설관리용역업으로 영위하는 업체 중 기업신용평가등급이 만점에 해당하는 AAA인 업체는 전무하며, 차상위 신용평가등급(AA+, AA0, AA−, A+, A0, A−)을 받는 업체들도 경영상태 평가 시 만점으로 처리되며 적격심사대상이 된다.

기업신용평가등급을 상향시키기 위해서는 용역업체 스스로 자구책 마련도 중요하지만 외부 영향 요인들이 변수로 작용하기 때문에 단기간에 등급 상향을 기대하기란 말처럼 쉬운 일이 아니다. 최고경영자, 재무회계부서, 수주영업부서 등이 중장기적 전략을 수립하고 지속적인 재무구조의 건전성과 안정성을 추구할 때 비로소 한 등급씩 올라갈 수 있는 것이 바로 기업신용평가등급이다.

우리나라 상위 건축시설물관리용역회사 100대 기업을 제외한 대부분의 용역회사들이 개찰 결과 1순위로 적격심사대상이 되더라도 당해용역 규모가 클수록 이에 비례하여 이행실적과 경영상태 평가 부족 점수가 커지기 때문에 흡사 그림의 떡처럼 차순위 업체가 적격심사대상이 된다. 또한 기술면허, 전문인력 보유 정도 및 공동수급업체의 이행실적, 재무상태 등의 평가가 추가적으로 이루어지는 적격심사의 경우 3순위 이하의 후발 순위 업체가 적격심사를 통과하여 최종 낙찰자로 선정되는 사례가 종종 발생하고 있다.

3) 신인도

신인도 평가는 적격심사 시 이행실적과 경영상태 평가의 부족 점수를 보완할 수 있는 가점제도이다. 즉, 이행실적과 경영상태 평가 시 평점이 만점이 안 나올 경우 그 부족한 점수만큼 입찰가격 평가에서 만회를 해야 하기 때문에 당연히 해당 업체는 전자입찰가를 높게 산출해서 발주처에 송신할 수밖에 없다.

신인도 평가에서 가점을 얻기 위해서는 최고경영자부터 수주영업사원에 이르기까지 관심과 의지 및 지속적인 노력이 요구된다.

신인도 평가기준 중 대다수의 용역회사가 가점을 얻기 위해 주력하는 항목은 2012년 8월8일 개정된 조달청 2012-48호 [별표 7] 신인도 평가기준(공통)을 참고하기 바란다.

3. 근로조건 이행계획의 적정성 심사

적격심사대상자가 제출한 근로조건 이행확약서를 근거로 근로조건 이행계획의 적정성 평가기준에 따라 심사한다.

근로조건 이행확약서를 작성하여 제출하면 무조건 5점을 얻기 때문에 매우 형식적 평가라 할 수 있다. 즉, 적격심사 평가 항목 중 당해용역 수행능력과 입찰가격 심사는 종료된 결과에 대한 평가인 반면에 근로조건 이행계획의 적정성 평가는 당해용역 계약체결 이후의 사후 노무관리에 대한 확약을 담보로 한 사전적 평가이므로 적격심사대상인 업체는 5점 만점을 받기 위하여 근로조건 이행확약서를 제출하게 된다.

4. 입찰가격 심사

전자입찰에 참여한 입찰자가 입찰집행관에게 전자 송신한 입찰가격 중 유효한 입찰가란 예정가격 이하로서 낙찰하한금액 이상의 범위에 있는 가격을 의미한다. 다시 말해서, 발주처에서 요구하는 제한적 최저입찰가만이 유효한 입찰가이며 예정가격 이상이거나 낙찰하한선 미달의 입찰금액은 적격심사대상에서 원천적으로 배제된다. 이상의 내용을 정리하면 다음과 같다.

낙찰하한금액 ≤ 전자입찰가 ≤ 예정가격

제8장 견적금액 산정과 입찰가 산출 실무 편에서 입찰가에 대한 기초개념과 산정에 관한 방법을 이해했다는 전제하에 영업담당사원으로서 전자입찰업무를 처음 수행하거나 건물자산운영관리용역 수주영업실무에 입문하는 사람들을 위해 입찰가격 심사에 관해 다음과 같이 예를 들어 설명하고자 한다.

나라장터(g2b) 상의 ○○○청사 시설관리용역에 대한 개찰 결과가 다음과 같고 조달청 일반용역 적격심사 세부기준을 적용한다고 가정하자.

예정가격	1,002,000,000원	기초금액	1,000,000,000원

순위	상호명	입찰금액(원)	투찰률(%)
1	A사	879,300,000	87.754
2	B사	880,000,000	87.824
3	C사	882,000,000	88.023
	D사	875,000,000	87.325

개찰 결과 A, B, C, D 4개사 모두 예정가격 이하로 투찰하였으나, 낙찰하한금액(예정가격 1,002,000,000원×낙찰하한율 87.745%)인 879,204,900원 이상 가장 최저 금액으로 투찰한 A사가 1순위가 되어 낙찰예정자로 선정되며, D사의 경우 입찰참여 회사 중 가장 낮은 금액으로 투찰하였으나 낙찰하한선 미달을 사유로 적격심사대상에서 원천적으로 배제된다.

1순위로 선정된 A사부터 순차적으로 적격심사가 실시되는데, D사를 제외한 A, B, C 3개사의 당해용역 수행능력과 근로조건 이행계획의 적정성 심사 평점이 각각 다음과 같다고 가정하고 입찰가격 평가점수를 계산해 보자(단, 3개사 모두 감점 요인인 재무위험과 관련한 결격사유가 없다고 가정함).

상호명	당해용역 수행능력			근로조건 이행계획 적정성	평점합계
	이행실적	경영상태	신인도		
A사	9	24.7	0	5	38.7
B사	10	24.5	0.5	5	40.0
C사	8	24.4	0	5	37.4

① 입찰가격 평점산식은 평점(점)=배점한도$-60\times\left|\left(\frac{88}{100}-\frac{\text{입찰가격}}{\text{예정가격}}\right)\times 100\right|$이며, $\frac{\text{입찰가격}}{\text{예정가격}}$은 투찰률을 의미한다. 적격심사기준에서 추정가격 5억 원 이상인 경우 입찰가격의 배점한도는 60점이 된다.

② 산식에 A, B, C 3개사의 투찰률을 각각 대입하여 입찰가격 평점을 산정하면, A사는 45.24점, B사 49.44점 그리고 C사는 58.62점이 된다.

③ A, B, C 3개사의 적격심사 종합평점을 정리하면 다음과 같다.

상호명	당해용역 수행능력			근로조건 이행계획 적정성	입찰가격	종합평점 합계
	이행실적	경영상태	신인도			
A사	9	24.7	0	5	45.24	83.94
B사	10	24.5	0.5	5	49.44	89.44
C사	8	24.4	0	5	58.62	96.02

④ 적격심사 결과, 개찰에 있어서는 A사가 1순위로 선정되었지만 적격심사 종합평점에서는 A사가 83.94를 받음으로써 85점 미만이 되어 적격심사에서 탈락되고 차순위인 B사는 종합 평점에서 89.44점을 받아 적격심사를 통과하여 최종 낙찰자로 선정되게 된다.

위의 예를 토대로 적격심사 평점과 입찰가격과의 상관관계를 다음과 같이 정리해 볼 수 있다.

> ① 입찰자들의 당해용역 수행능력 심사 부문의 평점이 동일한 경우, 적격심사 종합평점이 상대적으로 높다는 것은 입찰가격 점수가 높다는 것이며, 입찰가격 점수가 높다는 것은 입찰가격을 높게 투찰했다는 것을 의미한다.
>
> ② 입찰자의 당해용역 수행능력 심사 점수가 낮을수록 적격심사 통과 점수인 85점 이상을 얻기 위해서 그만큼 입찰가격의 점수는 높아질 수밖에 없으며, 이는 입찰가격을 높이는 결과를 초래한다.
>
> ③ 적격심사 종합평점이 높을수록 유리한 것이 아니라 심사통과 점수인 85점에 맞추어 입찰가격을 산정할 때 가장 유리한 투찰을 할 수 있다.

제6절 전자입찰계약 체결

1. 전자입찰계약 절차

적격심사를 통과하여 최종 낙찰자로 선정이 되면 마지막 단계인 전자계약을 체결해야 한다. 전자계약 절차를 살펴보면, 먼저 나라장터 로그인 후 '전자문서함 → 받은문서함'에서 발주처 계약부서에서 송신한 해당 용역의 낙찰자 선정통지서와 용역계약서 초안을 수신한다.

다음으로 용역계약서 초안에 대한 내용을 확인 후 하단에 있는 계약서 작성 버튼을 클릭하고 활성화란(문서번호, 문서기능, 응답유형)만 기입하여 용역계약응답서 작성을 마치고 나면 저장한 후 발주처에 송신한다. 참고로 용역계약응답서 작성 시 기재사항인 문서번호는 낙찰자 회사에서 사용하는 대외발송문서번호를 일련번호 확인 후 기입하고 문서기능은 원본을 선택하며 응답유형은 수용을 선택하면 된다. 단, 계약서 내용이 이상이 있을 경우에는 반려 선택 후 반려사유를 기입해야 한다.

낙찰자는 전자용역계약서 초안에서 인지 세액을 확인 후 국세청 홈택스에서 인지세를 납부하고 보증보험회사로부터 계약이행 보증보험증권을 발부받아 전자적 방법으로 발주처에 제출해야 한다. 일련의 전자계약 체결단계를 거친 후 발주처 계약부서에서 송신한 최종 계약서를 수신하여 확인함으로써 전자계약 체결이 완료된다.

2. 계약서류 제출

전자계약 시 반드시 제출해야 하는 사전 서류에는 인지세와 계약이행보증보험증권이 있으며, 이외의 구비 서면은 발주처 계약담당자가 징구 시 제출하면 된다. 인지세 납부와 계약이행보증보험증권의 제출과 관련하여 살펴보면 다음과 같다.

인지세법 개정에 따라 2011년 1월 1일부터 국가계약법과 지방자치단체계약법에 따르는 전자계약문서도 인지세 과세대상에 포함된다. 이에 따라 인지세 과세대상 계약에 대해서는 나라장터 전자계약 시 인지세 납부정보 확인 후 최종 계약을 체결하도록 하고 있다.

발주처 계약부서는 용역계약서 초안 송신 시 인지세 과세대상 여부와 인지 세액이 명시된 계약서 초안을 낙찰자에게 송신한다.

낙찰자는 전자계약서 초안에서 인지세 과세대상 여부와 인지 세액을 확인 후 국세청 홈택스(www.hometax.go.kr)에서 용역계약번호를 조회하고 인지세 신고, 전자납부를 수행한다. 참고로 계약서 초안에 기재된 인지 세액은 계약금액에 따라 차등 과세되므로 다음을 참고하기 바란다.

계약금액	인지 세액
1천만 원 초과 ~3천만 원 이하	20,000원
3천만 원 초과 ~5천만 원 이하	40,000원
5천만 원 초과 ~1억 원 이하	70,000원
1억 원 초과 ~10억 원 이하	150,000원
10억 원 초과	350,000원

낙찰자는 용역계약응답서 작성 시 인지세 납부정보 조회 후 저장을 하면 발주처 계약부서에서 인지세 납부에 대한 확인이 가능해 진다. 그 다음 발주처에서 낙찰자의 인지세 납부사실이 확인되면 최종 계약서를 송신한다.

낙찰자의 용역계약에 있어서의 이행보증을 위해 발주처 계약담당부서는 최종 용역계약서 송신 전에 낙찰자에게 계약이행보증을 요구하며, 이를 위해 낙찰자는 계약이행보증의 일반적 방법으로 보증보험회사로부터 이행보증 보험 증권을 발부받아 발주처에 전자송신하게 된다. 이때 낙찰자는 보증보험회사에 계약금액의 100분의 15(15%)에 해당하는 금액을 보증요청하게 된다.

제 Ⅲ 편

건물관리용역시장의 문제와 개선방안

전술한 제Ⅰ편과 제Ⅱ편에서 건물관리용역 수주영업의 이론과 방법 및 활동 등 관리용역수주영업 이론과 실무를 토대로 수주영업 전반에 걸쳐 살펴보았다. 본편 제Ⅲ편에서는 국내 건물운영관리용역업체 중 대기업에 해당하는 용역업체를 랜덤으로 선정하고 선정된 용역업체에서 수주영업을 담당하는 11명의 수주영업담당자로부터 협조를 받아 심층 면접을 실시하고 그 결과로 얻어진 수주시장 실태자료와 저자가 2009년부터 2012년 상반기까지 약 4년 반 동안 시설관리 서비스 및 건축물클리닝서비스 KS 인증심사원 자격으로 서비스 KS 인증심사에 참여한 16개 현장소장을 대상으로 파악된 실태자료와 정보를 토대로 국내 건물운영관리용역 수주시장의 현황과 실태를 분석하고 이를 바탕으로 국내 건물관리용역시장의 문제를 추출하여 문제점으로 인식하고 국내 건물관리용역업체와 종사자 및 관련 산업의 발전을 강력히 희망하는 저자의 의욕을 담아 국내 건물관리용역시장의 문제 개선방안을 추론하여 건물관리용역업체와 이에 종사하는 수주영업담당자 제위에게 제공하여 향후 수주영업활동에 다소나마 참고가 되게 하였다.

국내 수주영업담당자나 용역수주영업에 참여하고 있는 용역회사와 그 종사자 모두는 국내 건물관리용역시장과 관련 산업의 장래에 대하여 책임과 의무가 있기 때문에 이 장 제Ⅲ편에서 다루고 있는 국내 건물관리용역 시장의 문제를 깊이 인식하고 이를 참고하여 향후 국내 건물관리용역시장의 문제 개선방안을 한번쯤 고민해 볼 필요가 있을 것으로 판단된다.

현재 국내 건물관리용역시장과 현장에서 소리 없이 생성되고 있는 건물관리용역시장의 문제를 외면하거나 남의 탓으로 방치하는 경우, 우리나라 건물관리용역업의 미래는 경영수지의 악화, 도산 또는 외국 용역업체에 종속되는 부정적 변화를 피할 수 없게 될 뿐만 아니라 현제의 건물관리용역시장의 문제를 자신의 발전과 기업의 번영만을 위하여 계속 자행하는 경우, 기업 발전과 번영은 고사하고 도산하거나 법적 제재도 당할 수 있다는 사실을 경계하여야 할 때가 되었음을 인식하여야 한다.

본편 제Ⅲ편은 2개의 장을 통하여 국내 건물관리용역시장의 현황과 실태를 분석하고 이를 기초로 건물관리용역시장의 문제를 도출하여 도출된 문제에 대한 개선방안을 추론함으로서 건물관리시장 문제의 해법을 찾아내어 건물관리용역업체와 그 종사자 및 관련 산업 모두의 참여로 발전 국내 건물관리용역 수주영업시장의 발전 방향을 탐색하는 문제해법의 장을 마련하고 있다.

제14장
국내 건물관리용역시장의 현황과 실태

국내 건물관리용역시장의 본격적 관리용역의 시작은 전술한 바와 같이 1997년 외환위기(IMF)로 국내 기업이 다수 도산하여 기업 부동산이 은행이나 보험회사 등으로 건물자산이 이전되면서부터 본격적으로 전문적 관리용역 위탁관리시대가 시작되었다. 이에 편승한 건물관리회사가 대거 창업되어 오늘에 이르고 있다. 따라서 국내 건물관리용역의 출범과 발전은 1997년 IMF 외환위기로부터 시작되었다고 볼 수 있다.

미국의 건물 위탁관리의 역사는 1930년대 경제대공황으로부터 시작되었으며, 본격적 건물 위탁관리의 시대는 1980년 극심한 금융위기로 시작된 경제 불황으로부터 시작되었다.

국내 건물관리 용역시장과 용역업체는 지난 세월 동안 괄목할 만한 성장과 발전을 거듭해 왔으나, 유감스럽게도 건물관리용역시장에 참여하는 일부 업체와 종사자 및 관련 단체와 기관의 부절한 영업활동과 부정적 작용 및 불공정한 역할에 의하여 오늘날 건물관리용역시장(PM 용역시장과 FM 용역시장)에는 발전과 성장의 청신호보다 후퇴와 퇴보의 노란색 또는 적신호가 감지되고 있다.

이를 방관하거나 무시하는 경우 적신호가 현실이 되어 우리나라 건물관리용역시장 전체에 악영향을 주어 우리 모두의 짐으로 일어날 수 없는 부담으로 작용하게 될 것이 분명하다.

이 장에서는 2개의 절을 두고 제1절을 통하여 건물관리용역시장의 현황을 분석해 보고 제2절에서 건물관리용역시장의 실태분석을 통하여 도출된 문제에는 어떤 문제가 있는지를 찾아내어 제15장에서 우리나라 건물관리용역시장의 문제에 대한 해법을 추론해 보고자 한다.

제1절 국내 건물관리용역시장의 현황

1. 국내 건물관리용역시장의 현황 개요

관리용역시장의 현황이라 함은 우리나라 건물관리용역시장의 현제의 상황을 말한다. 다시 말하면, 현황은 우리나라 건물관리용역시장의 현제의 상황을 의미하는 것으로 발주처와 용역업체로 시장을 형성하고 있다.

용역발주처로는 조달청을 중심으로 하는 공공 발주처와 민간 발주처로 양분되어 있으며 민간 용역업체의 수는 정확한 통계는 없으나 50여개의 대기업을 제외하고는 대부분 영세한 규모로 운영되고 있다.

우리나라 건물관리용역시장의 현황을 살펴 분석하는 목적은 현제의 어려운 상황을 유발하는 문제를 도출하고 이를 개선 또는 해결함으로써 향후 우리나라 건물관리용역시장과 종사자 및 관련 업체와 산업을 보다 바람직한 발전 방향으로 유도하는 데 목적이 있다. 이하 절에서 우리나라 건물관리용역시장의 현황을 살펴 수주영업활동에 필요한 자료와 정보를 제공하고자 한다.

2. 국내 건물운영관리용역시장의 변화 현황

1) 건물관리시장의 성격적 변화 현황

1997년 이전까지만 하더라도 건물관리시장은 보유 중심의 시장으로서 임대인 중심으로 최소의 사용 면적과 시설 제공만으로 임대사업이나 건물관리상의 문제는 전혀 없었으며, 시설관리자 기술 능력만으로 관리상에 문제가 전혀 없었다.

그러나 현제의 건물관리시장의 성격은 보유목적에서 수익목적/투자목적으로 변화하였으며, 공급자 중심 시장에서 사용자 중심 시장으로, 용역가치 역시 품질 우선에서 효율 우선으로, 관리기술 측면도 단순한 기술관리에서 자산운용 능력 및 건물자산운영관리를 모두 요구하는 시대로 변화하였다.

건물관리시장의 성격적 변화추이는 다음의 〈표 14-1〉과 같다.

〈표 14-1〉 건물관리시장의 성격적 변화추이

구 분	종 전	현 재
건물의 소유목적	· 보유목적 · 사용목적	· 투자목적 · 수익목적
건물시장성격	· 공급자 중심 시장 (소유자/임대인 중심) · 물리적 시설(공간)에 대한 임대시장 중심	· 사용자(매수인/임차인) 중심 시장 · 친환경 Needs, Well-Being 욕구, 편의에 부합한 IBS건물 · 매각/임대 복합시장 중심
건물관리구조와 목표	건물주/ 자회사/ 소속부서 · 용역위탁구조 · 품질우선목표	· 공개경쟁, 아웃소싱 관리구조 · 건물자산전문경영구조와 분업화구조 AM-PM-FM · 효율성 지향목표
건물관리자 요구 능력	시설관리기술 능력	· 자산운용 능력 및 건물자산운영 능력 · 건물자산 정보수집 능력 및 마케팅 능력 · Global Standard 적응 능력

(자료출처, 김일효, 건물자산관리학총론, 남두도서, 2009, p. 148)

2) 건물관리업체와 종사자 현황

우리나라 건물관리용역회사의 수는 지금까지 권위 있는 기관의 통계자료는 없으나 부분적으로 통계청의 부동산 관리업 현황 통계자료와 (사) 한국건축물유지관리협회 등 관련단체에 의하여 작성된 업체 현황 자료가 있다.

2006년도 기준 통계청의 자료를 토대로 전국 건물관리업체와 종사자 현황을 실펴보면 전술한 〈표 1-1〉, 〈표 1-2〉와 같다.

3) 건물관리용역 종사자 임금 현황

국내 건물자산관리용역 현장에 종사하는 인력의 임금은 우리나라 전체 산업 평균 인금의 약 62%에 해당하는 월 1,468,596원을 받고 있는 것으로 조사되고 있어, 현장관리인력의 사기를 떨어지게 하고 있으며, 경세석 대우와 사회적 대우마저 후퇴시키고 있다. 참으로 문제가 아닐 수 없다. 따라서 개선이 시급히 요구되는 문제로 인식된다. 국내 건물관리용역 종사자 임금 현황은 다음의 〈표 14-2〉와 같다.

〈표 14-2〉 건물관리용역 종사자 임금 현황

구분	월평균 임금	이직률	근무일수
전체산업	2,352,840(원)	3.09(%)	24/월
건물관리/임대업	1,468,596(원)	2.34(%)	20.8/월

(자료출처, 노동부, 기획관리실, 노동경제담당관, 통계자료, 2005)

4) 국내 건물관리 종사자 생산성 현황

연구자료에 의하면 일본의 경우 시설물관리 평균 생산성은 인당 2259평을 관리하고 있으며, 미국의 경우 인당 관리면적은 인당 2245평에 이르고 있으나 한국의 경우 인당 관리면적은 겨우 1025평으로 보고되고 있다. 이는 저임금과 상관관계가 있음을 간접적으로 알 수 있다. 관리인력의 저임금이 문제로 인식된다.

제2절 국내 건물관리용역시장의 실태

1. 국내 건물관리용역시장 실태의 개요

관리용역시장의 실태라 함은 우리나라 건물관리용역시장의 현재 있는 그대로의 상태나 실제의 형편을 말하는 것으로 덤핑 입찰 등으로 경영상의 수지악화 현상을 계속 나타나 보이고 있다.

2. 국내 건물관리용역시장의 실태 분석

우리나라 건물관리용역시장과 현장의 실태를 11명의 수주영업담당자와 16개 현장소장의 심층 면담을 통하여 얻어진 자료와 정보에 의하면 건물관리용역시장의 실태가 다음과 같이 조사되고 있어 수주영업상에 문제가 있음을 시사하고 있다.

첫째, 덤핑 입찰이 점차 증가되고 있다.

둘째, 용역입찰가가 계속 낮아지는 추세를 보이고 있다.

셋째, 용역수주을 위하여 수단과 방법을 가리지 않는 경향을 보이고 있다.

넷째, 담합과 리베이트 등 부적절한 방법으로 용역수주를 독점하는 사례가 나타나고 있다.

다섯째, 재벌기업들이 자회사를 창업하여 계열화하고 재벌 소유 대형 건물의 운영관리를 독점하는 경향이 노골화되고 있다.

여섯째, 건물관리 용역물량이 점차 감소 추세를 보이고 있다.

일곱째, 외국계 건물관리업체의 국내 진출이 강화되고 있으며, 경쟁이 심화되고 있다.

제15장
국내 건물관리용역 수주영업시장 문제와 개선방안

건물관리용역 수주영업시장은 지속적으로 발전되어야 하고 이를 통하여 용역업체와 종사자 모두 경제적으로, 사회적으로 보람을 가지도록 하여야 한다.

이를 위해서는 국내 건물관리용역 수주영업시장의 발전과 번영을 가로막는 문제나 저해 요소가 없어야 하며 제도적 장치가 마련되어야 한다. 이 장에서는 제14장을 통하여 도출된 수주영업의 문제점에 대하여 살펴보고 연이어 수주영업에 저해 요인으로 작용하고 있는 제도에 대하여 개선방안을 함께 탐색하여 우리나라 건물관리용역 수주영업시장의 발전에 필요한 자료와 정보를 제공하고자 한다.

제1절 건물관리용역 수주영업시장의 문제와 개선방안

1. 수주영업시장 문제의 개념

수주영업의 문제라 함은 시설물관리용역 수주시장이나 수주영업현장에서 해결하거나 개선해야 할 과제를 말한다.

건물관리용역수주시장에서 11명의 수주담당자와 16명의 관리소장을 상대로 실증조사를 실시하여 얻어진 자료를 토대로 건물자산관리용역시장과 영업시장에서 나타나고 있는 문제는 대체로 다음과 같다.

2. 수주영업시장 문제의 개선방안

1) 덤핑 입찰 문제의 개선방안

덤핑 입찰(dumping bidding)의 사전적 의미는 새로운 시장을 개척하기 위하여 또는 용역회사의 사정으로 적자를 감수하고 싼 값으로 제품이나 서비스 제공을 전제로 임하는 입찰을 말한다.

시설물관리용역시장의 경우 일정한 경영 수익을 전제로 견적서를 작성하고 입찰에 임하는 것이 수주영업의 상식이나 일부 몰지각한 업체에서는 상식 이하의 금액으로 투찰하여 수주 질서를 파괴하고, 근로자의 임금을 저임금 수준으로 지급하여 생활고에 허덕이게 하는 사례가 종종 발생하고 있어 업계의 지탄을 받고 있다.

조달청 입찰의 경우에는 부찰제(제한적 평균가 낙찰제) 성격의 입찰을 시행하고 있어 덤핑 입찰의 피해를 원천적으로 봉쇄하고 있으나, 민간 발주기관의 경우 최저 낙찰 제도를 고집하고 있어 덤핑 문제는 하루아침에 개선될 조짐은 보이지 않고 있다.

그러나 우리 업계의 발전과 시설물관리현장에서 수고하고 있는 관리종사자의 경제적 대우와 사회적 인정을 위하여 악덕업자에 의하여 자행되고 있는 덤핑 입찰은 반드시 근절되어야 한다.

2) 담합입찰 문제의 개선방안

담합입찰(collusive tender)이란 경쟁 입찰참가자들이 입찰 전에 미리 입찰 가격을 협정하거나 특정 협회나 단체가 발주처로부터 입찰자 추천을 의뢰받을 경우 의뢰받은 협회나 단체가 불공정한 방법으로 입찰자를 제한적으로 추천하고 추천받은 용역업체끼리 사전에 입찰 금액을 조정하여 입찰에 임하는 경우를 말한다.

담합입찰은 입찰자끼리 흔히 말하는 우호적 입찰자를 정하고 협조한 입찰자에게 금품을 나누어 주는 불법 부정의 입찰 관행이라 인식된다. 이는 법적으로 사술에 의한 업무방해죄에 해당하는 처벌대상임에도 불구하고 아직도 우리 시설물관리용역시장에서 관계기관에 의하여 담합입찰 사례가 종종 적발되고 있다.

담합에 의한 낙찰은 발주처가 관련 협회나 단체에 입찰참여 자격업체의 추천이나 지명을 의뢰하는 경우와 수주영업사원끼리의 협조로 주로 이루어지는 경향이 있으며, 이는 지명 추천 의뢰자나 발주자에게 경제적 손실을 줄 뿐만 아니라 우호적 입찰자로 입찰에 참여한 용역회사나 수주영업사원 역시 소속회사에 입찰의 기회를 포기하게 만드는 이른바 위계에 의한 업무방해죄에 해당하는 범법행위이므로 즉각 시정되어야 한다.

따라서 지금까지 관행적으로 담합을 유도했거나 추천과정에서 문제를 만들어 온 관련

협회나 단체 또는 수주영업담당자가 있었다면 이를 즉시 시정 조치해야 마땅하다. 왜냐하면 담합입찰 행위는 대부분의 선량한 입찰자의 입찰참여 기회를 고의로 박탈하게 하고 입찰 질서를 무너뜨려 공정거래를 정면으로 부정하고 있기 때문이다. 바람직한 담합입찰 근절대책은 공정거래위원회로 하여금 용역입찰에 관하여 담합입찰 여부를 수시로 모니터링하는 방안이 대안으로 판단된다.

3) 입찰서류 위·변조 및 불법사용 문제의 개선방안

시설관리용역 입찰에 다행히 성공했으나 적격심사 통과될 자격이 미달하여 적격심사 제출용 서류를 우조 또는 변조하여 제출하다가 공정위에 적발되어 처벌되는 사례가 종종 있어 왔다. 이와 같은 불법행위는 형법상 사문서 위·변조죄 및 동 행사 죄에 해당하는 중대 범죄에 해당되므로 업체나 수주영업담당자는 절대로 이를 자행하거나 답습해서는 안 된다.

4) 정실 수주 문제의 개선방안

발주자가 경쟁 입찰을 실시하면서 사사로운 의리나 인정에 이끌리어 공정성을 잃어버린 상태에서 특정인과 용역계약을 체결하여 낙찰자를 결정하는 부정 수주 관행을 말한다.

정실은 정실 인사에만 문제가 되는 것이 아니라 수주영업에도 종종 문제를 야기하고 있으므로 하루 속히 개선되어야 할 우리 업계의 과제라 인식된다.

5) 계약기간 연장목적, 고의적 소송제기 문제의 개선방안

운영관리 중에 있던 시설관리현장이 계약 종기가 얼마 남지 않은 상태에서 고의적으로 기존의 관리현장을 지속할 목적으로 발주처를 상대로 고의성 있는 소송을 제기하여 관리현장 점유를 계속함으로써 경제적 이익을 편취하려는 소송 사례가 종종 목격되고 있다. 우리 업계 전체의 이미지 관리 차원에서 척결되어야 할 과제로 판단된다.

6) 리베이트 수주 문제의 개선방안

리베이트 수주란 발주처의 실무자나 의사결정권자의 금품 요구나 이를 제공하여 수주하는 부적절한 수주 관행을 말한다. 아직도 업계의 소문과 같이 극히 소수의 업체 대표가 거래처를 금전으로 매수하여 수주에 성공하는 사례가 있음이 엄연한 현실이나 긴 안목으로 볼 때, 리베이트에 의한 수주는 적자 누적으로 이어져 장기적으로 회사 경영에 도움이 되지 않는다는 사실을 깊이 인식해야 한다. 또한 리베이트에 의한 수주방법은 장기적으로 성공할 수 없다는 것이 전문가의 일반적 견해이다.

7) 착취성 제3자 하도급 문제의 개선방안

수주에 성공한 업체가 스스로 관리할 의사나 능력이 없어 제3자에게 수주금액에서 30% 이상을 공제한 금액으로 다른 업체에게 하도급 처리하는 관행은 더 이상 발붙이지 못하도록 개선되어야 한다. 약 70%에 하청받은 하청 업체는 기업 생존을 위하여 근로자의 인건비를 착취해야 하고, 부적절하게 관리인원의 수를 속여야 하며, 퇴직금 지급을 교묘하게 유예하는 등 부정한 방법으로 시설물관리현장을 운영관리하게 마련이다.

이와 같은 제3자 하도는 원천적으로 허락되지 않도록 발주단계에서부터 발주자에 의하여 원천 봉쇄해야 한다.

제2절 건물관리용역 수주영업제도의 문제와 개선방안

1. 수주영업제도 문제의 개념

건물관리용역 수주영업에 있어서 수주영업제도의 문제라 함은 수주영업에 저해 요인으로 작용하거나 수주영업에 지장을 초래하는 있는 것으로써 개선이 요구되는 사회적 제도나 법적 제도를 말한다.

수주영업에 지장을 주거나 저해 요인으로 작용하고 있는 수주영업제도의 문제에는 최저입찰제도, 시설관리용역입찰 무자격 허용제도, 대기업 입찰 제한제도, 단기 용역입찰제도, 재벌그룹 자회사 수의계약제도 등이 있다.

2. 수주영업제도 문제의 개선방안

1) 최저 입찰제도의 개선방안

최저 입찰제도는 입찰에 참여한 입찰자 중 투찰한 입찰가가 최저인 입찰자를 낙찰자로 결정하고 적격심사를 진행하여 문제가 없는 경우 용역계약을 체결하는 입찰 제도를 말한다.

최저 입찰제도는 덤핑 입찰을 유도하여 기업의 경영수지를 악화시킴은 물론 종사자의 저임금으로 이어져 저 품질의 서비스를 생산, 공급하게 함으로써 사회적으로나 경제적으로 적지 않은 문제를 양산하고 있다. 따라서 최저 입찰제도는 부찰제 입찰제도로 전환하여 더 이상 활용하지 말아야 한다.

2) 시설관리용역입찰 무자격 허용제도의 개선방안

경비용역 입찰의 경우, 관할 지방경찰청장의 허가업체만 입찰에 참여하게 하여 무자격 업자의 입찰을 원천적으로 봉쇄하고 있으나 위험성의 시설관리 용역입찰에 일정한 이행 실적이나 신용평가점수 등이 갖추어진 경우, 누구나 아무나 입찰에 참여하고 있어 문제로 지적되고 있다. 조속한 시일 내에 허가받은 유자격업체만이 시설관리용역입찰에 참여할 수 있도록 법적 제도가 개선되어야 한다.

3) 대기업 입찰참여 제한제도의 개선방안

중소기업을 지원하는 법령에서 조달청이 발주하는 청소용역입찰과 경비용역입찰에 대기업 참여를 제한하여 실시 중에 있다. 건물자산운영관리 업계에서 대기업이라 함은 연 매출 300억 이상인 업체이거나 상시근로자 1000명 이상인 업체를 말하나 용역업체는 제조업체의 경우와 달리 상시 1000명의 개념은 이직빈도가 매우 높은 청소원 경비원을 모두 합한 숫자임이므로 1000 이상을 고용하고 있어도 성격상 대기업으로 분류하는 것은 상식적으로 맞지 않는다. 자유 시장 경제를 지향하는 국가에서 제조업의 중소기업보다 열악한 대기업용역업체의 입찰 제한은 조속히 개선되어야 한다.

4) 단기 용역입찰제도의 개선방안

국가를 당사자로 하는 계약에 관한 법률에서 1년 단위의 용역계약을 주문하고 있이 낙찰 후 1년 단위 용역계약을 체결하고 현장을 인수하여 현장파악에 몇 달을 소비하고 나면 단지 몇 달의 정상적으로 관리상태를 유지하다가 타 업체에게 현장을 인계하여야 하는 입장이 되어 바람직한 현장관리를 위하여 연구나 개발 및 수선 등의 엄두도 낼 수 없게 만들고 있다. 적어도 3년 단위의 용역계약이 체결되도록 제도적으로 개선되어야 한다.

5) 재벌회사 자회사 용역 수의 계약제도의 개선방안

국가 차원에서 재벌회사로 하여금 불공정 수의계약을 지속적으로 요구하고 있으나 여전히 용역계약을 자회사 또는 특수 관계 인사나 회사에게 일방적으로 수의계약을 체결해 주고 있어 개선이 요구되고 있다. 법으로 고발하는 제도의 채택이 필요하다.

REFERENCEREFERENCEREFERENCEREFERENCEREFERENCEREFERENCEREFERENCEREF

참고문헌

김일효, 건물자산관리학총론, 남두도서, 2009.
______, 건물자산운영관리론, 남두도서, 2011.
김진수, 정보기술입문, 삼영사, 2004.
박충한, 빌딩관리실무매뉴얼, 부연사, 2010.
신민식 · 권중생, 경영의 이해, 법문사, 2006.
에드 브로도 저 / 김현정 역, 협상의 달인, 민음인, 2010.
이정훈, 세일즈 강의, 리드북스, 2012.
잭 그린핀 저 / 남문희 역, 대화의 기술, 거름, 2001.
패트릭 포시스 저 / 이형욱 역, 영업의 기술, 행간, 2009.
홍성동, 세일즈맨십, 한솜미디어, 2010.

김일효, 건물자산관리제도 개선방안에 관한 연구, 박사논문, 2007.
김태영, 건축연면적과 오피스빌딩 건물자산관리비용의 관계 분석, 박사논문, 2011.
최걸성, 상업용건물관리제도의 평가와 개선에 관한 연구, 박사논문, 2011.

조달청, 계약일반조건, 2012.
조달청, 계약특수조건, 2012.
조달청, 과업지시서, 2012.
조달청, 일반용역입찰유의서, 2012.
지식경제부, 기술표준원, 시설관리서비스 KS S 1004, 2006.
지식경제부, 기술표준원, 건축물클리닝서비스 KS S 1012, 2007.

국가를 당사자로 하는 계약에 관한 법률 / 시행령 / 시행규칙, 2012.
지방자치단체를 당사자로 하는 계약에 관한 법률 / 시행령 / 시행규칙, 2012.

|||| 저자약력 ||||

■ **김 일 효**

〈학력 및 경력〉

- 건국대학교 법정대학 법학과 졸업(법학사/법학 전공)
- 건국대학교 행정대학원 부동산학과 수료(행정학 석사/부동산 경영전공)
- 극동대학교 대학원 수료(경영학 박사/빌딩경영 전공)
- 풍림산업(주) 사우디아라비아 젯다시 지사장 겸 얀부 건축현장 및 마카타이프 담수처리 신축공사 현장소장.
- 풍림산업, 풍림빌딩 사옥관리부장
- (주)석산공영(Building Maintenance Co, Ltd) 대표이사 겸 사장
- 건국대학교 기성회 회장
- 한국생산성본부 건물자산관리실무 강사
- 한국표준협회 시설관리실무 강사
- 서울특별시, 사학연금공단, 인천관광공사 등 시설관리 용역업자 평가 심사위원
- 지식경제부 기술표준원 시설관리서비스 KS 인증심사원
- (사)한국건물행정기술협회 이사
- (사)한국빌딩산업연합회 이사
- (사)한구경비협회 연구교수
- (사)한국건물관리학회 회장(현)
- 전북과학대학 건물관리과 겸임교수/ 건물자산관리학
- 극동대학교 대학학원 초빙교수/ 건물자산관리학
- 동원대학교 부동산컨설팅과 교수/ 건물자산관리학

〈저서 및 논문〉

- 건물자산관리학총론, 남두도서, 2009
- 건물자산관리학개론, 남두도서, 2007
- 건물자산법률관리론, 남두도서, 2006
- 건물자산행정관리론, 남두도서, 2009
- 건물자산환경관리론, 남두도서, 2010
- 건물자산위험관리론, 남두도서, 2006
- 건물자산경제관리론(공저), 남두도서, 2009
- 건물자산운영관리론, 남두도서, 2011
- 건물자산임대관리론, 남두도서, 2009
- 건물관리실무용어, 남두도서, 2004
- 교회건물관리론(공저), 남두도서, 2007
- 부동산거래사고 예방대책에 관한 연구, 1979
- 집합건물기본법의 문제점과 개선대책에 관한 연구, 2006
- 건물자산관리제도 개선방안에 관한 연구, 2007
- FM 직종별 적정인원 산정방안에 관한 연구, 2008
  건물유지관리 통합 매뉴얼 개발 연구, 2008
- 건물자산관리의 학문적 체계화에 관한 연구, 2010
- 대학시설물 유지관리 평가모델 개발에 관한 연구, 2010
- 시설관리서비스 사내표준모델 개발에 관한 연구, 2011
- 건축물클리닝서비스(환경미화서비스) 사내표준모델 개발에 관한 연구, 2011

■ 양 준 석

〈학력 및 경력〉
- 한국외국어대학교 상경대학 경영학과 졸업(경영학 학사)
- 극동대학교 경영행정대학원 경영학과 수료(경영학 석사 / 건물자산관리학 전공)
- 극동대학교 대학원 경영학과 수료(경영학 박사 / 건물자산관리학 전공)
- 극동대학교 부설 건물관리연구소 책임연구원
- 극동대학교 부동산경영학과 및 대학원 강사
- 경민대학교 부동산경영학과 강사
- (주)동우유니온 영업본부 차장(현)
- 지식경제부 기술표준원 시설관리서비스 KS 인증심사원
- (사)한국건물관리학회 사무국장 겸 학술이사(현)
- 동원대학교 부동산컨설팅과 강사(현)

〈저서 및 논문〉
- 교회건물관리론(공저), 남두도서, 2007
- 문화재관리체계 개선방안에 관한 연구, 2008
- FM 직종별 적정관리인원 산정방안에 관한 연구, 2008
- 시설관리용역 입찰제도 적격심사기준의 개선방안에 관한 연구, 2010
- 건물의 용도 및 시설관리 직종별 적정인원 산정에 관한 연구, 2011
- 시설관리서비스 사내표준모델 개발에 관한 연구, 2011

〈건물자산운영관리용역 수주영업 참여 및 수주 성공사례〉
- 중소기업유통센터 행복한세상 백화점 시설관리용역 수주(2008)
- 서울메트로 차량기지 및 별관 경비용역 수주(2008)
- 군포국제교육센터 종합운영관리용역 수주(2009)
- 프레이즈스위스서울호텔 시설/보안/운영 용역 수주(2010)
- 한국보건사회연구원 청사관리용역 수주(2011)
- 가톨릭대학교 성바오르병원 환경미화용역 수주(2011)
- 서부권 국립공원 청소위탁관리용역 수주(2010/2011)
- 송도글로벌대학캠퍼스 종합시설관리용역 수주(2011)
- Kotra 사옥 및 IKP 건물(2개동) 종합시설관리용역(2011)
- 판교테크노벨리 글로벌 R&D 센터 건물종합관리용역 수주(2012)

■ 김 지 영

〈학력 및 경력〉
- 건국대학교 사회과학대학 정치외교학과 졸업(정치외교학사)
- 극동대학교 글로벌대학원 건물자산관리학 석사 과정
- 극동대학교 부설 건물관리연구소 초빙 연구원
- (사)한국건물관리학회 책임연구원
- 지식경제부 기술표준원 시설관리서비스 KS 인증심사원

〈연구 및 영업 사례〉
- 시설관리서비스 매뉴얼 개발연구(제1권), 2011
- 시설관리서비스 매뉴얼 지침서 연구, 2011
- 전북은행 본점 제안 및 프레젠테이션, 2009
- 한국만화영상진흥원 전시동 제안 및 프레젠테이션, 2010
- 우리투자증권 본사 제안 및 프레젠테이션, 2011

수주영업실무

1판 1쇄 발행 2013년 1월 15일

저 자 김일효 · 양준석 · 김지영
발행인 남 승 우

발행처 **남두도서**
서울시 동작구 사당로9가길 6(사당동)
TEL : (02)595-1692~4
FAX : (02)595-1394
E-mail : namdoo6@unitel.co.kr
신고 : 5-76호 (1998. 11. 4)

정가 25,000 원

ISBN 978-89-5780-146-8 13320

〈디자인〉 편집 이선경 / 표지 나아기획